Adolf Geigenthaler

UFOs
außerirdische Weltraumschiffe
existieren wirklich

Adolf Geigenthaler

UFOs
außerirdische Weltraumschiffe
existieren wirklich

Fach- und Lehrbuch der Ufologie
mit Einführung in Grundlagen
der Superphysik und Esoterik

VENTLA-VERLAG 1977
2. Auflage

ISBN 3 88071 064 3
© 1976 by VENTLA-Verlag, Wiesbaden

2. Auflage

Herstellung: Ehrenklau-Druck, 6420 Lauterbach
Umschlaggestaltung: Ing. Arch. A. Wagner, München

Inhaltsverzeichnis

Verzeichnis der Bilder und Tafeln

Vorwort

Anfang des Jahres 1968 hörte ich im Radio eine wissenschaftliche Debatte von Experten für Astronomie, Astrophysik, Physik und Weltraumfahrt.

Dabei sagte ein Wissenschaftler: „Wir sind vollkommen allein im Weltraum", ein anderer Experte behauptete: „UFOs sind Humbug".

In dieser Weise stellten diese Experten noch mehrere Behauptungen auf, die sich teils widersprachen, teils einfach unglaubwürdig waren, denn wenn sie sich widersprachen oder unlogisch waren, konnten sie nicht der Wahrheit entsprechen.

Da ich damals über UFOs noch nicht so gut informiert war wie heute – manchmal hatte ich in Zeitschriften und Zeitungen zufällig einiges darüber gelesen –, beschloß ich, mich eingehend zu informieren. Ich dachte, außerirdische Weltraumfahrt müßte doch mit einiger Sicherheit feststellbar sein, wenn schon behauptet wird, daß solche Flugobjekte oft gesehen werden.

Nach dem Studium umfangreicher UFO-Literatur, einschließlich der

UFO-NACHRICHTEN, der einzigen deutschen Fachzeitung, die monatlich im *Ventla-Verlag*, D-6200 Wiesbaden 13, erscheint (z. Z. im 21. Jahrgang),

stellte ich schon nach kurzer Zeit fest, daß derart umfangreiche weltweite Informationen vorliegen, daß eigentlich niemand behaupten konnte, UFOs seien Humbug. Vielmehr wurde mir klar, daß weltweite Geheimhaltung, schlecht getarnte Ableugnung, Unwissenheit und Verwirrung, aber auch Irrtum und Täuschung das UFO-Thema so undurchsichtig machen, daß sogar Wissenschaftler solche ablehnende Behauptungen aufstellen konnten; sie mußten schlecht informiert sein, wenn sie nicht die großenteils seriöse UFO-Literatur studiert und deren Inhalt wissenschaftlich analysiert hatten.

Dazu hatten sie sich aber anscheinend weder die Zeit genommen, noch sie überhaupt für würdig befunden, studiert zu werden.

So ist es auch geblieben bis zum heutigen Tag.

Da ich mir nicht vorstellen konnte, daß diese Wissenschaftler sich für eine so interessante, ja faszinierende Sache nicht interessieren konnten, setzte ich mich mit mehreren Experten und Professoren in Verbindung, die für Weltraumfragen zuständig waren.

Eine hervorragend beweiskräftige UFO-Fotoserie, deren Betreuung ich inzwischen — mehr zufällig als gewollt — übernommen hatte, gab mir die für eine Korrespondenz mit Wissenschaftlern erforderlichen Voraussetzungen und Unterlagen.

Ich übersandte diese UFO-Bilder mit entsprechenden Kommentaren an bekannte Experten, die sie dann aber alle falsch und unterschiedlich beurteilten, was bewies, daß sie sich mit diesen oder ähnlichen Dingen noch überhaupt nicht befaßt hatten.

Die Korrespondenz, die sich daraus entwickelte, zeigte mir weiterhin, daß die Wissenschaftler mit allen Mitteln versuchen, das UFO-Thema ad absurdum zu führen. Sie benutzen dazu die bei Himmelsbeobachtungen und Beschreibungen von außergewöhnlichen Ereignissen am Himmel und auf der Erde vorkommenden Irrtümer, Falschmeldungen, Übertreibungen und manchmal bewußt ausgeführten Fälschungen von Fotos, die auch Wissenschaftler anfertigten, um zu beweisen, daß ebenso alle anderen Bilder Fälschungen sein müßten und absolut nichts Wahres an der ganzen Sache sei.

Außerdem bestehen bei ihnen so unterschiedliche Meinungen in grundlegenden und wesentlichen Fragen der Weltraumforschung, daß eine wissenschaftliche Koordination unter Wissenschaftlern, aber auch zwischen diesen und den Ufologen dringend erforderlich ist.

So übernahm ich ehrenamtlich und in kleinem Maßstab den Versuch einer wissenschaftlichen Koordination als aktiver Mitarbeiter bei der Deutschen UFO-Studiengesellschaft (DUIST), deren Gründer das Ehepaar Karl L. und Anny *Veit,* D-6200 Wiesbaden 13, ist, die als deutsche UFO-Pioniere seit über zwei Jahrzehnten diese Institution leiten und in ihrem „Ventla-Verlag" die deutsche UFO-Literatur publizieren.

In meinen Artikeln, die in den UFO-Nachrichten erschienen, beschrieb ich immer wieder die extrem unterschiedlichen Auffassungen der Wissenschaftler über ihre eigenen Disziplinen, aber auch ihre anscheinend schlechten Informationen und die daraus resultierende Ablehnung gegenüber ufologischen Fragen.

So behauptete Prof. Dr. Hoimar v. *Ditfurth* in seinen Fernsehsendungen:
„Es wimmelt im Universum von Leben",

während Prof. Heinz *Kaminski* von der Sternwarte Bochum als Leiter des Institutes für Satelliten- und Weltraumforschung erklärte:
„Die Existenz menschlichen intelligenten Lebens auf dieser Erde ist ein einmaliger Sonderfall im Universum; dort ist nichts!"

Zugegeben, ein Beweis ist für jede dieser Auffassungen kaum zu erbringen, wenn man nicht die Ufologie zuhilfe nimmt.

Einig sind sich fast alle Wissenschaftler aber nur darüber, daß es UFOs nicht geben könne, da keine physikalischen Voraussetzungen dafür bestünden, diese Riesenentfernungen von anderen Sonnensystemen oder gar Galaxien zu uns zu überbrücken. Von den Planeten unseres Sonnensystems können sie ja kaum kommen; aber das wissen die meisten Ufologen auch.

So kommt es zu dem „wissenschaftlich" propagierten Paradoxon, daß es UFOs nicht geben könne, ja nicht geben dürfe, da dies die uns bekannten Naturgesetze nicht zuließen, die Physik im Universum homogen (gleichartig) sei und daß das, was zehntausendmal weltweit gesehen und sogar fotografiert wurde, von der US-Luftwaffe und anderen beschossen wurde, viele eindeutige Spuren auf der Erde hinterließ usw., nur Täuschungen, Irrtümer und Schwindel sein müßten.

Um dieses Dilemma auszuräumen, wurde dieses Buch geschrieben, und es bleibt zu hoffen, daß die darin enthaltenen *schlagenden Beweise für die Existenz einer außerirdischen Weltraumfahrt, schon um der Wahrheit willen, alle diejenigen überzeugen können, die sich bisher nur oberflächlich mit diesen Problemen befaßt haben.*

Das Wissen um die UFO-Realitäten hat ein derartiges Ausmaß angenommen, daß es durchaus möglich und notwendig ist, *dieses Beweisbuch* zu konzipieren, um denjenigen *ein fast allgemeinverständliches Lehrbuch* in die Hand zu geben, die sich selbst und andere von der Realität der außerirdischen Raumfahrt durch plausible naturwissenschaftliche Feststellungen und Erklärungen überzeugen wollen. Die darin beschriebenen Einzelheiten sind durch viele Tausende von Menschen aller Berufe beobachtete und beschriebene Erlebnisse, wie Sichtungen, Beobachtungen und Fotos, ja sogar Kontakte mit dokumentarischen und handfesten Beweisen belegt, die allerdings von der großen Mehrheit der Menschen nicht einmal zur Kenntnis genommen werden können, da allgemeine Informationsmöglichkeiten und dazu die meist erforderliche Erfassungskraft fehlen. Die weltweit seit fast drei Jahrzehnten ausgeübte, bewiesene Geheimhaltung, Ableugnung und Lächerlichmachung des UFO-Themas durch militärische und andere Behörden und Institutionen, haben auch nicht zu einer wahrheitsgemäßen allgemeinen Besprechung und Aufklärung beigetragen, sondern ebendiese verhindert.

Bei dem Inhalt der einzelnen Kapitel dieses Buches handelt es sich nicht um Hypothesen oder Spekulationen, sondern um Tatsachen und wissenschaftlich logische Erklärungen auch da, wo es in die sogenannten Grenzwissenschaften geht. Dies gilt ebenso bei der Transzendentalen Physik, die nur für den reine Spekulation ist, der nichts davon weiß, da er nie etwas davon hielt, und es deshalb versäumte, sich über Parapsychologie und Metaphysik richtig und eingehend zu informieren, so daß er auch sie für Aberglauben hält.

So konnte es geschehen, daß ein Professor an einer Technischen Universität, Dr.-Ing. und Raumfahrt-Experte, einige Zeit nachdem ich ihm die NAGORA-UFO-Bilderserie übersandte, sagen konnte: „Sie könnten mir ja gleich ein Geisterfoto zeigen und behaupten, dieses sei echt!"

Offenbar hat der Herr Professor bis heute noch nicht erkannt, daß beide echt sein können — UFO-Fotos und „Geister"-Fotos.

Die in diesem Buch gezeigte und analysierte großartige NAGORA-UFO-Fotoserie beweist es, daß UFO-Fotos echt sein können.

Auf diese Art und Weise könnte dieses Buch durch Ergründung der fundamentalen Erkenntnisse und des wahren Sachverhaltes auf den Gebieten der Ufologie und der Grenzwissenschaften, also der Esoterik, der Parapsychologie und der Metaphysik, durch die Bestimmung naturwissenschaftlicher Realitäten einem großen Leserkreis ein neues Weltbild der Wahrheit vermitteln. Es könnte eine Antwort auf die Fragen, besonders die der Jugend, nach dem Sinn des Lebens geben, die begründet ist auf Erkenntnissen eines neuen, den Tatsachen entsprechenden Weltbildes.

Der gesamte Inhalt dieses Buches ist darauf ausgerichtet, die wahre reale Existenz außerirdischer Raumschiffe, der UFOs und anderer Realitäten zu beweisen und zu erklären.

Als Literaturangaben wurden in den meisten Fällen die *„UFO-Nachrichten" (UN), Ventla-Verlag, D-6200 Wiesbaden 13, Postfach 130185,* benutzt.

Dies dient der Bequemlichkeit des Lesers, da es sich vorwiegend um Übersetzungen von Originaltexten aus der internationalen UFO-Spezial-Literatur und um Meldungen von Korrespondenten der „UFO-Nachrichten" handelt.

„Harte Worte"

Bedauerlicherweise ist es nun so, daß bei umstrittenen Themen immer ein ungutes Element der Polemik nicht ganz zu vermeiden ist.

Dies ist bei allen sogenannten Grenzwissenschaften ebenso der Fall wie bei den sogenannten „exakten" Wissenschaften, solange ein großer Teil der disputierenden Wissenschaftler noch nicht ausreichend über *neue* revolutionäre, ja evolutionäre Erkenntnisse und Tatsachen informiert ist. Das war schon immer so, und man braucht sich nur der großen Schwierigkeiten bewußt zu werden, die z. B. Prof. Dr. h. c., Dr.-Ing. E. h. Hermann *Oberth*, Ehrenmitglied und -Vorsitzender der Deutschen UFO-Studiengesellschaft DUIST, der große Raketen-Pionier, über vier Jahrzehnte zu erdulden hatte, als er Ideen bekanntmachte und Theorien aufstellte, die Jahrzehnte erforderten, bis sie Wirklichkeit werden konnten.

Ebenso schwer haben es alle Grenzwissenschaften, die heute noch den meisten Menschen „okkult" vorkommen und mit denen viele — Wissenschaftler nicht ausgenommen — nichts zu tun haben wollen, *da sie diese für Aberglauben halten.*

So konnte es dazu kommen, daß ein allgemein bekannter Fernseh-Wissenschaftler, Dr. . . . schreiben konnte (nach: UN 222, März 1975, S. 2):

„Es tut mir leid. Ich halte die ganze Angelegenheit (der Ufologie; d. A.) *für eine moderne Variante des mittelalterlichen Hexenwahns. Die Menschen „wollen" immer, zu allen Zeiten, an etwas glauben, das über ihren Verstand geht. Anlässe finden sich, so oder so, immer."* („Mittelalterlicher Hexenwahn", siehe auch Kapitel „Ufologie — eine Ersatzreligion?"!)

Ein Astronom und Leiter einer westdeutschen Volkssternwarte schrieb in der Zeitschrift „Sterne und Weltraum" 1975/1 über die UFO-Forschung: *„. . . solche unliebsamen Zeiterscheinungen und Fehlentwicklungen . . .".*

Der Astronom und Leiter einer anderen deutschen Volkssternwarte schrieb in seinem Nachrichtenblatt „Blick ins All" im Juli/Aug. 1974 den Ufologen folgende Eigenschaften zu: „ *. . . Wunschdenken, Flucht aus der Wirklichkeit, Entfaltung der Phantasie und nicht zuletzt eine weitgehende Unkenntnis in Naturwissenschaft und Technik."*

In Kürze werden aber die Ufologie und auch die Grenzwissenschaften, bedingt durch die geradezu unglaublichen Fortschritte der Wissenschaften und Technologien und insbesondere durch die vielen bereits wissenschaftlich arbeitenden Pioniere auf kosmischen und transzendenten Wissensgebieten, *so weit erhellt sein, daß sie naturwissenschaftlich erfaßbar werden und dann ihre „mittelalterlichen Schrecken" auch für jene verlieren, die diese Zusammenhänge bis heute noch nicht erkannt haben.*

Bis dahin kommt es natürlich immer wieder zu Meinungsverschiedenheiten und Auseinandersetzungen, die auch im Bereich der Debatten um die Möglichkeiten außerirdischer Zivilisationen und deren eventueller Raumfahrt, den UFOs, nicht ausgeblieben sind.

Es bleibt also auch mir nicht erspart, auf solche verschiedenen Ansichten einzugehen und sie durch Argumente einer Klärung näherzubringen. Dabei müssen manche harte Worte und Äußerungen der Gegenseite ebenso erwähnt werden, wie der Versuch unternommen werden muß, diese zu entkräften. Wenn dabei Einzelpersonen oder auch Personengruppen quasi angegriffen scheinen, so sollte man bedenken, daß wir, also die Ufologen und Grenzwissenschaftler, uns immer nur in der Verteidigung unserer *neueren* Erkenntnisse befinden. Wenn dabei auch manche Meinungsverschiedenheit zutage tritt, so geht es endlich doch „nur" um Aufhellung und Aufklärung der tatsächlich bestehenden Realitäten, um die Findung und Verbreitung der Wahrheit über diese Dinge. Nur wahrheitsgemäße Informationen und entsprechendes Wissen führen uns weiter und weg von der derzeitigen Misere auf der Erde.

Einführung

Der weitaus größte Teil der irdischen Menschheit weiß trotz umfangreicher Spezialliteratur nicht oder glaubt nicht, daß „FLIEGENDE UNTERTASSEN", vor Jahren so genannt wegen ihrer untertassenähnlichen Tellerform, oder „UFOs" (= Flugobjekte unbekannter Herkunft), als aus dem Weltraum kommende Flugobjekte wirklich existieren.

Sie wurden seit Jahrtausenden beobachtet, wie Höhlenzeichnungen und sogar Bibeltexte beweisen, früher nicht verstanden, manchmal registriert, doch schnell wieder vergessen, wie heute auch. Erst seit unserer eigenen irdischen „Fliegerei", insbesondere seit unseren irdischen Raumfahrt-Experimenten, begann man ihre Existenz zu begreifen. Die ersten bewußten Beobachtungen neuerer Zeit wurden im zweiten Weltkrieg von Piloten der Luftwaffen gemacht, anfangs aber auch noch mißverstanden und als Geheimwaffen der jeweiligen Gegner deklariert oder als „Geister-Jäger" bezeichnet. Erst nach dem Krieg und insbesondere seit unseren ersten Atombomben-Explosionen und Raketen-Experimenten erschienen sie immer häufiger. Die für solche „Erscheinungen" eigentlich zuständigen Luftwaffen der Siegermächte, besonders der Amerikaner, standen zuerst vor einem Rätsel, und sie wußten nicht, was sie davon halten sollten und was da zu tun sei.

Nach Übereinkunft der Militärs mit Wissenschaftlern, Astronomen und Physikern entschloß man sich dann weltweit, die Realität solcher Flugobjekte möglichst lange geheimzuhalten, wobei es bis zum heutigen Tag geblieben ist.

Um diese Geheimhaltung auch durchzuführen, sah man sich gezwungen — auch durch kompetente Flugfachleute wie Piloten —, diese Sichtungen als Täuschungen, Irrtümer, Humbug, Spinnerei, Schwindel und Betrug hinzustellen und viele Beobachtungen, die inzwischen in die Zehntausende gingen, einfach abzuleugnen und eine Weitergabe und Verbreitung solcher Meldungen zu verbieten. Da die Behörden aber selbst im unklaren waren, worum es sich dabei eigentlich handelte und woher diese Flugobjekte kamen, die so außergewöhnliche Eigenschaften besaßen, daß sie nach irdischen physikalischen Voraussetzungen und Erkenntnissen gar nicht wirklich existieren konnten, befahlen sie Untersuchungen durch „Fachleute" in sogenannten Projekten oder Reporten. Die „Fachleute" aber, Wissenschaftler aller Fakultäten, meist Universitäts-Professoren, darunter auch Psychologen und Psychiater, verstanden selbst nicht viel davon und hatten auch noch die Auflage, die ganze Sache so hinzustellen, als existiere sie nicht, was jene dann auch gründlich taten (Condon-Report; siehe später!).

Inzwischen hatten sich immer mehr Privatleute für die außergewöhnliche und faszinierende Angelegenheit interessiert, und viele Gleichgesinnte hatten sich auf der ganzen Erde in UFO-Forschungsgruppen zusammengeschlossen, welche die dennoch bekanntgewordenen Beobachtungen sammelten und beschrieben und so zu UFO-Spezialisten wurden, die, obwohl sie oft keine Naturwissenschaftler waren, heute aus ihrer großen Erfahrung heraus eine ganze Menge von diesen Dingen verstehen. Natürlich bleibt auch für sie so manches noch rätselhaft und muß erst im Laufe der Zeit durch Spezialisten geklärt werden. So kommt es, daß sehr unterschiedliche Meinungen über viele Einzelheiten vertreten werden, die aber an der Existenz des UFO-Phänomens nichts ändern können. So stehen sich heute zwei Kontrahenten gegenüber:

I a.

Informierte, aber negativ eingestellte UFO-Gegner aus meist ganz bestimmten egoistischen Gründen, die daran interessiert sind, die derzeitigen Verhältnisse auf der Erde so lange als möglich beizubehalten. Sie versuchen noch immer, möglichst alles geheimzuhalten und abzuleugnen.

I b.

Schlecht Informierte und deshalb Unwissende können und wollen nicht an „so etwas" glauben, was ihr programmiertes Wissen und Denken umwälzend verändern müßte. Das war schon immer so: Jede grundlegend neue Sache hatte es anfangs schwer, sich durchzusetzen; viel mehr noch ein Phänomen, das sich als außerirdisch unserer jederzeitigen Überprüfung entzieht.

II.

Ufologen haben viele bekanntgewordene Beobachtungen registriert und, soweit es ihnen möglich war, analysiert. Sie haben die Tragweite einer Tatsache von außerirdischen Zivilisationen erkannt und versuchen, die Geheimhaltung zu durchbrechen, die Wahrheit der Weltbevölkerung bekanntzugeben und sie zu ermahnen, die allerdings weltumwälzenden Konsequenzen daraus zu ziehen.

Von dieser Situation also müssen wir ausgehen, um die in den verschiedenen Kapiteln dieses Buches beschriebenen Einzelheiten zu verstehen.

Dabei sind die Tatsachen

1. *einer strengen Geheimhaltung (top secret) und*
2. *einer Ableugnung durch die Behörden,*
3. *einer gewissen Verwirrung und Unsicherheit,*
4. *einer Tendenz, den status quo aufrechtzuerhalten, und*
5. *einer äußerst schwierigen physikalischen und technologischen Erklärung des Phänomens „UFO"*, das weit über unsere konservativen, offiziellen Erkenntnisse hinausgeht, *als absolut erwiesen zu betrachten.*

Wer sich mit den Manifestationen und Phänomenen der außerirdischen Weltraumfahrt, den UFOs, bei richtiger Information intensiv und mit dem nötigen Sachverstand für Weltraumfahrt und den dazugehörenden Disziplinen, wie Astronomie, Astrophysik, Physik, Atomphysik, Parapsycho-Physik einigermaßen befaßt hat, für den gibt es keinen Zweifel mehr, daß außerirdische Weltraum-Flugobjekte, die intelligent gesteuert werden, wirklich existieren. *Er braucht dies nicht mehr zu glauben, denn er weiß es, da er durch viele beweiskräftige Einzelheiten aus der Ufologie nur zu dem logischen Schluß kommen kann, daß UFOs in der dort beschriebenen Art und Weise Realitäten sind.*

In Abänderung eines Artikels von John *Keel,* einem amerikanischen UFO-Forscher, der in den UFO-Nachrichten Nr. 225 vom Juni 1975 Seite 4 erschien, kann man für deutsche Verhältnisse zustimmend sagen: Wenn Sie ein regelmäßiger Leser von Berichten in der UFO-Literatur und insbesondere in den UFO-Nachrichten (Ventla-Verlag) sind, wissen Sie mehr über Fliegende Untertassen als die Behörden einschließlich der militärischen Stellen und auch mehr als die weitaus meisten Wissenschaftler. Der Grund dafür ist einfach genug. Der Weltöffentlichkeit haben weder die Luftwaffen, die NASA noch die Geheimdienste die Wahrheit über die UFOs gesagt. Und wenn ein Zeuge kühn genug war, zu versuchen, den Behörden Einzelheiten über seine Erlebnisse zu geben, wurde er gewöhnlich ignoriert wie in den Tagen des amerikanischen Projekts Blue Book, sein Bericht wurde in den Pott „notorischer Idioten" geworfen. Aber zahlreiche Korrespondenten und Untersucher von UFO-Beobachtungen und -Meldungen haben sorgfältig auf die Berichte von UFO-Zeugen gehört und deren Erlebnisse für die UFO-Literatur analysiert und beschrieben.

Einige dieser Geschichten waren zugegebenermaßen weit abwegig – aber UFOs sind ein „abwegiger" Gegenstand und umfassen unheimliche Manifestationen, die bis ins Übernatürliche hineinragen.

(Ende des Zitates)

17

Wir Irdischen haben es also mit ganz außergewöhnlichen Phänomenen, Manifestationen und Tatsachen zu tun. Wenn wir uns diese oft nicht ganz erklären, ja nicht einmal vorstellen können, so sollten wir doch bedenken, daß das Wissen um solche Dinge auf unserer Erde noch sehr „in den Kinderschuhen steckt".

Außerirdische Weltraumfahrt durch UFOs – Eine Realität

KAPITEL 1

Beweismethoden für außerirdische und überirdische Realitäten

Immer wieder wird uns Ufologen gesagt, wir hätten keine Beweise für unsere Behauptungen, daß es eine außerirdische Weltraumfahrt durch die inzwischen weltbekannten UFOs gibt, und diese würden nur auf Täuschungen, Irrtümern, Halluzinationen und Schwindel beruhen.

Für UFO-Forscher stellt sich die Frage einer realen Existenz außerirdischer Weltraum-Flugobjekte überhaupt nicht, da ihre Realität mit weitaus genügender Sicherheit bewiesen ist.

Um dieses Dilemma endlich aus der Welt zu schaffen und den Menschen, die sich um die Wahrheit über dieses Thema bemühen und diese erkennen wollen, eine beweiskräftige Informationsmöglichkeit zu bieten, soll mit diesem Buch unter Darbietung der in der Ufologie bekannten Tatsachen und deren logischen Folgerungen, Punkt für Punkt der Argumente gegen die UFOs entkräftet werden, um selbst größte Skeptiker und Gegner von der Realität dieser außerirdischen Weltraumschiffe zu überzeugen.

Allerdings muß man dabei bedenken, daß die Beweise nicht durch eigene Experimente zu erbringen sind, sondern daß wir die Manifestationen und Phänomene auf uns zukommen lassen müssen, um sie zu beobachten, zu registrieren, zu analysieren, zu vergleichen und um endlich die logischen Folgerungen daraus zu ziehen.

Da es sich dabei um Realitäten aus einer anderen Welt, also nicht um irdische Dinge handelt, müssen wir mit für uns ganz außergewöhnlichen Tatsachen rechnen. Wenn wir dabei nicht alles sofort verstehen, berechnen und beweisen können, so ist das kein Grund zu der Annahme, daß solches nicht existieren könne.

Dabei kommt uns nun unsere junge eigene Raumfahrt zuhilfe, die schon bewiesen hat, daß Menschen im Weltraum reisen und andere Himmelskörper betreten können.

Es ist also durchaus nicht absurd, wenn wir behaupten, daß seit langer

Zeit Weltraum-Flugobjekte von anderen Planeten bei und auf unserer Erde gesehen wurden und werden und daß Beweise dafür existieren.

Außerirdische und überirdische Realitäten sind eben nicht auf dieselbe Art beweisbar wie irdische Objekte und Substanzen.

Auch in anderen Wissenschaftszweigen ist der handgreifliche Beweis nicht immer durchzuführen, z. B. kann die Astronomie auch nicht Planeten oder Sterne, Quasare oder Pulsare vom Himmel bzw. aus dem All holen, um sie im Laboratorium zu untersuchen. Sie ist ebenso und noch viel mehr als die UFO-Forschung auf optische Beobachtung angewiesen und hat nicht einmal nachweisbare Beschädigungen, Bruchstücke, Verbrennungen, Fotos aus relativ geringer Entfernung usw., wie sie der UFO-Forschung zur Verfügung stehen.

Mit Hilfe des in der Ufologie seit zweieinhalb Jahrzehnten zusammengetragenen Wissens sollen der Aufbau und die Darstellung einer akzeptablen Beweisführung durchgeführt werden. Dabei müssen Wissenschaftszweige angesprochen werden, wie sie sonst kaum jemals in diesem Umfang zur Debatte stehen und die oft bis an die Grenze des derzeitigen menschlichen Wissens und Begreifens herangehen, an die sogenannten Grenzwissenschaften.

Diese sind durch die „exakten" Wissenschaftler größtenteil noch nicht anerkannt, da ihre Phänomene und Manifestationen nicht immer und jederzeit experimentell nachvollziehbar sind.

Die reale Existenz dieser Phänomene und Manifestationen und ihrer Urheber, der Außerirdischen, Überirdischen und der „Jenseitigen", und ihrer Physik ist mit hinreichender Sicherheit feststellbar, analysierbar und wird immer erklärbarer für den, der sich intensiv damit befaßt.

Ohne ein umfassendes Wissen ist aber vieles, das mit Ufologie und Grenzwissenschaften zusammenhängt, kaum verständlich, und darin liegt wohl auch die große Schwierigkeit, die so viele daran hindert, sich ernstlich damit zu befassen.

In den folgenden Kapiteln werden eine so große Anzahl von absolut glaubwürdigen Berichten und nachprüfbaren empirischen Beweisen für die reale Existenz dieser Flugobjekte gebracht und erörtert, daß sich dieser Beweisführung bei logischem, nicht bei emotionalem Denken kaum jemand entziehen kann.

UFOs sind experimentell bewiesen

UFOs, deren Existenz, deren außerirdische Herkunft und Physik, und deren außerirdische Insassen sind empirisch, logisch und experimentell genauso bewiesene Realitäten, wie viele exakt-wissenschaftliche Tatsachen, nur sind diejenigen, welche die Experimente ausführen, eben andere, keine irdischen Menschen, sondern Außerirdische.

Sie führen uns nicht nur Experimente vor, sondern auch die praktische Ausführung ihrer Erkenntnisse und ihrer Technologien. Wir brauchen diese ihre Vorführungen nur als „Experimente" zu akzeptieren, studieren und analysieren, um festzustellen, daß sie sich tausendmal gegenseitig bestätigen und daß sie einwandfrei mit einer nur kleinen Pannenquote, die uns ihre materielle Existenz nur noch mehr bestätigt, seit Jahrzehnten und noch viel länger funktionieren.

Allerdings sind wir nicht imstande, diese Experimente selbst dann durchzuführen, wann wir dies wünschen, vielmehr müssen wir geduldig warten, bis sie von den Außerirdischen vorgeführt werden.

An der Realität der von ihnen vorgeführten Experimente aber kann man genausowenig zweifeln, wie wenn diese von uns durchgeführt würden, denn wer Experimentator ist, spielt im Grunde genommen keine Rolle, wenn das Experiment gelingt, und daran sollte nach den von den UFOs vorgeführten Zehntausenden „Experimenten" doch überhaupt kein Zweifel mehr bestehen.

Die Beobachtungen wurden durch gewisse Behörden und durch die privaten UFO-Forschungs-Gesellschaften und -Gruppen gesammelt; ihre Auswertung wurde oft versucht und teilweise mit Erfolg durchgeführt, aber oft auch mißverstanden und wieder vergessen, so daß die Erkennung von Gemeinsamkeiten ebensooft möglich wie unmöglich war.

Jetzt ist es an der Zeit, über die Prüfung von Hypothesen hinaus zu einer Erkenntnis der Fakten zu gelangen und diese der Weltöffentlichkeit nicht länger mehr vorzuenthalten.

Würden übertriebene Skeptiker aber nicht von vornherein die UFOs für nicht existent halten, sondern selbst die Erforschung betreiben, dann wären diese „Phänomene" für alle Wissenschaftler und damit für die Weltöffentlichkeit längst als das erkannt, was sie sind, nämlich — außerirdische Weltraum-Flugobjekte.

Zwar scheuen sich viele Wissenschaftler und Experten nicht, über ihre Hypothesen zu schreiben und zu sprechen als seien sie bewiesene Tatsachen, aber wenn die Bezeichnung UFO auftaucht, verfallen sie sofort in einen gewissen Tonfall und in einen die Ufologen bemitleidenden Gesichtsausdruck; und man kann innerhalb der nächsten Sekunden damit rechnen, daß sie ironisch die „kleinen grünen Männer" wieder einmal mehr zitieren und dann zur Tagesordnung übergehen.

Dabei ist es doch so, daß jeder Wissenschaftler und einschlägige Experte, der das durch die UFO-Forschung erarbeitete und verfügbare

Material unvoreingenommen und objektiv studieren und analysieren würde, nur zu dem Schluß kommen kann:

Die Erde wurde und wird tatsächlich von bemannten, intelligent gesteuerten Raumschiffen besucht, die aus anderen Sonnensystemen kommen.

Nicht nur das UFO-Phänomen ist erstaunlich, sondern noch viel mehr, warum man es einfach zu ignorieren versucht. Wissenschaftler und alle, die sich mit der Existenz der UFOs befassen, sind allerdings gezwungen, Realitäten zu akzeptieren, die sie wegen der irdisch begrenzten Möglichkeiten nicht selbst jederzeit gewollt herbeiführen, wiederholen und überprüfen können. Die von den Wissenschaftlern verlangten Experimente aber werden von den Außerirdischen vorgeführt, man braucht sie nur gelegentlich zu beobachten oder von anderen beobachtete zu studieren und die logischen Schlüsse daraus zu ziehen, dann hat man die Beweise.

Durch die vieltausendfach von UFOs vorgeführten „Experimente" hat die weltweite UFO-Forschung die Möglichkeit, die physikalischen, technologischen und, wenn man die Kontakte mit UFO-Insassen akzeptiert, sogar die persönlichen, wirtschaftlichen, politischen und wahrscheinlich auch religiösen Aspekte zu erforschen und zu vergleichen.

Diese neuen Erkenntnisse der kosmischen Realitäten können dann zweifellos zu einer grundlegenden Verbesserung der Verhältnisse auf der Erde beitragen.

Die beobachteten realen, materiellen, anscheinend metallischen Flugkörper mit ihren phantastischen Eigenschaften müssen irgendwo hergestellt werden. Eine irdische Herkunft scheidet aus vielen noch zu besprechenden Gründen aus, so daß nur außerirdische, höchst intelligente Hersteller mit einer entsprechenden industriellen Kapazität die Urheber sein können.

Die logische Wahrscheinlichkeit einer Kommunikation mit diesen außerirdischen Intelligenzen ist jedenfalls nicht auszuschließen, denn die beobachteten UFOs werden intelligent gesteuert, ihre Insassen wurden bereits viele hundert Male in den Objekten und in ihrer Nähe gesehen, und „Kontaktler" behaupten, mit ihnen gesprochen bzw. sich mit ihnen verständigt zu haben.

KAPITEL 2

Existenz außerirdischen Lebens

Für den, der den geistigen Sprung in das kosmische Bewußtsein zustande bringt, ist die reale Existenz außerirdischer und überirdischer Welten keine Frage einer eventuellen Möglichkeit, einer philosophischen oder religiösen Vorstellung, sondern eine durchaus sichere logische Gewißheit, eine Realität.
Diese Welten umfassen einfachste Lebewesen wie auch göttliche Hierarchien. Sie haben ihre natürlichen Gesetzmäßigkeiten und ihre besonderen physikalischen Gesetze; auch dort hat jede Wirkung ihre Ursache, wie bei uns (siehe Tafel I Seite 115).
Man sollte sich dabei klar sein darüber, daß die hauchdünne Schicht um unsere Erde, in der animalisches und vegetabiles Leben überhaupt möglich ist — sie beträgt bei einem gedachten Erddurchmesser von *einem* Meter nicht einmal *einen halben* Millimeter —, nicht der einzige Lebensraum sein kann im ganzen Universum mit seinen noch unbekannt vielen, aber sicher vielen Tausenden bis Millionen Galaxien, in denen jeweils wieder Milliarden Sterne mit möglicherweise Milliarden Planeten kreisen, von denen immerhin eine sehr große Anzahl bewohnt sein könnte.
Aus einer Studie der „Amerikanischen Akademie der Wissenschaften" geht hervor, daß dort zwölf Astronomen der Ansicht sind, daß die Suche nach Leben im All notwendig ist.
In der Nähe unseres Sonnensystems wurden in den vergangenen Jahren zwanzig Sterne entdeckt, die ebenfalls von Planeten nach Art von Mars, Venus oder Erde umkreist werden. Die Entfernung von uns beträgt ca. fünfzehn bis zwanzig Lichtjahre.

Die Leuchtstärke solcher fremder Planeten ist aber zu gering für ein Sichtbarwerden in unseren Fernrohren.
Deshalb dürfte es äußerst schwierig sein, Planeten zu identifizieren, von denen bestimmte UFOs kommen, denn wir kennen ja nicht einmal eine ihnen eigene Bezeichnung, einen Namen oder auch ihre Position im Raum.

Im Umkreis von zehntausend Lichtjahren rund um die Erde gibt es schätzungsweise über eine Million belebter planetarischer Systeme.
Wir müssen also mit weiteren umfangreichen Lebensräumen rechnen, die in ihren physikalischen Vorbedingungen und Gesetzen für ein Leben

durchaus nicht unseren bisher bekannten oder denkbaren Gegebenheiten entsprechen müssen.

Es wird aber nicht nur die Physik, sondern auch sehr vieles andere sehr viel anders sein auf anderen bewohnten Himmelskörpern. Wer glaubt, es müsse dort alles so ähnlich sein wie auf der Erde, der vergißt, daß alles auf unserem Planeten Bestehende eben nur durch diese Menschheit so ist, wie es ist. Möglicherweise und wahrscheinlich werden ganz andere Entwicklungstendenzen und Entwicklungsformen auch gänzlich andere Wirkungen erzielt haben. Es wird kaum etwas so sein wie auf der Erde; man denke nur z. B. an: die Religionen, die Philosophien, die Art der Zusammenfassung und des Zusammenlebens von Menschen in Staaten, in Familien, die verschiedenen Rassen, die Art der wirtschaftlichen, kulturellen, künstlerischen, wissenschaftlichen und technischen Entwicklung!

Am Beispiel der Religionen bzw. Konfessionen wird das besonders offensichtlich. Die Ansichten unserer Theologen zeigen die ganze Problematik auf. So haben sich katholische Theologen schon wiederholt den Kopf darüber zerbrochen, ob ein außerirdisches Leben auch mit der „Erbsünde" belastet sei. Dieselbe Frage warf der katholische Theologe Norbert Maginott von der Universität Augsburg im Herbst 1975 in Garmisch-Partenkirchen auf, als er bei der 24. Raumfahrttagung der Hermann-Oberth-Gesellschaft zur Förderung der Erforschung des Weltraumes, diese Frage noch folgendermaßen erweiterte: Ein Element dessen, was die Theologie als „Erbsünde" bezeichnet, sei die Endlichkeit des Lebens, es müsse also auch ein Sterben geben. Eine andere Frage sei, ob ein Wesen in anderen Welten auch eine persönliche Schuld, eine Sünde begehen könne. Theologen beider Konfessionen vertraten in einer Podiumsdiskussion die Auffassung, daß die biblische Botschaft für den gesamten Kosmos gelten müsse. (Wörtlich zitiert nach der Zeitung SZ Nr. 229 vom 6. 10. 75.)

Dazu kann man nur sagen: Sorgen haben die Leute! Und wieso „müsse" die biblische Botschaft für den gesamten Kosmos gelten? Im Gegenteil, es wird dort kein Christentum, keinen Buddhismus, keine unserer anderen Religionen und Sekten geben. Es gibt Aussagen von Außerirdischen, aber auch von Kontaktlern, die das bestätigen.

Alles wird also irgendwie anders sein.

Es ist anzunehmen, daß nicht alle diese Zivilisationen ihre Auseinandersetzungen und Meinungsverschiedenheiten, wenn es solche überhaupt noch geben sollte, durch unsinnige Kriege austragen, in denen Millionen Menschen durch die Machtgier einzelner lebenslänglich schwer geschädigt oder gar völlig sinnlos vernichtet werden.

Es kann dort Lebewesen geben, auch menschliche oder menschenähnliche, die z. B. keiner Sauerstoff-Atmosphäre bedürfen und die, bei uns noch unbekannten biochemischen und biophysikalischen Voraussetzungen auch bei einem nicht unbedingt irdisch-ähnlichen Körper, trotzdem intelligent und bewußt leben können.
Aber das wird für sehr viele Menschen noch undenkbar sein!
Fast alles wird also anders sein, so daß auch vom psychologischen Standpunkt aus anzunehmen ist, daß die Denk- und Handlungsweisen Außerirdischer auch nicht mit unseren übereinzustimmen brauchen. Es werden somit Fragen wie: Warum tun sie dies oder das, warum verhalten sie sich oft in für uns unverständlicher Weise, warum landen sie nicht in größerer Zahl öffentlich usw. – ihren Sinn verlieren.

Aus ihrer uns oft unverständlichen Verhaltensweise eine Existenzfrage, ob es außerirdische Zivilisationen dort und deren Weltraum-Flugobjekte (UFOs) heute und hier im Beobachtungsraum unserer Erde überhaupt geben kann, zu machen, ist also nicht richtig. Tatsache ist doch, daß sie hier sind und viele tausendmal gesehen wurden und immer wieder gesehen werden; ob uns ihr Verhalten und ihre Existenz verständlich sind oder nicht, spielt hierbei keine Rolle.

Uns bleibt nichts anderes zu tun, als diese uns teilweise noch unverständliche Existenz und ihre Folgeerscheinungen zu akzeptieren und sie zu erforschen, wobei wir unsere irdisch-menschlichen Gedanken zeitweise vergessen sollten; sonst müssen wir vor diesem uns völlig Neuartigen kapitulieren, was auch sehr viele tun.

Die Astronomie, die Radioastronomie, die Astrophysik und die Astrobiologie suchen zweifellos mit allen Mitteln zu ergründen, ob es außerhalb der Erde Leben geben kann. Jeder natürlich auf seine Weise, aber darin sind sich schon fast alle einig, daß unser Planet nicht allein im Universum ein Lebensträger sein kann und sein wird.

Neuerdings wurden Riesen-Radioteleskope gebaut. Eines steht in Deutschland, in der Eifel, mit ca. einhundert Meter Durchmesser, ein anderes, in Amerika, besteht aus fünf Parabol-Antennen zu je achtzehn Meter Durchmesser, die auf einer zweihundertfünf Meter langen Strecke montiert sind und deren gesamtes Auflösungsvermögen einer Einzelantenne von mehr als zweihundert Meter Durchmesser entspricht.

Mit diesem Radioteleskop beobachteten amerikanische Wissenschaftler die Radiosignale von – man nannte sie – Cygnus X-3, einer Röntgenstrahlenquelle im Sternbild des Schwans.

Die Signale verstärkten sich Anfang September 1972 um mehr als das zweihundertfache ihrer normalen Intensität. Angesehene Wissenschaftler sprechen davon, daß es sich bei Cygnus X-3 um eine von intelligentem Leben in Betrieb gesetzte Nachrichten-Übermittlungsstelle handeln könnte. Man schätzt ihre Entfernung auf ca. 6500 Lichtjahre. (Nach: ESOTERA vom Oktober 1973, S. 932, Bauer-Verlag, 7800 Freiburg/Br. — Autor: Erich Nietsch, Nürnberg.)

Die USA planen und werden später eine Riesen-Relais-Raumstation bauen mit zwölf entfaltbaren Radioteleskopen, von denen jedes für sich dreißigmal so groß sein wird wie das z. Z. größte Radioteleskop der Erde. Diese Station wird in der Lage sein, jedes Signal aus den Weiten des Universums zu analysieren. (ESOTERA, August 1972, S. 752 — Autor: RFJ/JADA.)

Das neueste Riesen-Radioteleskop, das der Physik-Nobelpreisträger Sir *Martin Ryle* bei Cambridge (England) erbaute und das im ZDF, dem Zweiten Deutschen Fernsehen, am 9. Dezember 1974 um 20.15 Uhr in der Sendung „Aus Forschung und Technik" von dem deutschen Wissenschafts-Journalisten und -Reporter *Peter G. Westphal* vorgestellt wurde, *entspricht der Leistung eines Riesen-Parabolspiegels von 5000 Meter Durchmesser.* Es besteht aus acht 13-Meter-Teleskopen, auf einer 5 Kilometer langen Strecke montiert, und *dürfte das z. Z. leistungsfähigste Radioteleskop der Welt sein.*

Ein Empfang von elektromagnetischen Zeichen außerirdischer Intelligenzen wird aber auch mit diesem Radioteleskop nur möglich sein, wenn jene dieselben Wellenlängen benutzen, wie wir sie zu empfangen in der Lage sind.

Es hat den Anschein, als ob Kommunikationen mit Außerirdischen entweder von diesen nicht erwünscht oder nur auf einer ganz anderen, uns noch nahezu unbekannten Basis möglich sind. Hinweise auf solche telepathischen oder ähnliche Kommunikationsmethoden gehen auch aus den Kapiteln

„Höherdimensionale Transzendentale Physik",
„Übergang der Materie in Energie — und umgekehrt" und
„Zwei medial-telepathische Durchsagen von außerirdischen Intelligenzen" hervor.

Der bei allen diesen Projekten und Objekten benötigte Aufwand an Geldmitteln und an wissenschaftlicher Kapazität ist so groß, daß nur eine große Sicherheitsquote für Kontakte mit außerirdischen Zivilisationen diesen rechtfertigen kann. Die Wissenschaftler lassen in ihren Äußerungen aber erst seit einigen Jahren keinen Zweifel mehr an ihrer sicheren Annahme, daß außerirdisches intelligentes Leben existiert.

Weltraumforscher aus Polen, den USA und der Bundesrepublik Deutschland bekannten sich bei der 24. Raumfahrttagung der Hermann-Oberth-Gesellschaft zur Förderung der Erforschung des Weltraumes dazu, daß außerirdisches Leben irgendwo im Universum nicht nur möglich, sondern wahrscheinlich ist.

Auch der ehemalige Präsident *Nixon* und Prof. *Wernher v. Braun* äußerten sich öffentlich wiederholt in diesem Sinne, ebenso wie Sprecher der NASA erklärt haben: „Unsere Hauptaufgabe ist es, nach einem Leben außerhalb der Erde zu suchen".

Die Hauptaufgabe der Riesen-Radio-Teleskope wird also nicht allein der Empfang der Impulse von hypothetischen Neutronensternen sein, die man mangels anderer Erklärungen als „Pulsare" bezeichnet, sondern in der Hauptsache der Empfang und die Erforschung von elektronischen Lebenszeichen und eventuellen Nachrichten außerirdischer Existenzen.

Die Wahrscheinlichkeit außerirdischer Intelligenzen und Zivilisationen wurde mindestens seit dem Jahre 1960 von mehreren Personen und Gruppen von Radioastronomen und anderen Experten durch Wahrscheinlichkeits-Rechnungen in mehreren Projekten zu ergründen versucht.

Auf einer Konferenz, die im November 1961 im Observatorium für Radioastronomie von Green Bank (West-Virginia) stattfand, versuchte *Frank Drake*, alle für die Wahrscheinlichkeit interplanetarischer Kontakte nach seiner Ansicht maßgebenden Faktoren in einer mathematischen Gleichung zusammenzufassen, der sogenannten Green-Bank-Gleichung.

Diese Berechnungsmethode kam wie alle anderen zu dem Ergebnis, daß eine große Anzahl von Himmelskörpern in näherer und fernerer Umgebung der Erde höchstwahrscheinlich belebt sein werden.

Das Projekt OZMA, das im Jahre 1960 ebenfalls in Green Bank gestartet wurde, sollte mit dem 28-Meter-Teleskop eventuelle Funksignale aus Richtung von TAU CETI (12,2 Lichtjahre entfernt) und EPSILON ERIDANI (10,8 Lichtjahre entfernt) empfangen. Das Radioteleskop war für diese Versuche nicht geeignet, und die Versuche wurden ergebnislos abgebrochen.

Eine daraufhin als Ersatz erbaute Versuchsanlage von 300 Meter Durchmesser, auf einem Talboden bei ARECIBO in Porto Rico als festes Radio-Teleskop mit großem Aufwand errichtet, übernahm dieselbe Aufgabe. Es wurde von der Abteilung für wissenschaftliche Forschung der US-Luftwaffe errichtet und sofort nach der Fertigstellung im Jahre 1964 vom US-Verteidigungsministerium übernommen.

Alle dort erzielten Resultate wurden und werden bisher geheimgehalten. Das neueste, von amerikanischen und sowjetischen Fachleuten seit 1972 gemeinsam in Angriff genommene Projekt CETI (Communication with Extraterrial Intelligence) wird durch folgenden CETI-Fragebogen vorbereitet:

1. Gibt es außerirdische Zivilisationen?
2. Was verstehen Sie unter einer außerirdischen Zivilisation?

3. Halten Sie einen Kontakt mit außerirdischen Zivilisationen für möglich?

4. Besteht überhaupt die Möglichkeit, die Information zu verstehen, die in den Signalen einer außerirdischen Zivilisation enthalten sein wird?

5. Welche Folgen kann ein Kontakt haben?

6. Wie sind die Signale außerirdischer Zivilisationen zu suchen?

7. In welchen Richtungen sind die Forschungen zu den CETI-Problemen voranzutreiben?

Wenn schon anerkannte amerikanische und sowjetische Wissenschaftler gemeinsam diese Fragen zu beantworten hatten, die das CETI-Organisationskomitee ausarbeitete, dann müßte jedem Beobachter dieser Aktivitäten klarwerden, daß die exakte Wissenschaft von der Existenz außerirdischer Zivilisationen überzeugt ist, und wenn man die Fragen im einzelnen untersucht, dann kann man feststellen, daß diese von der Ufologie längst beantwortet sind.

Der sowjet-russische Astronom *Joseph S. Schklowsky* meint in Beantwortung der Frage 5:

„Alles ist möglich. Es können ebensolche Gefahren auftreten wie infolge eines Krieges, bei dem Kernwaffen oder bakteriologische Waffen eingesetzt werden. Deshalb müssen vorsorglich exakte internationale Übereinkünfte und ein internationales Kontrollsystem geschaffen werden."

Wenn bisher keine direkten Funkkontakte oder keine andere elektromagnetische Verständigung mit Außerirdischen zustande kamen, so kann das dadurch bedingt sein, daß sie die bei uns üblichen oder möglichen Wellenlängen oder Kommunikationsarten nicht benutzen. Ihre physikalischen Möglichkeiten können und werden auf ganz anderen, uns nicht bekannten oder von uns nicht ausgeübten Nachrichtenmitteln beruhen. Ähnliches ist auch nach den Erfahrungen der sogenannten Kontaktler im UFO-Bereich und bei dem Phänomen der sogenannten Transzendentalstimmen auf dem parapsycho-physikalischen Sektor anzunehmen.

Die Kontaktler erzählen von telepathischen, von psychischen und neurophysikalischen Verständigungsmöglichkeiten und Beeinflussungen, aber seltener von Verständigung durch Sprache, elektromagnetische und elektronische Technologie, auch nicht bei den Außerirdischen untereinander.

Deshalb also haben wir keine Beobachtung, keinen Empfang und keine Verständigung über elektronische Nachrichtenmittel der Außerirdischen. Eine Kommunikation zwischen ihnen und uns wird so lange nicht stattfinden, wie sie eine solche nicht wünschen, nicht zulassen und sie nicht selbst herbeiführen. Andererseits gibt es bereits viele interessante Aussagen über telepathische und mediale Kontakte, die das vorher Gesagte bestätigen.

Der Beweis für die Existenz außerirdischer Intelligenzen und Lebewesen nach menschlicher Art ist aber längst durch die UFO-Forschung erbracht. Sie werden in diesem Buch in einem besonderen Kapitel „Außerirdische UFO-Insassen" beschrieben.

Man kennt ihr Verhalten, ihr Aussehen, und es ist anzunehmen, daß man mit ihnen auf viel einfachere und leichtere Weise in Verbindung treten könnte, als mit Radioteleskopen über Weltraumentfernungen, nämlich bei ihren immer wieder beobachteten Landungen auf der Erde.

Außerirdische präsentieren uns nicht nur eine Wissenschaft und Technik, die die meisten von uns in ungläubiges Staunen versetzen, sondern im Gegensatz zu uns Irdischen auch eine höhere Ethik und Moral, deren wir größtenteils nicht fähig sind, was sich z. B. in den tödlichen Auseinandersetzungen der Völker durch Kriege zeigt, eine, wie sich fortlaufend erwiesen hat, völlig ungeeignete Methode, das Zusammenleben der Menschen zu regeln.

Deshalb könnte und wird es so sein, daß der Menschheit unserer Erde erst zu einem bestimmten späteren Zeitpunkt der Kontakt mit außerirdischen Zivilisationen von diesen selbst erlaubt und herbeigeführt wird, wenn die irdische Menschheit einen höheren Grad „kosmischer Reife" erreicht hat.

Daß dies noch nicht der Fall ist, zeigt das irdische Chaos deutlich genug. Es wird erst dann anders werden, wenn die Menschen der Erde erkannt haben, daß die von ihnen erfundenen, vielen falschen Weltanschauungen, die sie zu Dogmen erhoben haben, und deren Bankrott z. Z. offensichtlich wird, verwerfen und durch höhere Erkenntnisse mit Hilfe ihres Verstandes und der Logik ein neues Weltbild der Wahrheit und der Realitäten aufbauen, nach kosmischen Gesetzen leben und so handeln, wie das bei außerirdischen Zivilisationen längst der Fall zu sein scheint. Das jedenfalls wird von UFO-Kontaktlern berichtet, die nach ihren Aussagen Kommunikationen mit Außerirdischen hatten.

Wir müssen logischerweise die im Zusammenhang mit UFOs gesehenen Planetarier als Beweis für die Bewohntheit anderer Planeten und damit für die Existenz außerirdischen menschlichen Lebens anerkennen, denn so weit sollte unsere Überheblichkeit nicht gehen, daß wir glauben könnten, das ganze Universum sei nur allein für uns geschaffen oder unser millionenfach vielfältiges Leben auf der Erde sei nur ein einmaliger Zufall.

29

KAPITEL 3

Der außerirdische Ursprung der UFOs

Der außerirdische (extraterrestrische) Ursprung der UFOs steht, bedingt durch viele verschiedene Argumente, absolut fest, *denn es gibt keine Möglichkeit, daß sie von unserer Erde stammen könnten.* Diese Behauptung wird durch die Vielfalt der beobachteten Flugobjekte, durch die große Zahl ihrer Erscheinungen mit einem umfangreichen Aufwand an technischem Gerät und physikalisch-technologischer Perfektion und mehreren Varianten an beobachteten Besatzungen, die wegen ihres Aussehens und ihres Verhaltens nicht von der Erde stammen können, zur absoluten Gewißheit.

Es fehlen auf der Erde noch alle Vorbedingungen sowie die Materialien, die physikalischen Voraussetzungen, das Wissen um Methoden zur Freisetzung so gewaltiger Energien, die menschlichen Qualitäten, um eine universelle Weltraumfahrt in dem uns vorgeführten Maß in Szene zu setzen.

Folgend soll eine Anzahl oft beobachteter typischer Eigenschaften und Merkmale außerirdischer Flugobjekte kurz erwähnt werden, wie sie von irdischer Physik und Technologie her z. Z. unmöglich praktisch angewandt werden können; eingehendere Beschreibungen folgen in den Kapiteln über Antriebsprobleme und physikalische Eigenschaften:

Antriebsart

Sie haben einen Antrieb, der ohne Propeller, ohne Turbinen und ohne Hubschrauber-Rotoren, die sowieso nur in einer Atmosphäre eine treibende Wirkung hätten, aber auch fast immer ohne Strahl-Triebwerke und -Düsen oder selten mit solchen von anscheinend untergeordneter Bedeutung, uns noch unvorstellbare Leistungen liefert. Diese enormen Leistungen erreichen sie fast ohne Geräusche, meist geräuschlos, manchmal mit leisem, summendem Ton, wie wir ihn von Transformatoren oder Elektromotoren her kennen.

Leuchten wie glühend

Oft entsteht eine Ionisation bzw. Lumineszenz (Leuchten) der Flugkörper, die dadurch wie in den Farben Rot- Orange, Weiß, Grün, Blau oder Violett leuchtend aussehen und immer wieder so beschrieben werden. Der Wechsel der Farben scheint mit verschiedener Antriebsleistung in Zusammenhang zu stehen.

Dieses Leuchten läßt auf Ionisation durch erforderliche und vorhandene elektrische Supra-Energien bzw. -Felder von wahrscheinlich Millionen Elektronen-Volt schließen, die für den Antrieb notwendig sind oder durch diesen entstehen. *Das Leuchten oder „Glühen" der Flugobjekte ist ein ufotypisches Phänomen und beweist außerirdische Atomphysik.*

Elektromagnetische (EM-)Effekte

Häufig beobachtet werden bei UFO-Sichtungen starke Beeinflussungen auf elektrische Anlagen aller Art, auf Licht- und Kraft-Stromnetze, auf Licht- und Zünd-Anlagen in Kraftfahrzeugen, Flugzeugen und Schiffen, Effekte, die teilweisen oder völligen Spannungsverlust herbeiführen.

Beschädigungen und Spuren

Bei beobachteten Landungen von UFOs wurden mehrmals Verbrennungen an Vegetation, also an Bäumen, Gras, Holz, Steinen, aber auch kreisrunde Torsionen im Gras oder auf Feldern im Durchmesser des beobachteten Objektes festgestellt, wobei sogar noch stunden- und tagelang leuchtende und jahrelang vegetationslose Kreise in entsprechender Größe von mehreren Personen besichtigt werden konnten. Einflüsse auf Menschen und Tiere, auch Verletzungen, Verbrennungen und Strahlenschäden, ja Tötungen durch Unfälle mit UFOs wurden bekannt.

Flugeigenschaften

Die als UFOs bezeichneten Flugobjekte haben Flugeigenschaften, die es erlauben, daß sie hochkant und in jeder beliebigen Lage jedes beliebige Flugmanöver ausführen können. Bei noch so großen Beschleunigungen treten kaum Luftgeräusche und auch kein Schallmauerknall auf. Es werden immer wieder Beschleunigungen berichtet, die für irdische Verhältnisse einfach unvorstellbar sind. Die Objekte fliegen im Zickzack und wenden in spitzen Winkeln aus hoher Geschwindigkeit heraus (z. B. mit ca. 10 000 km/h), auch im Formationsflug mehrerer Objekte (z. B. Beobachtungsfall: Flugkapitän *Nash*) innerhalb einiger Sekunden, was bei unserer derzeitigen Physik zu einer totalen Zerstörung des Raumschiffes und seiner Insassen führen müßte.

Plötzliches Erscheinen und Verschwinden

der Flugobjekte kann hervorgerufen werden durch so hohe Geschwindigkeit, daß unsere Augen und auch eine Radarbeobachtung nicht so schnell folgen können, aber ebenso durch Kommen aus einer anderen bzw. Übergang in eine andere „Dimension", ein Phänomen, das auch durch bestimmte andere Manifestationen bekannt und als erwiesen anzusehen ist, oder auch durch Ent- und Rematerialisation oder ähnliche Effekte, die außer bei UFOs auch durch entsprechende Manifestationen besonders in der *Metaphysik* als erwiesen gelten.

Alle diese beschriebenen Kriterien kommen bei irdischen Flugobjekten niemals vor. Es gibt kein irdisches Genie, keine Industrie oder andere Macht auf der Erde, die Flugobjekte mit solchen Eigenschaften in der Planung, in der Entwicklung, in der Konstruktion und im Versuch oder gar schon in Serie hergestellt haben könnten.

Bereits bekannte Nachbauten waren und sind oberflächliche, unfähige Imitationen, *so* geflogen sind sie jedenfalls nie und wurden längst wieder aufgegeben.

Um den UFOs gleichwertige Flugzeuge zu bauen, müßten zuerst viele physikalische Schwierigkeiten ausgeräumt, neue physikalische Gesetze gefunden bzw. Fortentwicklungen bereits bekannter Gesetzmäßigkeiten und Technologien erfolgt sein, ohne die Konstruktion und Erprobung solcher Flugobjekte mit allen in der Ufologie bekannten Eigenschaften nicht denkbar und nicht möglich sind.

UFOs hätten, wenn sie von der Erde kämen, bereits ein jahrzehnte- bis jahrhundertelanges Versuchs- und Experimentierstadium hinter sich, denn so lange werden sie schon beobachtet, und ihr dann irdisches Ursprungsland wäre längst bekannt.

Man kann auch nicht annehmen, daß, falls auf der Erde irgendwo die Herstellung solcher Flugobjekte mit allen ihren Konsequenzen doch schon erfolgt sein sollte, nicht längst die militärischen Institutionen und bestimmte wirtschaftliche Interessengruppen sich ihrer bemächtigt und sie für ihre Zwecke militärisch bzw. kommerziell eingesetzt und ausgenützt hätten.

Seit über fünfundzwanzig Jahren, also seit der neueren irdischen Luft- und Raumfahrt, werden UFOs *bewußt* gesehen, beobachtet und in der Ufologie registriert.

Bekannt sind auch eine Anzahl Meldungen von beobachteten Luftfahrzeugen aus früheren Zeiten und sogar aus der Antike; aber man konnte sich diese damals nicht erklären, so daß sie *bald wieder vergessen bzw. von der großen Masse der Menschen gar nicht erst verstanden wurden.*

Daran hat sich allerdings bis heute nicht sehr viel geändert.

Ohne die Größe der Leistungen unserer jungen irdischen Weltraumfahrt-Experimente schmälern zu wollen, muß doch gesagt werden, daß es purer Unsinn wäre, wenn die NASA und entsprechend auch die sowjetische Raumfahrt mit einer 110 Meter langen, schwerfälligen und physikalisch primitiven Saturn-Rakete von insgesamt ca. 3 000 Tonnen Startgewicht und der entsprechenden Rakete der Sowjetunion ihre Weltraumexperimente betreiben würden, wenn auf der Erde auch der Bau von UFO-ähnlichen und UFO-gleichwertigen Flugobjekten schon möglich wäre.

Wir schießen mit einem Aufwand von Milliardenbeträgen und unglaublicher Energieverschwendung eine kaum drei Menschen fassende Apollokapsel mit Mühe und Not zum Mond, während die UFOs mit größter Sicherheit in perfektem Raumflug in jeder beliebigen Geschwindigkeit bis zum Stillstand, jedes beliebige Flugmanöver ausführend, die irdischen Raumfahrtexperimente weit in den Schatten stellen.

Einige Phantasten, Träumer, Spinner und Angeber behaupten zwar, sie seien dazu in der Lage und sie seien mit der Konstruktion von interplanetarischen Weltraumschiffen befaßt oder sie hätten gar schon UFO-ähnliche Objekte zum Mond oder auch nur um die Erde geschickt, was natürlich völlig unmöglich ist.

Dabei ist doch zu bedenken, daß z. B. für eine Apollokapsel, d. h. für deren Bahnberechnung, deren Start und eventuelle Bahnkorrekturen usw. einige Dutzend Computer und Tausende Spezialisten mit einem Aufwand von Milliardenbeträgen erforderlich sind und schließlich für die Rückholung zur Erde der bekannte und von uns oft beobachtete Aufwand an Menschen und Material erforderlich ist.

Zusätzlich und endlich wäre eine große Anzahl ausgebildeter und jahrelang trainierter Astronauten, deren Ausrüstung mit Raumanzügen, wissenschaftlichem und technischem Gerät notwendig.

Einen irdischen Ursprung dieser Flugobjekte könnte man auf die Dauer nicht geheimhalten, und die Geheimdienste und militärischen Behörden hätten sie längst beschlagnahmt und würden sie für ihre eigenen Zwecke auswerten und benützen.

Eine irdische staatliche Produktion scheidet ebenfalls aus Geheimhaltungsgründen aus. Eine geheime Planung, Konstruktion, Herstellung und Erprobung solcher Flugobjekte wäre in keinem Land der Erde für einen Zeitraum von Jahrzehnten möglich, auch nicht in der Sowjetunion.

Aus allen diesen Gründen steht einwandfrei fest, daß die UFOs mitsamt ihren Besatzungen nicht von der Erde stammen können, was logischerweise ihren außerirdischen Ursprung beweist.
Irgend jemand muß die sooft beobachteten verschiedenen Flugobjekte irgendwo hergestellt haben, wozu nur eine hochtechnisierte Zivilisation in der Lage ist, die in jeder Beziehung wesentlich weiter entwickelt ist als die Erdbevölkerung.

KAPITEL 4

Außerirdische UFO-Insassen

Die UFO-Forschung kann aufgrund vieler Hunderter Beobachtungen, die von einzelnen Menschen, oft aber auch von Gruppen von Zeugen auf der ganzen Erde gemacht wurden, ziemlich genau rekonstruieren, wie die Bewohner anderer Welten aussehen, welche Bekleidungen sie tragen, wie sie sich in bestimmten Fällen verhalten und was sie bei ihren Besuchen auf der Erde tun.

Man beobachtete menschenähnliche Wesen in niedrig fliegenden Objekten, nahe bei oder innerhalb dicht über dem Boden schwebenden bzw. gelandeten Raumschiffen.

Sie wurden oft beim Sammeln von Bodenproben wie Steinen, Sand, Pflanzen aller Arten, beim Aufnehmen von Wasser in glänzenden Eimern, aber auch durch Schläuche vom schwebenden UFO aus, gesehen und manchmal so überrascht, daß sie diese Tätigkeit schnell unterbrachen, zu ihren Flugobjekten eilten und wegflogen.

Berichtet wurde auch von einigen Fällen, bei denen es zu kleineren Handgemengen zwischen Irdischen und Außerirdischen kam, wobei diese auch Verteidigungs-Strahlengeräte anwandten, die die irdischen Menschen lähmten oder jedenfalls so stark beeinflußten, daß sie aktionsunfähig wurden. In anderen Fällen wurden Menschen so verletzt, daß sie ärztliche Hilfe in Anspruch nehmen mußten.

Man sah UFO-Insassen wiederholt bei kleineren Reparaturarbeiten an ihren Raumfahrzeugen.

Mehrere Menschen erzählten von telepathischen und anderen Arten von Kommunikationen, aber auch von direkten Gesprächen mit ihnen in der betreffenden Landessprache, allerdings mit eigenartigen Akzenten, und ebenso von völlig unverständlicher Sprache nicht-irdischer Art.

Wenn man auch die Angaben dieser „Kontaktler" akzeptiert, die so benannt werden, weil sie in direkten Kontakt mit Außerirdischen gekommen sein wollen — und in den meisten behaupteten Fällen dürfte das auch der Wahrheit entsprechen —, dann kann man sagen, daß man doch eine ganze Menge von den Außerirdischen weiß.

Die große Anzahl von beobachteten Ufonauten führte zu einer Typen-Klassifizierung durch den brasilianischen Lehrer und Generalsekretär der dortigen UFO-Forschungsgesellschaft, *Jader U. Pereira*, Porto Alegre (Brasilien).

Aus Hunderten ihm vorliegenden, ziemlich genauen Beschreibungen von solchen beobachteten, zweifellos Außerirdischen hat Pereira die verschiedenen Arten von UFO-Insassen analysiert und in 13 Typen klassifiziert, so daß ihre Erscheinung nach den oft sehr genauen Angaben von Zeugen und Berichterstattern sogar gezeichnet und ihr jeweiliges Verhalten beschrieben werden konnte.

Diese auch bei uns in der Kriminologie ausgeübte Methode der Identifizierung von gesuchten verdächtigen Personen konnte auch im ufologischen Bereich zu einem guten und ziemlich wahrheitsgetreuen Abbild der beobachteten Typen außerirdischer Persönlichkeiten führen.

Ihre Aktivitäten bei vielen Sichtungsmeldungen werden in der Literatur der Ufologie beschrieben und können dort nachgelesen werden.

So brachten z. B. die UN 190 (6/72, S. 3) eine statistische Beschreibung unter dem Titel

Die Besatzungen der UFOs und ihr Verhalten
Eine aufschlußreiche Statistik von Geneviève Vanquelef

Schon lange wünschten wir eine Studie dieser Art über die gemeinsamen Punkte, nicht nur der Wesen der UFOs, sondern auch über ihr Verhalten. Der Katalog von Jacques Vallée, dessen Veröffentlichung 2 Jahre gedauert hat und der im März 1971 fertig war, ist der einzige seiner Art, der dank der Bestandteile, die er enthält, diese Arbeit zu verwirklichen gestattet. Wir danken dem Verfasser hier sehr für die mit Präzision und Schnelligkeit durchgeführte Studie.

In dieser Studie des Katalogs von Vallée habe ich mich auf die Fälle, die von der Anwesenheit von Wesen berichten, beschränkt, zuzüglich von Fällen aus „Lumières dans la nuit" und anderen Quellen. Ich habe sie in der Studie zusammengefaßt. Zweifellos sind es nicht alle glaubwürdigen früheren Fälle, sondern bestätigen oder ergänzen sie zuweilen. Ich bin von dem Prinzip ausgegangen, daß alles stimmte, denn ich besitze kein Mittel, Irrtümer oder Täuschungen auseinanderzuhalten, die sich in den Zeugenaussagen einschleichen können. Gerade so wie es J. Vallée gesagt hat, kann Befremdlichkeit oder Einmaligkeit keinesfalls ein Grund der Zurückweisung sein. Ich habe versucht, die interessanten Anmerkungen einzustufen, indem ich die begrenzten Texte und die schon von anderen Autoren vorgebrachten Ideen soweit wie möglich darlege. Um aber die Untersuchung zu erleichtern, bin ich gezwungen, die schon herausgegebene Einstufung zwischen großen und kleinen Piloten zu wiederholen, obgleich ich nicht sicher bin, daß das gültige Kriterium der Wuchs ist. Wie dem auch sei, haben alle „Typen" gemeinsame Fähigkeiten, aber vielleicht ist ihre Herkunft ganz verschieden. Außer schlecht unterschiedenen Formen oder Silhouetten in den Fahrzeugen bleibt so viel Verschiedenheit bei den beobachteten Typen, daß es schwierig ist, sie in ihren physischen Unterschieden einzustufen. Es bleibt logischer, sie nach ihrem Verhalten zu klassifizieren. Das enthüllt uns vielleicht einige Anzeichen, einige ihrer ungewissen Vorhaben. So konnte ich die UFO-Insassen in vier große Kategorien einteilen. Die Fälle unter R betreffen einen Zusatz zum Katalog von Jacques Vallée, die sich zum Schluß der Studie befinden und aus meinem persönlichen Archiv stammen.

1. Die vermittelnden Wesen

Mehrmals hat man Menschen aus UFOs aussteigen sehen. Ich zähle nur die Fälle auf, in denen Zeugen durch Gegenwart eines Fahrzeugs alarmiert worden sind. Die Insassen sind ihnen wie gewöhnliche Menschen vorgekommen, mit normaler Kleidung: Pullover (1), Mütze (2), Hosen, dicker Jacke (3), Khakikleidung (4) oder Uniform, Kostüm (5). In einigen Fällen sind diese Männer von Frauen und Kindern begleitet gewesen (6). Sie sprechen ganz natürlich zu den Zeugen in ihrer Sprache: französisch (7), englisch (8), halb spanisch halb englisch, deutsch vermutlich (10), fremde, nicht verstandene Sprache (11). Sie nehmen sehr oft Wasser (12), bitten um Ammoniak (13), Reparaturwerkzeuge (14).*)

Sie geben ein paar Auskünfte, „das Fahrzeug hat 30 Minuten von Quincy nach Spring gebraucht" (15). Hier der berühmte, durch Luftdruck angetriebene Apparat (16), die Mannschaft macht eine elektrische Reparatur (17). Wir haben eine Mission auf der Erde (18). Unsere Absichten sind friedlich (19). Wir sind Gelehrte (20). Sie schlagen vor, einzusteigen, wo es nicht regnet (21). Sie warnen, „Berühren Sie diese Kugel nicht" (22). Sie fliegen bizarre Fahrzeuge, die manchmal Ruder und Räder besitzen (23).

Jedenfalls existieren zu dieser Zeit Fliegende Scheiben. Brauchten die Völker des Raumes Menschen, denen sie einige technische Kenntnisse übermittelt haben?

Zuweilen werden einige Wesen bei Reparaturen überrascht, einer von ihnen erfragt von dem Zeugen ziemlich bedrohlich Auskünfte über ihn, über die Gegend (25).

Bemerkung: Eines scheint gewiß: Mitnahme von Menschen hat stattgefunden, da mehrere Versuche gemacht worden sind (26).

---

*) Die Zahlen in Klammern beziehen sich auf die im französischen Originalartikel aufgeführten umfangreichen statistischen Tabellen, auf die hier verzichtet wurde.   D. H.

Mehrere Kontakte scheinen zwischen UFO-Insassen und Menschen zu bestehen. Ausländische Journalisten kennen alle Einzelheiten eines Treffens, als der Zeuge zu jemand darüber gesprochen hat (27). Ein Zeuge sieht einen Menschen sich zu den Piloten gesellen (28). Ein Wagen mit abgeblendeten Lichtern scheint eine Untertasse am Landepunkt zu erwarten und fährt davon, sobald er sich überrascht sieht (29).

2. Die Kleinen: Techniker

Die große Zahl der UFO-Insassen ist unbestreitbar die, die ich die kleinen Techniker nenne. Charakterisiert durch ihren kleinen Wuchs (der zwischen dem eines Menschen und 50 Zentimeter liegen kann), haben sie gewisse physische Unterschiede zu den Menschen. In 2 Fällen wird von sehr kleinen Menschen berichtet (1), oft messen sie ungefähr 1 m (2). Hier die hauptsächlichsten Charakteristiken:

Großer Kopf (3), manchmal mit einer Maske oder Kapuze bedeckt (4), manchmal kahl (5), in einigen Fällen vermummt mit Luftschlauch oder Antenne (6). Die Augen sind groß, stark und kugelig (7), oft sehr glänzend (8) oder mit roten orangenen Lichtern (9).

Die Haut ist grau oder grünlich (10). Spitzes Kinn (11), platte oder nicht vorhandene oder auch sehr lange Nase (12) (A), lange Ohren (13), einen schmalen oder unsichtbaren Mund (14) bis zur Bizarrheit in einigen Fällen. Die Glieder sind schmal, sobald man sie ohne Schutzanzug bemerkt (15). Man meldet Fälle von mit Haaren bedecktem Körper oder nur den Oberkörper (16). Die Hände erregen manchmal die Aufmerksamkeit durch ihre Krallenform (17) oder ihr Tasten: rauh und kalt (18) oder durch seltsames Leuchten (19), aber diese Effekte werden vielleicht von Spezialhandschuhen ausgelöst.

Die Wesen sind bisweilen mit Schutzanzügen bekleidet (20), aber öfters mit glänzenden leuchtenden Kleidern (21), sie tragen fast immer einen Helm (22), zuweilen durchscheinend (23). Sie steuern meist sehr kleine lenkbare Fahrzeuge, bestimmt für nahe Bodenbeobachtung und besonders zur Landung geeignet. Es ist ziemlich kurios, daß die Fahrzeuge der Größe der kleinen Techniker angepaßt sind. Ebenso wie die Piloten von wenigstens 1 m Größe verwenden sie Apparate von 1 m Höhe (24). Ich frage mich sogar, ob die kleinen Kugeln, die intelligent begabt zu sein scheinen, nicht auch von solch kleinen Wesen besetzt sein könnten?

Manchmal ist auch ein Pilotenwechsel beobachtet worden (25). Die kleinen Wesen beschäftigen sich bei ihren Fahrzeugen am Boden und scheinen sie zu prüfen (26). Ihre Fortbewegung um die UFOs geschieht auf reichlich besondere Art: Hin- und Herwiegen (27), ein Fall von schwerem und schwierigem Vorwärtsbewegen (27 A), steif (28), dennoch scheint die Erdanziehung eine Rolle zu ihren Gunsten und zu ihrer Leichtigkeit zu spielen, beim Laufen, Rennen und Umherspringen (29).

Ein sehr interessanter Fall wird gemeldet: Einer von ihnen hat sich von einem Arzt untersuchen lassen. Dieser hat bizarre Herztöne festgestellt. Es fehlt ihm die Altersangabe seines Patienten (30!). Zwei wichtige Charakteristiken sind festgestellt worden: Sie gehen rückwärts ohne zurückzuschauen (31); haben sie ein Mittel, nach hinten vorauszuschauen? Können sie fliegen? Oder werden sie von dem UFO ferngesteuert? Das wäre möglich, weil man einerseits bemerkt hat, daß einige in den Apparat wie durch eine Art Einsaugen einsteigen (32), und andererseits ist zwischen den Wesen und der Untertasse eine Verbindung bemerkt worden (33). Manchmal bildet sich eine kleine Wolke, gerade bevor das Wesen wieder einsteigt (34). Eigenartig das Steuern, das die kleinen Wesen machen.

Sie nahmen manchmal Wasser in glänzenden Eimern (35). Es scheint, als ob das Einsammeln von Bodenproben ihre größte Beschäftigung ist: Steine (36). Tiere: Kaninchen (37), Hühnchen (38), Kuh (39), Versuch bei einem Hund (40), einem Pferd (40 A). Pflanzen: Weintrauben (41), Blumen (42) oder andere Pflanzen (42 A). Hergestellte Objekte: eine Schachtel Zigaretten, mit der Hand herangezogen, wie mit einem Magnet (43), Düngemittel (44), Petroleum (Erdöl) (45).

Diese kleinen Techniker sind manchmal Träger von verschiedenen Behältern und Gegenständen, die eine andere Bestimmung haben: Zylinder auf dem Rücken (46), schwarze Kästen mit Schnüren (47), Ausstrahler von Gas oder leuchtenden Strahlen (48).

Andere erforschen das Meer in Froschmännerbekleidung (49).

Wieder andere scheinen kein anderes Ziel zu haben, als sich sehen zu lassen, indem sie ruhig spazierengehen, und in einem Fall sogar, indem sie leuchtende Spuren hinterlassen (50).

Sie verständigen sich untereinander in einer unartikulierten Sprache, ähnlich einem Flüstern, Grunzen oder hellen Stimmen, unverständlichen Tönen (51).

Jedoch muß man in einigen Fällen von dem Zeugen verstandene Sprache feststellen. Schlechtes Englisch: Wir wollen Ihren Hund (52), etwas Wasser (53), wir sind Wissenschaftler (54), einer von uns kennt euch (55), berichtet über unsere Unterhaltung (56); spanisch: steigt mit uns ein (57). Englisch: wozu dient dies (Futter)? Auf dem Mars ziehen wir unsere Ernährung aus der Atmosphäre, aber diese wird immer rarer (58). Italienisch: Wir bringen euch eine Botschaft, eine Friedensbotschaft (59).

Sind diese Mitteilungen aufgezeichnete Worte? In einigen Fällen muß man daran denken: Die Stimme ist metallisch oder scheint aus einer Röhre zu kommen (60), sogar aus dem Fahrzeug (61).

Jedoch seit 1966 weist man darauf hin, daß die kleinen Techniker perfekt die Sprache des Zeugen beherrschen. Spanisch: Bitte um einen Arzt (62), wollen Sie nicht mit mir kommen, wir brauchen ein menschliches Wesen (63), ich will, daß Sie mit uns kommen, damit Sie andere Welten kennen (64), kommen Sie mit uns in eine sehr entlegene weite Welt, wo es für die Erdbewohner viele Vorteile gibt (65).

Portugiesisch: Geh nicht fort, komme morgen wieder, wenn nicht, werden wir deine Familie mitnehmen (66).

Man darf jedoch nicht vergessen, daß ihre Haltung nicht immer freundschaftlich ist. Viele zeigen Reaktionen von Furcht oder Flucht (67) (scheinen das Blitzlicht zu fürchten) und sogar Aggressivität: Angriff auf ein Haus (68), auf Personen (69). Sie reagieren oft mit Aussendung leuchtender Strahlen, die Verbrennungen und Lähmung hervorrufen (70). Es ist wahr, daß sie oft in Notwehr handeln, denn sie fürchten die menschlichen Geschosse (71).

Sie machen auch sehr oft freundschaftliche Gesten (72). Ein Junge behauptet sogar, umarmt worden zu sein (73). Es kommt vor, daß sie den Menschen Gegenstände geben, ein Muster auf dieser Erde unbekannten Metalls (74), ein mit Zeichen bedecktes Papier (75), sie intervenieren manchmal in besonderen Umständen: Heilung eines jungen Mädchens vom Krebs (76), Beruhigung von Insassen eines psychiatrischen Krankenhauses (77), medizinische Untersuchung eines Menschen mit Geschlechtsrapport.

Diese Manifestationen sind zweifellos ein Experimentieren.

Kurz, die hauptsächlichsten beobachteten Tätigkeiten sind außerhalb des Fluges oder des Gesprächs das Sammeln von Proben oder Experimente. Verpflanzungen unbekannter Vegetabilien oder Bestrahlung irdischer Vegetation erscheint möglich. Es scheint eine große Vielheit verschiedener Typen zu geben. Manchmal ist es eine gewisse Ähnlichkeit mit gewissen Völkern unseres Planeten: Japanern oder Lappen, und können den Eindruck erwecken, als ob sie irdischen Ursprungs sind. Andererseits stehen sie uns durch ihre psychologischen Reaktionen nahe. Einige erwerben mehr und mehr eine bessere Kenntnis des Menschen. Aber die Steuerung, die Leistung beweisen eine forgeschrittene technische Kenntnis. Ist sie ihnen eigentümlich oder ist sie ihnen von anderen gegeben worden?

3. Die Großen: Beobachter

Ihre Beobachtungsdichte ist dieselbe wie beim Gesamten, aber sie sind wohl weniger zahlreich als die kleinen Techniker. Sie haben die gleichen Proportionen wie die Menschen und scheinen ihnen viel ähnlicher zu sein. Ihre Größe schwankt zwischen 1,80 bis 3 m. Oft werden sie mit heller Haut gemeldet, die langen Haare von glänzender Farbe (1). Es gibt solche mit dunklem Teint (2) und kahlem Kopf (3). Manchmal hat man den Eindruck von Schönheit, Anmut, Verständnis festgestellt (4 A). Sie besitzen kein schützendes Element, aber zuweilen einen Helm (5). Könnten diese Wesen von der Erde gebürtig sein? Oder eines Planeten, der dieselben Eigentümlichkeiten wie diese besitzt? Oder haben sie sich der Erdanziehung oder seiner Atmosphäre durch wiederholte Besuche angepaßt, seit Jahrhunderten? (In den Mythen und Legenden findet man oft ihre Typen.) Und dennoch haben sie so fremde Sonderheiten, daß sie ein tiefes Geheimnis werden.

Sie sind bekleidet mit Kombinationen von pastellartiger Färbung oder leuchtend oder auch noch metallisch (67). Schwarze, aber glänzende Kleidung ist einige Male bemerkt worden (7). Sie kann aus einem Stück einschließlich Kopf und Füßen sein (8).

Bisweilen ist ein Teil leuchtend: der Gürtel (breit und scheint eine große Rolle zu spielen) (9) oder die Schuhe (10).

Ihre Fortbewegung ist charakteristisch: Sie können wie auf Skiern gleiten (11), und man hat sie auf Lichtstrahlen laufen sehen (12), sie schweben und fliegen (13). Sie sind für menschliche Geschosse unverwundbar (14), aber reagieren sofort mit einer Lähmung für den Angreifer. Diese Lähmung bringt übrigens oft den Verlust des Bewußtseins mit sich, nicht die automatischen Gesten auszuschließen, die also das plötzliche Verschwinden der Wesen erklären und die Eindrücke der Verschwommenheit ihres Bildes. Der Effekt scheint von den Instrumenten in ihren Händen auszugehen: Stöcke oder Kugeln (14). Es ist auch möglich, daß es sich nur um eine einfache hypnotische Suggestion handelt.

Ihre Sprache ist für die Menschen unverständlich (15), oft wird die Botschaft telepathisch gegeben: Einladung zum Einsteigen in das Fahrzeug (16), sie geben zu verstehen, daß sie die Erde überwachen (17), sie reden den Zeugen ein, daß sie gut sind (18), sie offenbaren ihnen, daß sie von einer anderen Welt des Friedens und der Harmonie kommen (19). Manchmal fühlen sich die Zeugen von Gesten angezogen (20). Sie erklären, daß sie von einem großen Planeten kommen (21). Sie scheinen keine menschliche Sprache vollkommen perfekt anzuwenden. Sie begnügen sich damit, die Menschen mit einer wohlwollenden oder lächelnden Art anzusehen (22), sie machen freundschaftliche Gesten (23) und warnen vor der Gefahr beim Abflug eines UFOs (24), sie sind nicht aggressiv (ein einziger Fall von Entführung, der aber vielleicht schlecht interpretiert ist), sie erscheinen oftmals demselben Zeugen (25) und versprechen, oft zurückzukehren (26). Außer dem Kontakt mit den Menschen, was machen die „großen Beobachter"? Sie steuern viel (27). In einem einzigen Fall übrigens meldet man, daß ihre Hände das Armaturenbrett nur leicht berührten (28), bisweilen werden sie gesehen mit erhobener Hand im Innern des UFOs. Aus dem gleichen Grund? (29).

Auf der Erde beobachten sie die Landschaft (30), die Wagen (31). Sie sammeln auch Proben: Steine (32), Pflanzen (33), in einem Fall beleuchten sie die Pflanzen, die sie pflücken (34). Man hat sie angetroffen, als sie kleine Röhren in den Boden steckten, in regelmäßigen Abschnitten, und sie dann wieder herauszogen (35).

Einige dieser Wesen besitzen wichtige Mißbildungen, und obgleich ihre Tätigkeiten dieselben sind, weiß ich nicht, ob ich sie in diese Kategorie einreihen kann.

Die Augen sind schräg (36), hervorragend (37), glühend (38), ein Auge mitten auf der Stirn (ein einziges oder drei) (39). Der Kopf ist groß (40). Einige scheinen gänzlich oder teilweise durchsichtig zu sein (41).

Diese rätselhaften Wesen sind so nahe bei den Menschen, daß menschlicher Ursprung ins Auge gefaßt werden kann, aber ihre so entwickelten Fähigkeiten enthüllen eine enorme technische Überlegenheit. Oder diese Fähigkeiten sind natürlich und der menschliche Ursprung ist zurückzuweisen. Einige Augenblicke lang scheint man sich nicht vor einem materiellen Wesen zu befinden, sondern vor einem Bild, vor einem Schirm, vor verschwindenden Projektionen (42).

Kurz, der Mensch scheint die Hauptsorge dieser „großen Beobachter" zu sein. Sie scheinen die Großen dieser Welt zu meiden. Sie zeigen weder Aggressivität noch Schrecken, sie lassen sich oft beobachten, scheinen uns an ihre Anwesenheit gewöhnen zu wollen. Ich kann nicht umhin, ihre Haltung bei dieser Annäherung als mit Sympathie und Respekt zu vergleichen, die etwa Bildjäger von wilden Tieren praktizieren.

„Lumières dans la nuit", 12/71; UN-Übersetzer: Alfred Krüger (UN 190, Juni 1972)
— —

Ähnliche Klassifizierungen hat Dr. med. Walter K. Bühler, bekannter südamerikanischer Ufologe und Herausgeber des SBEDV/Rio, in seinem hervorragend aufgebauten Buch „Vierzig Begegnungen mit Außerirdischen in Brasilien" (Ventla-Verlag, 1975) erarbeitet. Er schildert auf den Seiten 188/189 folgendes:

Zur Körperform der Ufonauten

Bei 24 Fällen unter insgesamt 40 konnten die Züge der UFOnauten erkannt werden, und sie wurden in zwei Hauptgruppen eingereiht:

41

1. UFOnauten, die in ihrer Morphologie anscheinend uns vollständig glichen. Diese waren, wie Tabelle h) zeigt, noch in ihre Größe eingestuft worden. 9 von den Fällen wiesen unsere Körpergröße auf, und von jenen gelang es in fünf Fällen vollständig, für eine Zeitlang als ein irdischer Erdenbürger aufgefaßt zu werden (Episoden Nr. 17, 21, 28, 29, 34 in o. a. Buch).

In 5 Fällen war ihre Größe allerdings kleiner als die unsere, in 2 Fällen sogar kleiner als ein Meter. In einem andern Fall von 2 m Größe (Freitas Guimarães) waren die UFOnauten mit 1,80 bis zu 2 m ein wenig größer als der irdische Durchschnitt.

2. UFOnauten, die in ihrer Form uns zwar ähnlich waren, aber gewisse anatomische Merkmale aufwiesen, wie sie bei den irdischen Rassen nicht vorkommen: ein häßlich geformter Mund in Fall Nr. 24, Katzenaugen, die im Dunkeln funkelten, wie im Fall Nr. 13 (wahrscheinlich durch ein „Tapetum" der Retina bedingt), asymmetrisch hohe Augen im Fall Nr. 20, absolute Haarlosigkeit und zweifingrige und -zehige Hände bzw. Füße im Fall Nr. 23 und einen einäugigen UFOnauten (Zyklop) im Fall Nr. 22.

Diese letztere Gruppe, auch Humanoide genannt, die aus 9 Fällen bestand, war also 60 Prozent kleiner als die Gruppe der „menschengleichen" UFOnauten. Dies widerspricht der bisherigen Konzeption weitgehender ufologischer Kreise, besonders derer, die mit den einzelnen staatlichen Luftwaffen-UFO-Untersuchungskommissionen arbeiten.

In 16 Fällen konnten die Züge des UFOnauten nicht festgestellt werden, sei es, daß er vom Zeugen nur von weitem oder bei Nacht beobachtet wurde, sei es auch, daß er nur von rückwärts gesehen wurde oder aber sein Gesicht durch eine Maske oder Art Taucherhelm verborgen hielt. Wahrscheinlichkeitshalber muß aber angenommen werden, daß diese Gruppe von nicht definiertem Typ in ihrer Aufteilung auch dem oben beobachteten Verhältnis 1:9 zwischen menschengleichen und „menschenähnlichen" Typen gleichkommen dürfte.

Wir finden es grundfalsch, wenn manche Forscher in bezug zu den letzteren von monströsen Typen sprechen. Es wäre unverantwortlich, noch einen Rassismus in das Problem der Außerirdischen hineinbringen zu wollen, denn die 20 Jahre Irreführung und Desinformation sollten jetzt genug sein des unguten Spiels. Besonders da außer dem menschlichen Ebenbild auch noch andere Haupttypen im Universum bestehen dürften.

h) Körperform	Größe	Episode Nr. in o. a. Buch	Zahl der Fälle	
	klein	5, 19, 30, 31, 38	(5 Fälle)	
menschengleich	normal	6, 11, 17, 18, 26, 28, 29, 32, 34	(9 Fälle)	
	größer	21	(1 Fall)	15
menschenähnlich		10, 13, 15, 20, 22, 23, 24, 33, 35		9
nicht definiert		1, 2, 3, 4, 7, 8, 9, 12, 14, 16, 25, 27, 36, 37, 39, 40		16
			total	40

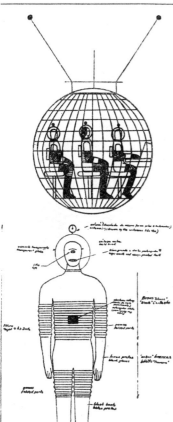

Links oben:
Ufonauten in einer Flugkugel.

Links unten:
Außerirdischer im Raumanzug (siehe
Episode 22, S. 83–87).

Rechts:
Adamskis Freund Orthon (Gemälde).

43

Links: Der Venusier ORTHON, mit dem George Adamski verschiedentlich zusammentraf. Vergl. „Fliegende Untertassen sind gelandet" und „Im Innern der Raumschiffe" (Ventla-Verlag 1958 bzw. 1962)

Rechts: Darstellung eines Außerirdischen gemäß dem Buch von Salvador Villanueva Medina „Ich war auf einem anderen Planeten" (Ventla-Verlag 1962)

KAPITEL 5

UFO-Kontakte — eine Realität
Analyse der möglichen Kontakte

Unter „Kontaktlern" versteht man Menschen, die mit Außerirdischen einen Kontakt hatten, also irgendwie in Berührung kamen, z. B. durch Sehen, Hören, Sprechen, auch durch Telepathie oder durch Verletzungen infolge Verbrennungen, Strahlung, Stoß, Schlag oder durch andere Beeinflussungen des körperlichen oder psychischen Befindens, z. B. Lähmung, Übelkeit, Angst, Depression, Bewußtlosigkeit.

Alle diese Arten von Kontakten kamen bereits oftmals vor, so daß sie besonders wichtige Glieder in der Kette von Zeugen für die Realität der UFOs darstellen.

Die Kontakte aller Art sind ein vielschichtiges Problem, das dringend einer Analyse bedarf und das man nicht auf sich beruhen lassen sollte, da es zu viele Zweifel auslösen kann.

Wenn man sich anhand der Aussagen und logischer Überlegungen so weit durchgearbeitet hat, daß man auch diese Kontaktler und deren Aussagen als Beweismittel anerkennen kann, dann vervielfacht sich die Beweiskraft, denn diese Kontaktlerberichte ergänzen und bestätigen die anderen Meldungen, und beide zusammen beweisen sich gegenseitig. Sie sind, wie in folgendem erklärt werden soll, durchaus ernst zu nehmende Aussagen, obwohl sie bei vielen schlecht informierten Menschen oft ein sehr skeptisches Staunen und noch öfter ein ungläubiges Lächeln hervorrufen.

Es dürfte kaum eines der bekannten und in der Ufologie beschriebenen Kontaktler-Erlebnisse auf bewußter Betrugsabsicht beruhen, und man braucht nur die vielen Berichte zu studieren, um selbst festzustellen, daß sie auf folgenden Arten und Möglichkeiten von Kommunikationen beruhen:

A. Physische Kontakte

1. Im physischen Körper, physische Exkursion
2. Physische Kontakte durch unsere fünf Sinne
3. Durch physikalisch-technische Übermittlung
4. Physische und psychische Schäden durch Kontakte

B. Beeinflussung durch Außerirdische

1. Physikalisch-elektronische Projektion direkt auf das menschliche Gehirn durch Mikrowellen der außerirdischen Technik
2. Psychische Beeinflussung durch Außerirdische

C. Subjektive auto-psychische Selbstbeeinflussung

1. Astral-Exkursion
2. Mental-Vorstellung, plastische Imagination, Phantasie
3. Somnambulismus, Mediumismus

D. Falsches und schädigendes Verhalten

1. Täuschung, Irrtum
2. Betrug, Psychopathie (psychische Krankheit)
3. Romanhafte Ausschmückung auch echter Erlebnisse

E. Auch Kontaktler: Tiere

A. Physische Kontakte

1. Im physischen Körper, physische Exkursion

Wenn ein Mensch in seinem materiellen Körper für einige Zeit nachweisbar nicht auf der Erde anwesend war und er statt dessen einen Bericht über seine bewußte physische Anwesenheit z. B. in einem Raumschiff oder gar auf einem anderen Planeten bekanntgibt, dann ist die Wahrscheinlichkeit einer physischen Exkursion gegeben.

Es muß also für ihn selbst, ebenso wie für seine sonst übliche Umgebung für einige Zeit, am überzeugendsten für Tage oder Wochen, ein sicheres Alibi für seine Abwesenheit von der Erde vorhanden sein. Sichere Zeugen für einen physischen Kontakt können auch die Realität desselben bezeugen.

Als Beispiele können hier gelten:

der Amerikaner George ADAMSKI,
dessen Kontakte und Erlebnisse im Jahre 1952 und danach in den Büchern „Fliegende Untertassen sind gelandet" (vergriffen), „Im Innern der Raumschiffe" (vergriffen) und „Das Buch über Adamski" von Gray Barker (alle Ventla-Verlag),

der Brasilianer Artur BERLET,
dessen Reise vom 14. Mai bis 23. Mai 1958 zu einem Planeten „Acart" in seinem Buch „Im Raumschiff von Planet zu Planet",

der Amerikaner Dr. Daniel FRY,

dessen kurze Reise am 4. Juli 1950 in einem unbemannten Raumschiff innerhalb einer halben Stunde quer über den amerikanischen Kontinent und zurück in seinem Buch „Erlebnis von White Sands",

der Mexikaner Salvador Villanueva MEDINA,

dessen Reise vom 15. August bis 21. August 1953 zu einem unbekannten Planeten in seinem Buch „Ich war auf einem anderen Planeten",

der Brasilianer Professor Joao de FREITAS GUIMARAES,

dessen kurze Reise im Mai 1956 in einem mit drei Insassen bemannten Raumschiff ihn eine halbe Stunde lang in den äußeren Weltraum führte, und

der Deutsche Horst RAPS,

dessen wiederholte Reisen im Frühjahr 1959 zu einem Planeten im Centauri-Gebiet, ebenso wie das Erlebnis des Prof. Freitas GUIMARAES in dem kleinen Buch „Raumreisen in extraterrestrischen Flugkörpern" (sämtliche Bücher VENTLA-VERLAG, Wiesbaden) beschrieben sind.

Der Kontaktler BERLET z. B. war also fast eine Woche auf Reisen außerhalb der Erde, und es ist anzunehmen, daß seine Abwesenheit von der Erde irgendwie überprüft wurde, und er ebenso wie die anderen Kontaktler nicht irgendwo bewußtlos lagen oder in einem Versteck warteten, bis ihnen eine solche Geschichte einfiel, die sie dann jahrelang nicht erzählten, da sie Angst davor hatten, für verrückt gehalten zu werden.

Das alles wäre schon vom psychologischen Standpunkt aus eine solche Absurdität, daß sie fast noch phantastischer wäre als die berichteten Reisen selbst, deren Möglichkeit immerhin, bestätigt durch die Berichte über die anderen UFO-Sichtungen und -Landungen, durchaus besteht.

Es gibt noch mehrere andere Berichte von Kontaktlern über Reisen in UFOs; sie sind in der bekannten UFO-Literatur enthalten.

Wir wollen hier aber nicht die absolute Echtheit oder die richtige Einreihung dieser Erlebnisse in unsere Gesamtdarstellung der Kontaktmöglichkeiten überprüfen, sondern die Überprüfung für diese und zukünftige Fälle zur Diskussion stellen und anregen.

2. Physische Kontakte durch unsere fünf Sinne

Hier sind Sichtungen von menschenähnlichen Lebewesen und dabei entstandene Kontakte und Erlebnisse mit diesen auf der Erde einzureihen, die in sehr vielen Beschreibungen glaubhaft dargestellt wurden.

Diese Kontakte beschränkten sich auf Gesten, kurze Gespräche in der Landessprache der Kontaktler, auf gegenseitige Beobachtungen, auf einige kleinere Handgemenge, meist mit anschließender „Flucht" der

Außerirdischen; sie zogen sich zurück, was man nicht als Feigheit oder Ohnmacht auslegen sollte, denn sie haben erfahrungsgemäß die Möglichkeit, Angreifer unschädlich zu machen, sondern als eine gewisse Rücksichtnahme. Sie sind nicht darauf aus, einen „Gegner" zu vernichten, das haben sie schon oft durch ihr Verhalten bewiesen. Ihre Abwehr besteht in Notwehr mittels Strahlengeräten, die wiederholt aggressive Kontakler zu Boden warfen oder lähmten.*)

Es wurde bereits mehrmals nicht nur auf die Außerirdischen, sondern auch auf ihre Flugobjekte, allerdings ohne größere beobachtbare Wirkung, geschossen. (Siehe auch Kapitel „Schießbefehle auf UFOs" und UN 204/205, S. 7 u. a.l)

UFO-Insassen haben mehrmals Menschen durch Gesten, Sprache oder telepathische Aufforderung zu einer Besichtigung ihres Raumschiffes und sogar zu einem Mitflug eingeladen, vor einem eventuellen Schaden durch falsches Verhalten z. B. bei Berührung des Objektes gewarnt, manchmal dieses aber trotzdem nicht verhindern können.

So zog sich der Kontaktler George ADAMSKI bei Berührung der Außenkante eines UFOs eine fast drei Monate anhaltende Gefühllosigkeit eines Armes zu, die dann durch zeitweilig auftretende stichartige Schmerzen abgelöst wurde.

Der Kontaktler Dr. Daniel FRY wurde gewarnt, das UFO nicht länger zu berühren, da dies mit Sicherheit durch Bildung von Antikörpern im Blut zum Tod führen würde. (Genauere Beschreibung im Kapitel „Die Physik der Außerirdischen" Nr. 6 am Schluß!)

Ein Finne wollte einen kleinen UFO-Insassen fangen und fassen, er zog sich schwere Verbrennungen an einer Hand zu.

Solche physischen Kontakte gibt es in den verschiedensten Variationen zu Tausenden.

Besonders markant sind Berichte über Sichtungen, bei denen gelandete Außerirdische beim Sammeln bzw. Entführen von Pflanzen und Blumen, Steinen, Sand und sogar von Tieren überrascht, oder beim Einsaugen oder Mitnehmen von Wasser, aber auch bei Reparaturen und ähnlichen Manipulationen an ihren Raumschiffen beobachtet wurden.

Gelandete UFOs versperrten Straßen, so daß Personen- und auch Lastwagen stoppen mußten oder durch Aussetzen der elektrischen Anlagen und damit der Zündung gestoppt wurden, wobei man in den meisten Fällen Außerirdische gesehen und beobachtet hat.

Eine große Menge solcher physischer Kontakte sind in ihren Einzelheiten in der internationalen UFO-Literatur eingehend beschrieben. In diesem Buch sind einige besonders beweiskräftige und typische Musterbeispiele für solche Kontakte in dem Kapitel „Beobachtungs-Fälle" bis in alle bekannten Details erläutert.

---

*) Vergl. den Artikel in UN 234/235, März/April 1975, Seite 1.

3. Kontakte durch physikalische, elektronisch-technische Übermittlung durch Außerirdische

Hierher gehören alle Kontakte, die durch uns bereits bekannte, in der Entwicklung begriffene oder für uns noch unbekannte Geräte, wie z. B. radio-akustische Apparate, Tonbandgeräte, Fernsehgeräte, Holographie usw. entstanden. Holographie ist ein, allerdings bei uns z. Z. noch nicht befriedigendes, dreidimensionales plastisches Fernsehen. Es wird neuerdings durch unsere Technologie zur Serienreife weiterentwickelt. Alle Kontakt-Übertragungen dieser Art müssen durch Außerirdische gesendet werden.

Es gibt auch dafür Beispiele; davon nur einige:

Das Erlebnis des Amerikaners Orfeo ANGELUCCI im Mai 1952,
beschrieben in seinem Buch „Geheimnis der Untertassen" als Beispiel für Holographie,

die Radio-Kontakte des Amerikaners Dick MILLER im Herbst 1954,
beschrieben in dem Buch „Dick Millers Kontakte mit Sternenmenschen",

die Radio- und Fernseh-Kontakte des Amerikaners Bob RENAUD ab Juli 1961,
beschrieben in den Büchern „Meine Fernseh-, Radio- und Direktkontakte mit Außerirdischen", Band I und Band II (bisher alle Bücher: Ventla-Verlag),

das Erlebnis des Holländers Stefan DENAERDE Ende der 60er Jahre,
beschrieben in seinem Buch „Menschen vom Planeten Jarga" als Beispiel einer Televisions-Übertragung über Computer, das als Science-fiction getarnt ist, aber durchaus einer wahren Begebenheit entsprechen könnte (Econ-Verlag).

Wenn auch manche der Aussagen dieser Kontaktler reichlich phantastisch erscheinen, so sollten diese Möglichkeiten einer Kommunikation doch nicht ausgeschlossen werden, besonders da sie mittels uns bekannter Geräte erfolgt sein sollen.

Allgemeine Verständigung mittels Radio oder Fernsehen zwischen uns Irdischen und den Außerirdischen kann nicht erwartet werden, denn sie verwenden mit Sicherheit weder uns erreichbare Wellenlängen, noch haben sie Interesse an einer solchen Kommunikation, wenn sie schon allgemeine physische Kontakte vermeiden. Ihre Kommunikationsmethoden beruhen wahrscheinlich auf ganz anderen Grundlagen.

4. Physische und psychische Schäden durch Kontakte

Außer den unter 2. bereits kurz erwähnten Schadensfällen werden häufig nach Kontakten gewisse krankhafte Erscheinungen und physische Schäden gemeldet, die oft mit psychischen Beeinträchtigungen verbunden waren. Meistens verlieren diese ihre Wirkungen nach einiger Zeit, jedoch sind auch schon langwierige Behandlungen erforderlich gewesen. Fast immer werden solche Personen auch auf Strahlenschäden untersucht.

Es kommen vor: Brandwunden, Rötung der Haut und der Augen, Schwellungen, Fieber, Schmerzen verschiedener Art, Lähmungserscheinungen, Schwindelanfälle, vegetative Störungen und Leukämie. Die Liste solcher und ähnlicher Symptome ließe sich noch weiterführen und ergänzen durch eine große Anzahl ebenfalls vorkommender psycho-physiologischer Begleiterscheinungen, wie Schock, Bewußtlosigkeit, Depressionen, zeitweiliger Gedächtnisverlust (Amnesie), Empfinden von psychischem Druck und ebensolcher Beeinflussung.

Ausgelöst werden alle diese psychischen Auswirkungen weniger durch Angst und Furcht der Menschen selbst, als vielmehr durch Apparate, die Strahlen aussenden, durch die große Energieausstrahlung der Flugobjekte und auch durch psychische Beeinflussung durch die Außerirdischen selbst.

B. Beeinflussung durch Außerirdische

1. Physikalisch-elektronische Projektion direkt auf das menschliche Gehirn

Eine gezielte physikalische Projektion auf das menschliche Gehirn durch Mikrowellen der außerirdischen Technik durch eine Art psychophysikalische Infiltration wird als eine theoretische Möglichkeit von dem schwedischen UFO-Forscher Gösta REHN in seinem Buch „Die Fliegenden Untertassen sind hier" (Econ-Verlag) auf Seite 150 beschrieben.

Diese Möglichkeit der Übermittlung von Nachrichten wurde auch schon in einem Vortrag in der ARD (Erstes Deutsches Fernsehen) am 28. Oktober 1973 um 22.50 Uhr als zukünftige und denkbare Art von Übermittlung durch elektronische Projektion direkt auf das menschliche Gehirn von einem Fachwissenschaftler, dem inzwischen verstorbenen Prof. Dr. Richard THEILE, Direktor des Münchener Institutes für Rundfunktechnik, Prof. an der Technischen Universität und an der Münchener Hochschule für Film und Fernsehen, erwähnt.

Und tatsächlich sieht es auch oft so aus, als ob diese Art der physikalisch-neurologischen Telekommunikation bereits durch UFO-Insassen angewendet würde.

Viele Menschen, die UFO-Kontakte hatten, erklären, sie hätten das Gefühl gehabt, es werde oder wurde ihnen eine Sendung als Übertragung direkt ins Gehirn übermittelt.

Hierher gehören sicher auch viele irrtümlich als „telepathisch" bezeichneten Übermittlungen.

Als Beispiel von vielen könnte die Beschreibung einer solchen Übertragung auf den Schweden Gösta CARLSSON im zweiten Teil seines Kontaktes angeführt werden, der in UN 194, Okt. 1972, ausführlich beschrieben ist.

2. Direkte psychische Beeinflussung durch Außerirdische

Eine solche psychische Einflußnahme durch Außerirdische ist natürlich genauso oder noch leichter möglich, wie diese unter irdischen Menschen vorkommt.

Wahrscheinlich beherrschen die Außerirdischen diese Telekommunikationsmethoden, wie z. B. die Telepathie, die Suggestion, die Hypnose, in weit umfangreicherem und höherem Maße, die jederzeit einsetzbar sind aufgrund ihrer fortgeschritteneren geistigen Entwicklung.

Viele Kontaktler beschreiben einen hypnotischen, suggestiven Zwang, irgend etwas zu tun oder zu unterlassen, sich von einem Raumschiff fernzuhalten, dann wieder sich ihm willenlos und furchtlos zu nähern.

Die Kontaktler-Berichte sind voll von einschlägigen Beschreibungen dieser psychischen Telekommunikations-Methoden.

C. Subjektive auto-psychische Selbstbeeinflussung

1. Astral-Exkursion

Bei dieser Art von Kontakten befindet sich der physische Körper eines Menschen in einem minimalen Lebenszustand ohne jede Wahrnehmung durch die Sinne und ohne Aktionsfähigkeit, während sein aus jenem ausgetretener feinstofflicher Astral-„Körper" mit seiner mentalen Wahrnehmungsfähigkeit (ASW) meist örtlich unbegrenzte Fähigkeiten dieser Wahrnehmung hat.

In diesem Zustand ist es durchaus möglich, einen dann allerdings übersinnlichen „Kontakt" mit Außerirdischen, z. B. auch in deren Raumschiffen, zu haben und diese „Erlebnisse" dann, also nach der Rückkehr des Astralkörpers in den physischen Körper, im Rahmen seiner Rückerinnerungsmöglichkeiten oder über mediale Aussagen und Schriften aus diesem Trance-Zustand heraus zu erzählen bzw. bekanntzugeben. Diese Art von Kontakten ist natürlich für irdisch gewöhnliche Verhältnisse unkontrollierbar. Wenn sie aber dauernd mit kontrollierbaren Ereignissen übereinstimmen, dann muß man sie doch als realistisch ansehen. Allerdings erfordert ein Verständnis dieser Möglichkeiten bereits ein größeres Wissen und Begreifen um esoterische und parapsychologische Gegebenheiten. (Siehe Tafel I, Seite 114!)

Als Beispiel für solche Kontakte möchte ich erwähnen: Mrs. Elizabeth KLARER, Johannesburg, Südafrika, die neben ihren physischen Kontakten auch solche nach *B.* und *C.* erlebt haben mag. Dieses wurde mir klar, als Mrs. Klarer ihre Erlebnisse anläßlich des 11. Interkontinentalen Kongresses der UFO-Forscher in Wiesbaden am 1. November 1975 erzählte.

2. Mental-Vorstellungen, plastische Imagination, Phantasie

Meist hervorgerufen durch intensives meditatives Verhalten, eine Meditation, die nicht einmal gewollt herbeigeführt zu werden braucht, treten in der Psyche eines Menschen Zustände ein, in denen er Dinge zu sehen glaubt und diese auch „sieht", die nicht materiell vorhanden, für ihn subjektiv aber real zu sein scheinen.

Der Ausdruck „plastische Imagination", also bildhaft-plastische Vorstellung, gibt einen Hinweis für das Zustandekommen solcher „Gesichte".

3. Somnambulismus, Mediumismus

Somnambulismus ist ein traumhafter, medial-trance-ähnlicher Zustand. Der Körper bleibt auf der Erde, trotzdem glaubt dieser Mensch nach dem „Erwachen", er sei „dort" gewesen, und kann vieles beschreiben, wie nach einem Traum. Dies muß und wird aber nicht immer, oder besser, selten ganz mit der Wirklichkeit übereinstimmen.

In Trance kann ein Medium durch telepathische Übermittlung von Wesen anderer Daseinsebenen, also auch von Außerirdischen, Aussagen über Verhältnisse auf eben diesen Daseinsebenen, auch evtl. auf anderen Planeten, machen, Übermittlungen von Aussagen, Berichten, Erklärungen aussprechen oder medial aufschreiben.

Diese Arten von Kontakten werden selten erwähnt, sind aber nicht auszuschließen, und sollen daher der Vollständigkeit halber nicht unerwähnt bleiben. Sie kommen bei spiritistischen Sitzungen, aber auch spontan bei medial veranlagten Menschen vor. Es gibt auch hier eine große Anzahl von Beispielen. Als solches gilt das junge Trance-Medium Ray STANFORD, der als Nachfolger des als „Der schlafende Prophet" bekannten, im Jahre 1945 verstorbenen Edgar CAYCE angesehen wird.

Ray STANFORD wurde vor kurzer Zeit im Trance-Zustand über gewisse Probleme im Zusammenhang mit dem UFO-Phänomen befragt und gab aktuelle Informationen, deren Glaubwürdigkeit durch Übereinstimmung mit Beobachtungen bei UFO-Sichtungen und UFO-Fotografien gesichert ist.

(Beschreibung im Kapitel „Physik der Außerirdischen" Nr. 10, Oberflächenbeschaffenheit und Färbung, und UN Nr. 210, S. 2, Rho SIGMA).

D. Falsches und schädigendes Verhalten

1. Realitätsbeweise gegen Täuschung und Irrtum

Gerade bei physischen Kontakten und Kontaktlern dürften Täuschung und Irrtum sehr selten vorkommen, denn diese Menschen hatten ja Kontakte, reale materielle Kontakte; sie sind also meist so nahe daran gewesen, daß sie einigermaßen sicher wissen müssen, was sie erlebten.

Sie beschrieben, und oft sind es auch mehrere Personen gewesen, die beobachteten Einzelheiten so übereinstimmend und genau, daß dadurch schon an der Realität der Beobachtung kaum gezweifelt werden kann.

Für diese Realität sprechen handfeste Beweise, wie z. B. Fotos oder Filme, verbrannte oder versengte Rasenflächen und Bodenstücke, Baumäste und Zweige, Einpressungen im Boden, Strahlenschäden, Schock, Übelkeit und andere krankhafte Erscheinungen bei Menschen und Tieren; Störungen an elektrischen Anlagen, an Licht- und Kraft-Stromnetzen, an der Beleuchtung, Zündung, an Anlasser und Radio in Autos oder an Kompassen in Flugzeugen und Schiffen. Autos blieben einzeln, aber auch reihenweise durch UFO-Einflüsse hilflos stehen und funktionierten ohne Reparatur nach dem Sich-Entfernen der UFOs wieder einwandfrei, was in sehr vielen Fällen beobachtet wurde.

Man kann in allen diesen und ähnlichen Fällen doch wirklich nicht von Täuschung und Irrtum oder von Halluzinationen, Psychosen und Massenpsychosen sprechen.

2. Betrug und Psychopathie

kommen nach der Analyse der berichteten Kontaktlerfälle so selten vor, daß es schwerfallen dürfte, solche Fälle überhaupt nachzuweisen.

Die meisten Personen, die Kontakte meldeten, waren durchaus normale Menschen wie eben andere auch, sie machten einen glaubwürdigen

Eindruck und wurden in vielen Fällen besonderen Prüfungen ihres Charakters, ihres Wesens und ihres Ansehens unterworfen und konnten selbst durch Lügendetektoren und Hypnose kaum eines Betruges überführt werden.

Dazu möchte ich allerdings zu bedenken geben, daß ich persönlich die Hypnose *nicht* für ein geeignetes Mittel halte, um festzustellen oder gar zu beweisen, ob z. B. ein erzähltes UFO-Kontakt-Erlebnis auf realer „grob"-materieller Wahrheit beruht.

Bei einem „nur" psychischen Erlebnis, das allerdings auch real erscheinen, ja sogar „real" sein kann, würde m. E. der Hypnotisierte dieselbe Erzählung wiederholen, denn er hat dies ja psychisch erlebt, und die Hypnose bringt das psychisch Erlebte wieder hervor.

Hypnose ist in diesem Fall eine Untersuchungsmethode, die einen psychischen Eingriff in das Unterbewußtsein, in die psychische Erlebniswelt des Untersuchten darstellt, und ist daher ungeeignet.

Was nützte einem Menschen auch ein versuchter Betrug durch erfundene Berichte?

Viel Geld kann man erfahrungsgemäß dadurch nicht mehr verdienen, die Zeiten eines Karl May oder eines Jules Verne sind vorbei, und da müßte man sich schon mit großem schriftstellerischem Talent und Fleiß betätigen, den gewissen Wahrheitsgehalt, das Glück und die Durchschlagskraft eines Erich v. DÄNIKEN haben.

Dies alles konnten und taten die in der Ufologie zitierten Kontaktler eben nicht.

Ein erstrebenswertes höheres Ansehen der Person scheidet wegen der sattsam bekannten Lächerlichmachung aus. „Interessant" kann man sich durch eine solche falsche Geschichte auch nicht machen; bei wem schon?

Eine krankhafte Phantasie oder gar eine echte Geisteskrankheit führt sicher nicht zu solch exakten Berichten mit den bekannten Einzelheiten, die ein Psychopath kaum so genau erfinden könnte, daß man nicht dahinterkäme. Wenn dies aber trotzdem einmal einem psychisch Kranken gelungen wäre, so könnte es sich nur um einen Einzelfall handeln.

Es werden aber eine so große Anzahl bis in Einzelheiten analoger Beobachtungen, weltweit unabhängig voneinander, gemeldet, daß allgemeine Psychopathie vollkommen auszuschließen ist.

Von einzelnen uns bekannten Ausnahmen abgesehen, wird man den vielen UFO-Forschern, darunter auch Wissenschaftlern von Rang und Namen, die sich mit diesen Dingen befassen, nicht insgesamt eine Betrugsabsicht oder Geisteskrankheit anlasten können.

Nur die Ufologen können aufgrund ihrer Informationen und jahrelanger Studien beurteilen, was Wahres an einer Meldung ist und wo beabsichtigte oder unbeabsichtigte Fälschung vorliegt.

Es gibt solche Fälle von verworrenen Aussagen, die jedoch so eindeutig aus dem Rahmen fallen, daß sie für den wirklich Wissenden alsbald erkennbar sind.

3. Romanhafte Ausschmückung, auch echter Erlebnisse, schriftstellerische und künstlerische Freiheit

Es ist nicht von der Hand zu weisen, daß eine romanhafte Ausschmükkung, besonders in der Kontaktler-Literatur, vorkommt. Dies ist durchaus menschlich und mag in extrem geschäftstüchtigen Ländern manchmal zu phantastischen Erzählungen geführt haben.

Leider ist dies mit der Hauptgrund, warum alles, was mit UFOs zusammenhängt, in wissenschaftlichen Kreisen so verpönt ist, daß man nur darüber lächelt und weiter schweigt.

Nun machen diese Kreise eben auch den großen Fehler, daß sie als schlecht Informierte auch nicht fähig sind, das Wahre vom Falschen zu unterscheiden, wodurch sie jede genauere Information ablehnen, was zu ihrer Unwissenheit auf diesen Gebieten führt und somit den „Teufelskreis" schließt.

Man sollte aber nicht vergessen, daß die Wahrheit so phantastisch ist, daß der größte Teil der irdischen Menschheit kaum in der Lage sein dürfte, diese wirklich zu erfassen.

Die Erfahrungen der Astronomie und auch der Astronautik in unserer irdischen Weltraumfahrt sollten allen eine Lehre sein.

E. Auch Tiere können Kontaktler sein

Tiere sind unbestechliche, unparteiische, von Irrtümern weitgehend unabhängige Zeugen. Man weiß von anderen Phänomenen wie Erdbeben, Unwettern und ähnlichen Katastrophen, aber auch von Manifestationen der „anderen Welten" her, daß Tiere eine gewisse Vorahnung und Sensibilität zeigen, die wahrscheinlich auf dem Empfang gewisser feinster Schwingungsfrequenzen, die solchen Ereignissen vorausgehen bzw. anhaften, beruhen.

Oft wurde in Verbindung mit UFO-Beobachtungen ein besonders unruhiges und geradezu ängstliches Verhalten von Tieren bemerkt, ein sicherer Beweis dafür, daß es sich nicht um irdisch-übliche Flugzeuge gehandelt haben kann. Bei solchen legen Tiere kein absonderliches Verhalten an den Tag.

So wurden z. B. Polizeibeamte auf Kontrollgängen oder -fahrten durch lautes Schlagen und Stampfen in Pferdeställen aufmerksam, gingen der unbekannten Ursache nach und mußten feststellen, daß keinerlei Beruhigungsmethoden halfen, bis sich ein dann erst beobachtetes, meist geräuschloses Flugobjekt wieder entfernt hatte.

Zusammenfassung

Ohne die Kontaktler kommt die Ufologie nicht aus, denn deren Aussagen, seien sie direkt physisch erlebte oder auf irgendeine der beschriebenen psychischen Weisen erfahrene Tatsachen, sind die Bestätigungen und Ergänzungen der Nur-Sichtungen.

Mögen die Aussagen der Kontaktler manchem noch so phantastisch oder wenig glaubwürdig vorkommen, so gibt es doch viele, durchaus logische und folgerichtige Beschreibungen von Kontakten, deren Beweiskraft nicht von der Hand zu weisen ist.

Es war oft so, daß ein Mensch als Einleitung, Vorbereitung und Bestätigung für dann folgende Telekommunikationen zuerst einen physischen Kontakt mit Außerirdischen hatte, der anschließend in psychische Kontakte überging, die ja weit mehr Möglichkeiten einer Kommunikation bieten, und bei denen auf solche Art, unbehindert durch die physischen Hemmnisse des irdischen materiellen Körpers und seiner Funktionen, eine weitaus größere Vielfalt an Übermittlungen von Wissen um die „Geheimnisse" der Außerirdischen ermöglicht wurde.

Als Beispiele möchte ich hier anführen:

George ADAMSKI, Amerikaner, ein oft umstrittener und einer der ersten Kontaktler.

Zuerst hatte er, wie in dem Buch „Fliegende Untertassen sind gelandet" Desmond Leslie — George Adamski (Ventla-Verlag) beschrieben, sicherlich physische Kontakte, die aber später wahrscheinlich in psychische Kommunikationen übergingen, von denen in seinem Buch „Im Innern der Raumschiffe" (vergriffen) berichtet wird, die aber so beschrieben sind, als hätte er sie physisch erlebt.

Man sollte damit rechnen, daß bei derartigen subjektiven Erlebnissen Fehler unterlaufen können, genauso wie bei medialen Aussagen, die ja auch immer vom Unterbewußtsein des betreffenden Mediums mitbeeinflußt werden.

Die absolute Wahrheit ist auf diese Weise durch einen einzelnen Menschen kaum erfahrbar, dazu gehören schon eine ganze Reihe von sich deckenden Äußerungen.

Es ist anzunehmen, daß Adamski selbst nicht unterscheiden konnte, ob es so oder so war, d. h. ob seine Erlebnisse in den einzelnen Fällen jeweils physisch oder psychisch waren. Der Wert seiner, wie auch immer erfahrenen Beschreibungen vom Innern der Raumschiffe ist — bedingt durch weitere Sichtungen derselben von anderen Menschen — unbestritten.

Gösta *CARLSSON,* Schwede
beschreibt genauestens ein äußerst interessantes physisches Erlebnis, dem nach einigen Tagen eine Telekommunikation folgte, bei der Dinge beschrieben wurden, die dann durch Kontrolle der realen Tatsachen am Ort des physischen Kontaktes bestätigt wurden. (Beschrieben in UN Nr. 193 und 194.)

Bei vielen anderen Kontaktlern wird es ähnlich gewesen sein; sie deshalb als Lügner, Schwindler, Scharlatane oder Psychopathen hinzustellen, ist grundfalsch; vielmehr hatten sie ebenso außergewöhnliche Erlebnisse, auch psychische Kontakte sind Erlebnisse, daß diese nicht für *den* begreifbar sind, der die verschiedenen, in diesem Kapitel beschriebenen möglichen Arten von Kontakten *noch nicht* kennt.

Ich muß gestehen, daß ich selbst den Erlebnissen und Berichten der Kontaktler bisher zwar nicht ganz ablehnend, aber doch äußerst skeptisch gegenübergestanden habe.

Sie kamen mir teils realistisch, teils „imaginär" vor. Ich war immer unsicher, was möglich, was wahrscheinlich, was zu phantastisch, was unwahrscheinlich und was nicht sein konnte. Dieses empfinden sicher sehr viele Menschen so, die mit diesen Dingen konfrontiert werden, sei es durch Schrift, durch Erzählungen und durch Vorträge. Es gibt nur wenige, die das alles glauben und akzeptieren. Sogar ausgesprochene UFO-Experten sind sehr zurückhaltend bis ablehnend und bezeichnen Kontaktlergeschichten oft als unglaubhaft.

Dieses Dilemma ließ mir keine Ruhe, und nachdem ich in Psychologie geschult bin und hier wie in Parapsychologie und Ufologie einiges weiß, wagte ich mich an die, bisher meines Wissens noch nicht durchgeführte Analyse der Kontaktler heran.

Nach nun erfolgtem Abschluß dieser analysierenden Studie komme ich zu dem logischen Schluß, daß der größte Teil dieser Fälle einen durchaus realen Hintergrund hat.

Von diesem analysierten Gesichtspunkt aus gesehen, stellen die Kontakte mit Außerirdischen eines der sichersten und stärksten Beweismittel für die Realität der außerirdischen Raumschiffe und deren intelligente Besatzung dar.

KAPITEL 6

UFO-Forschung und Ufologie

Unter UFO-Forschung soll hier *aktive Forschung* und unter Ufologie das mehr *passive Wissen* durch Registrierung verstanden sein.

Die ernsthafte UFO-Forschung und die Ufologie sind infolge der durch Regierungen, Behörden, Militärs und die NASA (amerikanische Raumfahrt-Institution) ausgeübten strengen Geheimhaltung und Ableugnung und infolge der nur auf sich selbst gestellten schwachen finanziellen Grundlage der Weltöffentlichkeit weitgehend unbekannt.

Als nach dem zweiten Weltkrieg die ersten bewußten Sichtungen von *U*nbekannten *F*lug *O*bjekten (UFO) bekannt wurden, gab es noch keine Institutionen, die sich mit solchen Dingen befaßten.

Ein amerikanischer Kaufmann Kenneth ARNOLD, der mit seinem Privatflugzeug am 24. Juni 1947 den Mount Rainier (von den Indianern „Tacoma" = Berg Gottes genannt) im nördlichen Staate Washington überflog, sichtete neuen riesige, silberglänzende Objekte und beschrieb sie in seinem Bericht Pressereportern gegenüber als „untertassenähnlich", was zu der unglücklichen Bezeichnung „Fliegende Untertassen" führte. In Wirklichkeit haben sie die meist beobachtete Form eines Diskus.

Sichtungen solcher Objekte wurden daraufhin immer wieder und in steigendem Maße gemeldet.

In den darauffolgenden Jahren 1948 und 1949 befaßten sich dann hauptsächlich in Amerika die US-Luftwaffe als zuständige Behörde und einzelne Wissenschaftler mit dem neuen Problem, und erst anschließend untersuchten zuerst Einzelpersonen und dann Gruppen diese Phänomene und schlossen sich zu UFO-Forschungsgruppen zusammen.

Einige staatlich arrangierte Wissenschaftler kamen zusammen, um darüber zu beraten, was zu tun sei, und sie beschlossen, die ganze Sache so zu behandeln, als existiere sie nicht. Man entschloß sich also schon damals, darüber zu schweigen. Diese Taktik hat sich dann so bewährt, daß sie bis zum heutigen Tage von den zuständigen Behörden und Militärs beibehalten wurde.

Zuerst waren also die Flugobjekte mit ihren beobachteten phänomenalen Flugeigenschaften da, und erst dann wurden sie auf ihre Eigenschaften und Verhaltensweisen hin untersucht, die in kein irdisches

Schema paßten und deren Physik und Flugtechnik eine irdische Her-
kunft aus naturwissenschaftlichen Gründen ausschloß.

Die dann seit ungefähr 1950 bestehenden privaten UFO-Forschungs-
gruppen können also logischerweise nicht die „Erfinder" einer UFO-
Illusion sein. Sie haben vielmehr die weltweiten Meldungen über bis in
kleinste Einzelheiten gemachte Beobachtungen zu analysieren versucht,
um trotz der durch die Behörden ausgeübten Geheimhaltung und Ab-
leugnungstaktik diese umwälzende Wahrheit der Weltöffentlichkeit be-
kanntzumachen.

Man sollte nicht glauben, und es ist geradezu unlogisch zu behaupten,
daß UFO-Forscher und Ufologen dies alles nur erfunden hätten, weil
Hunderttausende, ja Millionen Menschen seit zweieinhalb Jahrzehnten
nur Täuschungen unterlegen seien, deren allerdings oft genauestens
beobachtete Einzelheiten so übereinstimmen, daß man darauf *eine*
wissenschaftliche Untersuchung aufbauen konnte, wie sie in den Kapiteln dieses Buches beschrieben ist.

Solche Behauptungen einer andauernden Täuschung so vieler Menschen
auf einem so realen Gebiet, wie es eine wenn auch außerirdische Raum-
fahrt darstellt, sind unlogisch und so absurd, daß sie nur mit hochgra-
diger Unwissenheit auf diesem speziellen Gebiet und mit mangelnder
Information erklärbar sind.

Die UFO-Forschung und die Ufologie werden qualitativ und quantitativ
weit unterschätzt. Ihre Forschungen, ihre Erkenntnisse und ihre Aussagen sind so umfassend, so vielseitig und so tiefgreifend, daß man
nur sagen kann, daß sie den exaktwissenschaftlichen Methoden auf vielen anderen Gebieten entsprechen und ihnen in keiner Weise nach-
stehen.

UFO-Forscher und Ufologen sind Menschen, die imstande sind oder
sein sollten, die Sichtungen und Beobachtungen anderer und auch
eventuelle eigene zu sammeln, wissenschaftlich auszuwerten, die daraus
resultierenden Schlußfolgerungen zu ziehen und die „Spreu vom Weizen zu trennen". Sie werden nicht ohne ein gewisses Wissen auf Gebieten wie Astronomie, Astrophysik, Atomphysik, Biophysik, der irdischen Raumfahrt und allen anderen Naturwissenschaften auskommen.
Zusätzlich wird ein kritisches Beobachtungs- und Beurteilungsvermögen,
sowie ein größeres Wissen auf den Gebieten der Psychologie und besonders der Parapsychologie erforderlich sein, um die Zusammenhänge
bis nahe an die Transzendenz logisch und folgerichtig erfassen zu
können.

Da Menschen mit so umfangreichem Wissen sehr selten sind, sind auch
UFO-Forscher meist überfordert, so daß es zuweilen zu unrichtigen Meinungen kommen kann, die dann leider, aber verständlicherweise, sofort

von den „Gegnern" benutzt werden, um die ganze Sache als absurd hinzustellen. Aus obengenannten Gründen aber scheitern auch Wissenschaftler der konventionellen Richtung an diesem Thema. Allerdings muß auch in Betracht gezogen werden, daß es viele dieser Experten aus Gründen der Geheimhaltung, der Angst um Posten und Image nicht wagen, sich so zu äußern, wie sie eigentlich wollten und könnten.

Menschen, die sich zwar für das UFO-Thema interessieren, dieses und seine Aussagen aber nur zur Kenntnis nehmen, sind keine UFO-Forscher, sie sind UFO-Anhänger und werden oft von der Gegenseite als „UFO-Gläubige" bezeichnet, was sie ja der Schwierigkeit der Probleme und der mangelnden eigenen wissenschaftlichen Ausbildung wegen auch sind. Sie befassen und interessieren sich eben um der guten und interessanten Sache willen damit bzw. dafür.

Die eigentliche UFO-Forschung sollte es sich als erste Aufgabe stellen, vorerst die reale naturwissenschaftliche Wahrheit zu erforschen, die philosophischen Folgerungen kann und muß man dann auf den bewiesenen Realitäten aufbauen, niemals umgekehrt, sonst kommt man wieder wie bei den bisherigen, den konventionellen Philosophien und Religionen in die bekannten und z. Z. überhandnehmenden Schwierigkeiten.

Die weltweite internationale UFO-Forschung, die aus mehreren großen und Hunderten kleiner Studiengruppen und Herausgebern von UFO-Bulletins besteht und durch einzelne Wissenschaftler und Forscher, Firmen und Institute in ihren Forschungen ideell unterstützt wird, arbeitet, soweit bekannt, ohne jede finanzielle Unterstützung.

Dabei bringt sie in ihren Berichten eine so große Anzahl und Auswahl von registrierten UFO-Sichtungen und -Erlebnissen, daß an der realen Existenz dieser Phänomene nicht mehr gezweifelt werden kann.

Die immer wieder beschriebenen, analysierten und verglichenen Einzelheiten der Ereignisse zeigen ein durchaus wissenschaftliches Ausmaß an Genauigkeit und Identität der einzelnen weltweit gemachten Beobachtungen.

Die größeren UFO-Studiengesellschaften sind:

DUIST   Deutsche UFO-Studiengesellschaft, Leitung und Zentrale: Karl und Anny VEIT, D-6200 Wiesbaden 13

ICUFON   New York, USA, Intercontinental UFO Research and Analytik Network

NICAP   Washington, D.C., National Investigations Committee on Aerial Phenomena

AIAA   New York, USA, American Institute of Aeronautics & Astro-
       nautics
GEPA   Frankreich
CFRU   Frankreich
Lumières dans la nuit, Frankreich
       Tucson, Arizona, USA, Aerial Phenomena Research Organi-
       sation
CBA INTERNATIONAL   Tokio, Japan, Cosmic Brotherhood Association,
       Leitung Yusuke MATSUMURA (Flugkapitän)
EDITION SBEDV, Rio de Janeiro, Brasilien, Dr. Walter BÜHLER
Flying Saucer Review, London
UFOAIKA Helsinki, Finnland
SUFOI   Skandinavische UFO-Information
FSU   Genf, Schweiz
SADIE   Buenos Aires, Argentinien, Servicio Argentino de Investi-
        gaciones Extraterrestres
CEI   Barcelona, Spanien, Centro de Estudios Interplanetarios

Diese Liste erhebt keinen Anspruch auf Vollständigkeit. (Vergleiche die
entsprechenden Listen in den Dokumentarberichten 1960, 1967 und 1972,
Ventla-Verlag!)

Die Hauptaufgaben der internationalen UFO-Forschung

Der inzwischen verstorbene Senior-Physiker für Atmosphärische Physik
in Arizona (USA), einer der bisher gewichtigsten UFO-Forscher, Prof.
Dr. James E. McDonald, ein Wissenschaftler ersten Ranges, stellte folgende acht UFO-Hypothesen auf, die man erwägen sollte, wenn man
einen UFO-Bericht zu erklären versucht:

1. Scherz, absichtliche Täuschung, Betrügerei.
2. Halluzination, Massenhysterie, das Phänomen der Gerüchte.
3. Laienhafte Mißdeutungen von wohlbekannten physikalischen Phänomenen, und zwar meteorologischen, astronomischen, optischen, aero-
   nautischen und anderen.
4. Die fast unter Ausschluß der Öffentlichkeit fortgeschrittene Technologie (neue Testfahrzeuge, Satelliten, neue Waffen, Signalfackeln),
   das Wiedereintreten in die Atmosphäre (von Satelliten, Raketenteilen
   usw.).
5. Kaum verstandene physikalische Phänomene (seltene atmosphärisch-
   elektrische Effekte, ungewöhnliche Meteorphänomene, natürliche und
   künstliche Plasmabildungen und ähnliches).

6. a) Kaum verstandene psychologische Phänomene.
   b) Kaum verstandene parapsychologische Phänomene.
   (6 b wurde vom Verfasser dieses Buches zusätzlich aufgenommen).
7. *Außerirdische Anordnungen mit einer Art Überwachungsfunktion.*
8. Weltraumschiffe als Überbringer von Botschaften für eine irdische Befreiung und okkulte (seither verborgene) Wahrheit. (Nicht ganz auszuschließen, vielleicht sogar Endzweck der UFO-Aktivität!)

Für einen kritischen Beobachter und logisch denkenden Wissenschaftler, einen erfahrenen UFO-Forscher lassen sich zu den jeweiligen Beobachtungen, Sichtungen und Meldungen verhältnismäßig leicht die jeweils passenden der vorgenannten 8 UFO-Hypothesen finden, um jene zu analysieren.

In folgendem sollen die besonderen Merkmale der einzelnen Beobachtungs- und Feststellungs-Möglichkeiten im Verhältnis zu diesen acht Hypothesen, möglichst anhand von einfachen Beispielen erörtert werden:

Zu 1.

Scherz, absichtliche Täuschung und Betrügerei leisteten sich nur einige wenige, meist Jugendliche. Es wurden manipulierte Bilder (Fotos) bekannt, die man aber bei kritischer Betrachtung eigentlich sofort als „unecht" und manipuliert identifizieren mußte und nicht in die Literatur hätte bringen dürfen.

Eigenartigerweise haben gerade die „UFO-Gegner", aber sogar auch „UFO-Forscher", d. h. Menschen, die von sich glauben, solche zu sein, Bilder gefälscht, also manipuliert, um zu beweisen, daß man dies tatsächlich kann.

Dieses Beweises hätte es allerdings nicht bedurft, denn das weiß heute jeder bessere Amateurphotograph, daß man solche Bilder von echten UFO-Bildern meist sehr gut unterscheiden kann.

Besonders zu verurteilen ist in dieser Beziehung ein Buch mit dem irreführenden Titel „UFO UFO" und dem ebenso irreführenden Untertitel „Das Buch von den Fliegenden Untertassen" (P. G. Westphal), das mit lauter Fälschungen und Manipulationen beweisen sollte, daß auch alle anderen UFO-Bild-Dokumentationen nur Fälschungen sein könnten.

Ich meine, man sollte die einwandfrei als echt feststellbaren Fotos und Filme als solche analysieren, anerkennen und verwenden, denn sie genügen vollauf, um die Realität der UFOs zu demonstrieren. (Siehe NAGORA-UFO-Bilderserie in diesem Buch!)

Einen etwas teueren Scherz sollen sich englische Studenten geleistet haben, als sie vor einigen Jahren kleine untertassenähnliche Flugkörper mit vermutlich Raketenantrieb über größere Strecken „laufen" ließen.

Ich aber nehme an, daß es sich um Versuchsobjekte von Bastlern gehandelt hat, die zwar Diskusform, aber sonst mit UFOs in unserem Sinne überhaupt nichts gemeinsam hatten. Eine Betrugsabsicht oder absichtliche Täuschung haben andere nur wieder hineingedacht.

Zu 2.

Psychisch nicht stabile Menschen, schlechte Beobachter, Unwissende, Schwätzer, Wichtigmacher, auch Psychopathen leichterer Art können mit verhältnismäßiger Leichtigkeit einer Täuschung, einer Halluzination, einer psychischen Vorstellung unterliegen und diese zu einer Massenhysterie und Massenpsychose forcieren, die dann durch Gerüchte für weitere Verbreitung sorgen.

Auch hier besteht bei kühler Zurückhaltung und scharfer Beobachtung für einen erfahrenen UFO-Forscher kaum die Gefahr, daß Verwechslungen mit UFO-Realitäten vorkommen oder jene als solche bezeichnet werden könnten.

Als Beispiel von falscher Beobachtung, also Täuschung mit anschließender Massenpsychose, kann man den über ganz Deutschland vom 13. bis 17. Mai 1973 langsam an der Grenze der Stratosphäre dahinziehenden SKYHOOK-Forschungs-Riesenballon anführen, der zu Massenansammlungen von Menschen in den Städten und zu Stauungen auf Autobahnen, aber auch zu Bezeichnungen in Briefen und in der Presse führte wie z. B.:

„Weltraumspuk, Himmelsspion, Riesen-UFO, UFO-Alarm, die Mitte der Lichterscheinung deutlich von der Schmalseite eines weißleuchtenden Diskusses durchschnitten, darüber eine ebenfalls glühende Kuppel aus Licht, Durchmesser eines zehnstöckigen Hauses, wie eine fliegende Untertasse in Glockenform, das Ding ist dreieckig mit glitzernden Kugeln außen herum, ein gleißend silbriger Doppelkörper von einer durchsichtigen Hülle halbmondförmig umgeben, so groß wie ein Fußballplatz, an den Seiten silbrig-glänzende Flügel, die Venus, netzartiges Objekt mit festem Körper, verlorene Zipfelmütze Gottes".

Jeder Kommentar ist hier natürlich überflüssig! — Das alles hat mit UFO-Forschung nichts zu tun! — Es waren falsche Auslegungen realer Tatsachen.

Eine Halluzination dagegen und eine psychisch bedingte Vorstellung bedingen nicht einen materiellen Gegenstand. Man kann solche „Sich-

tungen" deshalb auch nicht als UFO-Beobachtungen bezeichnen; sie gehören in das Gebiet der Psychologie, um nicht zu sagen: der Psychiatrie!
Die Phänomene der Parapsychologie in Verbindung mit UFOs haben mit krankhaften Verirrungen nichts zu tun und sind für einen erfahrenen UFO-Forscher als solche erkennbar.

Zu 3.

Alle hier aufgeführten, am Himmel oft sichtbaren Manifestationen führen häufig zu laienhaften Mißdeutungen:

a) Wolkenbildungen in Diskusform = Altocumulus lenticularis-Wolken (z. B. die am 12. 9. 1965 gegen 13 Uhr in der CSR fotografierte, siehe Seite 227), die oft fälschlicherweise als zigarrenförmige Objekte angesehen und bezeichnet werden.

b) Meteore und Meteoriten, die als UFO-Blitzflüge gedeutet werden.

c) Reflexe und sehr häufig die vermeintlichen kleinen Zickzack-Bewegungen von Sternen, die durch Regulationsbewegungen und Überanstrengung der Augenmuskulatur hervorgerufen werden und eine Bewegung der Sterne und natürlich auch der Planeten nur vortäuschen. Oft wird bei Sternwarten telefonisch angerufen und die Venus als gesichtetes Raumschiff bezeichnet.

d) Alle sternähnlichen Lichter nachts und ähnliche Objekte tags, die sich am Himmel bewegen, wie z. B. normale Flugzeugbeleuchtungen, hochfliegende Flugzeuge und dabei entstehende Reflexe, Landescheinwerfer, die neuerdings auch in sehr großen Höhen zur Erkennung eingeschaltet werden, neue blitzlicht-ähnliche Warnblinker an Flugzeugen, die abwechselnd an Backbord und an Steuerbord von Flugzeugen aufblitzen, usw.

Zu 4.

Testobjekte der irdischen Raum- und Luftfahrt und der nationalen Luftwaffen wie höchstfliegende Aufklärungs- und Überschall-Flugzeuge, die Höhen um 30.000 Meter und mehrfache Schallgeschwindigkeit erreichen, und andere Testobjekte aller möglichen Arten.
Alle mit Satelliten, Sonden und Raketen zusammenhängenden Aktivitäten am Himmel sowie deren Teile und deren beim Wiedereintritt in die Atmosphäre auftretenden Phänomene.

Zu 5.

Hierzu gehören verschiedene elektrische Phänomene wie Ladungsaustausch in Wolken, in Wassertropfen, nordlicht- und elmsfeuerähnliche Entladungen, Kugelblitze, Plasma-Wirbel, künstliche Kometen (Sardinien 1965) usw.

Zu 6.
a) Psychische Phänomene in Beziehung zu UFOs sind u. a. die unter 2. bereits beschriebenen Arten wie Halluzination, Massenhysterie, Psychosen, also fast krankhafte Anomalien des menschlichen Geistes.

Diese kommen zweifellos vor, nicht sooft ohne UFO-Manifestationen, also nur in der persönlichen Vorstellung, vielmehr hauptsächlich in Verbindung mit solchen, also durch Angst, Schrecken, psychischen Schock durch eigene psychische Schwäche den Außerirdischen gegenüber, bei Sichtungen und Kontakten. Sie treten häufig auf durch direkte Beeinflussung durch diese Außerirdischen, was also deren Anwesenheit voraussetzt und zugleich beweist.

b) Viele der beobachteten und beschriebenen Phänomene sind auf parapsycho-physikalische Manifestationen zurückzuführen, die die Außerirdischen anscheinend hervorragend beherrschen, die ihnen viele ihrer Aktivitäten erst ermöglichen und die uns diese oft so geheimnisvoll und unwahrscheinlich erscheinen lassen.

Es müssen also diese para- bzw. supra-physikalischen und auch die parapsychologischen Aspekte hier zusätzlich erörtert werden, was ich für dringend, ja unbedingt erforderlich halte und die Prof. McDonald als Astro-Physiker in seinen 8 Punkten nicht mit einbezog. Diese aber machen nachgewiesenermaßen einen großen Teil der Physik der Außerirdischen bzw. ihrer Flugobjekte aus.

Hier sind zu nennen:

Ihr wesentliches Kommunikationsmittel — die Telepathie, die Telekinese, die Teleportation, die De- und Rematerialisation, die Levitation, die Benutzung höherer Dimensionen usw.

Ohne großes Verständnis und ohne Annahme dieser phänomenalen Realitäten ist eine sichere Deutung und Erklärung der beobachteten UFO-Phänomene nicht oder nur teilweise möglich, denn ein großer Teil ihrer Physik und Technologie ist so fortgeschritten, daß sie eben eine Super-Physik, Parapsychophysik und Transzendentale Physik und die daraus resultierende hohe Technologie ist.

Gerade hier zeichnen sich die beweiskräftigsten Argumente für die UFOs ab, denn wenn immer wieder die gleichen, aber von uns kaum erforschten Phänomene meistens von Laien auf diesen Gebieten gemeldet werden, ist am wenigsten eine manipulierte Berichterstattung als möglich anzunehmen.

Zu 7.
Die vieltausendfach beobachtete UFO-Realität besteht zweifellos aus außerirdischen Flugobjekten und deren Anordnungen mit einer Art

Erforschungs-, Überwachungs- und Kontroll-Funktion, wie sie seit über fünfundzwanzig Jahren und länger festgestellt wurde.

Dieser Aspekt dürfte am ehesten den uns geläufigen Gegebenheiten und Möglichkeiten entsprechen und sollte als erster mit allen zu Gebote stehenden wissenschaftlichen Mitteln erforscht werden.

Er entspricht analog unserer irdischen jungen Raumfahrt, und die allerdings außergewöhnlichen physikalischen Manifestationen sind noch am besten deutbar und erklärbar.

(Siehe auch Kapitel „Physik der Außerirdischen"!)

Zuerst sollte also die UFO-Realität offiziell für die Weltöffentlichkeit erfaßbar bewiesen und der Wahrheit entsprechend bekanntgemacht werden, wobei jedes Wunschdenken ausgeschaltet werden sollte.

Zu 8.

Dann erst sind vielleicht die häufig in einem Teil der UFO-Literatur zum Ausdruck gebrachten philosophischen, ethischen und moralischen Hoffnungen, Sehnsüchte und Wünsche für eine Besserung und weitere Evolution der Menschheit durch das eventuelle Vorbild Außerirdischer nachahmbar und realisierbar.

So anerkennenswert und dringend nötig Verbesserungen der irdischen Verhältnisse auch sein mögen, sie sind erfahrungsgemäß erst dann zu verwirklichen, wenn die Vorbedingungen durch wahrheitsgemäße Aufklärung vorhanden sind.

Nicht fortwährende Enttäuschungen durch Illusionen und unwahre Behauptungen bringen uns auf unserem evolutiven Weg weiter, sondern nur fortlaufende wahre Erkenntnisse.

Falschmeldungen führen immer zu Enttäuschung und Resignation.

Deshalb sollten außerirdische Weltraumschiffe erst dann als Überbringer von Botschaften für eine irdische Befreiung und okkulte Wahrheit, wie sie Prof. McDonald im Punkt 8 seiner UFO-Hypothesen zitiert, angesehen werden, wenn das auch wirklich und mit absoluter Sicherheit feststeht.

Diese 8 UFO-Hypothesen sollte man als Richtlinien der UFO-Forschung und der Ufologie akzeptieren und sich danach richten; sie zeigen aber auch den ungeheuren Umfang der Problematik auf, der nur durch wissenschaftliche Forschung und nicht nur durch Amateure bewältigt werden kann, denen allerdings das Verdienst der Initialzündung zugesichert werden muß.

„Unerklärte Phänomene"
„UFOs – eine wissenschaftliche Debatte bei einem Symposium in Boston"

Von Carl SAGAN und Thorton PAGE

(nach einem Artikel aus der Fachzeitschrift „Science" vom 11. Mai 1973, in den UN 204/205, Sept./Okt. 1973, S. 4)

„Die besten Empfehlungen für eine zukünftige UFO-Forschung werden in einem Artikel von Price-Williams herausgestellt. Er teilt die notwendige Forschung in vier Stufen ein:

1. Sammlung von Daten

2. ihre Auswertung

3. Erkennung von Gemeinsamkeiten

4. Prüfung von Hypothesen

Er kommt zu dem Schluß, daß alle Untersuchungen, einschließlich des Colorado-Projektes (CONDON-Report; d. A.), bei der zweiten Stufe enden."

Nun, ich behaupte, dieses vorliegende Buch endet nicht bei der zweiten Stufe, vielmehr geht es sogar weit über den Rahmen von Hypothesen, also die vierte Stufe hinaus, denn von Hypothesen kann man nach den Fotos und den Tausenden Beobachtungen auf der ganzen Erde, und nach Erkennung so vieler frappierender und außergewöhnlicher Gemeinsamkeiten von physikalischen Phänomenen, kaum mehr sprechen. Hätte Prof. CONDON Analysen wie in diesem Buch durchgeführt, unvoreingenommen und objektiv beurteilt und der Wahrheit, aber nicht den Wünschen der US-Luftwaffe entsprechend, seinen Report verfassen können, so hätte er niemals in seiner abschließenden Beurteilung schreiben können: Man solle jede weitere UFO-Forschung einstellen, denn sie könne keinerlei weitere wissenschaftliche Erkenntnisse bringen. Mit diesem Buch hier wird doch bewiesen, daß eine weitere Erforschung der außerirdischen Raum-Flugobjekte dringend notwendig ist und zu einer Fülle neuer physikalischer Erkenntnisse führen wird.

Zumindest die Grundgedanken zu der von den UFOs vorgeführten Physik sind in den betreffenden Kapiteln dieses Buches so weit und so einfach wie möglich beschrieben.

UFO-Beobachtungen und Ufologie auch in Rußland
(nach UN 187/1972, UN 142/1968, UN 200/1973)

Gibt es UFO-Pioniere auch in der Sowjetunion?

Laut UPI-Meldung aus Moskau vom 21. 4. 1967 stellte der russische Astronom Prof. Felix Zigel nachdrücklich fest: „Das Phänomen, das als „Unbekannte Flugobjekte" (UFO) bekannt ist, existiert."
Die Erklärung, der der Wissenschaftler noch am ehesten zuneigt, ist, daß „Unidentifizierte Flug-Objekte Fahrzeuge sind, die zu Forschungszwecken von anderen Planeten kommen".
Zigel gab zu verstehen, daß sich sowjetische Wissenschaftler — ebenso wie amerikanische — schon seit längerem mit dem Problem der UFOs befassen. So habe bereits im Juni 1965 ein internationales Symposium über atmosphärische Phänomene in Moskau diesen Erscheinungen gegolten. Die UFOs würden außerdem ständig vom „Zentralen Observatorium für atmosphärische Phänomene" in der sowjetischen Hauptstadt beobachtet.
Der sowjetische Wissenschaftler wies Vermutungen zurück, daß UFOs nichts weiter als Produkte der Einbildung, optische Täuschungen, geheime neue Raumfahrzeuge der Großmächte, oder bisher unbekannte natürliche Phänomene seien.

Auch Astronaut Jury Gagarin bestätigte Existenz der UFOs

RADIO WIEN brachte am 21. April 1967 um 19 Uhr folgende Meldung: „Astronaut Gagarin teilte mit, daß die FLIEGENDEN UNTERTASSEN reale Flugobjekte seien, die mit Lichtgeschwindigkeit fliegen, ein ernstes Problem darstellen, das nun erforscht werden muß."
Diese offiziellen Verlautbarungen zeigen, daß führende Wissenschaftler der Sowjetunion — wie ihre amerikanischen Kollegen — der realen Existenz der UFOs größte Bedeutung beimessen.
Wir verweisen auf drei frühere Artikel, u. a.: „UdSSR-Astronauten sahen UFOs", UN 159/Nov. 1969 S. 3, „Russischer Wissenschaftler bestätigt zahlreiche UFO-Sichtungen" und „Lettische Astronomen bestätigen UFO-Sichtung" (Titelseite in UN 142 Juni 1968) und „FORUM — PSI" in UN 163/Nov. 1971, Seite 6, „UFOs über Grönland". Kein Wunder, daß

auch in der Sowjetunion UFOs die Behörden und Institute beschäftigen.

„Nicht alle Nachrichten über die Fliegenden Scheiben/UFOs sind Erfindungen von denkenden Menschen, die von der kapitalistischen Presse absichtlich getäuscht werden. In den Archiven von privaten Organisationen und Personen existieren über diese Phänomene reichliche Informationen, in vielen Fällen aus Interesse und Neugier gesammelt oder in Erfüllung von Aufträgen."

(Aus einem Artikel des russischen Astronomen U. Makarov, der in der sowjetischen Zeitschrift „Der junge Techniker" vom August 1967 erschien):
Es war in Uralsk, am 30. Mai 1958, zwischen 21.20 Uhr und 21.30 Uhr, Moskauer Zeit, als ein sonderbares Objekt im Norden erschien. Es glänzte sehr stark, wie ein Stern zweiter Größe. Sein Licht war stetig und schien beinahe rötlich, in einer Höhe von ca. einigen 1000 Fuß. Schnell wich es nach Osten aus und erhöhte seine Schnelligkeit von 150 auf 400 Knoten. Der Rumpf des sonderbaren Apparates strahlte einen mächtigen Lichtstrahl zur Erde. Plötzlich hielt das Objekt in der Luft an, um sich sofort wieder weiterzubewegen, indem es seinen Kurs um 45 Grad nach Nordost wechselte. Es flog einige Sekunden mit großer Geschwindigkeit, um dann plötzlich anzuhalten. Während meine Frau und ich es beobachteten, blieb eine Gruppe von Russen bei uns stehen und deutete nach dem Objekt. Das einzige Wort, das wir auffangen konnten, war „Sputnik". (Übersetzung aus dem Russischen von G. Scheffen)
Wir wissen sehr wohl, daß kein von Menschenhand hergestellter Satellit stillstehen oder eine Abweichung von 45 Grad machen kann, um dann wie vollkommen gelähmt im Raum zu stehen. Der Anblick war fast furchterregend, zumal sich, verbunden mit einem starken, anhaltenden Licht, alles in völliger Stille abspielte.
Freilich haben Wissenschaftler, wie wir anfangs lasen, ihre eigenen Probleme, und es ist zuweilen nicht leicht, ihrer Herr zu werden.
Am besten sind noch immer frei denkende und ungebunden handeln könnende Menschen daran; doch die muß man oftmals, wie Diogenes, mit der Laterne suchen. Aber man findet sie auch; doch weniger dort, wo sie eigentlich in souveräner Verantwortung stehen sollten. K. L. V.

(UN 187, März 1972)

Russischer Wissenschaftler bestätigt zahlreiche Sichtungen
Astronom der UdSSR sah riesiges UFO — Amtliches UFO-Buch in Vorbereitung

Im Gegensatz zu den öffentlichen Ableugnungen von Sichtungen unbekannter Objekte hat Dr. Felix Zigel, führendes Mitglied der sowjetischen UFO-Kommission, jetzt wiederum die Operationen von UFOs über Rußland bestätigt. Dr. Zigel, Professor am Moskauer Institut für Luftfahrt, veröffentlichte diese Erklärung in der Februarausgabe 1968 der Zeitschrift „Sowjetisches Leben", nachdem der Kreml die Publikation freigegeben hatte.

Zigel führt u. a. den Fall des sowjetischen Dampfers „Ischewsk" auf, der an der norwegischen Küste am 2. August 1967 einem UFO begegnete. Eine halbe Stunde vor Mitternacht sahen *Hauptmann Markow, Maat Bazaschin, Oberingenieur Iwanow und Steuermann Sysojew ein rundes Objekt nach Süden fliegen. „Wenige Minuten später", schrieb Bazaschin in seinem Bericht, „flammte ein heller Fleck am Himmel auf . . . Er bewegte sich am Himmel entlang von West nach Ost und wurde immer größer. Plötzlich stand er still und sprühte Funken in allen Regenbogenfarben . . ."*

Das UFO flog weiter südwärts, hielt wieder an und drehte sich, so daß es jetzt oval aussah, das stärkere Ende nach oben gerichtet. Sodann strömte aus dem unteren Ende eine weiße Masse aus, die das Objekt in weißen Nebel hüllte, als es weiterflog.

Sechs Tage später, gegen 8.40 Uhr abends, sah der *Astronom Anatoli Sazanow über der Astrophysikalischen Station der Akademie der Wissenschaften bei Kislowodsk im Kaukasus ein riesiges UFO, von „etwa 180 Meter Durchmesser". Mehrere wissenschaftliche Mitarbeiter der Station waren Zeugen dieser Sichtung.*

Hierzu sagt Dr. Zigel: „Die Annahme, daß UFOs aus anderen Welten kommen, daß sie Raumschiffe außerirdischer Planeten sind, verdient ernstlich in Betracht gezogen zu werden. Wichtig ist jetzt, daß wir alle früheren Vorurteile über UFOs ablegen . . ."

„Zweifellos zieht dieses Phänomen alles an, was Publicity sucht", fügte Dr. Zigel hinzu. „Aber wir behalten ja auch unser Geld, obwohl es immer wieder Fälscher gibt." Und in bezug auf den bekanntesten aller wissenschaftlichen Ableugner, *Dr. Donald Menzel,* ehemals Leiter des Harvard-Observatoriums, meint er: „*Wenn Menzel glaubt, daß Fliegende Untertassen lediglich irdische optische Phänomene oder Kugelblitze sind, so sind diese Behauptungen unhaltbar; denn Kugelblitze sind normalerweise nicht größer als 10 — 12 Zentimeter."*

Noch in diesem Jahr wird die sowjetische Akademie der Wissenschaften ein Buch zum Thema UFO mit dem Titel „Der bevölkerte Weltenraum" veröffentlichen, für das der Vizepräsident der Akademie, Boris Konstantinow, verantwortlich zeichnet. Das Buch wird u. a. Beiträge prominenter Forscher enthalten, wie der amerikanische Wissenschaftler Dr. James McDonald, Dr. Allan Hynek, dem UFO-Sachverständigen der US-Luftwaffe während vieler Jahre, Dr. Jacques Vallée, der sich um die UFO-Statistik verdient gemacht hat, und Dr. Frank Salisbury, US-Astronom, der schon mehrfach UFOs sichtete.

Dr. Zigel bemerkte auch, daß er nach einem Artikel über UFOs in der russischen Zeitschrift „Smena" zahlreiche Zuschriften von Lesern erhielt, die UFOs gesehen hatten. Auf Grund des ständig steigenden Interesses hat deshalb eine Gruppe von Wissenschaftlern, Armeeangehörigen und Personen der Öffentlichkeit beschlossen, diese Berichte mit wissenschaftlicher Gründlichkeit zu studieren. *Diese Gruppe, im Oktober 1967 gegründet, heißt „Abteilung UFO im Kosmonautischen Komitee der Union" und sitzt im Moskauer Zentralgebäude für Luftfahrt und Kosmonautik; ihre populäre Bezeichnung aber ist einfach „Russische UFO-Kommission".*

„Wir haben bereits Dutzende bestbelegter Berichte", schreibt Dr. Zigel. 1964 raste über Bologoye eine große helle Metallscheibe unter einer TU-104 hinweg. Wie Dozent Wyatscheslaw Zaitsew berichtet, drehte das UFO dann um und flog neben dem Flugzeug her. In der Scheibe war eine Art Kabine zu sehen. Später machte das UFO erneut eine scharfe Drehung und verschwand.

Lettische Astronomen bestätigen UFO-Sichtung

Am 26. Juli 1965 sahen die lettischen Astronomen Robert und Esmeraldo Vitolniek und Jan Melders gegen 9.35 Uhr abends durch das Teleskop ihres Observatoriums bei Ogra ein „linsenförmiges UFO von über 100 Meter Durchmesser", um das drei kleinere kugelartige Objekte kreisten. Nach etwa einer Viertelstunde flogen zunächst die kleinen Objekte und danach das größere davon.

Im Sommer 1965 beobachtete Ludmilla Tschechanowitsch, Vermessungs-Astronomin, bei Sukhumi im Kaukasus ein UFO, „das schnelle Manöver über dem Meer ausführte, dann ins Gebirge flog". Licht kam aus Luken oder Fenstern an seiner Seite.

. . . und Düsenjäger

„1956", berichtet Chef-Beobachter der sowjetischen Polar-Aufklärung Valentin Akkuratov, „waren wir in einer TU-4 mit einem Auftrag gerade über Kap Jesup (Grönland). Als wir aus den Wolken herauskamen, sahen wir plötzlich ein unbekanntes Flugobjekt, das parallel unserem Kurs flog. Es sah aus wie eine opalschimmernde Linse mit wellenförmigem, pulsierendem Rand". Um dem Objekt zu entgehen, flog die TU-4 über die Wolken. Aber als sie wiederauftauchte, war das Objekt wieder neben ihnen. Da entschloß sich der Pilot, näher an das Objekt heranzufliegen, um es genauer betrachten zu können; aber dieses „folgte der Kursänderung und flog parallel mit uns und unserer eigenen Geschwindigkeit. Etwa 20 Minuten später änderte das Objekt seinen Kurs abrupt, flog vor unsere Maschine und stieg schnell hoch, bis es verschwand . . ."

71

In dem in der Zeitschrift „Sowjetisches Leben" veröffentlichten Artikel unterstützt Dr. Zigel auch die Theorie, daß der angebliche Meteor, der 1908 in der Tunguska niederfiel und in weitem Umkreis alles Leben vernichtete, außerirdischen Ursprungs war. „Es muß ein Raumschiff von einem anderen Planeten gewesen sein", sagte der prominente Wissenschaftler. Der Jahresbericht der Sowjetischen Akademie der Wissenschaften für 1967 enthält eine Untersuchung hierüber, die nachweist, daß die Katastrophe von 1908 weder durch einen Meteor noch durch einen Kometen verursacht worden sein kann. Ebenso komme ein Artikel, den das Institut für Kernforschung in Dubna im letzten Sommer veröffentlichte, zu dem Schluß, „daß das Ereignis beträchtliche statische Radioaktivität verursacht habe".

„Und schließlich", meint der sowjetische Wissenschaftler, „hat der Verfasser jenes Artikels nach sorgfältigem Studium aller Beobachtungen über den Flug jenes Objektes eruiert, daß es vor seinem Absturz einen Bogen von rund 500 Kilometern Radius beschrieben habe, also regelrecht manövrierte."

Die Dokumentation dieser sowjetrussischen UFO-Sichtungen sollte deshalb eine wesentliche Hilfe sein, die Ableugnung oder Unterdrückung von UFO-Berichten in den Vereinigten Staaten zu bekämpfen. Mögen amerikanische UFO-Beobachter hierdurch ermutigt werden, ihre Sichtungen ohne Furcht, lächerlich gemacht zu werden, der Öffentlichkeit anzuvertrauen!   (UN 142, Juni 1968)

Ufologie — ein beweiskräftiges Wissen

Für die reale Existenz der UFOs als außerirdische Raumschiffe sind Tausende Beweise vorhanden, nur kann sie nicht jeder für sich und immer wieder verlangen bzw. herbeiführen wollen. Viele, aber eben doch nicht alle Menschen bleiben also vorerst auf Beobachtungen und Meldungen durch andere angewiesen, die allerdings zu Hunderttausenden vorliegen.

Aus dieser immensen Anzahl von oft bis in kleinste Einzelheiten übereinstimmenden Angaben, haben verschiedene staatliche Institutionen, besonders in Amerika, aber auch in der Sowjetunion, UFO-Forscher und Experten auf einschlägigen Gebieten, darunter auch viele Wissenschaftler, in weltweiter Zusammenarbeit und im Austausch ihrer Erfahrungen im Laufe der vergangenen fünfundzwanzig Jahre ihre Kenntnisse gewonnen, die sie immer wieder überdacht und durch Gleichartigkeit bestätigt erhalten haben, so daß man in der Ufologie ein wirklich beweiskräftiges Wissen besitzt.

Es mußte bisher und muß noch heute fortlaufend ein ungeheurer Umfang anfallenden Beobachtungs-Materials durchgearbeitet und viele Einzelheiten mit großer Sachkenntnis in Astronomie, Physik, Astrophysik, Meteorologie usw. unvoreingenommen überprüft werden, um schließlich festzustellen, daß nicht nur etwas daran ist, sondern, daß es sich um *Realitäten größter Tragweite für das zukünftige Leben der Menschheit auf der Erde handelt.*

Natürlich ist es nun nicht so, daß jeder Ufologe, auch das Gesamtwissen der Ufologie, jede Einzelheit genau kennen würde; dazu ist dieser gesamte Fragenkomplex viel zu umfangreich, zu vielgestaltig und vieles so ganz anders als es unserem irdischen physikalischen und technologischen Verständnis und Wissen entspricht.

Das aber schließt nicht aus, daß die beobachteten Flugobjekte Realitäten sind, ebenso wie unsere eigene, noch in den Anfängen steckende irdische und noch erdnahe Weltraumfahrt.

Wer je ein außerirdisches Weltraum-Flugobjekt sah, der weiß, daß es etwas so anderes, so außergewöhnliches, so faszinierendes war, daß es nicht von unserer Erde stammen konnte. Selbst größte Skeptiker, ja Gegner, waren durch diesen Anblick so verwandelt, daß sie seitdem zu überzeugten Wissenden wurden.

Flugkapitän Nash, dessen Erlebnis später in dem Kapitel „Beobachtungs-Fälle" noch genau beschrieben wird, *schreibt:*

„Welches Gefühl entsteht beim Anblick fliegender ‚Scheiben'? Wenn Sie ‚Untertassen' aus der Nähe und dem Winkel sehen und die erstaunlichen Manöver bezeugen könnten, wie uns das möglich war, dann wissen Sie Bescheid. Im Cockpit eines schnellen viermotorigen Flugzeuges hatten wir das ungute Gefühl, daß wir mit unserer modernen Maschine durch jemanden und etwas übertroffen wurden, was uns Unbehagen verursachte."

Persönlich kann ich, der Autor dieses Buches, nur sagen, daß der Anblick eines außerirdischen Flugobjektes, der mir an einem Abend im April 1969 um ca. 21 Uhr vergönnt war, ein gewaltiges Erlebnis war, das mich sozusagen innerlich erschauern ließ. Dabei bin ich durch häufige Besuche einer Sternwarte an „Erscheinungen" am Himmel gewöhnt. Das am nächtlichen Himmel stehende, zuerst in Rot-Orange und Gelb, dann übergehend in Weiß, Blaugrün und Smaragdgrün wie ein Diamant strahlende Objekt vermittelte geradezu den Eindruck eines außerirdischen, ja überirdischen Phänomens. Nach einigen Minuten verschwand es mit ungeheurer Beschleunigung.

KAPITEL 7

Ufologie — eine Ersatzreligion?

Religion im weiteren Begriff sollte die Erkenntnis der rationalen Wahrheit und deren Gesetze sein, sowie der feste Wille, diese Gesetze auch zu befolgen.

Im traditionellen Sinn ist Religion eine menschliche Weltanschauung und Konfession das Bekenntnis zu dieser.

Es gibt mehrere große Religions-Gemeinschaften, Tausende Sekten und viele andere religiöse Gruppen. Jede behauptet oder glaubt, die einzig wahre zu sein.

Welche Weltanschauung ist die richtige? Es kann nur diejenige der Wahrheit sein, die also der Wirklichkeit am nächsten kommt und ihr am meisten entspricht.

Was ist nun die Wahrheit?

Die Wahrheit ist das gesamte Universum mit allen seinen Daseinszuständen und Daseinsebenen, das eine absolute Realität darstellt von der festen Materie bis zum höchsten Geist, auch wenn diese Realität für uns Menschen noch nicht in ihrer ganzen Ausdehnung und Fülle erkennbar ist. (Siehe Tafel I, Seite 115!)

Alles andere sind irdisch-menschliche Gedankenkonstruktionen, Vorstellungen, Philosophien, die meist animistisch-medial, prophetisch aus dem Unterbewußtsein entstanden sind, was oftmals zumindest teilweise zu Täuschungen führt, die immer wieder durch menschlich irrtümliche Unwissenheit und Unzulänglichkeit hervorgerufen werden.

Die Menschheit wurde von den Lehren aller Religionen, Sekten und Philosophien sehr enttäuscht. Ihr „Nur-Glauben-Müssen oder -Sollen" blieb erfahrungsgemäß ohne gute Wirkung auf Moral und ethisches Verhalten der Menschen.

Die Menschen, die Irrtümer, die Krankheiten, die Übel, die Kriege blieben immer dieselben wie früher. Weder Religionen, Konfessionen, noch Philosophien haben die Menschen und damit die Verhältnisse auf unserem Planeten wesentlich gebessert.

Die Abrechnung für dieses Versagen wird derzeit den Konfessionen präsentiert.

Alle Grenzwissenschaften, auch die Ufologie, sollen keine „Ersatzreligionen", wie oft behauptet wird, sondern kosmische Naturwissenschaften sein, die größtenteils das aussagen, was man bisher unter Religion verstand, aber mangels besserer Erkenntnisse nicht näher erklären konnte. Sie zeigen auch auf, daß die Religionen und Sekten und die verschiedenen Philosophien Realitäten meinten, statt dessen mythenhafte, märchenhafte und legendenhafte Aussagen zu Dogmen erhoben, die wegen ihrer teilweise wirklichkeitsfremden Befehle dann nicht befolgt wurden, aber auch nicht imstande waren, ihren wahrhaftigen und realen Hintergrund als solchen darzustellen und dem Nichtwissenden glaubhaft zu machen.

Manche Religionen, besonders östliche, behaupten irrtümlich, alles für uns Sichtbare sei Täuschung (Maja, indisch). In Wahrheit ist alles in einer bestimmten Ebene (Sphäre) Feststellbare doch für diese Ebene eine Realität. Auch hier ist der Irrtum dieser Philosophie wieder feststellbar.

Wahre Erkenntnisse geben uns also nur universelle Naturwissenschaften, eben die Grenzwissenschaften in Verbindung mit unseren irdischen Naturwissenschaften, und deren logische Folgerungen nach den Gesetzen von Ursache und Wirkung.

Wenn diese Gesetze eingehalten werden, stehen die Menschheiten des gesamten Universums in kosmischer Harmonie.

Und das sollte die eigentliche Religion sein

Dr. Wernher v. Braun sagte:
„Wissenschaft und Religion sind keine Gegner, sondern Geschwister. Beide suchen nach der letzten Wahrheit."

Die Gegenwart zeigt aber noch, und gerade jetzt besonders deutlich, die Gefahren einer Vernachlässigung und Mißachtung kosmischer Gesetze auf: Atom-Verseuchung, Umwelt-Verschmutzung, Katastrophen, Naturkatastrophen, moralischer Tiefstand, Verwirrung, Chaos und Anarchie.

Am 11. November 1975 fand vor dem 3. Bayerischen Fernsehen, dem Studienprogramm in der Reihe „Das Übersinnliche", eine Diskussion über den Film „Die Reise ins Jenseits" statt.

Ein anwesender evangelischer Pfarrer, Beauftragter für Sektenwesen, der als Gegner der Parapsychologie bekannt ist, lehnte jeden Vergleich von derartigen Manifestationen und Phänomenen, die er durchweg für Schwindel und Betrug hält, mit Wundern aus der Bibel und dem Leben Jesu v. N. mit den Worten ab: „Das ist nicht erlaubt!"

Der Pfarrer hält ebenso wie ein anwesender Staatsanwalt: „die ganze Sache für mittelalterlichen Hexenwahn", wobei er selbst wohlweislich diese direkte Aussage vermied.

Dazu sollte man einmal ganz klar und deutlich feststellen: Die „Hexen" erlebten und produzierten reale parapsychologische und paraphysikalische Phänomene und Manifestationen und hatten unter diesen Realitäten sehr zu leiden.

Den Hexenwahn aber hatten doch die anderen aus Unkenntnis der realen Tatsachen und Zusammenhänge. Besonders einige sehr weltliche, grobmateriell und dogmatisch-konservativ denkende Kirchenfürsten hatten doch den Wahn, die „Hexen", die ja nur Medien waren, grausam und unmenschlich foltern und dann bestialisch verbrennen und umbringen zu müssen. Das war Wahnsinn!

Man merkte aus den Gesprächen dieser Gegner in der Diskussion, daß sie „um Gottes Willen" die Parapsychologie und ähnliche Phänomene nicht akzeptieren können, da sie dadurch ihre philosophische und historische Auslegung der Religion verlieren würden. Sie sehen ihre Religion unbewußt als philosophische Utopie und nicht als kosmische Realität. In Wirklichkeit glauben sie selbst nicht „daran", sie sind atheistischer als Esoteriker, für die Gott und sein Universum mit allen Daseinsebenen und Daseinsformen eine absolute Realität darstellen.

Wenn solche Leugner einer höheren und jenseitigen Welt diese Realität akzeptieren würden, würde ihnen die menschlich-irrtümliche Grundlage ihrer Religion entzogen, und das werden sie deshalb für ihre Person nicht so schnell zulassen.

Bei o. a. Diskussion wurde auch die Bezeichnung „Ersatzreligion" zitiert, das UFO-Thema aber noch nicht einmal erwähnt. Ein junger Professor am parapsychologischen Institut des Vatikans stand den Phänomenen positiv gegenüber und befürwortete in seinem Schlußwort die wissenschaftliche Erforschung dieser Dinge.

Einige Wissenschaftler, ein Physiker und Professoren, anscheinend selbst Parapsychologen oder daran Interessierte, setzten sich positiv und sehr überzeugend für die wissenschaftliche Parapsychologie ein.

Eine zukünftige Wissenschaft sollte und wird bald das aufzeigen müssen, was die Religionen meinen, dessen sie sich bisher aber nicht bewußt waren, nämlich das Einhalten kosmischer naturwissenschaftlicher Gesetze mit Hilfe des Geistes zum Wohle der Menschheit und zur Erhaltung und Evolution der Erde bis hin zu einer vielleicht schon bestehenden „Kosmischen Konföderation" und, wie es so oft heißt, „zu einem neuen Himmel und zu einer neuen Erde".

Ein Philosophieren über religiöse Inhalte oder Vorstellungen hilft uns nicht weiter, wie alle Sektiererei, wie „Jesus people", „Krishna-Kult" und andere Eintagsfliegen immer wieder beweisen.

Ebensowenig können Konzile und Synoden an der Misere der rk Kirche etwas ändern, solange sie sich in monate-, ja jahrelangen Diskussionen über höchst unwichtige Verfahrens- und Verwaltungsfragen totlaufen. Sie müßten ihre veralteten Dogmen fallenlassen, ihr Grundkonzept überdenken und den neuen und neuesten kosmischen Erkenntnissen anpassen. Es gibt kein Zurück!

Nur universelle Erkenntnisse der Realitäten, das Verständnis der kosmischen Gesetze und deren Einhaltung allein können weiterführen zu einem neuen Weltbild der Wahrheit. Dieses kann dann der Ausgangspunkt zu einer lebensnotwendigen Selbstbesinnung und Höherentwicklung der Menschheit werden.

Der „Glaube" an UFOs, die Glaubwürdigkeit der Ufologie

Vorbedingung des Glaubens ist logischerweise das „Nicht-Wissen", denn wer eine bestimmte Sache weiß, braucht sie doch nicht zu glauben.

Genauso ist es mit dem Glauben an UFOs. Diejenigen, die sich nur oberflächlich mit diesem äußerst umfangreichen Thema einer noch dazu außerirdischen Raumfahrt befassen, wissen wirklich sehr wenig darüber, sie müssen bzw. können es glauben oder auch nicht glauben.

Die sich intensiv damit befassen und das Thema studieren und jede Möglichkeit eines Für und Wider erwogen haben und von allen logischen, empirischen und tatsächlichen Beweismitteln wissen, brauchen nicht mehr zu glauben, sie wissen, was Wahres daran ist oder nicht.

Ich glaube nicht an UFOs, ich weiß es, daß sie eine Realität sind und von außerhalb unserer Erde kommen, da es keine andere Möglichkeit gibt und die Beweise überwältigend sind.

Ufologie, das Wissen von den UFOs, macht Aussagen über Realitäten außerirdischer Herkunft. Sie ist nicht etwa eine Religion, auch keine Ersatzreligion, keine Theorie, keine Philosophie, die man glauben kann oder auch nicht. Sie ist eine zwar noch außergewöhnliche, weil außerirdische, aber deshalb nicht weniger glaubwürdige Wissenschaft realer Tatsachen, die zu kosmischen und weiter zu transzendentalen Wissenschaften führen wird.

Die Ufologie ist in erster Linie ein naturwissenschaftliches Problem oder besser gesagt, ein kosmisch-naturwissenschaftlicher Komplex, denn es handelt sich um fortgeschrittene Weltraumfahrt, und das ist doch Physik und Technologie und nichts anderes.

Die philosophische Seite des UFO-Themas mag dann noch viel mehr Probleme aufwerfen, sie sei aber vorerst und hier noch nicht behandelt.

UFOs ablehnende Wissenschaftler glauben nicht daran, weil sie meinen, es gäbe keine physikalischen und technologischen Voraussetzungen für ihre Existenz und keine Möglichkeit, bei uns in Erscheinung zu treten.

Ufologen oder zumindest die UFO-Experten sind heute so weit informiert, daß sie mit absoluter Sicherheit sagen können: *UFOs sind reale, materielle, außerirdische Raumflugobjekte, die intelligent gesteuert werden.*

Ein naturwissenschaftlich denkender Ufologe weiß um ihre Existenz durch die Logik der Aussagen, durch sein Wissen um die Manipulationen und Machenschaften gewisser Behörden, durch sein Wissen um ihre Manifestationen und Phänomene und durch vorliegende empirische Beweise.

Ein gar nicht, ungenügend oder schlecht informierter Mensch kann nur glauben oder nicht glauben, also liegt es an seiner Informationsstufe.

Alle Aussagen von ablehnenden Menschen zeigen immer wieder deutlich auf, daß sie äußerst schlecht informiert sind, und aus diesem Mangel heraus sagen sie: Ich glaube nicht an UFOs.

Die behördlich eingesetzten UFO-Entlarver waren, soweit sie zu einem negativen Ergebnis ihrer „Forschungen" kamen, alle keine UFO-Forscher oder auch nur exakt denkende unvoreingenommene Wissenschaftler.

Die wirklich unparteiischen Erforscher der Tatsachen stiegen alle aus dem Manipulationskreis aus, wenn sie konnten, weil sie aufgrund ihrer Forschungen erkannten, daß es hier um Realitäten ging, die verschwiegen und abgeleugnet werden sollten, und nicht um Utopien. Sie wurden zu UFO-Forschern und UFO-Experten, z. B. Prof. McDonald, Major D. E. Keyhoe, Prof. A. J. Hynek und die bei Prof. Condon anfangs mitarbeitenden Wissenschaftler Dr. D. R. Saunders und Dr. Levine sowie Condons Sekretärin. (Siehe auch Kapitel „Geheimhaltung und Ableugnung"!)

„Exakte" Wissenschaftler und „Experten" aber machten folgende Aussagen:

Prof. E. U. Condon: „Ich werde so lange *nicht* an außerirdische Untertassen *glauben,* bis ich eine gesehen habe, ins Innere gelangen kann, sie in ein Laboratorium gebracht und gemeinsam mit einigen kompetenten Leuten analysiert habe. Ich würde liebend gern eine ergattern.

Letztlich wäre dies wirklich die Entdeckung des Jahrhunderts — ja, die Entdeckung vieler Jahrhunderte —, ich nehme sogar an, dieses Jahrtausends."

Prof. Dr. Hoimar v. Ditfurth, der deutsche Fernsehprofessor, führte am 9. September 1974 um 20.15 Uhr im ZDF, dem Zweiten Deutschen Fernsehen, eine Sendung durch unter dem Titel:

„Warum ich nicht an UFOs glaube".

Auch Prof. v. Dietfurth „glaubt also nicht" an UFOs, ebenso wie praktisch alle deutschen Wissenschaftler, nur sagt er dies öffentlich im Fernsehen. Seine Sendung im Fernsehen bewies es deutlich, daß er nicht eingehend informiert ist, sondern sich nur oberflächlich und negativ mit dem Thema befaßt hat, während er sich über die Gegenargumente recht gut informiert zeigte. Dabei konnte man wieder feststellen, daß das UFO-Thema von den meisten Wissenschaftlern mit einer so oberflächlichen, ja geradezu leichtsinnigen Lächerlichkeit behandelt wird, als handle es sich nicht um die ernst zu nehmende Angelegenheit einer Weltraumfahrt, sondern nur um Scherz, Spaß, Ulk, Humbug und Spinnerei, Irrtum und Täuschung.

Dadurch kommt es zu der grotesken Situation, daß Science-fiction oft viel näher an die Wirklichkeit herankommt als die „exakte" Schulwissenschaft, denn jene nimmt sich wohl meistens die Vorbilder aus der „phantastischen", aber wahren Parapsychologie und aus der Ufologie. Frappierende Übereinstimmungen beweisen das, wie z. B. das immer wieder gezeigte „beamen", eine De- und Rematerialisation mit dazwischenliegender Teleportation von Menschen in dem Fernsehfilm „Raumschiff Enterprise".

Bei den Wissenschaftlern, die „nicht an UFOs glauben", kann man verschiedene Tendenzen unterscheiden.

1. Gruppe

Hält UFOs ohne größere Überlegungen aufgrund ihres Wissens einfach für unmöglich und befaßt sich deshalb nicht ernstlich oder überhaupt nicht damit; begreift die vorgeführte Physik und Technik selbst nicht und hält sie deshalb für unmöglich.

2. Gruppe

Stellt oft gezwungenermaßen durch Konfrontation mit Ufologen, UFO-Berichten oder gar eigenen Sichtungen Überlegungen und Berechnungen an, die von manchmal viel gewagteren Theorien als sie UFO-Forscher zuhilfe nehmen, von (Un-)Wahrscheinlichkeitsrechnungen und von oft falschen Annahmen ausgehen, die natürlich zu unrichtigen Resultaten führen, denn ihre Grundlagen basieren auf unserem derzeitigen Schulwissen, einem Teilwissen und auf sogenannten wissenschaftlich gesicherten Ergebnissen von Theorien.

So kommen sie auch zu dem für sie „wissenschaftlich gesicherten Ergebnis", daß es aus diesen Gründen keine außerirdischen UFOs geben könne, und daß das, was Hunderttausende, ja sogar Millionen jahrzehntelang weltweit beobachtet, teilweise genauestens beschrieben, fotografiert und analysiert haben, nur Utopie sein müsse, also nicht existieren könne.

Sie übersehen dabei, daß viele irdische Behörden, besonders militärische, wie z. B. die US-Luftwaffe u. a., seit zweieinhalb Jahrzehnten sich in verschiedenen halb-wissenschaftlichen Studien mit der Sache beschäftigt, sie streng geheimgehalten, mit den fadenscheinigsten Argumenten abgeleugnet und doch immer wieder aufgegriffen haben, was äußerst unlogisch wäre, wenn überhaupt nichts Derartiges existieren würde.

3. Gruppe

Läßt sich von den Behörden kaufen und versucht anhand von ausgesucht schlechten Berichten die Sache so hinzustellen, als existiere sie nicht, und es lohne sich nicht weiterzuforschen, da keine neuen wissenschaftlichen Erkenntnisse dadurch zu erwarten seien.

Als Musterbeispiel ist hier Prof. E. U. CONDON von der Colorado-Universität, USA, und sein „Condon-Report" zu nennen.

4. Gruppe

Eine große Zahl der Wissenschaftler, die sich angeblich für Ufologie interessieren, vergeuden ihre Zeit mit der Untersuchung der Personen, die UFOs gesehen oder näheren Kontakt mit ihnen und ihren Besatzungen hatten oder denen es gar gelungen war, UFOs zu fotografieren. Sie vermuten hinter jedem UFO-Kontaktler und hinter jedem Ufologen einen Schwindler oder Psychopathen.

Anstatt die Sichtungen, Kontakte und die Fotos zu analysieren und die Lehren daraus zu ziehen, d. h. die physikalischen und technologischen Einzelheiten und Möglichkeiten zu ergründen, wollen sie diese Menschen immer wieder auf ihre Glaubwürdigkeit hin untersuchen und analysieren. Zu dieser Feststellung muß man allerdings sagen, daß die meisten dieser „Untersucher" nicht imstande sind, eine Analyse der Beobachtungen durchzuführen.

Den UFOs kommt man nicht durch psychologische und philosophische Studien über die UFO-Forscher und Ufologen bei, sondern nur über wissenschaftliche Analysen ihrer Physik und Technologie, Astronomie, Astrophysik usw.

Auch der Versuch, diejenigen zu diskriminieren, die die Beobachtungen machen, die sie auswerten und zu erklären versuchen, führt zu keinem Ergebnis.

Die Kontrollierbarkeit beschränkt sich natürlich auf eine gewisse Zufälligkeit oder außerirdische bzw. überirdische Absicht, auf langwierige und zeitraubende Beobachtungen des erdnahen Weltraumes, Aussagen anderer Personen und Anerkennung von echten Fotos usw., was gewollt nicht jederzeit herbeigeführt werden kann, ganz genauso wie bei anderen Wissenschaften auch, wie z. B. bei der Astronomie.

Ich frage mich immer wieder:
Wieso sind andere Wissenschaften wie z. B. die Theologie und Philosophie anerkannt, die keinerlei naturwissenschaftliche Hintergründe, Ursachen oder experimentelle Beweise o. ä. aufweisen können, während Ufologie und Parapsychologie trotz naturwissenschaftlicher Manifestationen diese Anerkennung noch immer versagt wird?

Zur Wahrheit über alle diese außerordentlichen Realitäten verhilft nur eingehende und richtige Information und anschließende eigene Beurteilung.
Wer aber nur das Fehlerhafte und Negative an einer Sache sucht und untersucht, der hat weder Zeit noch Lust, die Wahrheit zu erforschen. Es kommt ihm auch schließlich gar nicht mehr auf eine Wahrheitsfindung an, sondern nur noch auf das Finden von Fehlern. Und wer immer nur Fehler analysiert, kommt nie zu einem positiven Ergebnis.
So kommt man zu dem logischen Ergebnis, daß ein „Nur-Glaube" an außerirdische Raum-Flugobjekte gar nicht nötig ist, wenn man sich unvoreingenommen durch ein Studium der Ufologie und dieses Buches eingehend informiert, dadurch zu einem Verständnis der wirklich beweiskräftigen Argumente für die außerirdische Existenz und Herkunft der UFOs kommt und diese Realität zu akzeptieren bereit ist.
Das bedeutet für viele ein Umdenken in andere Dimensionen, ohne das aber ein Verständnis dieses gesamten Themenkomplexes kaum möglich ist.

UFOs sind keine „Erfindungen" der Beobachter und der Ufologen

Im ZDF, dem Zweiten Deutschen Fernsehen, hielt im Jahre 1972 in der Sendereihe „Querschnitt" der bereits vorher zitierte Wissenschaftler Prof. Hoimar v. Ditfurth ein Referat, das dann im „X magazin" vom

Juli 1972 (für naturwissenschaft und technik) publiziert wurde. Diese Zeitschrift, deren „Ständiger Wissenschaftlicher Berater" der ebenfalls bekannte Fernsehprofessor Dr. Heinz Haber, Physiker, Astronom und Astrophysiker ist, brachte den Vortrag unter dem Titel *„UFOs Science-fiction — oder Wirklichkeit?"* mit dem Kommentar — 45 erstklassige Fernsehminuten —.

Auf Seite 5 ist unter „Titelgeschichte" zu lesen:
„Bleiben UFOs die Erfindung von Science-fiction-Autoren oder kön-nen wir damit rechnen, daß die schriftstellerische Phantasie eines Tages Wirklichkeit wird?"

Der Autor des Vortrages *Prof. Hoimar v. Ditfurth* ist also ebenso wie der wissenschaftliche Berater *Prof. Heinz Haber der Ansicht, daß UFOs und die damit zusammenhängenden Phänomene und deren Sichtun-gen nur „Erfindungen" von Science-fiction-Autoren sind und nur aus schriftstellerischer Phantasie bestehen.*

Beide Herren wissen also nichts von den Machenschaften der Geheim-haltung, der Ableugnungstaktik und der unwissenschaftlichen Über-prüfung durch die US-Luftwaffe seit über 20 Jahren, sie wissen nichts von den Zehntausenden realer Beobachtungen und deren Folgen bei Millionen Menschen auf der ganzen Erde, sie wissen nichts von der wissenschaftlichen Auswertung durch UFO-Forscher und Ufologen.

Oder wissen sie es, dürfen, können oder wollen sie nichts aussagen?

Sie wissen nichts von der in die Hunderte Bände gehenden UFO-Lite-ratur, die teilweise von Experten geschrieben wurde und glauben im-mer noch an „Erfindungen" von Science-fiction-Autoren und an schrift-stellerische Phantasie-Produkte.

Dabei ist es gerade umgekehrt, denn die wirklichen Science-fiction-Autoren nehmen ihren Stoff und Inhalt für ihre Filme und Schriften, allerdings paradoxerweise, aus der Ufologie und aus der Parapsycho-logie. Niemals hätten nachfolgende Filme und Bücher ohne das Wissen aus der Ufologie und aus der Parapsychologie produziert werden kön-nen, und oft werden UFO-Tatsachen als Science-fiction getarnt, so in den Filmen:

„Der Tag, an dem die Erde stillstand"
„Raumschiff ORION"
„Die Delegation"
„UFO"
„Raumschiff ENTERPRISE"
und in dem Buch:
„Menschen vom Planeten JARGA".

Die Ufologie gibt es seit ca. 25 Jahren, Science-fiction-Filme über dieses Thema aber erst seit höchstens zehn Jahren in vergleichbarer Form. Alle in diesem Buch gebrachten Eigenschaften und Verhaltensweisen der UFOs und ihrer Besatzungen sind nicht von den Beobachtern, Zeugen und UFO-Forschern erfunden, sondern sie stellen einen Auszug aus einer ungeheuer großen Menge von weltweit berichteten Tatsachen dar, deren Analysierung und Auslegung von UFO-Experten durchgeführt wurde.

Bei den Sichtungen, Beobachtungen und deren Beschreibungen hat es in bestimmten Fällen auch Irrtümer, Falschmeldungen, phantasievolle Übertreibungen, in Einzelfällen auch Schwindel und Betrug gegeben. Dies ist menschlich verständlich und kommt auf anderen Gebieten, auch auf exakt-wissenschaftlichen, genauso vor.

Die große Zahl wahrheitsgetreuer Wiedergaben aber ist für den wissenden Experten mit großer Sicherheit von Falschem zu unterscheiden, und schon wegen der überwiegenden Menge von völlig gleichartigen Einzelheiten absolut glaubwürdig bis erwiesen und als physikalisch-technologisch erreichbar und in gewisse Kategorien einreihbar erkannt.

Die von vielen Menschen erlebten Beobachtungen können schon wegen ihrer immer wieder beschriebenen Homogenität (= Gleichartigkeit) keine „Erfindungen" der Beobachter oder der UFO-Forscher sein, sondern sie sind Manifestationen einer außerirdischen Physik und Technologie, wie sie mit unserem derzeitigen Wissen auf diesen Gebieten nicht erreichbar, oft und für viele noch nicht einmal denkbar und erklärbar und überhaupt noch nicht exakt berechenbar und durchführbar sind. Dieser homogene physikalische und technologische Inhalt der UFO-Sichtungen und -Beobachtungen, wie er durch auf diesen Gebieten meist unwissenden Personen und Zeugen seit vielen Jahren und völlig unabhängig voneinander dargestellt wird, ist frappierend, umwälzend und trotz der Vielfalt der Erscheinungen einheitlich. Diese Tatsache allein schließt schon eine freie Erfindung oder phantastische Erzählung und auch eine immer wieder gleiche Täuschung aus.

Es dürfte kaum möglich sein, nur aufgrund von halluzinatorischen, bewußt betrügerischen, psychopathischen, phantasierten, irrtümlichen, auf Täuschungen und auf Unwissenheit beruhenden „Erfindungen" eine derart komplizierte „Theorie" einer außerirdischen Raumfahrt aufzubauen, die dann von Wissenschaftlern zweieinhalb Jahrzehnte umstritten und von den Regierungen und militärischen Stellen geheimgehalten wird.

Wenn seit über 25 Jahren Hunderttausende Sichtungen gemeldet wurden und sogar historische Sichtungsmeldungen vorliegen, die von Instituten und Behörden „überprüft" und oft allerdings tendenziös und dilettantisch ausgewertet, von vielen Forschungsgruppen auf der ganzen Erde untersucht und analysiert, in Hunderten Büchern, Zeitungen und Zeitschriften publiziert wurden, so kann alles das nicht nur eine „Erfindung" ohne realen Hintergrund sein. Ebensowenig können alle die Debatten, Meinungsverschiedenheiten unter Wissenschaftlern und Intrigen um das UFO-Thema an staatlichen Stellen nur von Ufologen erdacht sein. Dafür gibt es dokumentarische Beweise, die in der UFO-Literatur einen großen Raum einnehmen.

UFOs wurden lange von der analysierenden Erforschung durch UFO-Forscher beobachtet und beschrieben, so daß diese auch aus diesem Grund nicht ihre „Erfinder" sein können.

Eine systematische Auswertung und, soweit möglich, eine technologische Erklärung der Sichtungen war einer daraufhin entstandenen weltweiten UFO-Forschung erst viel später möglich.

Es ist allerdings zu bedenken, daß fast alles, was mit UFOs zusammenhängt, nicht mit konventionellem Denken und Wissen vereinbar und erklärbar ist. Alles das ist so umwälzend, daß es ans Unwahrscheinliche, Unglaubliche und Phantastische grenzt, was dessen Realität aber doch nicht ausschließt. *Es handelt sich dabei um naturwissenschaftlich beobachtbare und beweiskräftig belegte Realitäten und nicht etwa um unkontrollierbare, religiöse oder philosophische Probleme.*

Infolgedessen muß man umdenken lernen, und Menschen, die nur das für wahr und real halten, was sie jederzeit und selbst überprüfen können, haben es da noch schwerer.

Fast immer werden die UFO-Experten in qualitativer und in quantitativer Hinsicht weit unterschätzt, wieso sollten sie dann plötzlich bei solcher Geringschätzung, eine außerirdische oder gar überirdische Physik und Technologie „erfinden" können?

Ablehnung und Unverständnis durch „Kollektives Unbewußtes"

„Kollektives Unbewußtes" ist nach dem Schweizer Tiefenpsychologen C. G. JUNG die unbewußte Programmierung durch die Erfahrungen der Generationen seit dem Beginn des menschlichen Bewußtwerdens, also seit Jahrzehntausenden.

Hereinspielen wird hier wahrscheinlich auch noch eine Programmierung, die von außerhalb der Erde kam (nach den Thesen Erich v. Dänikens), was alles zusammen zu dem katastrophalen Durcheinander noch wesentlich beigetragen haben mag, in dem wir heute leben müssen.

Wir Menschen haben bisher durch die Erdgravitation, die Erdanziehung gefesselt an unsere Erde, unser Bewußtsein und auch unser Unterbewußtsein auf diesen Planeten Erde hin konzentriert. Wir sind aus ihm gewachsen von den ersten Anfängen menschlichen Bewußtwerdens an und haben uns so zu einer Programmierung auf ein „Kollektives Unbewußte" hin entwickelt, das viele, wenn nicht gar alle Menschen, an einem Über-irdische-Verhältnisse-Hinausdenken hindert, wobei die vorher erwähnte außerirdische Einflußnahme sie zusätzlich verunsichert.

Deshalb also lehnen die Menschen teils bewußt, teils unbewußt alles ab, was über das Irdisch-Grobmaterielle hinausgeht, sie werden zu sogenannten Materialisten. Sie geben an der fließenden Grenze von der sogenannten groben Materie, der festen, flüssigen, gasförmigen Zustände, der uns bekannten Energien und Strahlungen bis hin zu den noch nicht „exakt" feststellbaren und meßbaren Manifestationen der sogenannten feinen Materie und der höheren Schwingungszustände, das Denken auf. (Siehe Kapitel „Höherdimensionale transzendentale Physik" und Tafel I!)

Es sind Menschen, und leider ist es der weitaus größte Teil der Menschheit, die voreingenommen und desinteressiert schon jede genauere Überprüfung außer- und überirdischer bis sogenannter geistiger Dinge, von vornherein für unnütze Zeitverschwendung halten, da sie der Ansicht sind, daß es so etwas ja doch nicht geben könne, und wenn doch, dann könne dies keinen besonderen Einfluß auf das irdische Leben haben. Auch sind sie vom „Nur-Glauben" seit Generationen enttäuscht worden und lehnen schon deshalb schwer begreifbare oder für sie nicht absolut bewiesene Dinge ab.

Das geht so weit, daß, wie der Astronaut MITCHELL sagte, es immer wieder Menschen gibt, die ihm nicht glauben, daß er auf dem Mond gewesen ist.

Solche Menschen sind nicht einmal mehr bereit, über Außergewöhnliches auch nur nachzudenken. Allerdings kann man derart komplizierte Dinge nur nach eingehender Information und intensivem Studium beurteilen.

Dann erst ist man von der negativen kollektiven Programmierung nicht mehr so stark beeinflußt und kann deren Wirkung durch besseres Wissen und logisches Denken abschwächen und schließlich ausschalten.

Manche Menschen sind heute andererseits so weit, daß sie Dinge zu begreifen beginnen, die sie bisher als Wunder, religiöse Kompetenzen oder Philosophien ansehen mußten, weil sie keine plausible Erklärung dafür hatten.

Für den aber, der lieber seine philosophischen Vorstellungen quasireligiöser Art in bisheriger Form weiterhin pflegen will, wird es ein erschreckendes und schmerzliches Erwachen geben, wenn ihm durch Erkennen der Realitäten bewußt wird, daß er bisher falsch informiert und falsch programmiert war, wobei sich dadurch jeder seine eigene, meist irrtümliche Vorstellungswelt aufbauen mußte. Deshalb gibt es auch so viele Menschen, die, wie bereits erwähnt, gewisse Wahrheiten und Realitäten gar nicht wissen wollen und das auch aussagen.

Wunschdenken ist philosophisch-religiös und schließt sich immer mehr selbst aus, weil es einfach der realen Wahrheit nicht entspricht.

Nur mit naturwissenschaftlichen Methoden kommt man der Wahrheit näher, die doch eigentlich alle suchen. Wahre Religiosität muß die kosmischen Gesetze erkennen und beachten. Sie kann sich auf menschlich-irrtümliche Vorstellungen und animistische, aus dem Menschen kommende und durch ihn beeinflußte Aussagen, wie so manche Prophetie und mediale Aussagen, allein nicht stützen, sondern muß auf reale Wahrheit und Wirklichkeit als Fundament aufbauen. Diese zu ergründen und zu suchen ist die Aufgabe zukünftiger exakt-wissenschaftlicher Erforschung auch außerirdischer und überirdischer Realitäten.

Die normalen menschlichen Sinne und Begriffe reichen vorerst allerdings nicht aus, um sämtliche Daseinszustände, die im Universum bestehen, festzustellen, zu begreifen und zur Kenntnis zu nehmen. Sie sind auf unserer Erde und für diese entwickelt. Aller darüber Hinausgehende, z. B. alles Außerirdische und alles Überirdische, ist für die große Mehrzahl der irdischen Bevölkerung aus vorgenannten Gründen nicht erfaßbar, nicht begreifbar, deshalb für sie nicht existent und auch nicht glaubhaft.

Einen Prozeß des Umdenkens herbeizuführen, ist auch eine große, aber meist nicht erkannte, allgemein unbewußte Aufgabe der irdischen Weltraumexperimente.

So haben fast alle oder doch mehrere irdische Astronauten nach ihren Weltraumflügen, besonders aber diejenigen, die den Mond betreten haben, nach ihrer Rückkehr zur Erde eine gewisse Verwandlung in ihrem Denken und ihres Bewußtseins zugegeben. Einige haben deshalb ihren Beruf gewechselt und sich psychologischen und parapsychologischen Studien zugewandt. Der Astronaut Edgar D. MITCHELL gründete nach seinen Weltraumerfahrungen eine Gesellschaft zur Förderung höherer menschlicher Ziele und zur Erforschung parapsychologischer und metaphysischer Phänomene.

Nur universelles Denken und kosmisches Bewußtsein machen die Annahme außer- und überirdischer Realitäten möglich, so daß wir in der Lage sind auch deren Beweise zu akzeptieren.

KAPITEL 8

Geheimhaltung und Ableugnung

Seit über fünfundzwanzig Jahren bewirkt eine bewußte und mit allen Mitteln der Verdrehung verbundene Geheimhaltung und Ableugnung der Realität außerirdischer Flugobjekte durch Behörden der ganzen Welt eine allgemein weitgehende Unkenntnis der realen Tatsachen auf diesen Wissensgebieten.

Wer das nicht für möglich hält, beweist mit seiner Meinung nur seine schlechte Information und seine daraus resultierende Unwissenheit.

Genauso wie in politischen, militärischen, wirtschaftlichen und religiösen Bereichen ist auch in der Geheimhaltung und Ableugnung der wahren Verhältnisse in bezug auf außerirdische Weltraumfahrt durch die Mächtigen der Erde die gezielte Manipulation von jeher an die Stelle der wahren Aussage getreten. Dazu bieten die Massenmedien heutzutage die wirkungsvollste Gelegenheit. Beispiele für diese Methoden kann ein guter Beobachter täglich erleben.

Die Geheimhaltung im UFO-Bereich ist so perfekt und wirksam, da das Thema derart verschiedenartig, vielseitig und schwierig ist, daß sowohl die Ableugnenden, als auch diejenigen, vor denen es geheimgehalten werden soll, viel zuwenig davon wissen, um die Tatsachen, deren Umfang und Tragweite erkennen und beurteilen zu können.

Diese Unkenntnis der Leugner ist verständlich, da die Ableugnungstaktik und ihr negatives Sichbefassen mit dieser Materie nach psychologischen Grundregeln eine bessere Erkenntnismöglichkeit bei diesem Personenkreis nicht zuläßt.

Die anderen, denen Informationen und Wissen durch Geheimhaltung, Ableugnungstaktik und Verbreitung von Unwahrheiten vorenthalten werden, sind nicht in der Lage, die wahre Situation zu erkennen, denn sie sind zum größten Teil von der Fast-Unfehlbarkeit der Wissenschaftspäpste überzeugt.

Andererseits ist es sehr sonderbar, daß viele hervorragende Wissenschaftler und Experten den durch die Geheimhaltung und Ableugnung beabsichtigten Täuschungen ebenso unterliegen wie diese. Man sollte meinen, sie würden sich nicht so leicht beirren lassen, sondern selbst versuchen an die Wahrheit heranzukommen. Statt dessen machen sie die geradezu lächerliche Verheimlichung mit, da sie Angst haben, selbst lächerlich gemacht zu werden.

Allerdings ist es viel bequemer, die Augen vor noch vielfach unbekannten Tatsachen zu verschließen, als diese entgegen einer Mauer des Schweigens, der Geheimhaltung und Manipulation zu erforschen.

In früheren Zeiten war alles außergewöhnliche Wissen die Domäne der Medizinmänner, der Hohen Priester und der Eingeweihten, es war Geheimlehre. Diese Wissenden wollten und konnten damit die große Masse beherrschen, für ihre oft dunklen Zwecke benutzen, sie hatten sie in ihrer Gewalt.

Nicht viel anders versuchen in unserer Zeit die herrschenden und alles beherrschenden Politiker, Militärs, Wirtschaftskapitäne und gewisse Religionsführer, also die „Großen der Welt", mit allen Mitteln ihre auf materieller Basis aufgebauten Machtpositionen zu halten und zu erhalten, solange dies irgendwie möglich ist.

Darum werden von ihnen diese Erkenntnisse und Tatsachen geheimgehalten und geleugnet, denn sie würden jene, sollten sie allgemein bekannt werden, im wahren Sinne des Wortes umwerfen und entmachten.

Die wahre Existenz der UFOs wird seit fünfundzwanzig Jahren von der amerikanischen Luftwaffe, als zuständiger Institution, geleugnet und trotz ihrer diesbezüglichen umfangreichen, zweijahrzehntelangen Untersuchungen durch eigens dafür organisierte Projekte und Reporte offiziell immer noch als nicht existierend dargestellt.

Die UFO-Literatur ist voll von Beweisen, daß und auch warum weltweit und allgemein eine Geheimhaltungs- und Ableugnungstaktik praktiziert wird. Die Beweise sind so überwältigend belegt, daß an diesen Tatsachen überhaupt kein Zweifel bestehen kann.

Folgende in den *UFO-Nachrichten* Nr. 56 vom April 1961 im Faksimile und in Übersetzung veröffentlichte Dokumente beweisen es:

Luftwaffen-Verfügung Luftwaffe 200-2   1-2
Nr. AFR 200-1-2 Abteilung der Luftwaffe
Washington, 14. Sept. 1959

Mitteilung
UNIDENTIFIED FLYING OBJECTS (UFOs)
Unidentifizierte Fliegende Objekte (UFOs)

Diese Verfügung setzt die Verantwortlichkeit und das Verhalten beim Berichten von Informationen und Beweisen über Unidentifizierte Fliegende Objekte (UFO) und für den Erlaß von angemessenen Informationen für die breite Öffentlichkeit fest.

Abteilung Luft-General

Operationen und Ausbildung (Einsatz)
UFOs eine ernste Angelegenheit

Unidentifizierte Fliegende Objekte — zuweilen von der Presse oberflächlich behandelt und als „Fliegende Untertassen" bezeichnet — müssen schnellstens und genauest als von schwerwiegendem Interesse für die US-Luftwaffe auf dem nordamerikanischen Kontinent (Zone of Interior) identifiziert werden. Wie in der Luftwaffenverfügung (AFR) 200-2 ausgeführt, ist das Interesse der Luftwaffe an diesen Sichtungen dreifacher Natur.

Erstens: bedeutet das Objekt eine Gefahr für die Verteidigung der Vereinigten Staaten? *Zweitens:* trägt es zur Erweiterung technischer und wissenschaftlicher Kenntnisse bei? *Und außerdem* geht es noch um die Verantwortung der US-Luftwaffe, das amerikanische Volk durch öffentliche Informationsmittel darüber zu informieren, was über ihnen am Himmel vorgeht.

Die Phänomene oder wirklichen Objekte, um die es sich bei den UFOs handelt, werden eine Tendenz der Vermehrung aufweisen, und die Öffentlichkeit wird sich immer mehr über gewisse Vorgänge im Weltraum klarwerden und gleichzeitig zu Befürchtungen geneigt sein. Belange von technischem Interesse sowie des Verteidigungswesens werden weiterhin auf diesem Gebiet bestehen ... (Ende des Zitates)

Es wurden mehrere Luftwaffen-Befehle im Laufe der Jahre herausgegeben, die alle unter der Bezeichnung AFR 200 liefen.

So beinhaltet der Befehl AFR 200-2 vom 26. 8. 1953 u. a., daß an die Öffentlichkeit nur Scherze und irrige Berichte über UFOs gegeben werden dürfen. Alle echten Berichte sind geheim an die vorgesetzten Dienststellen weiterzuleiten. Greifbare Beweisstücke müssen, wenn möglich, sofort per Flugzeug an ATIC in Dayton eingeflogen werden. Dies können sein:

1. „Teile von Fliegenden Untertassen" — solche, von denen man weiß, daß es solche sind, oder Teile, bei denen es möglich ist.
2. Fotografien aus dem Radarbereich, die Untertassenmanöver und Geschwindigkeiten zeigen.
3. Echte Bilder von „Fliegenden Untertassen".

AFR 200-2 beschränkt die tatsächliche UFO-Forschung (im US-Luftwaffen-Bereich; d. A.) auf *drei äußerst geheime Gruppen:*

1. auf das Direktorium des Luftwaffen-Nachrichtendienstes im Pentagon,

2. auf die 4602d Air Intelligence Service Squadron, die auf allen Luft-waffen-Verteidigungsbasen besondere Forscher hat, und

3. auf ATIC (Air Technical Intelligence Center) in Dayton, Ohio.

Selbst die rangobersten Luftwaffen-Offiziere werden gewarnt, nicht über das erste Stadium hinaus zu sondieren, um sich UFO-Berichte aus diesen drei Gruppen zu verschaffen.

Das Handbuch des Luftwaffen-Abwehrdienstes zeigt Fliegende Schei-ben im Bild. (Entnommen dem Buch Frank EDWARDS: „Fliegende Untertassen — eine Realität", Seite 107, Ventla-Verlag)

Diese offizielle Zeichnung einer Fliegenden Scheibe ist dem Handbuch des Luftwaffen-Abwehrdienstes (Air Force Intelligence Manual, AFM 200-3, Kapitel 9, S. 3, Ausgabe vom September 1953) entnommen.

Sie sollte dem Luftwaffen-Personal das Bild von „Fliegenden Unter-tassen" zeigen und verdeutlichen. So wurde sogar das Leuchten und Strahlen um den eigentlichen Flugkörper angedeutet. (Siehe Bild S. 91.)

Air Technical Intelligence

Am 5. Februar 1958 wurden neue Instruktionen für alle Luftwaffen-Kommandos herausgegeben, um die Geheimhaltung der Entwicklung der UFO-Forschung sicherzustellen. Die Befehle sind enthalten in einer revidierten sieben Seiten langen Ausgabe der AF-Statuten 200-2, der offiziellen „Bibel" über UFOs. Seite 4, Absatz 9 heißt es:

Auskunft in bezug auf eine Sichtung kann der Presse oder der all-gemeinen Öffentlichkeit vom betreffenden Befehlshaber der Luft-waffen-Basis nur dann freigegeben werden, wenn das Objekt positiv als ein wohlbekanntes Objekt identifiziert worden ist. Wenn die Sichtung nicht erklärbar oder schwer zu identifizieren ist, darf als einzige Erklärung die Tatsache abgegeben werden, daß die Sichtung geprüft und Auskunft über die Sichtung zu späterer Zeit gegeben werde.

Am 19. September 1966 wurde die Dienstanweisung AFR 200-2 abge-wandelt und heißt nun 80-17. Immerhin war 200-2 für einen Zeitraum von 15 Jahren eine höchst wirksame Barrikade gegen die freie Ver-breitung von UFO-Meldungen.

Air Technical Intelligence

Handbuch des Luftwaffen-Abwehrdienstes zeigt Fliegende Scheiben im Bild

Diese offizielle, bisher noch nicht veröffentlichte Zeichnung einer Fliegenden Scheibe (oder „Fliegenden Untertasse") ist dem Handbuch des Luftwaffen-Abwehrdienstes (Air Force Intelligence Manual, AFM 200-3, Kapitel 9, S. 3), Ausgabe September 1953, entnommen. Die Zeichnungen sollten das Personal der Abwehr auf den Wechsel der Form aufmerksam machen, als scheibenförmige UFOs durch doppelt konvexe Typen ersetzt wurden. (Copyright: Ventla-Verlag)

Folgende in den UFO-Nachrichten Nr. 192 vom August 1972 beschriebene US-Befehle beweisen ebenfalls die Geheimhaltungs- und Ableugnungstaktik der US-Behörden:

Befehl JANAP 146/B vom September 1951 und vom 12. Dezember 1953, Joint Army Navy Air Publication

OPERATIONS BULLETIN

ein Befehl, der jedem Piloten der Air Force, der einen echten UFO-Bericht veröffentlicht, 10 000 Dollar Geldstrafe und Gefängnis androht. Ebenso fallen alle Angehörige der US-Streitkräfte unter diesen Befehl.

91

Illustriert ist dieser Befehl mit zwei UFO-Typen in Scheiben- und Stabform. „News Release" der US-Luftwaffe vom 19. 1. 1961.

Der *MERINT REPORT PROCEDURE Nr.* OPNAV 94-P-3, herausgegeben vom Generalstabschef der US-Marine, *zeigt auf einer Tafel* den nordamerikanischen Kontinent mit den Alarmsystemen gegen „unbekannte feindliche" Schiffe, U-Boote, Flugzeuge, Raketen und *Unbekannte Flug-Objekte (UFO)*, die alle bildlich dargestellt sind, wobei UFOs als diskusförmige Objekte gezeichnet wurden.

Diese und andere Dokumente stellen sichere Beweise dar, daß die amerikanischen militärischen Behörden trotz ihrer Ableugnungstaktik sehr gut Bescheid über die Realität der UFOs wissen.

Daß sie deren physikalische Besonderheiten und ihre Technologie durch ihre Wissenschaftler sehr genau untersuchen ließen, zeigt ein von der amerikanischen Luftwaffe im Juni 1972 unter der Nummer und dem Namen *AFRPL — TR — 72 — 31 „Project Outgrowth"* der USA veröffentlichter *„Technischer Bericht"*, der begabte und interessierte Wissenschaftler und Ingenieure bewegen soll, „Fortschrittliche Antriebs-Konzepte" zu entwickeln.

Dabei wurde die Studie einer Gruppe von 28 Mitgliedern des Direktorates des Luftwaffen-Raketenantriebs-Laboratoriums der United States AIR FORCE in Edwards, Kalifornien, veröffentlicht, die die vermutliche UFO-Antriebstechnik darstellt.

Als Experten in Verdrehungs- und Ableugnungs-Taktik haben sich besonders hervorgetan:

Prof. Dr. Donald MENZEL, Astronom und Astrophysiker an der Harvard-Universität, der alle UFO-Sichtungen als Luftspiegelungen, optische Täuschungen und dergleichen bezeichnete, später allerdings zu der Ansicht kam und diese auch aussprach, daß UFOs tatsächlich existieren und außerirdischen Ursprungs seien.

Prof. Dr. E. U. CONDON (†), Physiker an der Colorado-Universität, der von der US Air Force den Auftrag angenommen hatte, UFO-Sichtungen zu analysieren, um nachzuweisen und glaubhaft zu machen, daß es keine außerirdischen Weltraum-Flugobjekte (UFOs) geben könne und daß die vielen Sichtungsmeldungen auf normal erklärbaren Erscheinungen und Täuschungen beruhten.

Prof. CONDON untersuchte auf seine Art ca. 100 Fälle (diese Zahl wird unterschiedlich einmal mit 89, das andere Mal mit 117 angegeben, d. A.) und stellte in seinem über 1400 Schreibmaschinenseiten bzw. 965 Druckseiten umfassenden „CONDON REPORT" fest, daß der größte Teil der Meldungen angeblich auf Irrtümern beruhe bzw., wie schon vorher erwähnt, bekannte Objekte und normal erklärbare Erscheinungen gewesen seien, was ja auch schon die US Air Force und andere Behörden der Öffentlichkeit und sogar den die Sichtungen meldenden Personen gegenüber seit Jahren weiszumachen versuchten.

So wurde meist behauptet, daß sie Sumpfgase, Reflexe, hochgewirbelte Papierfetzen, ionisierte Luft, entfernte Scheinwerferlichter, Wetterleuchten, Wolkenspiegelungen, Reklameluftschiffe, Wetterballone, Kugelblitze, Meteore, die Venus, die Gürtelsterne des Orion, Satelliten usw. gesehen hätten oder Psychosen, Halluzinationen und anderen psychischen Täuschungen und Störungen unterlegen seien.

Bei 32 seiner ca. 100 „untersuchten" Fälle, die alle vor dem Jahre 1966 lagen und außerdem nur 1 Prozent der der amerikanischen Luftwaffe bekannten Sichtungsberichte von ca. 12 000 Personen ausmachen, fehlen aber die Erklärungen ganz.

Zu den seiner Meinung nach unidentifizierten Sichtungen schrieb Prof. CONDON Erklärungen wie z. B.:

„Diese ungewöhnliche Sichtung sollte man daher in die Kategorie eines beinahe bestimmt natürlichen Phänomens einordnen, das so selten vorkommt, daß es anscheinend noch nie vorher oder seither gemeldet worden ist."
Oder:
„Wenn das so ist, dann ist es ein weiteres Beispiel eines so seltenen Natur-Phänomens, daß es selten beobachtet wird."

Wie man aus diesen Sätzen sieht, ist der CONDON-REPORT schon von der gewundenen Ausdrucksweise her unglaubwürdig, tendenziös gefärbt, nichts aussagend, einer wissenschaftlichen Analyse unwürdig.

Prof. CONDON gelangt abschließend zu dem „sicheren" Schluß: „Es gibt keine Beweise dafür, um den Glauben zu rechtfertigen, daß außerirdische Besucher (oder irgendwelche andere) in unseren Himmel eingedrungen sind, und nicht genügend Beweise, um weitere wissenschaftliche Untersuchungen zu rechtfertigen."

Prof. CONDON wurde von der US Air Force vielleicht nicht einmal direkt beauftragt, einen Anti-UFO-Report zu verfassen, aber seine Auslegungen und Schlußfolgerungen in dieser negativen Weise sollten doch dem Uneingeweihten so große Zweifel suggerieren, daß er lieber an dem Thema verzweifelt, als es zu studieren, und verzweifelt daran sind bekanntlich auch viele Wissenschaftler.

Dies hat der CONDON-REPORT u. a. auch bestimmt zustande gebracht, sonst wäre es einfach unmöglich, daß so viele Wissenschaftler und Experten sich konsequent weigern, das Problem aufzugreifen und einer wahrheitsgemäßen Analyse zuzuführen.

Auch eine konservative Gesamteinstellung durch Glorifizierung der Schulweisheit schließt außerordentliche Gedankengänge weitgehend aus.

Man sollte meinen, dieser Personenkreis würde sich mit größtem Interesse einer solch faszinierenden Sache und Aufgabe annehmen, ja sich darauf stürzen, besonders wenn man beobachtet, mit welchem Fleiß sie sich oft viel weniger bedeutenden Einzelheiten annehmen. Ich denke da z. B. an das krampfhafte Suchen der Exobiologen nach einem Stäubchen Leben in Meteoriten, auf dem Mond und bald auf dem Mars. Auf den CONDON-REPORT folgte dann geradezu zwangsläufig ein richtigstellender und entlarvender Gegen-Report unter dem Titel

„UFOs? — YES!" mit dem Untertitel
„Wo das Condon-Komitee vom Wege abgewichen ist"

von Dr. David R. SAUNDERS und Roger HARKINS, wobei festzustellen ist, daß zwei Wissenschaftler des Condon-UFO-Projektes, eben dieser Dr. Saunders und Dr. Norman LEVINE mit der Begründung „Insubordination" (= Ungehorsam) mit sofortiger Wirkung entlassen wurden, da sie ebenso wie die Projektsekretärin die tendenziösen und unwissenschaftlichen Methoden ihres Chefs nicht mehr mitmachen wollten. Sie, die Sekretärin, kündigte, nicht ohne vorher Prof. Condon die Meinung gesagt zu haben.

Nach allen diesen Machenschaften kommt man endlich zu dem Ergebnis, daß nichts an der UFO-Forschung so widersprüchlich ist wie die Widerlegungs- und Ableugnungs-Versuche durch die US-Luftwaffe und deren UFO-Reporte, durch die Behörden der ganzen Erde, die Militärs und durch gewisse, meist uneingeweihte, schlecht informierte Wissenschaftler und Experten auf einschlägigen Gebieten.

So kommt man zu der Gewißheit, daß sowohl Verwirrung aus Unwissenheit und mangels eingehender Information, als auch daraus resultierende Ableugnung und Geheimhaltung sowie die Tendenz, den „status quo" zu erhalten, an dem UFO-Dilemma der Behörden aller Staaten die Hauptschuld tragen.

Die große Zahl der offiziellen UFO-Forschungsprogramme der Vereinigten Staaten allein beweist schon, daß es um „Umwälzende Ereignisse" geht und nicht etwa nur darum, Irrtümer aufzuklären.

(„Umwälzende Ereignisse" war der Titel einer kleinen Aufklärungsschrift von 1956 bis 1974, die in 7. erweiterter Auflage mit dem neuen Titel „Sind außerirdische Weltraumschiffe gelandet?" auf den neuesten Stand gebracht wurde; Ventla-Verlag; d. H.)

Offizielle UFO-Forschungsprogramme
der Vereinigten Staaten

(entnommen aus Adolf Schneider, „Besucher aus dem All", Verlag Hermann Bauer, Freiburg/Br.)

Name	Datum	Ergebnis
Project Sign	23. 9. 1947 11. 2. 1949	UFOs sind außerirdischen Ursprungs; diese Schlußfolgerung wurde vom Pentagon zurückgewiesen.
Project Grudge I	11. 2. 1949 27. 12. 1949	1. UFOs = konventionelle Objekte 2. UFOs = Massenhysterie 3. UFOs = Witzberichte 4. UFOs = Psychopathologie
Project Grudge II	27. 10. 1951 16. 3. 1952	Kapitän Edward J. Ruppelt leitete das Projekt bis 30. September 1953. Sein Vorschlag: UFO-Untersuchungen sollten intensiviert werden.
Project Blue Book	16. 3. 1952 27. 12. 1969	Robertson Panel (Januar 1953) Gefordert wurde: 1. Aufklärung 2. Entlarvung 3. Ausbau des Beobachtungsnetzes Ad Hoc Committee to Review Project Blue Book (3. 2. 1966), auch Brian-Komitee genannt Gefordert wurde: 1. Tiefergehende Studien 2. UFO-Forschungen sollten einer Universität übertragen werden. House Armed Services Committee: Hearing unter Leitung von H. Mendel Rivera (5. April 1966): Es bekräftigte die Forderungen des Brian-Komitees.
Colorado-Studie Leiter: Edward E. Condon	19. 9. 1966 31. 10. 1968	Weitere ausgebreitete UFO-Forschungsprogramme seien nicht zu rechtfertigen, weil sie wahrscheinlich keine neuen wissenschaftlichen Erkenntnisse bringen werden.
Hearing vor dem Committee on Science and Astronautics im U.S. House of Representatives	28. 7. 1968	UFOs sind ein internationales wissenschaftliches Problem; weitere UFO-Hearings gefordert.
Symposium der American Association for the Advancement of Science	26. 12. 1969 31. 12. 1969	Eine große Universität sollte mit neuen UFO-Untersuchungen beauftragt werden.

Die streng geheimen Archive in den USA

Fotografien außerirdischer Wesen sind ebenso wie andere Beweisstücke im Besitz von Regierungen mehrerer Nationen der Erde. Die geheimen Archive in den USA, in denen UFO-Akten und evtl. Bruchstücke sowie Fotografien von außerirdischen Wesen, auf welchen ihre physischen Körper zu sehen sind, aufbewahrt werden, befinden sich nach bestimmten Aussagen (UN 212, S. 4, Sp. 2), die immer wieder bestätigt werden und die auch aus den Luftwaffen-Befehlen AFR 200-2 hervorgehen, hauptsächlich an folgenden vier Orten:

1. *Im Aerospace Technical Intelligence Center* der *Wright-Patterson-Flugbasis* der US-Luftwaffe in der Nähe von *Dayton, Ohio.*

2. *In einer Lokalität in der Nähe von Washington, D. C.*

3. *In einer unterirdischen Sicherheits- und Dokumenten-Zentrale* der Regierung der Vereinigten Staaten *in einem Berggebiet.*
   Wahrscheinlich befindet sich diese im Omaha (Nebraska) in unterirdischen Räumen des Strategic Air Command. Dort sollen Tausende Fotos und Filmaufnahmen von UFOs geprüft, studiert und diskutiert worden sein. Man spricht von etwa 250 000 Sichtungsberichten aus aller Welt und von 12 000 UFO-Aufnahmen.

4. *In unterirdischen Aufbewahrungsorten der Central Intelligence Agency* (Spionage-Abwehr-Agentur) der USA.

Als ausgezeichnetes Beispiel für die *„streng geheime" Einstufung der UFO-Akten* in den USA soll der in den UFO-Nachrichten Nr. 209/Febr. 74 zitierte Fall näher beschrieben sein:

US-General verweigert amerikanischem Senator Zugang zu UFO-Akten
— Von RHO SIGMA —

Barry Goldwater ist als Senator des Staates Arizona nicht nur einer der wenigen Politiker, der in einer Zeit weitverbreiteter Vertrauenskrisen in Amerika noch immer großes Ansehen genießt. Er ist auch ein Flieger mit 44jähriger praktischer Erfahrung und fliegt als ehemaliger Brigadier-General der Luftwaffen-Reserve noch heute seine Düsenmaschine.

Als er 1964 als Präsidentschaftskandidat der republikanischen Partei auftrat, war er einer der ganz wenigen, der den Mut aufbrachte, sich öffentlich zur Realität der UFOs zu bekennen. Bereits damals erklärte er in einem Presse-Interview: „Ich bin aufrichtig an den UFOs interessiert. Ich bin völlig davon überzeugt, daß an der Sache etwas dran sein muß und habe das Thema oft mit Offizieren der Luftwaffe diskutiert."

1966 sagte der Senator und General, der nicht nur Schreibtisch-Offizier war: „Die Fliegenden Untertassen – unidentifizierte fliegende Objekte oder wie man sie immer nennen will – existieren tatsächlich."

Vor wenigen Wochen gab er in seinem Heim in Washington, D. C., in einem Exklusiv-Interview für die US-Zeitung „National Enquirer" folgende Stellungnahme zum Thema UFOs: „Ich bin davon überzeugt, daß die Erde schon oft von Geschöpfen aus dem Weltraum besucht worden ist. Ich finde es schwer begreiflich, daß unser Planet in diesem unendlichen Universum der einzige sein sollte, der intelligentes Leben aufzuweisen hat. Nachdem ich 65 Jahre alt geworden bin, bin ich außerdem nicht so felsenfest davon überzeugt, daß die Menschen wirklich die intelligentesten Geschöpfe im Universum sein sollten.

Ich bin von der Existenz außerirdischer Lebewesen überzeugt. Vielleicht sehen sie nicht so aus wie wir oder sie sprechen nicht so wie wir, aber ich bin ziemlich sicher, daß ihre geistigen Fähigkeiten weit über die unsrigen hinausgehen.

Ich habe Berichte vieler Augenzeugen bezweifelt. Wenn mir jedoch erfahrene Flugzeugführer und andere Experten berichten, daß sie seltsame, unerklärliche fliegende Objekte gesehen haben, so sehe ich mich gezwungen, ihren Berichten Glauben zu schenken.

Piloten der Luftwaffe, der Marine und der Fluglinien haben mir von Fällen berichtet, wo ein UFO in nächster Nähe – praktisch neben ihrer Tragfläche – vor ihnen flog und dann mit unglaublicher Geschwindigkeit davonschoß. Ich erinnere mich an einen Fall in Georgia in den 50er Jahren, als ein Flugzeug der Nationalgarde ein UFO verfolgte und nicht wieder zurückgekehrt ist. Und ich entsinne mich weiter des Falles in Franklin, Kentucky, als vier Militärflugzeuge ein UFO verfolgten. Eines explodierte im Flug, und niemand kennt die Ursache."

So „streng geheim" sind UFO-Akten

Obwohl *Goldwater* freimütig zugab, selbst noch niemals ein UFO gesehen zu haben, so stellte er doch weiterhin fest, daß *jeder seiner Versuche, Zugang zu den UFO-Akten im Wright-Patterson-Luftwaffen-Stützpunkt in Ohio zu erhalten, vereitelt worden ist. „Es ist mir nie gelungen, ins Wright-Patterson-Forschungsamt der Luftwaffe zu gelangen"*, stellte der amerikanische Senator fest. „Ich habe den General CURTIS LE MAY, der jahrelang Chef des Strategischen Luftwaffen-

Kommandos war, um die Erlaubnis gebeten, Zugang zu den dortigen UFO-Akten zu erhalten. Seine Antwort war lediglich:

„Nein, zum Teufel, und fragen Sie mich nicht noch einmal!" Der Senator fuhr fort: *„Ich bin der Meinung, daß streng geheime Regierungsuntersuchungen im Gange sind und daß wir davon nichts wissen — und niemals davon erfahren werden, es sei denn, die Luftwaffe entschließt sich, die Tatsachen bekanntzugeben. Aber eines schönen Tages, wahrscheinlich ziemlich bald, wird jemand mit derart schlüssigen UFO-Beweisen kommen, daß sie einfach nicht mehr weiter wegerklärt werden können."* „Ja, ich bin von der Existenz der UFOs überzeugt. Und wenn meine Sekretärin eines Tages hereintreten sollte und mir mitteilen würde: „Senator GOLDWATER, da ist ein drei Fuß großer Mann draußen mit einer Antenne auf dem Kopf, der Sie zu sprechen wünscht!", dann würde ich nicht gleich denken, daß meine Sekretärin den Verstand verloren hat. Ich würde einfach sagen: „Bitten Sie ihn herein!"

(Nach UN 216/217, Sept./Okt. 1974)

Neuerdings wurde bekannt, daß Senator Barry GOLDWATER dem angesehenen, global bekannten National Investigations Committee on Aerial Phenomena (NICAP) Washington, D. C., als Mitglied des Vorstandes beigetreten ist und zum Direktionsmitglied ernannt wurde, nachdem er im „Enquirer" betont hatte, daß er schon lange von der Existenz der UFOs überzeugt sei.

NICAP-Präsident John L. ACUFF jr. hierzu: „Nur wenige können dem Senator in bezug auf Courage und Bereitwilligkeit Stellung zu umstrittenen Themen zu nehmen, das Wasser reichen. Seine Vergangenheit als General der Luftwaffe und sein Interesse an diesem Thema (der UFOs) können nicht hoch genug bewertet werden.

— — —

Befehle zur Geheimhaltung und ihr Wortlaut sind unwiderlegbare Dokumentationen für das „Top secret" und das „Above Top secret", die übergeheime Einstufung der UFO-Realitäten durch die Behörden. Zusätzlich und außerdem haben folgende Behörden verschiedener Länder genaue und unmißverständliche Dienstanweisungen und Verhaltensverordnungen erlassen, falls ihre Angehörigen mit UFOs konfrontiert würden:

1. die US-Luftwaffe
2. die US-Marine
3. das britische Luftfahrtministerium
4. die brasilianische Luftwaffe
5. die französische Staatsgendarmerie

Es ist doch anzunehmen, daß diese Behörden nicht genaue Verord-
nungen erlassen für etwas, was gar nicht existiert, vielmehr sind diese
Dokumente und deren Wortlaut alleine schon der schlagende Beweis,
daß diese Behörden genau wissen, daß UFOs existieren, was UFOs
sind, daß sie außerirdischer Herkunft sind und daß deren Existenz vorläufig geheimzuhalten und zum Schein ihre Realität abzuleugnen ist.
Dies alles sollte nur eine kleine Auslese der bekannten Tatsachen sein.

Eine ungeheure Menge von Aussagen über die strenge Geheimhaltung
der tatsächlichen UFO-Ereignisse, der Sichtungen, der Überreste bei
erfolgten Pannen und Unfällen und sogar deren Aufbewahrungsorte
sind in der UFO-Literatur beschrieben und somit in der Ufologie bekannt.

*Es ist also mit absoluter Sicherheit bewiesen, daß sowohl die Ableug-
nungstaktik, als auch die strenge Geheimhaltung im Sinne des „TOP
SECRET" existieren.*

Die Verwirrung aus Unwissenheit ist nach unseren immer wieder gemachten Erfahrungen allerdings mit der Hauptgrund, warum alle bisher
zur Durchführung gebrachten offiziellen „staatlichen UFO-Forschungsprogramme der Vereinigten Staaten von Amerika" als „Aufklärungs-
aktionen" so kläglich versagt haben; wobei zu bedenken ist, daß die
Entwicklung der Außerirdischen nicht nur auf physikalisch-technolo-
gischen Gebieten, sondern auch im parapsycho-physikalischen und
wahrscheinlich in ethisch-moralischen Bereichen uns so weit überlegen
ist, daß nur der auf den entsprechenden Gebieten der Grenzwissenschaften Informierte fähig ist, auch die anderen, vielen Menschen unmöglich erscheinenden Realitäten zu verstehen und zu akzeptieren.

*Dieses über die Grenzen des üblichen Alltäglichen hinausgehende Wis-
sen und Bewußtsein aber hatten die „Aufklärer und Entlarver" eben
nicht, und ohne dieses geht es nicht.*

KAPITEL 9

Unsere „exakte" Wissenschaft

Professor Dr. Eduard U. CONDON, Physiker, kam im Anschluß an seine Arbeit — einen „Bericht über die wissenschaftliche Untersuchung von UFOs" an der Universität von Colorado im Auftrag der US Air Force auszuarbeiten — zu der mit dem Inhalt des Berichtes selbst nicht übereinstimmenden und völlig unlogischen Folgerung, daß „UFO-Phänomene kein ergiebiges Thema darstellen, das beachtliche wissenschaftliche Entdeckungen erwarten läßt".

Daraufhin hat die US Air Force, angeblich und nach außen hin, jede weitere wissenschaftliche Untersuchung eingestellt mit der Begründung: — Weitere umfangreiche UFO-Forschungsprogramme seien nicht zu rechtfertigen, weil sie „wahrscheinlich" (!!!) keine neuen wissenschaftlichen Erkenntnisse bringen werden —. Diese Argumente sollten sicher auch eine bessere und leichtere Geheimhaltung sichern.

Der CONDON-REPORT, inklusive seiner geradezu absurden Schlußfolgerung, wird nun von sehr vielen Wissenschaftlern und Experten dazu benutzt, um ihrerseits zu glauben bzw. auszusagen, dem sei wirklich so, und es sei reine Zeitverschwendung, sich mit diesem Thema überhaupt noch zu befassen.

Wer aber die in der privaten Ufologie seit über zwei Jahrzehnten registrierten Tatsachen studiert und logische Folgerungen daraus zieht oder z. B. auch nur die in dem Kapitel „Physik der Außerirdischen" dieses Buches zitierten Tatsachen zur Kenntnis nimmt, der wird sehr bald erkennen, wie schlecht informierend, wie tendenziös ablehnend solche „wissenschaftliche" Reporte tatsächlich sind.

Es ist aber auch verständlich, daß leitende Persönlichkeiten (Professoren und Dozenten) staatlich finanzierter Institute glauben, diese Art Forschungen ablehnen zu müssen, da die Tatsachen streng geheim und daher auch offiziell abzulehnen sind.

Viele von ihnen scheinen allerdings gar nichts von den staatlichen Geheimhaltungsgeboten zu wissen oder tun jedenfalls so und behaupten, solche gebe es nicht.

Einige UFO-Experten der US-Luftwaffe bzw. der VEREINTEN NATIONEN (UNO), nämlich Prof. Dr. McDonald bzw. MMSE Colman VonKeviczky, ehemaliger Angestellter der UNO in New York, jetziger Direktor des ICUFON (Intercontinental UFO Research and Analytic Network), wollten die Wahrheit sagen, taten dies und wurden prompt entlassen. Prof. Dr. J. Allen HYNEK, ein UFO-Experte der Luftwaffe, konnte die volle Wahrheit auch erst nach und nach erkennen und sich öffentlich dazu bekennen, nachdem er aus der US Air Force als Berater in UFO-Sachen nach 10jähriger Tätigkeit ausgeschieden war.

Außer den privaten UFO-Forschern gab es nur wenige Wissenschaftler, die sich damit befaßten; erst neuerdings konnten sich mehrere Experten zu einem eingehenden Studium des UFO-Fragenkomplexes entschließen.

Das immer noch negative Verhalten vieler Wissenschaftler, dem ufologischen und parapsycho-physikalischen Themenkomplex gegenüber, ist gekennzeichnet durch:

1.
Ablehnung aus weltanschaulichen Gründen; sie halten den irdischen Menschen für das Höchste und für einen im Universum einmaligen Sonderfall.

2.
Ablehnung durch die Meinung, daß es zwar menschenähnliche intelligente Lebewesen auf Planeten außerhalb unseres Sonnensystems geben könne, diese aber bei den riesigen Entfernungen, da die Physik im Universum homogen sei und z. Z. eine solche Raumfahrt ausschließe, uns nicht, auch nicht innerhalb der nächsten 10 000 (zehntausend!) Jahre erreichen könnten. (Aussage von Prof. Condon u. a.)

3.
Ablehnung durch Unwissenheit und schlechte Information, insbesondere durch *nur oberflächliches Befassen mit dem UFO-Thema, kann zu „Vor"-Urteilen führen. Viele Wissenschaftler wissen praktisch nichts von den seit Jahrzehnten beobachteten Ereignissen* und wollen auch nichts davon wissen, da es so gar nicht in ihr naturwissenschaftliches Weltbild paßt und sie sich dieses auch nicht durch eine vermeintlich so unsichere und absurde Sache verderben lassen wollen.

Dabei vergessen sie die Tatsache, daß sich unser Weltbild durch Erforschung und Entdeckung neuer Bereiche auf allen Gebieten sowieso dauernd ändert. Voreingenommen durch diese falschen Argumente lehnen sie jede ernsthafte Arbeit an diesem Thema ab. Sie äußern sich auch dementsprechend, und die vielen anderen, die als Laien dies selbst nicht beurteilen können, glauben den vermeintlichen Fachleuten und sagen folglich nur das nach, was sie von jenen hören, lesen und im Fernsehen zu Gesicht bekommen.

Allerdings benutzen UFOs eine für uns so fremde, großartige, phantastisch anmutende Technik, daß immer noch viele unserer Fachleute, Physiker, Experten und Spezialisten diese nicht für möglich halten und deshalb auch die ganze UFO-Wahrheit und UFO-Realität nicht anerkennen.

Sie stehen diesen für sie phantastischen Phänomenen so hilflos, ja fassungslos und daher ablehnend gegenüber, weil sie von ihrer Schulwissenschaft nicht abrücken können und wollen, und jeder über das Grobmaterielle und Irdische hinausgehenden Denkweise anscheinend nicht zugänglich sind. Aus diesen Gründen lehnen sie es aber auch ab, sich bei Spezialisten besser zu informieren.

4.
Ablehnung durch blinden Glauben an die manipulierten Aussagen der Behörden und der davon abhängigen Wissenschafts-Päpste.

Wenn dann noch durch staatliche und militärische Institutionen bekanntgegeben wurde, daß an der ganzen Sache fast nichts daran sei, wobei von nur 3 Prozent nicht-natürlich-identifizierbaren Erscheinungen die Rede war und wobei allerdings einfach eine Null vergessen wurde, es also in Wirklichkeit 30 Prozent waren aus einer Anzahl, die ihnen für ihre negativen Zwecke geeignet erschien, so ist dies das berühmte „Wasser auf die Mühle", daß es keine UFOs gebe und geben könne, weil dies staatliche und von der amerikanischen Luftwaffe anerkannte, wissenschaftliche „Experten" festgestellt hätten.

– – –

Es kann auf diesen Gebieten des Wissens sich nur der ein sicheres Beurteilungsvermögen erarbeiten, der sich in jahrelanger Forschungsarbeit die nötigen Kenntnisse und Erkenntnisse erworben hat. Das kann man nur durch ein Studium der wichtigsten Bücher und anderer Literatur, wie Fachzeitschriften und Fachzeitungen (z. B. UFO-Nachrichten, Ventla-Verlag), persönliche und briefliche Kontakte mit Fachleuten sowie durch Nachforschung und Überprüfung exemplarischer Fälle.

Unsere Erfahrung zeigt, wie schwer es für viele Menschen, Wissenschaftler nicht ausgeschlossen, ist, außerordentliche Phänomene *nicht* für Betrug, Selbsttäuschung oder Irrtum zu halten. Nur Erforschung, logisches Überdenken und Überprüfen führt zu der Feststellung einer Möglichkeit oder einer Unmöglichkeit und zu einem eigenen Urteil.

Ein UFO-Experte (RHO SIGMA) schrieb einmal:

Die Berichte über UFOs gehören zweifellos zu den schwerverdaulichen Themen unseres skeptischen Zeitalters.

In Anbetracht der massenhaft vorliegenden Augenzeugenberichte wächst sich jedoch das offiziell zur Schau gestellte Desinteresse an diesem Thema zu einem weltweiten Riesen-Skandal aus, und die behördliche Geheimhaltungs- und Ableugnungs-Taktik wird sich noch bitter rächen, wenn einmal die ganze Wahrheit an das Licht der Weltöffentlichkeit kommt. (Ende des Zitates)

Eine andere Aussage lautete:

Wenn Ex-Präsident NIXON und auch Dr. Wernher v. BRAUN geäußert haben sollen, daß wir sehr bald andere Planeten und vielleicht andere Sonnensysteme erreichen werden, dann andere Zivilisationen kennenlernen werden, und wenn dann noch Mr. Nixon wiederholt öffentlich sagt, daß wir einem Zeitalter des Friedens entgegengehen, so möchte man annehmen, daß diese Aussagen trotz aller Zurückhaltung doch sehr deutlich und vielversprechend waren. (Ende des Zitates)

Die Behörden sollten aber auch erkennen, daß das Wissen um die UFOs bereits einen Umfang angenommen hat, der weit über das Maß hinausreicht, das bereits eine wissenschaftliche Erforschung dringend erforderlich macht, und daß das Thema als derart weltumwälzend erkannt ist, daß schon aus Gründen der Sicherheit und des Schutzes vor Panik und Mißverständnissen sowie deren eventuelle katastrophale Folgen, z. B. Ausbruch eines Atomkrieges durch unbedachte Handlungen und falsche Reaktionen, eine Klärung dringend und lebensnotwendig ist.

Der vorher bereits zitierte Prof. Dr. McDONALD führte am 29. Juli 1968 vor dem Komitee für Luft- und Raumfahrt im Repräsentantenhaus der USA folgendes aus:

„Ich habe mit überzeugt, daß die wissenschaftlichen Vereinigungen nicht nur dieses Landes, sondern der ganzen Welt, fallweise ein Thema von ungeheurer wissenschaftlicher Bedeutung (die UFOs), als „dummes Zeug" ignoriert haben . . . Ich war einer mehr von diesen Wissenschaftlern, die diese Tatsachen ziemlich ignoriert haben, einer, der glaubte, so etwas könnte nicht existieren, der beinahe überzeugt war, daß die staatlichen Bestätigungen über die Nichtexistenz eines handgreiflichen Nachweises für die Realität der UFOs stimmen. Das UFO-Problem ist so unkonventionell, birgt derart unvoraussehbare Phänomene, daß es Erklärungen an Hand unseres derzeitigen technischen Wissens einfach unmöglich macht..." (Ende des Zitates)

Inzwischen hat sich einiges geklärt, und die Inhalte der verschiedenen Kapitel dieses Buches zeigen deutlich, daß man in gut unterrichteten Kreisen immerhin schon eine ganze Menge weiß.

Alles was mit außerirdischer Raumfahrt und den UFOs zusammenhängt, ist auch nicht „tollkühner" als das, was wir auf der Erde mit unserer Raumfahrt bereits gewagt haben, und man sollte sich dies einmal vergegenwärtigen:

Wir haben bereits mehrmals 3 Menschen mit einer 110 Meter langen Rakete und nahezu 2000 Tonnen Treibstoff in den Weltraum geschossen, sie dann in der Apollo-Kapsel zum Mond katapultiert, diese einige Tage um den Mond kreisen lassen, während 2 Astronauten mit einer Mondlandefähre auf der Mondoberfläche landeten. Dort führten sie wissenschaftliche Arbeiten durch, legten mit einem Mondauto und zu Fuß größere Strecken zurück, starteten wieder und kehrten zu der um den Mond noch kreisenden Raumkapsel zurück. Mit dieser flogen sie zur Erde zurück, um mit 40 000 km/h mit genauem Einfallswinkel in die Lufthülle der Erde einzutauchen. Nach dem Abbremsen durch diese über den Hitzeschild, der ein Verbrennen der Apollo-Kapsel verhindert, landete diese an Fallschirmen auf die Meile genau an einem bestimmten Punkt im Ozean und wurde durch bereitstehende Schiffe geborgen. Das alles konnten wir bereits nach einigen Jahren, noch am Anfang der irdischen Weltraumfahrt, verwirklichen. Ist es da noch erstaunlich, wenn Außerirdische nach vielleicht jahrhunderte- oder jahrtausendelanger Erfahrung uns Techniken vorführen, die wir noch nicht ganz begreifen können?

Jedenfalls sollte niemand sagen:
„Weil wir uns nicht vorstellen können, wie UFOs existieren und bei uns erscheinen können, kann es sie einfach nicht geben, und die, welche jahrzehntelang Zehntausende Male beobachtet wurden, seien deshalb nur Täuschungen und Humbug."

Es ist übrigens *nicht* so, daß gar keine Wissenschaftler die Realität der UFOs im Sinne außerirdischer Flugobjekte erkannt und anerkannt hätten. Einige der positiv eingestellten Persönlichkeiten und ihre Aussagen sollen hier zitiert werden, und man sollte nicht behaupten, daß sie durch ihre ufologischen Erkenntnisse und ihr diesbezügliches Wissen jetzt plötzlich keine Wissenschaftler und Experten mehr wären. Im Gegenteil, sie haben neue Erkenntnisse zusätzlich, die denen, die sie kritisieren, eben noch nicht aufgegangen sind.

Stanton T. FRIEDMAN, Redondo Beach, USA, Atom-Physiker, Mitglied der „National Entertainment Conference", 14 Jahre UFO-Studium. Er sagt:

„UFOs aus dem Weltraum existieren wirklich. Viele angesehene Persönlichkeiten, die UFOs studiert haben und zu dem Ergebnis gekommen sind, daß diese wahrhaftig existieren, waren entweder nicht gewillt oder sie waren nicht fähig, ihren Standpunkt öffentlich zu vertreten".

Der wichtigste Grund für das Verhalten dieser Persönlichkeiten ist höchstwahrscheinlich die Angst, sich lächerlich zu machen.

„Es gab eine Anzahl von Beobachtungen, die technisch trainierte Personen, einschließlich Ingenieure, Astronauten, Astronomen, Piloten und Physiker gemacht und publiziert haben . . . Die meisten Argumente gegen die UFOs sind philosophischer Natur, ähnlich jenen, die den Behauptungen des Kopernikus im Wege standen." (UN 201, Mai 1973, S. 4: „UFOs sind reale Tatsachen!")

Dr. E. K. BIRNBAUM, Kern-Physiker, viele Jahre als Berater für die US Air Force auf dem Gebiet „Unbekannte Fliegende Objekte" tätig, sagt:

„Jeder Wissenschaftler, der alles UFO-Material objektiv analysiert, kann nur zu einer logischen Folgerung kommen — die Erde wurde und wird von Raumschiffen von Planeten außerhalb unseres Sonnensystems besucht. Leider sind zu viele Wissenschaftler nicht gewillt, objektiv zu sein, und die Presse hat dieser Sache auch nicht geholfen. Sie hat die schlechte Angewohnheit, diejenigen, die UFO-Sichtungen melden, als „verrückt" zu bezeichnen. Ich habe selbst in zwei Fällen UFO-Flüge beobachtet und halte mich selbst bestimmt nicht für einen Spinner." — Dr. Birnbaum hatte seine beiden Sichtungen 1969 in Virginia.

Prof. Dr. J. Allen HYNEK, Astro-Physiker, Astronom, über 10 Jahre wissenschaftlicher Berater in UFO-Fragen bei der US Air Force, heute Direktor des Linheimer-Forschungsinstitutes für Astronomie an der Universität in Chicago.

Er gibt zu, daß er, als er mit dem Studium der Himmelsphänomene begann, alle Geschichten über UFOs für „ausgesprochenen Unsinn" hielt. Nun ist er aber anderer Meinung:

„Nachdem man alles, was erklärbar ist, erklärt hat, bleibt ein harter Rest von 10 bis 20 Prozent aller UFO-Berichte, für die es einfach keine Erklärung gibt. Sie sind ausgezeichnete Objekte für wissenschaftliche Studien — wenn wir nur die Schranke des Sich-lächerlich-Machens in der Wissenschaft beseitigen könnten. Es gibt heutzutage mehr UFO-Sichtungen als je zuvor, und sie sind auch besser dokumentiert. Nur eines ist zurückgegangen: die Publizität der UFOs in der Presse."

Dr. M. K. ERIKSEN, Ärophysiker und langjähriger Himmelsbeobachter: „Es ist nicht mehr einfach Glaubenssache, denn es stehen der Wissenschaft zu viele harte Beweise zur Verfügung, die sie veranlassen müssen, die Existenz fremder Raumschiffe in unserer Atmosphäre weiterhin zu diskutieren. *Das Ziel ist es nun, unbestreitbare physikalische Beweise zu finden, und ich glaube, daß das sehr bald geschehen wird."* (UN 204/205, Sept./Okt. 1973, S. 3: „Vier führende Wissenschaftler geben zu: Fliegende Untertassen sind tatsächlich Raumschiffe von anderen Planeten.")   (Ende der Zitate)

Ja, Dr. ERIKSEN hatte recht, die unbestreitbaren physikalischen Beweise sind da und in den nächstfolgenden Kapiteln dieses Buches beschrieben. Als Autor dieses Buches bin ich der Überzeugung, daß der Inhalt der Kapitel, die die Physik der UFOs betreffen, einen gewissen Beitrag zur Beweisführung für die UFO-Realität leisten wird.

Leute wie Prof. MENZEL und Prof. CONDON und Co. wollten bzw. wollen das UFO-Thema nicht nur ableugnen, verunglimpfen, geheimhalten, lächerlich machen, nein, *sie haben es anscheinend selbst noch nicht einmal begriffen und verstanden, wobei natürlich das eine das andere bedingt.*

Je wissenschaftlicher man Ufologie studiert und betreibt, desto mehr überzeugt sie dann den Wissenden durch die Logik der gegenseitigen Beweiskraft ihrer Aussagen.

Dr. Felix ZIGEL, Professor am Moskauer Luftfahrt-Institut schrieb in „Soviet Life" Nr. 2, Febr. 1968:
„Wichtig ist es für uns, daß wir uns jeder vorgefaßten Meinung über die UFOs enthalten und auf weltweiter Ebene eine nüchterne, sensationsfreie und rein wissenschaftliche Erforschung dieses seltsamen Phänomens in Angriff nehmen. Der Gegenstand und die Ziele der Forschung sind so ernst, daß sie jegliche Anstrengung rechtfertigen. Es bedarf keiner Erläuterung, daß eine internationale Zusammenarbeit notwendig ist."

Neuerdings wurde, *durch Major a. D. Colman VonKeviczky, dem Präsidenten des amerikanischen UFO-Forschungs-Institutes ICUFON,* New York, auf das UFO-Thema allgemein angesprochen, *eine Erwiderung des damaligen Präsidenten NIXON* bekannt. *Er sagte:*

„Wir legen diese Dinge keineswegs einfach ad acta. Wir erwarten von der Bevölkerung absolute Aufgeschlossenheit diesen Erscheinungen gegenüber. Was wir notwendig brauchten, wäre eine großangelegte wissenschaftliche Forschung zum Thema UFOs ..."

Abschließend soll ein besonders markanter Fall für die Situation in unserer exakten Wissenschaft für sich sprechen:

Ein mir persönlich bekannter *Diplom-Physiker Dr.* ..., *tätig bei einer weltbekannten Forschungs- und Entwicklungs-Firma auch für Weltraumprojekte, der an der Konzeption von Satelliten bzw. Forschungs-Sonden arbeitet, befaßt sich seit vielen Jahren mit Ufologie und Parapsychologie.*

Als das seinem Chef bekannt wurde, drohte ihm dieser mit einer Gehaltskürzung, wenn er weiterhin „an so etwas glaube". Inzwischen wurde der Chef durch eine eigene Sichtung eines unidentifizierbaren Flugobjektes belehrt und bekehrt.

Immatrikulation für Ufologie an US-Universitäten

In den Jahren 1959 bis 1974 hielt der Präsident der DUIST, Autor verschiedener UFO-Bücher, Herausgeber der deutschsprachigen UFO-Literatur, Chefredakteur der „UFO-Nachrichten", Einberufer von elf internationalen ufologischen Kongressen, außer 580 Vorträgen, Interviews im TV und RF in zwei Kontinenten, u. a. Lichtbilder- und Filmvorträge an fünf Universitäten (Göttingen, Mainz, Utrecht, Hamburg, Kiel) und an den Pädagogischen Hochschulen Braunschweig und Flensburg. Die dort gegebenen Anregungen trugen sicher auch zu nachstehenden Reagenzen bei. Nach den UN 216/217, Sept./Okt. 1974, bzw. nach dem „UFO-Investigator"/Washington 6/1974 wurde folgende Nachricht publiziert:

Die Reaktion auf den Hinweis vom Februar 1974 in den UFO-Nachrichten betreffs der Hochschulkurse über UFOs hat Mitglieder von verschiedenen Gebieten der Vereinigten Staaten dazu angeregt, NICAP über angebotene UFO-Klassen zu informieren. Die Universitäten, Colleges und Staaten sind hier aufgeführt. Man kann bei den Hochschulen direkt Kontakt aufnehmen zwecks weiterer Information.

UNIVERSITY of ALABAMA, Montgomery/Ala.
UNIVERSITY of MISSISSIPPI, Oxford/Miss.
EDISON COMMUNITY COLLEGE, Fort Myers/Fla.
VICTOR VALLEY COLLEGE, Victorville/Ca.
MOORPARK JUNIOR COLLEGE, Moorpark/Calif.

Wann werden dieselben Entscheidungen und Einrichtungen an deutschen und europäischen Universitäten und Technischen Hochschulen getroffen und in die Praxis umgesetzt? (Ende des Zitates)

Man sollte diese Meldungen sehr ernst nehmen, denn man muß folgerichtig zugeben, daß schon viele „exakte" Wissenschaftler, Experten und Behörden die UFOs und damit die Ufologie als Realität bzw. als Wissen über jene durchaus anerkennen. Es kann nur noch kurze Zeit dauern bis sich diese Erkenntnis allgemein durchsetzt und dieser Themenkomplex Anerkennung finden wird.

KAPITEL 10

Homogenität (Gleichartigkeit) der Physik im Universum?

Die von den außerirdischen Flugobjekten vorgeführten Flugmanöver und schon ihre bloße Anwesenheit bei uns sind mit der derzeitig bekannten Physik und Technologie nicht möglich und auch nicht erklärbar. Die Inhalte unserer physikalischen Erkenntnisse lassen nicht zu, daß diese Flugobjekte aus anderen Sonnensystemen zu uns kommen und noch dazu die uns oft vorgeführten Flugmanöver mit allen ihren phänomenalen Eigenschaften ausführen könnten, es sei denn, sie verfügten über physikalische Möglichkeiten, die sich unserer Kenntnis weitgehend entziehen.

Sollten die großen kosmischen Entfernungen aber dennoch durch gerade noch denkbare Triebwerke, durch die fast Lichtgeschwindigkeit erreichbar wäre, und mit Hilfe der Zeitdilatation, einer Zeitdehnung, die bei nahezu Lichtgeschwindigkeit eine wesentliche Hilfe darstellt, überbrückbar erscheinen, so stellen sich nach Meinung unserer Wissenschaftler und Experten neue fast unüberwindliche Hindernisse in den Weg, die die Wahrscheinlichkeit oder Möglichkeit des Erscheinens von außerirdischen Flugobjekten ausschließen, wobei, wie schon erwähnt, angenommen werden muß, daß sie von außerhalb unseres Sonnensystems kommen.

Eine Herkunft aus unserem Sonnensystem, also von den uns bekannten Planeten, ist zwar nicht absolut auszuschließen, ist aber schon wegen der von unseren Sonden gemessenen Werte für eventuelle Lebensbedingungen eigentlich nur beim Mars denkbar. Wir können annehmen, daß Außerirdische gewisse Planeten unseres Sonnensystems und unseren Mond als Zwischenstationen und als Stützpunkte benutzen. Verschiedene, allerdings geheime „Aussagen" einiger unserer Astronauten, aber auch bekannte Aussagen von UFO-Kontaktlern lassen eine solche Möglichkeit durchaus zu. Eine besonders große Häufigkeit von UFO-Sichtungen zu Zeiten jeder Mars-Annäherung an unsere Erde spricht ebenfalls für eine solche Annahme.

Eine direkte Herkunft von UFOs aus unserem Sonnensystem ist auch deshalb unwahrscheinlich, da wir in einem solchen Fall durch irgendwelche Kommunikationsmittel eine Verbindung mit ihnen gehabt haben müßten, selbst dann, wenn sie eine ganz andere Art von Nachrichtenübermittlung anwenden als wir.

Die irdische, also die elektromagnetische Nachrichtenübermittlung unserer Raumsonden, die Meßwerte und Bilder-Übertragungen innerhalb unseres Sonnensystems und darüber hinaus einwandfrei und ohne Störungen über lange Zeit senden, zeigt die Richtigkeit dieser Annahme auf.

Nicht ganz ausgeschlossen werden sollte die Möglichkeit, daß ganz bestimmte außerirdische Intelligenzen mit ihren besonderen Flugobjekten doch aus unserem Sonnensystem kommen könnten. Man muß dabei allerdings gewisse Konzessionen machen, die vielen unmöglich erscheinen werden, aber doch nicht ganz auszuschließen und für Esoteriker (Tafel I!) verständlich sind. Es handelt sich dann um für jeweils bestimmte Planeten materialisierte − ich schreibe hier absichtlich nicht „inkarnierte" (menschlich-fleischlich) − Wesen, die einen ebendiesen Planeten angepaßten „Körper" haben könnten, der den dann besonderen physikalischen Verhältnissen wie z. B. Temperatur, Atmosphäre, Gravitation usw. entsprechen und so auf diesen Planeten ein bewußtes Leben führen könnte. Dabei muß man an halbmaterielle, evtl. sogar schon an feinmaterielle Formen denken. Viele Phänomene deuten solche Möglichkeiten durchaus an.

Nach den neuesten Wahrscheinlichkeits-Rechnungen der exakten Wissenschaftler andererseits ist es fast ausgeschlossen, daß eine mit uns kommunikationsfähige Zvilisation, also eine solche, die ungefähr gleichweit fortgeschritten ist, sich überhaupt in erreichbarer Nähe befindet.

Solche und ähnliche „Un"-Wahrscheinlichkeits-Berechnungen werden oft mit großem Aufwand an Wissen durchgeführt; sie kommen aber aufgrund von wahrscheinlich falschen Annahmen und irdisch-irrtümlichen Trugschlüssen und Hypothesen zu meist falschen Schlußfolgerungen. Ein solcher, und vielleicht der verbreitetste Trugschluß ist der, daß die Physik im ganzen Universum homogen sei, womit ausgesagt werden soll und auch schon mehrmals wörtlich ausgesprochen wurde, daß es physikalisch nichts grundsätzlich Neues mehr für uns geben könne.

Dabei führen uns die beobachteten außerirdischen Weltraum-Flugobjekte ebenso wie die Phänomene und Manifestationen der sogenannten Grenzwissenschaften eine für die konventionellen Schulwissenschaftler, für welche die Physik im All „homogen" ist, „nicht akzeptable" Super-Physik vor.

Als Hauptargument gegen eine jetzt und hier mögliche Existenz außerirdischer Raum-Flugobjekte, der UFOs, gelten immer noch und immer wieder die viel zu großen kosmischen Entfernungen in Beziehung zu der Begrenzung der maximal erreichbaren Höchstgeschwindigkeit, nämlich der des Lichtes mit ca. 300 000 km/sec (Kilometer pro Sekunde). Diese wird mit Recht bis heute noch von den meisten Wissenschaftlern als gesichertes Ergebnis von EINSTEINS Relativitäts-Theorie angesehen. Sie mag für die grobe Materie und deren Normalzustand gültig sein, wird sich aber in nächster Zeit als *„relative"* Relativitätstheorie herausstellen. Die Lichtgeschwindigkeit muß nicht unbedingt die höchste erreichbare Geschwindigkeit im ganzen Universum an sich sein, sondern diese wird in verschiedenen Dimensionen, auch in denen des sichtbaren Universums, gewissen Schwankungen und Variationen unterworfen sein, die nicht nur aus unterschiedlicher physikalischer Zusammensetzung und Dichte immenser Räume und deren spezieller Materie, sondern auch aus deren unterschiedlichem physikalischen Verhalten resultieren dürften.

Man denke in diesem Zusammenhang an die radioastronomisch neu entdeckten Objekte, die als rotierende Neutronensterne mit Perioden zwischen 0,03 und einigen Sekunden mit großer Regelmäßigkeit Energieimpulse aussenden, und die deshalb als *Pulsare* bezeichnet werden. Ähnlich verhält es sich mit den *Quasaren,* die eine starke Rotverschiebung in ihrem Spektrum zeigen, was bei den berechneten Entfernungen auf übergroße Werte ihrer Energieausstrahlung schließen läßt. Ihre Super-Materie soll so unvorstellbar dicht sein, daß 1 ccm vergleichsweise = 100 Tonnen „wiegen" soll.

Auch die neueste Entdeckung der sogenannten *„schwarzen Löcher"* läßt atomphysikalische Vorgänge und Zustände ahnen, die uns bisher nicht nur unbekannt, sondern auch unvorstellbar waren. Bei ihnen sollen sich die Atomkerne von stellarer Materie so enorm verdichten, daß sie, nur zwischen 16 und 20 Kilometer groß, eine derart geballte Materie enthalten, daß ein Stück von der Größe eines Stecknadelkopfes Millionen Tonnen wiegen soll. Bei derartigen hypothetischen Aussagen ist Skeptizismus angebracht. Handelt es sich dabei vielleicht um ganz andere physikalische Eigenschaften und Phänomene, die uns noch völlig unbekannt sind?

Solche ungeheure Materie-Massenverdichtungen müssen zwangsläufig zu einer Gravitation führen, die in ihrer Umgebung keinerlei Licht und Strahlung mehr durchläßt bzw. diese ablenkt, so daß sie unsichtbar und unerkennbar wird, was zu der Bezeichnung „schwarze Löcher" führte.

Wir erkennen hier bereits eine uns noch völlig unvorstellbare Veränderung der Materie, die natürlich auch eine immense Veränderung aller damit zusammenhängenden physikalischen Eigenschaften nach sich ziehen muß.

Warum sollte es dann unmöglich sein, daß sich eine „grobe", also unsere normale Materie so verdünnt, daß sie eine „feine" Materie bzw. Substanz mit Eigenschaften wird, wie wir sie von den Phänomenen der UFOs, der Parapsycho-Physik, der Metaphysik und der Esoterik her kennen?

Da also viele im Universum gültige physikalische Gesetze auf der Erde noch unbekannt sind, können auch wir die für viele Wissenschaftler okkulten Phänomene mittels unserer bekannten Naturgesetze nicht erklären. So aber werden diese „Erscheinungen" meist für Aberglauben gehalten, obwohl das nur an einer Desinformation liegt.

Physik und Technologie der UFOs sind auch für unsere exaktwissenschaftlichen „Experten" so neu und unverständlich, daß sie lieber das alles für Utopie halten, als die Existenz einer anderen, extraterrestrischen oder gar transzendentalen Physik zu akzeptieren, die uns auf der Erde aber manchmal vorgeführt wird.

Unsere konventionelle Physik ist, trotz Atom-, Kern- und Plasma-Physik, immer noch eine solche der „groben Materie" und der „groben Schwingungen". (Siehe nächstfolgende Kapitel!). Die Physik der Außerirdischen wird zu einem bestimmten Teil dieselbe sein wie unsere, zum anderen Teil aber schon eine Fortentwicklung hin zu einer subatomaren Physik der „feinen Materie", der feineren, höheren Schwingungen und der höheren Dimensionen, die sich unseren Methoden der Messungen, der direkten Überprüfung und der Verwendung noch weitgehend entziehen.

Völlig unlogisch ist es also zu behaupten, es könne deshalb keine außerirdische Weltraumfahrt (UFOs) geben, weil die kosmischen Entfernungen zu groß seien und es keine physikalischen Vorbedingungen dafür gebe, diese zu überbrücken, wie z. B. Massenträgheits-Minderung, Antigravitation (Levitation), Über-Lichtgeschwindigkeit, De- und Rematerialisation, höhere Dimensionen.

Die beobachteten Phänomene deuten alle auf eine Atom-Physik hin, die nicht zu einer Zerstörung des Atoms durch Kernspaltung führt, sondern zu einer Benutzung der im Atom enthaltenen verschiedenen Energien, wechselseitigen Beziehungen und möglichen Verwandlungen.

Viele Physiker können sich anscheinend noch nicht vorstellen, daß Außerirdische dies alles schon beherrschen, was man durch Analyse der Beobachtungen zu erkennen in der Lage ist.

Und doch ist an diesen Analysen kaum zu zweifeln, sonst wären UFOs wirklich unmöglich; es könnten auch alle die grenzwissenschaftlichen Phänomene nicht existieren, und sie wären nur Täuschungen, psychische und psychopathische Vorstellungen und Halluzinationen oder Schwindel, Irrtümer, Betrug und Humbug.

Dies aber ist für den gut Informierten nicht der Fall, es gibt sie wirklich; alle diese Phänomene sind längst erwiesene Tatsachen, die bei einiger Anstrengung und Geduld jeder im Rahmen gewisser Bedingungen und des Möglichen überprüfen kann, nur weiß man eben noch nicht genau, wie sie entstehen, *kennt noch nicht ihre physikalischen Gesetze, und nur um solche kann es sich handeln, auch wenn sie oft, eben in der Parapsychologie, durch die Herrschaft des Geistes über die Materie herbeigeführt werden.*

Diese sind dann „geistig" (spirituell) herbeigeführte Phänomene, was aber nicht ausschließt, daß dieselben Ereignisse auch durch technologische Aktionen und Aktivitäten herbeigeführt werden können, zwei verschiedene Aspekte derselben kosmischen Physik, die viele Außerirdische zweifellos beide beherrschen.

Das aber ist es, was ihre Existenz und ihr physikalisches Vermögen für viele so geheimnisvoll und unwahrscheinlich macht. Diese für uns neue oder großenteils andere Physik, von der sich unsere Schul-Physiker anscheinend immer noch nichts träumen lassen, deren Auswirkungen wir jedoch als die grenzwissenschaftlichen Phänomene und Manifestationen und auch durch die nicht mehr wegzuleugnenden UFOs kennen, ist also experimentell bewiesene und somit absolut logische Tatsache.

In einem Artikel in der Monatszeitschrift „ESOTERA" (Hermann Bauer Verlag, 78 Freiburg i. Br.) vom August 1972 Seite 752 steht unter der Überschrift „Die kosmische Geheimsprache der Sterne" hinter der Ankündigung einer Riesen-Relais-Raumstation für die 90er Jahre durch die USA zur Kommunikation mit fernen Welten sehr zutreffend:

„Man wird also davon ausgehen, daß die Bewohner ferner Welten Gesetzen des Kosmos unterstehen, die mit den irdischen Naturgesetzen und physikalischen Regeln nur wenig gemein haben.
Daß gar keine Übereinstimmung besteht, wird allerdings nicht angenommen." (Ende des Zitates)

Im Bereich der uns bekannten Gesetzmäßigkeiten innerhalb des Umfanges der „groben" Materie, also der festen, flüssigen, gasförmigen Materie und der damit zusammenhängenden Zustände und Wirkungen, mag eine gewisse Homogenität der bekannten Naturgesetze im Kosmos durchaus vorhanden sein. Mit Sicherheit aber werden uns nach und nach immer wieder neugefundene Naturgesetze in fließenden Übergängen bis hin zu höheren Ebenen und Dimensionen weiterführen, und es ist nicht auszuschließen, daß eines Tages auch die Inhalte der Jenseitsforschung naturwissenschaftlich erklärbar werden. Ansätze dazu sind, außer den bereits von früher her bekannten Forschungsergebnissen, in der neueren Transzendental-Stimmen-Forschung vorhanden.

Unsere irdischen Naturgesetze sind mitbestimmt und abhängig von der menschlichen Evolution auf unserer Erde. Auf anderen bewohnten Planeten mag eine andersgeartete Entwicklung in vieler Hinsicht auch die Findung anderer Naturgesetze bedingt haben.

Zur Kennzeichnung der derzeitigen Situation muß jetzt einmal ganz deutlich und mit großem Nachdruck ausgesprochen werden, daß ein allerdings nur sehr kleiner Prozentsatz der Erdbevölkerung bereits heute viel größere Erkenntnisse und ein viel umfangreicheres Wissen von allen diesen Dingen besitzt, als der weitaus größere Teil der Weltbürger auch nur ahnen kann.

Man kann also sicher nicht behaupten, daß es keine außerirdische Raumfahrt geben könne, die bei uns zu manövrieren fähig wäre, da die Physik im Universum homogen sei und dies nicht zulasse.

Es gibt keine Homogenität der Physik im Weltall, die mit unserer derzeitigen Physik identisch wäre, weil diese irdisch evolutionär bedingt ist und im Verhältnis zur gesamtkosmischen Physik nur ein Teilwissen darstellen kann.

Das Universum — eine Realität, nicht eine Philosophie
Tafel I, Seite 115

Es sollen hier Beweismethoden und Beweismöglichkeiten nach naturwissenschaftlichen Richtlinien zur Anwendung kommen, und vorerst nicht etwa philosophische und psychologische Fragen erörtert, sondern solche, soweit dies zum Verständnis notwendig ist, nur angedeutet werden. So müssen Realitäten erkannt und angesprochen werden, die je nach Erkenntnismöglichkeit mehr oder weniger beweisbar sind.

Als erstes sollte man sich darüber klarwerden, daß das gesamte sichtbare und auch das für uns unsichtbare Universum mit allen seinen Daseinsformen und Daseinszuständen von der festen Materie bis zum Höchsten Geist eine ungeheure Realität von immensen Ausmaßen und Dimensionen ist.

Diese Realität existiert wirklich und hört auch nicht da auf, wo unsere relativ kleinen Erkenntnisse und unser derzeitiges Wissen enden. Das

DIE DASEINSEBENEN UND DASEINSZUSTÄNDE IM SICHTBAREN UND IM
UNSICHTBAREN UNIVERSUM VON DER FESTEN MATERIE BIS ZUM
HÖCHSTEN GEIST

7	Rein-übergeistige Ebene		G O T T
			Göttliche Hierarchie
6	Rein-geistige Ebene		Göttliche Hierarchie
5	Geistige Ebene	atomisch	
			Geist
4	Menschlich-geistige Ebene	atomisch Das sich wieder-verkörpernde Ich oder die Seele des Menschen	Intuition
3	ohne Körper Mental-Ebene mit Körper	atomisch	Intelligenz Kausalkörper Mentalkörper
2	Astral-Ebene	atomisch	jenseitig transzendental Astralkörper
1	Physische Ebene	b.) atomisch unteratomisch überätherisch ätherisch gasförmig a.) flüssig fest	ätherisch menschlich Äther-animistisch körper Dichte physische Körper und Materie

Adolf Geigenthaler

Universum ist keine unsichere Annahme und besteht nicht aus okkulten Vorstellungen, wie sie durch die vielen verschiedenartigen Philosophien, Religionen und Sekten, meist mangels besseren Wissens, immer wieder unterschiedlich dargestellt wurden. Die Wahrheit über die universellen Realitäten und deren Zusammenhänge kann nur durch naturwissenschaftliche Methoden ausfindig gemacht werden, auch wenn sie uns oft noch so okkult erscheinen sollte. Frühere Generationen hatten diese naturwissenschaftlichen Erkenntnisse noch nicht und mußten sich zwangsläufig mit Hilfe von Vorstellungen, Überlegungen und Intuition jeder Art ein dann meist unvollständiges und fehlerhaftes Weltbild erarbeiten. Die weitaus größte Mehrheit der Menschen konnte das von einzelnen Erkannte nur glauben.

Manchmal aber wurde auch trotz besserer Erkenntnisse deren Bekanntmachung verhindert, nur um den „status quo" aufrechtzuerhalten und die „Gläubigen" weiterhin beherrschen zu können.

So konnten die Philosophien, die Religionen und die Sekten bisher kaum zu einem auch nur annähernd annehmbaren Wahrheitsgehalt ihrer Lehren kommen. Ihr Verhalten zeigt, daß sie dies auch heute noch nicht ändern können oder ändern wollen.

Die absolute Realität des Universums, die niemand wirklich bezweifeln kann, muß als solche naturwissenschaftlich erfaßbar sein und auch erfaßt werden; philosophische Annahmen führen nicht zur Wahrheit.

Eine verstandesmäßige Erfaßbarkeit dieser ungeheuren Realität ist allerdings nicht so schnell erreichbar, denn fast alle Menschen sind durch die meist manipulierten „Erfahrungen" vergangener Jahrtausende in ihrer Weltanschauung falsch programmiert.

Das erweist sich immer wieder in Gesprächen; die meisten Menschen wollen gar nicht so viel wissen, besonders nicht gewisse Wahrheiten, sie wollen ihre teils religiösen, teils philosophischen falschen Vorstellungen und „Träume", je nach ihrem geistigen Evolutionsgrad, beibehalten und schrecken vor der Wahrheit oft zurück, da sie intuitiv spüren, daß diese ganz anders ist. Bequem ist diese Wahrheit und das Streben nach ihr allerdings nicht. Es erfordert viel Mut, viel Arbeit, die Fähigkeit logisch zu denken, geistige Beweglichkeit und Aufgeschlossenheit.

Wer sich in der vermeintlichen „absoluten einzigen Wahrheit" und im besonderen Fall in Dogmen oder Philosophien festlegt ohne erfaßbaren, meist „höher-naturwissenschaftlich" erklärbaren Wahrheitsgehalt, dem wird es später nach besserer Erkenntnis unmöglich, sein Gesicht zu bewahren und seine Anhänger von dieser neuen Wahrheit zu überzeugen.

Deshalb werden diese neuen Erkenntnisse so lange wie nur irgend möglich geheimgehalten und abgeleugnet.

Allerdings muß man sich auch darüber im klaren sein, daß es sich bei außerirdischer Raumfahrt durch UFOs um Dinge handelt, denen nicht so leicht mit herkömmlichen, sogenannten exaktwissenschaftlichen Beweismethoden beizukommen ist, daß sie also *nicht jederzeit experimentell reproduzierbar und überprüfbar sind, sondern, daß es sich um außerirdische und,* wenn man ihre durch eine höhere Entwicklungsstufe bedingten und beobachteten Aktivitäten auf den Gebieten der Parapsychologie und der Metaphysik in Betracht zieht, *es sich auch um überirdische Realitäten handelt, die sich unserer gewollten Kontrolle weitgehend entziehen.*

Dennoch ist auch die esoterische Seite der Ufologie im Endeffekt naturwissenschaftlich-physikalisch erklärbar.

Erklärungen zu Tafel I — Esoterisches Wissen

Auf Tafel I wird versucht, die sichtbaren und unsichtbaren, erkennbaren und nicht direkt mit unseren Sinnen erkennbaren Daseinszustände und Daseinsebenen im ganzen Universum, wie sie sich aus allen irdischen, außerirdischen und überirdischen Manifestationen und Erkenntnissen ergeben, darzustellen.

Zum besseren Verständnis dieser Realitäten soll auf diese Darstellung des Universums näher eingegangen werden, da sowohl die Ufologie, als auch die Parapsychologie, ohne die jene nicht ganz verständlich ist, um so besser erklärbar werden.

1. Die Physische Ebene besteht:

a) aus der uns bekannten, mit unseren Sinnen wahrnehmbaren bzw. physikalisch feststellbaren festen, flüssigen und gasförmigen Materie, aus der auch unsere Körper bestehen,

b) aus der unsichtbaren, physikalisch noch nicht feststellbaren, sogenannten ätherischen Unter-Ebene, die als Lebensregion die Steuerung der materiellen Lebensvorgänge bewirkt, z. B. das Unterbewußtsein.

Diese „Energie-Materie" vergeht normalerweise beim Tod bzw. kurz danach, da sie dann überflüssig wird, hält aber auch manchmal noch längere Zeit an, besonders bei materiell stark gebundenen Menschen. Aus ihr kommen die Spukphänomene, sicher auch eine gewisse animistische Medialität, aber auch die Manifestationen der Radiästhesie (Pendel, Wünschelrute) und die sogenannten animistischen Manifestationen, also alle „Äußerungen", die aus menschlich-unbewußten, aber nicht aus sogenannten „jenseitigen" Bereichen kommen.

Die Anhänger der animistischen Richtung glauben nicht an ein „Jenseits", nicht an eine „Astrale Ebene" und versuchen alle auftretenden Erscheinungen und Manifestationen mit aus der Physis und der Psyche des Menschen kommenden „Kräften" zu erklären. Dabei verstehen sie unter Psyche die mit dem Gehirn zusammenhängenden bzw. aus ihm kommenden „seelisch-geistigen" Funktionen.

Der Übergang der physischen Ebene in die astrale Ebene ist in vielen Bereichen, auch in der Medialität, so verschwommen, daß es selbst Experten kaum möglich ist, eine exakte Unterscheidung zu treffen. Das führt zu einem dauernden Kampf zwischen Anhängern der beiden Richtungen und zu vielen Mißverständnissen.

2. Die *Astral-Ebene*

Hier beginnt der Bereich des sogenannten „Jenseits". Sie ist die Region der Astral-Körper, nicht nur der menschlichen, der astralen feinstofflichen Materie, die nicht (oder kaum) beeinflußt wird von irdischer Krankheit, Tod und Zersetzung der groben physischen Materie.

Hier gibt es Leben nach dem Tod — ein höherer Schwingungszustand einer bestimmten „Materie".

Der menschliche Astralkörper kann aus dem lebenden physischen Körper austreten und so die Astralebene „besuchen". Das sind erwiesene Tatsachen, und es gibt darüber eine besondere Literatur. Die Astralebene ist eine halb- oder fein-materielle Welt der höheren Schwingungsbereiche.

Es sind auch Einbrüche dieser astralen Bereiche in unsere Welt möglich, was natürlich einen Ausnahmefall darstellt, wobei bestimmte Erscheinungen auftreten, die man dann z. B. als „Geistererscheinungen" bezeichnet.

Werden bestimmten Menschen Manifestationen höherer als der physischen Ebene außerhalb der normalen Sinneswahrnehmung feststellbar oder wahrnehmbar, so spricht man von „Außersinnlicher Wahrnehmung" (ASW), was dann anderen Menschen, denen das nicht möglich ist, unbegreiflich und unglaubwürdig erscheint.

So kommt es zu den verschiedenen Meinungen über diese Bereiche und ihre Manifestationen, *die einerseits als ätherisch-animistisch, andererseits als astral-transzendental zu bezeichnen sind.*

118

In Wirklichkeit wird also hier das „Sowohl — als auch" der Wahrheit am nächsten kommen, d. h. beide Bereiche existieren tatsächlich, sonst könnten auch die jeweils aus ihnen kommenden „Erscheinungen" nicht möglich sein.

3. Die *Mental-Ebene* (lateinisch: mens = Geist) ist die Region des menschlichen, aber nicht nur des menschlichen Geistes, der aber teilweise noch abhängig ist vom menschlichen „Körper" (mit Körper), also auch vom Astralkörper.

4. Die *Menschlich-Geistige Ebene* aus der das sich unter bestimmten Umständen wiederverkörpernde „ICH" oder die Seele des Menschen kommt (Reinkarnation = Wiederverkörperung).

Die höheren Ebenen *5, 6 und 7* sind für uns irdische Menschen kaum noch definierbar, denn die Realität reinen Geistes ist für uns unvorstellbar, unverständlich und unerklärlich, deshalb ist auch GOTT unerklärlich. Sie werden in den Religionen durch hohe und höhere Geister, durch Engel, Cherubime und Seraphime u. a. und durch GOTT selbst repräsentiert.*)

Der menschliche Körper besteht demnach aus 4 Faktoren:

1. Physischer materieller Körper
2. Äther-„Körper"
3. Astral-„Körper"
4. Mental-„Körper",

wobei der Astral- und der Mental-„Körper" nach dem Tod weiterbestehen, was durch Phänomene, nicht nur der Parapsychologie, erwiesen ist, wenn auch viele Menschen das nicht für möglich halten und die exakten Wissenschaften noch nicht anerkennen, da es für die meisten eben einfach unvorstellbar ist. Alle Religionen oder fast alle bezeichnen diese Existenz mit „Leben nach dem Tod", interpretieren sie aber meist falsch.

Körper 1 und 2 vergehen also nach dem Tod.

Körper 3 und 4 bestehen weiter in feinstofflicher Form, also in höheren Schwingungen, was aus der Bezeichnung „atomisch" bis in die Ebene 5 hervorgeht, mit einem Über-Bewußtsein und können unter bestimmten

---

*) Einblicke darüber in der UG-Schrift Nummer 9: „Sieben Himmelsstufen", Urgemeinde-Verlag, D-6200 Wiesbaden 13, Postfach 130 185.

Umständen gröbere Materie vorübergehend anziehen und sich ihrer bedienen, was dann zu Materialisationen und „Erscheinungen" führen kann.

Zweifellos zeigt diese Darstellung der Tafel I das ganze Ausmaß des Universums einigermaßen verständlich auf, und sie bewährt sich immer wieder bei der Definition von Manifestationen und Phänomenen überirdischer Art, die man also mit Recht als naturwissenschaftlich-physikalisch bezeichnen kann, daher Parapsycho-Physik, wenn sie auch oft hervorgerufen sind durch die „Herrschaft des Geistes über die Materie". Als besondere Erkenntnis sei hier die Bemerkung erlaubt, daß in den Weltreligionen und auch in den Aussagen der Sekten viel kosmische Wahrheit enthalten ist, diese aber mangels höherer Erkenntnisse, durch Festhalten an philosophisch-menschlich-irrtümlichen Auslegungen und an Zwangs-Verhaftung in Dogmen, nicht zu den entsprechenden Folgerungen und Erfolgen geführt hat.

Außerirdische werden in vieler Hinsicht, auch aufgrund ihrer durch kosmische Weltraumreisen gewonnenen höheren Erkenntnisse, einen Evolutionsgrad erreicht haben, der uns manche Rätsel aufgibt und der ihr Verhalten uns oft unverständlich erscheinen läßt.

Dies mag daher kommen, daß sie mit Hilfe ihrer Kenntnisse der Daseinszustände und Daseinsformen im Universum und deren Gesetze eine Super-Physik bis hin zu einer transzendentalen Physik beherrschen, die ihnen ihre phänomenalen Manifestationen ermöglicht.

KAPITEL 11

Höherdimensionale transzendentale Physik

Auf dem Weg zum Verständnis der höheren physikalischen Manifestationen kann uns eine vereinfachte „Schwingungslehre" weiterhelfen und manche bisher unverständliche Phänomene erklären oder zumindest verständlicher machen.

Wie im Kapitel „Das Universum — eine Realität, nicht eine Philosophie" beschrieben ist, besteht das Universum (Tafel I) nicht nur aus der uns bekannten physischen Materie der Ebene 1, sondern noch aus feineren und feinsten „atomischen" Stoffen bis in Ebene 5.

Alle diese „Stoffe", die ja gewissermaßen immer noch irgendwie materiell sind, bestehen aus Atomen und immer noch kleiner werdenden Teilchen (Partikeln), die sämtliche Strahlungen aussenden bzw. selbst Strahlungen sind und sich in Schwingungen befinden, deren Wellenlängen, ebenfalls immer kleiner werdend, so, daß die Anzahl der Schwingungen pro Sekunde bis fast ins Unendliche anwächst.

Je höher diese Schwingungszahlen pro Sekunde sind, desto weniger „materiell" sind die schwingenden Partikel, was so weit führt, daß sich „Körper", die aus solchen Partikeln bestehen, dann durchdringen können, ohne dies zu „empfinden" bzw. ohne sich gegenseitig zu stören oder auch nur zu „bemerken".

Als Beispiel könnte man hier das „Gehen durch eine Wand" anführen, wie es bei Jesus, aber auch bei anderen Menschen und bei „Geistern" beobachtet worden sein soll, die sich dabei in einem feinmateriellen Zustand befunden haben.

In diesem Aggregatzustand können also verschiedene Ebenen oder Sphären durchaus „nebeneinander" oder besser „ineinander" bestehen, so, wie die nachstehend in Tabellen zusammengefaßten, zweifellos und für jeden erkennbar, realen Schwingungen auch.

Jene stören sich gegenseitig ebensowenig, wie die elektromagnetischen Wellen, die Strahlungen des Lichtes und der Materie, die in ihrer erstaunlichen Vielfalt als Beweis und Erläuterung für diese Behauptungen dienen sollen.

Die folgenden Bilder 1, 2 und 3 aus der exakten Wissenschaft zeigen in tabellarischer Darstellung auf

Bild 1: den Bereich der elektromagnetischen Wellen

vom technischen Wechselstrom mit 16 $^2/_3$ Hz, wobei Hz = Hertz = Schwingung pro Sekunde ist, also der Stromversorgung der Bundesbahn, beginnend mit 10^1, über die Stromversorgung im Haushalt mit 50—60 Hz, über Telefon, Rundfunk, Fernsehen und über die verschiedenen Radar-Frequenzen hinaus bis 10^{11} Hz;

Bild 2: den Bereich der Strahlung

vom Infrarot mit 10^{12} Hz über den schmalen *sichtbaren Bereich* zwischen 10^{14} bis 10^{15}, über Ultraviolett, Röntgenstrahlung, Gammastrahlung und Radioaktivität mit bis 10^{22} Hz;

Bild 3: den Bereich der Materie

über verschiedene Elementarteilchen hinaus bis zu der Frequenz von 10^{29} als Gammastrahlung und kosmische Höhenstrahlung, wobei eine Strahlung von $2,43 \times 10^{29}$ zwar bekannt, ihr Ursprung aber ungeklärt ist.

Man nimmt an, daß die noch höheren Frequenzen ab 10^{30} die parapsycho-physikalischen Phänomene, wie Telekinese und Telepathie u. a. ermöglichen, was auf Bild 3 auch angedeutet ist.

Alles in allem ein eindrucksvolles Bild *physikalischer Realitäten,* das uns zeigt und zugleich wissenschaftlich beweist, daß mit dem von uns sichtbaren, bisher erkennbaren oder meßbaren Bereich noch lange nicht alles im Universum Vorhandene erkannt werden konnte, und daß gerade diese unerkannten und noch weitgehend unbekannten Bereiche das sind, was die so umstrittenen Grenzwissenschaften, einschließlich der Ufologie, erforschen wollen.

Viele Phänomene aus diesen Bereichen werden seit langer Zeit beobachtet, aber von „exakten" Wissenschaftlern als Humbug bezeichnet, da ihre eigentlichen Ursachen, die

Transzendentalen physikalischen Gesetze

der irdischen Menschheit noch weitgehend unbekannt sind, und die Phänomene eben so phänomenal sind, daß sie vielen Menschen und besonders den programmierten Wissenschaftlern unwahrscheinlich, ja unmöglich vorkommen.

Grenzwissenschaftler erkennen diese Realitäten meist intuitiv, d. h. weil sie diese intuitiv erkennen, sind sie Grenzwissenschaftler, die von so manchen „exakten" Wissenschaftlern nicht anerkannt werden, weil diesen eben die Intuition fehlt.

$1,5 \cdot 10^{11}$ Hz: B - Band
$8,0 \cdot 10^{10}$ Hz: E - Band
$4,0 \cdot 10^{10}$ Hz: R - Band
$1,6 \cdot 10^{10} - 3,5 \cdot 10^{10}$ Hz: Ku,K,Ka-Band (Präzisions-Radar)
10^{10} Hz: X-Band (Schiffs-,Hafenradar)
$6,0 \cdot 10^{9}$ Hz: C - Band (Wetter-Radar)
$3,0 \cdot 10^{9}$ Hz: G - Band (Luftraumüberwachungsradar)
$1,5 \cdot 10^{9}$ Hz: L - Band, D - Band
$1,4204 \cdot 10^{9}$ Hz: 21-cm-Linie des neutralen Wasserstoff
$4,7 \cdot 10^{8} - 7,9 \cdot 10^{8}$ Hz: Fernsehen,Ber.IV/V,Kan.21-60
$1,74 \cdot 10^{8} - 2,23 \cdot 10^{8}$ Hz: Ferns.(Ber.III,Kanäle 5-11)
$8,75 \cdot 10^{7} - 1,08 \cdot 10^{8}$ Hz: Ultrakurzwellen-Rdfk.(Ber. II)
$4,1 - 10^{7} - 6,8 \cdot 10^{7}$ Hz: Ferns.(Ber. I, Kanäle 2 - 4)
$5,95 \cdot 10^{6} - 2,61 \cdot 10^{7}$ Hz: Kurzwellen-Rundfunk

$5,35 \cdot 10^{5} - 1,605 \cdot 10^{6}$ Hz: Mittelwellen-Rundfunk

LUFTFAHRT, WETTERFUNK, NAVIGATION
$1,5 \cdot 10^{5} - 2,8 \cdot 10^{5}$ Hz: Langwellen-Rundfunk

Signalfrequenzen in diesem Bereich sind
zu gering, um effektvoll abgestrahlt zu
werden.

$3 \cdot 10^{2} - 3 \cdot 10^{3}$ Hz: Frequenzband bei der Telefonübertragung

50 - 60 Hz: Stromversorgung im Haushalt
16 2/3 Hz: Stromversorgung der Bundesbahn

Bereich der elektromagnetischen Wellen

BILD 1

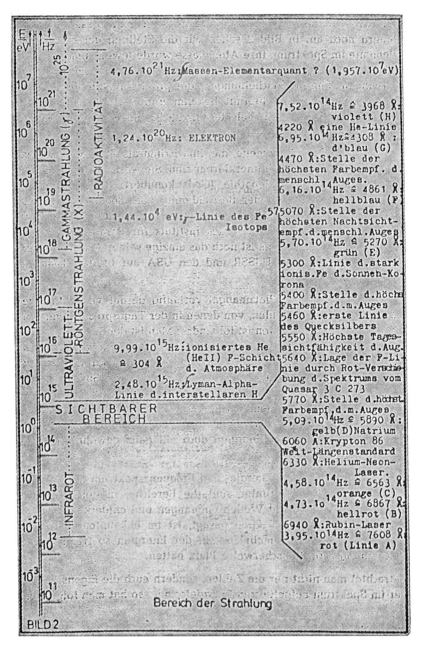

Bereich der Strahlung

BILD 2

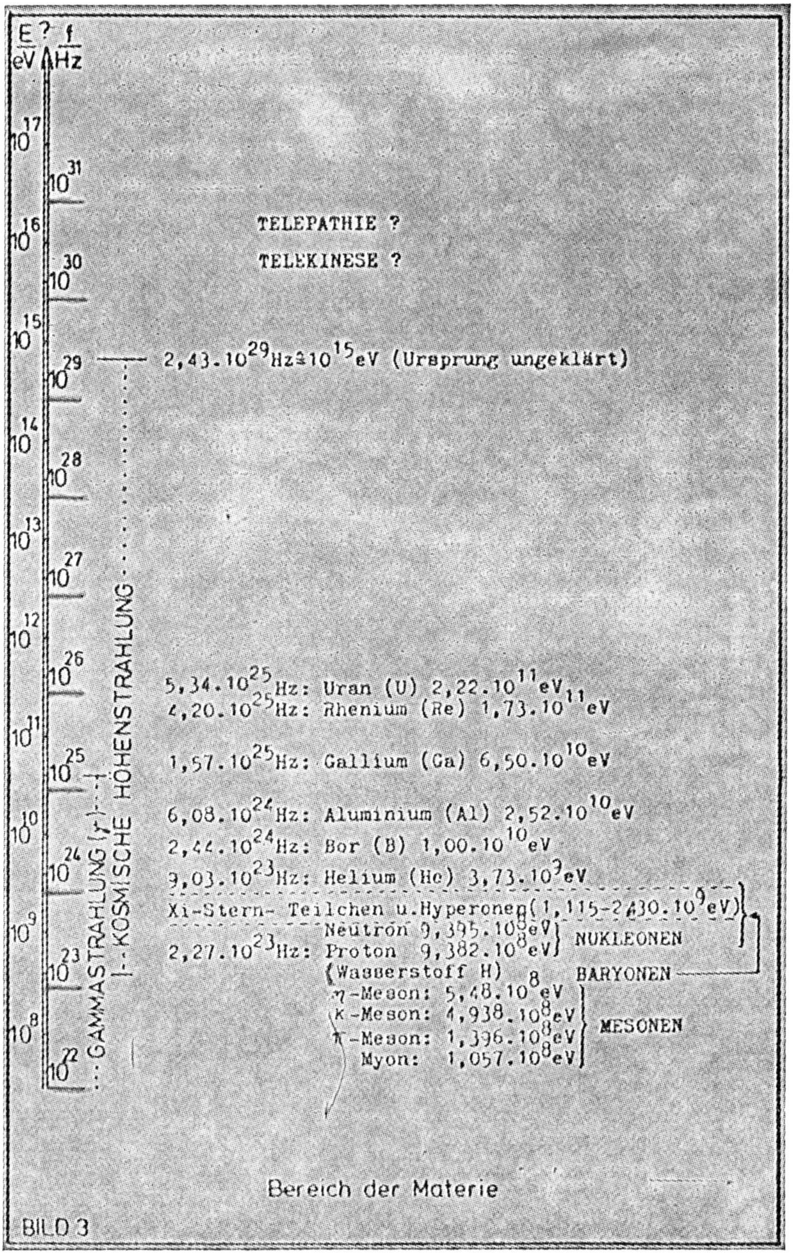

E ? f
eV Hz

10^{17}

10^{31}

10^{16}

10^{30}

TELEPATHIE ?

TELEKINESE ?

10^{15}

10^{29}

── $2,43.10^{29} Hz \hat{=} 10^{15} eV$ (Ursprung ungeklärt)

10^{14}

10^{28}

10^{13}

10^{27}

10^{12}

10^{26}

$5,34.10^{25} Hz$: Uran (U) $2,22.10^{11} eV$

$4,20.10^{25} Hz$: Rhenium (Re) $1,73.10^{11} eV$

10^{11}

10^{25}

$1,57.10^{25} Hz$: Gallium (Ga) $6,50.10^{10} eV$

10^{10}

10^{24}

$6,08.10^{24} Hz$: Aluminium (Al) $2,52.10^{10} eV$

$2,44.10^{24} Hz$: Bor (B) $1,00.10^{10} eV$

$9,03.10^{23} Hz$: Helium (He) $3,73.10^{9} eV$

Xi-Stern- Teilchen u.Hyperonen $(1,115-2430.10^{9} eV)$

10^{9}

10^{23}

Neutron $9,395.10^{8} eV$

$2,27.10^{23} Hz$: Proton $9,382.10^{8} eV$ NUKLEONEN

(Wasserstoff H)   BARYONEN

η-Meson: $5,48.10^{8} eV$

10^{8}

K-Meson: $4,938.10^{8} eV$

π-Meson: $1,396.10^{8} eV$ MESONEN

Myon: $1,057.10^{8} eV$

10^{22}

GAMMASTRAHLUNG (γ) ... KOSMISCHE HÖHENSTRAHLUNG

Bereich der Materie

BILD 3

125

Übergang der Materie in Energie und umgekehrt

Materie und Energie sind nur zwei verschiedene Wesensformen derselben Erscheinung.
(Albert EINSTEIN)

Ein wichtiges Ergebnis der sogenannten Relativitätstheorie Einsteins war die Erkenntnis, daß Masse und Energie im Grund ein und dasselbe sind und daß sie unter bestimmten Umständen sich wechselseitig ineinander verwandeln können.

(Heinz HABER, Buch „Bausteine unserer Welt", Seite 108)

Die moderne Physik lehrt, daß Energie nicht verlorengeht und daß Materie nichts anderes ist als Energie im „eingefrorenen" Zustand.
Analog der Tafel I gelten die Zustandsformen von unten nach oben!

Zustandsform:

Rein übergeistig	Bereich der größten Energie und der höchsten Schwingungszahlen, göttlich
rein geistig	sten Schwingungszahlen, göttlich
geistig	
menschlich geistig	
mental	
astral	z. Z. Grenzlinie der exaktwissenschaftlichen
ätherisch	Erkennbarkeit
gasförmig	
flüssig	Bereich der geringsten Energie und der
feste Materie	niedrigsten Schwingungen

Je höher die Ebene der Zustandsform, desto höher die Schwingungszahl und desto feinmaterieller die Stoffe.

Ein einfaches Beispiel im irdisch-materiellen Bereich: Durch Energiezufuhr wird bei Erhitzung

Eis	als feste Materie
zu Wasser	flüssig
und Wasserdampf	gasförmig

Jede Materie wird bei Erhitzung durch Energiezufuhr in eine Zustandsform höherer atomarer Schwingungen versetzt. Die Energie muß dabei den betreffenden Zustandsformen angepaßt sein, z. B. als Wärme-Energie, elektrische Energie, kosmische Energie und geistige Energie. *Höherdimensionale Energien,* wie kosmische und geistige Energien sind uns noch unbekannt, deshalb sind wir auch nicht imstande, sie physikalisch zu benutzen und zu verwerten, die dazugehörigen Bereiche zu verstehen und ihre physikalischen Phänomene herbeizuführen. *Außerirdische sind anscheinend dazu in der Lage.* Ebenso scheinen einige außergewöhnliche Menschen unter bestimmten Umständen, z. B. durch religiöse, magische oder mediale Übungen, die Fähigkeit zu besitzen, solche kosmische und geistige Energien anzuwenden.

Sie sind dann imstande, parapsychische Phänomene durch die Herrschaft des Geistes hervorzubringen oder auch durch Außersinnliche Wahrnehmung (ASW) Dinge zu wissen und wahrzunehmen, die „normalerweise" verborgen bleiben.

Zwei medial-telepathische Durchsagen von außerirdischen Intelligenzen

Nachdem dieses Vorausbeschriebene soweit wissenschaftlich erklärbar und gesichert ist, scheue ich nicht mehr davor zurück, zwei mediale telepathische Durchsagen von außerirdischen Intelligenzen zu bringen. Wer das nicht akzeptieren kann, sollte einige Zeit darüber vergehen lassen, später wird er von selbst darauf zurückkommen.

1.

Von besonderem Interesse ist die mediale „Durchsage", die sich frappierend mit den vorher beschriebenen Bildern 1, 2 und 3 über die Frequenzen von Schwingungen, mit der Tafel I sowie mit Beobachtungen bei UFOs und deren Insassen deckt, da sie sich gegenseitig ergänzen und bestätigen.

Mediale Durchsage:

„Höheres Leben auf anderen Planeten"
(Schwingungslehre)

„Mehr und mehr dringt der Mensch in den planetarischen Bereich (gemeint ist: unseres Sonnensystems; d. A.) ein. Es stellt sich da für viele die Frage, wie es zu dem Widerspruch der wissenschaftlichen Ergebnisse zu den vielen Berichten über die Planetarier kommt.

Nun, ich möchte Euch eine Erklärung aus unserer Sicht geben. Ihr könnt einen Stoff bis zum gasförmigen Zustand verfolgen, jedoch entzieht er sich dann schon zum Teil Euren Sinnen. Ihr könnt diesen Zustand mit Euren Augen fast nicht mehr wahrnehmen.

Übertragen wir dieses Beispiel auf den Makrokosmos, so sprecht Ihr von Materie, Halbmaterie und Geistmaterie. Auch hier liegt der Unter-

127

schied nur im Schwingungsbereich. Könntet Ihr der Materie göttliche Energie zusetzen, so würdet Ihr einen Stoff in seiner Schwingungsfrequenz erhöhen, und er würde halbmateriell werden. Bei weiterer Energiezufuhr würde Geistmaterie daraus entstehen. Ihr sprecht bei diesem Vorgang von Dematerialisation und bei seiner Umkehrung von Materialisation. Ihr wißt auch aus anderen Kundgaben, daß die einzelnen Schwingungsbereiche einander durchdringen, und was zum Beispiel irdisch durch Feuer verbrennt, wird auf höherer Ebene vom Feuer nicht berührt. Eure Erde schwingt in einem verhältnismäßig niederen Bereich der Materie.

Es gibt in Eurem Sonnensystem Planeten, die materiell höher schwingen. Ihr könnt zwar einen Teil von ihnen sehen, eben soweit sie in Eurem Sehvermögen schwingen. Die gleichen Planeten haben aber noch einen höher schwingenden Bereich, der für Eure Augen wie für die Meßgeräte Eurer Wissenschaftler nicht wahrnehmbar ist. In diesem Bereich leben auch inkarnierte Wesen, die Euch als Planetarier bekannt sind.

Von geistiger Seite aus wird viel mehr zur Materie gerechnet als Ihr es Euch vorstellen könnt. Alles, was die Menschen mit ihren physischen Sinnen nicht wahrnehmen können, zählen sie zum überirdischen, nichtmateriellen Bereich. *Die Materie geht aber stufenlos in Halbmaterie und diese wieder stufenlos in Geistmaterie über.* Ich könnte Euch die Bereiche noch weiter unterteilen, aber Ihr sollt nur einen großen Überblick bekommen und Euch erklären können, warum die Wissenschaftler auf anderen Planeten Temperaturen messen, die für Euch keine irdischen Lebensbedingungen bieten. Dort, wo scheinbar Wüste ist, pulsiert Leben in höherer Schwingung. In Eurem ganzen Sonnensystem werden die Geister, die Euch als Planetarier bekannt sind, inkarniert. Ihre Planeten sind nur nicht so niedrig wie zum Beispiel Eure Erde.

Das ganze Universum besteht — wie auch Eure Physiker erkannt haben — aus Schwingungen. Alle Teile und Teilchen schwingen mehr oder weniger schnell um- und zueinander. Wendet diese Erkenntnis nicht nur auf den Bereich Eurer Erde an, sondern im ganzen Universum.

Ihr wißt, daß es materielle, halbmaterielle und geistige Sonnen gibt. Sie alle unterscheiden sich nur in der Frequenz der Schwingungen innerhalb ihres Bereiches.

Die Physik spricht von den verschiedenen Aggregatzuständen (Erscheinungsformen eines Stoffes) — fest, flüssig und gasförmig — und Ihr wißt, daß ein Stoff durch Zufuhr von Energie in einen höheren Aggregatzustand gebracht und durch Entzug von Energie zum Beispiel vom flüssigen in den festen Zustand versetzt werden kann, ohne daß der

Stoff sich chemisch ändert. Wasser (H₂O) begegnet Euch einmal als Wasserdampf, dann als flüssiges Wasser oder als Eis, wenn es friert. Das sind für Euch ganz natürliche Vorgänge, doch solltet Ihr auch hier wieder das Gesetz erkennen:

Wie im Kleinen, so im Großen – wie im Mikrokosmos, so im Makrokosmos.

Die Planetarier beherrschen das Gesetz der Schwingungsänderung und können so für Euch als materiell sichtbare Menschen erscheinen. Die Raumschiffe brauchen sie, um in Eurer Sphäre mit Euch Verbindung aufzunehmen und ihre Aufgaben an Euch zu erfüllen. Sie können sich herabschwingen, jedoch nicht hinauf. Das heißt, sie können über ihren eigenen Schwingungsbereich nicht selbständig hinaus, wohl aber können sie für kurze Zeit von höheren Wesen in höhere Schwingungsbereiche gebracht werden.

Das ist nur ein kleiner Einblick in die Schwingungslehre, wie sie von geistiger Seite aus gesehen wird. Ich wünsche Euch die göttliche Kraft, Euch selbst die nötigen Erkenntnisse zu erwerben, denn wir vermitteln nur das, was jeder ohnehin verborgen in sich trägt.

Nur die Schleier der Täuschungen nehmen Euch die klare Sicht für die **göttliche Wahrheit.**"

2.
Eine weitere telepathische Durchsage bzw. Antwort, die einer anderen Forschergruppe von einem Außerirdischen gegeben wurde, lautete auf die Frage, was für Wesen sie seien:

„Wir sind Energie-Wesen!"

Und auf die Frage, ob *Überlichtgeschwindigkeit möglich* sei:
„Ja, wenn die Materie verändert wird!"   (Ende der Zitate)

Auch diese beiden Aussagen zeigen eine außergewöhnliche Übereinstimmung mit den vorher beschriebenen physikalischen Erkenntnissen, Überlegungen und Erklärungen.

Wenn, wie in dem vorhergehenden Kapitel „Übergang der Materie in Energie" beschrieben, diese Verwandlung tatsächlich möglich ist, was ja schon Albert EINSTEIN erkannte, dann sind diese zwei Aussagen von außergewöhnlicher Bedeutung für das Verständnis des gesamten Fragenkomplexes.

Vielleicht sollte man doch, bei aller Skepsis, diese Aussagen als wertvolle Bestätigungen für die durch wissenschaftliche Erkenntnisse gesicherten physikalischen Voraussetzungen für eine transzendentale Fortsetzung unserer Physik anerkennen.

Wir müssen also auch mit halbmateriellen und auch mit „geistmateriellen" Existenzen und Wesen rechnen, aber auch mit halbmateriellen Raumschiffen, die sich unserer grobmateriellen visuellen Kontrolle entziehen können.

Wahrscheinlich sind das dann diese UFO-Beobachtungsfälle, die manchen so sehr okkult erscheinen, daß sie an dem ganzen UFO-Thema verzweifeln. Wie man sieht, geht dies alles aber doch mit „rechten Dingen" zu, und man befindet sich in bester Gesellschaft (Prof. Albert EINSTEIN und Prof. Heinz HABER). Nur hat man bis heute noch nicht die letzten Konsequenzen aus diesen Erkenntnissen gezogen.

KAPITEL 12

Die Physik der Außerirdischen

Die vielen Tausende Beobachtungen von außerirdischen Flugobjekten (UFOs) und die daraufhin erfolgten Beschreibungen ihres Aussehens, ihres Flugverhaltens und ihrer Flugeigenschaften, ihrer Einflüsse auf die Umgebung, auf die Menschen und auch die Tiere lassen darauf schließen, daß die physikalischen und technologischen Grundlagen für ihre angewandte Technik zumindest teilweise völlig anders und viel weiter entwickelt sind als die uns bekannten und unserer Technik zugrundeliegenden Naturgesetze und Technologien.

Dies festzustellen ist ein naturwissenschaftlich, physikalisch und technologisch nicht oder nur wenig befaßter Beobachter nur mehr oder weniger in der Lage. Er kann allenfalls mitteilen, was er sah, hörte, fühlte und was mit seinen Sinnen feststellbar war.

Die beschriebenen Erlebnisse sind so außergewöhnlich, oft so andersartig, für viele so unverständlich und werden immer wieder als fremdartig bezeichnet, daß die Beobachter diese zwar mitteilen, sie sich aber doch nicht erklären können und deshalb auch nicht die „Erfinder solcher Geschichten" sein können.

Es gleichen sich seit vielen Jahren und weltweit die Aussagen so frappierend, daß man nicht anders kann, als sie für beobachtete Realitäten zu halten.

Selbstverständlich gibt es auch hier gewisse Ausnahmen, die zu beachten sind, und die von Experten als „Spreu vom Weizen" getrennt werden müssen.

Einige physikalische Eigenschaften und Manifestationen und deren Erklärungen werden auch in anderen Kapiteln z. B. in „UFO-Phänomene — Atom-Physik" und „UFO-Antriebs-Probleme" in bezug auf diese bestimmten Kapitel beschrieben.

Überschneidungen und Wiederholungen lassen sich dabei nicht vermeiden und sind zum besseren Verständnis durchaus berechtigt.

Die verschiedenen Erscheinungen und beobachtete Phänomene bei UFOs aus physikalischer Sicht

1. Plötzliches Erscheinen und Verschwinden

2. Geräusche

3. Beschleunigungen und Verzögerungen

4. Zickzack- und Spitze-Winkel-Fliegen

5. Höchstgeschwindigkeiten

6. Schallmauerknall, Luftwiderstand, Entladungsglühen (Corona-Effekt), abstoßende Wirkung an der Oberfläche der Objekte = Elektro-Aerodynamik

7. Stehen-, Hängenbleiben im Raum, Schweben wie ein fallendes Blatt

8. Ionisation, Leuchten, „Glühen"

9. Beleuchtung, Scheinwerfer

10. Oberflächenbeschaffenheit und Färbung

11. Beeinflussung von Stromnetzen, EM-Effekt

12. Verbrennungen, Schäden, Laser-Strahlen, Mikro-Wellen

13. „Hochsaugen" von Gegenständen durch gravitative Felder

14. Besatzungen, Verteidigungsmittel

15. Metaphysik und Parapsychologie der Außerirdischen

16. Umstrittene Auslegungen der außerirdischen Physik

17. Irdische Herkunft?

18. Einführung neuer Begriffe und neuer Bezeichnungen

19. Zusammenfassung

Bei der Auseinandersetzung mit der Physik der Außerirdischen können wir nichts oder nicht viel mit den uns bekannten mathematisch-physikalischen Formeln anfangen.

Ihre Physik ist durch uns noch nicht formelhaft erfaßbar, so daß wir deshalb bewußt und gezwungenermaßen auf Formeln verzichten und sie durch exakte Beobachtungen, deren Analysen und logische Denkweise ersetzen müssen.

132

Die besonderen Eigenschaften der außerirdischen Flugobjekte sind gekennzeichnet durch:

1.
Plötzliches Erscheinen und Verschwinden

der meist diskusförmigen, materiell-metallisch aussehenden, aber auch der selteneren zigarrenförmigen Flugobjekte. Dies ist ein Phänomen, das sehr oft beobachtet wurde, und das sich wie folgt erklären läßt:

a) Eine sehr hohe Geschwindigkeit mit plötzlichem Abbremsen auf uns geläufige Werte, und umgekehrt, eine plötzliche Beschleunigung aus diesen heraus auf für uns kaum noch beobachtbare Werte, läßt ein Flugobjekt für unsere Augen, aber auch auf Radarschirmen plötzlich erscheinen bzw. verschwinden, da unser Auge einschließlich weiterer Registrierung dieser überschnellen Bewegung nicht so schnell folgen kann. Ein Flugobjekt, das mit z. B. 10 km/sek. fliegt, was 36 000 km/h, aber noch nicht einmal der Erd-Fluchtgeschwindigkeit unserer Apollo-Kapseln entspricht oder auf diese Geschwindigkeit beschleunigt, ist in Erdnähe und bei Tage einfach nicht mehr sichtbar. Es könnte nur bei Nacht und in großer Entfernung von 100 Kilometern und mehr als sternähnlicher Punkt beobachtet werden, wenn es von der Sonne beschienen wird. Irdische, große Satelliten waren so schon sehr oft zu sehen.

b) Durch eine Physik der De- bzw. Rematerialisation, was für die meisten Menschen noch völlig unvorstellbar ist, das es aber wirklich gibt, denn solche phänomenalen Vorkommnisse kennen wir von der Parapsychologie und der Metaphysik her. Dieses ist nur denkbar durch eine in ihrer Art noch nicht bekannte Einwirkung auf die atomare Struktur der Materie. Wer sich vorstellt, aus wieviel „leerem Raum" und aus wie vielen verschiedenen, elektrisch unterschiedlich geladenen Partikeln, also auch aus wie vielen Energien, ein Atom besteht, für den ist solches schon denkbar.
(Siehe auch Kapitel „UFO-Phänomene – Atom-Physik"!)

2.
Meist geräuschloses, zumindest geräuscharmes, manchmal mit leise summendem Ton verbundenes *Fliegen*

vom Stillstand bis zu höchsten Geschwindigkeiten. Bei den beobachteten Höchstleistungen, z. B. bei für unsere Begriffe „unmöglicher" ungeheurer Beschleunigung aus dem Stand heraus bis zu mehrfacher, oft vielfacher Schallgeschwindigkeit, *müßten ohrenbetäubende Geräusche wahrnehmbar sein.*

Dies ist nie der Fall; die UFOs machen dies nahezu bis ganz ohne Geräusche, was nur durch eine von uns noch nicht beherrschte Antriebs-Technik (siehe Kapitel „UFO-Antriebs-Probleme"!), aber niemals durch uns bekannte oder ähnliche Düsenstrahl-Antriebe erreichbar ist. In besonderen Ausnahmefällen konnten zeitweise alle möglichen anderen Geräusche schwächerer Art vernommen werden, sie sind jedoch nicht die Regel und sind stets unverwechselbar von Geräuschen unserer Luft- und Raum-Fahrzeuge zu unterscheiden.

3.
Beschleunigungen und Verzögerungen
aus dem Stillstand oder Langsamflug heraus bis zu mehrfacher Schallgeschwindigkeit und umgekehrt *innerhalb von Sekunden.*

Diese hohen Werte von positiven bzw. negativen Beschleunigungen bis zu daraus resultierendem mehrhundertfachem, ja mehrtausendfachem „g" (Erdbeschleunigung = 1 g = Gewicht, Gravitation), *sind nur denkbar in Verbindung mit Antriebsmethoden, die diese Beschleunigungen auf jedes einzelne Massepartikel, also als Kraft-Vektor auf jedes einzelne Atom des Objektes samt Einrichtung und Besatzung, ausüben.*

Bei einer Beschleunigung von außen her, also wenn diese mechanisch von Teil zu Teil, z. B. vom Antrieb auf das Flugobjekt, vom Objekt auf dessen Inneneinrichtung, von dieser auf die Besatzung durch Sitze, Liegen und Haltegurte übertragen würde, müßte dies nach unseren Berechnungen und Erfahrungen zu einer totalen Zerstörung und Vernichtung aller dieser Teile und der Besatzung führen. Die höchste zulässige Beschleunigung bei unserer Raumfahrt erreicht noch nicht einmal 10 g und ist über kürzeste Zeit gerade noch erträglich.

Nur ein, auch für viele Fachleute kaum denkbarer „masseträgheitsgeminderter Flug", eine zumindest zeitweise bestehende „Trägheits-Losigkeit" oder ein ähnlicher Effekt, ermöglicht den UFOs jene viel beobachteten Beschleunigungen bzw. Verzögerungen in jeder Fahrtrichtung ohne jede schädliche Wirkung auf Objekte und Insassen, also auf den gesamten Flug-Komplex.

4.
Aus denselben Gründen, wie sie unter 3. beschrieben sind, ist den außerirdischen Flugobjekten ein
Zickzack- und Spitze-Winkel-Fliegen mit sehr hohen Geschwindigkeiten möglich, das sie sogar im Formationsflug auszuführen imstande sind.
(Siehe im Kapitel „Beobachtungs-Fälle" — Sichtung des Flugkapitäns NASH!)

134

5.

Berechnete, geschätzte und vielfach mit Radar gemessene *Höchstge-schwindigkeiten bis zu 72 000 km/h,* die von Personen errechnet wurden, die dazu fähig waren, wie Flugkapitäne, Radar-Fachleute, Ingenieure, Astronomen. Es wurde oft von Flugkapitänen und Piloten berichtet, daß UFOs ihre schnellfliegenden Flugzeuge, ebenso wie Astronauten mitteilten, daß ihre Raumfahrzeuge durch UFOs, mit ungeheurer Geschwindigkeit überholt wurden, so, als ob ihre Fahrzeuge „stehenblieben".

Es besteht gar kein Zweifel, daß solche Geschwindigkeiten niemals mit derzeitigen irdischen physikalischen Grundlagen und mit irdischer Technologie möglich sein könnten.

Ohne den unter 3. bereits erwähnten „Massenträgheits-Minderungs- bis -Losigkeits-Effekt" gibt es derartige Beschleunigungen bzw. Verzögerungen aus solchen enormen Geschwindigkeiten innerhalb kürzester Zeitspannen von nur Sekunden einfach nicht, und wären sie möglich, so würden die Objekte in der Reibungshitze verglühen.

Wenn aber diese Flugobjekte schon in Erdnähe und in unserem Luftraum, jedenfalls in unserem Beobachtungsraum, solche vorher genannten Geschwindigkeiten mühelos erreichen, dann ist anzunehmen, daß für sie eine noch wesentlich höhere Geschwindigkeit im freien Weltraum erreichbar sein muß.

6.

Schallmauerknall, Entladungsglühen (Corona-Effekt), Luftwiderstand = Elektro-Aerodynamik

Bei allen diesen unter 3., 4. und 5. beschriebenen Geschwindigkeits-Änderungen von Null bis zu Höchstgeschwindigkeiten wurde noch *niemals* der bekannte Überschallknall gehört und gemeldet, der bei unserer Luftfahrt so unangenehm in Erscheinung tritt in dem Moment, wo die Flugzeuge die Schallgeschwindigkeit überschreiten, also bei nahezu 1200 km/h (Kilometer pro Stunde).

Für UFOs dagegen scheint ein *Luftwiderstand* in unserer Atmosphäre überhaupt nicht zu bestehen, ein Phänomen, das den Verzicht auf jede besondere aerodynamische Form bzw. einen Flug in jeder gewünschten Richtung und Fluglage, ohne Rücksicht auf den geringsten Luftwiderstand, bezogen auf die Form des Flugkörpers, erlaubt. Im luftleeren Raum ist eine Stromlinienform sowieso nicht notwendig; unsere Raumkapseln und Raumsonden sowie die Mondlandefähren haben sie auch nicht. Im erdnahen Luftraum dagegen müßte der Luftwiderstand bei den hohen Geschwindigkeiten der UFOs so wirksam sein, daß diese nicht erreichbar wären, wenn sie nicht eine Technologie anwenden würden, die dieses doch zuließe.

Verschiedene dieser UFO-Phänomene sind bereits durch irdische Experimente erklärbar, ja bewiesen.

In dem Buch des deutsch-amerikanischen Forschungs-Ingenieurs RHO SIGMA (Pseudonym) „Forschung in Fesseln" (Ventla-Verlag) auf den Seiten 67—70 und 73 werden in den USA durchgeführte Versuche beschrieben, deren Anordnungen patentiert sind (Abdrucke der Patentschriften in dem Buch!) und die experimentell beweisen, daß:

a) Das Zustandekommen eines Überschallknalles weitgehend verhindert werden kann.

b) Bei Experimenten im Windkanal zeigte sich ein Entladungsglühen, ein Corona-Effekt bis zu einer Entfernung von etwa 20 cm vor dem Testprofil, stromaufwärts. Diese Wirkungen hoher elektrischer Spannungsfelder auf die störenden Effekte der irdischen und wahrscheinlich auch der außerirdischen Atmosphären bei Hochgeschwindigkeiten werden als *„Elektro-Aerodynamik"* bezeichnet.

c) In anderen Experimenten wurde festgestellt und konnte bewiesen werden:

1. daß eine Rakete in positiv geladenem Zustand der Außenhülle von der positiven Ladung der Erde abgestoßen wird, was zu verminderter Gravitation führt
(d. h. der Gravitation entgegenwirkt; der Autor), und

2. daß eine positive Oberflächenladung den Luftwiderstand, die Luftreibung und so die Wärmeentwicklung mindern oder gar aufheben konnte, sowie

3. daß eine diese Wirkungen verstärkende negative Ladung durch einen Austritt negativer Elektronen aus dem Flugkörper, gemeinsam mit den Verbrennungsprodukten der Rakete, den Effekt der ständigen entgegengesetzten, also positiven Ladung der Oberfläche des Flugobjektes besorgte und verstärkte.

Ein ehemaliger Schüler Albert EINSTEINs, der Forscher Dr. Erwin J. SAXL aus Harvard (USA), soll *experimentell bewiesen haben, daß Wechselbeziehungen zwischen Elektrizität, Massenträgheit und Schwer-*

kraft bestehen, so daß die Gravitations-Konstante unter gewissen Bedingungen gar nicht konstant ist.

Alle diese Phänomene:
   a) Überschallknall und dessen Verhinderung
   b) Entladungsglühen (Corona-Effekt)
   c) Verminderung der Gravitation und des Luftwiderstandes

sind uns also schon bekannt, experimentell gesichert, und deren Abhilfe-Möglichkeiten sind bereits patentiert.

Sie werden aber bei unserer Luft- und Raumfahrt wegen ihrer angeblichen Unwirtschaftlichkeit, wegen ihrer nur mit hohen Kosten verbundenen Durchführbarkeit und wahrscheinlich wegen weitverbreiteter Unwissenheit und Ablehnung bisher noch nicht zur Anwendung und Durchführung gebracht.

Dieselben Phänomene bei den UFOs

Alle diese Phänomene und deren offensichtliche Beherrschung durch die Außerirdischen wurden bei vielen Sichtungen von außerirdischen Flugobjekten beobachtet und von den physikalisch meist nicht vorgebildeten Beobachtern und Zeugen genauso beschrieben, so daß auch schon deshalb an diesen Phänomenen und an der Realität der Beobachtungen nicht gezweifelt werden kann.

Die Übereinstimmung der beschriebenen irdischen Experimente mit den Beobachtungen bei UFO-Flügen ist absolut überzeugend.

Ein zusätzliches Phänomen – die abstoßende Wirkung durch ein atomares Kraftfeld

Als Ergänzung und Bestätigung der vorgenannten Effekte kann eine Beschreibung aus dem Buch „Erlebnis von White Sands" von Dr. Daniel FRY (Ventla-Verlag) angesehen werden, der seinerzeit am 4. Juli 1950 als Versuchs-Ingenieur auf dem Raketen-Versuchsgelände White Sands in New Mexico (USA) arbeitete und abends bei einem Spaziergang ein soeben gelandetes Flugobjekt berührte.

Durch einen Lautsprecher oder eine wie im Kapitel „UFO-Kontakte – eine Realität" unter „B." beschriebene Kommunikation wurde Dr. FRY aus dem UFO gesagt: „Faß die Hülle lieber nicht an, sie ist noch heiß. *Die Hülle ist von einem Feld umgeben, das alle andere Materie abstößt. Eure Physiker würden die Kraft dieses Feldes den Anti-Aspekt der Bin-*

de-Energie des Atoms nennen. Wenn gewisse Elemente wie z. B. Platin, richtig vorbereitet und einem Sättigungsprozeß durch einen Strahl hochenergiereicher Photonen ausgesetzt werden, *so werden die Binde-Energie-Partikel außerhalb des Kernes erzeugt. Da diese Partikel nun die Eigenschaft haben, sowohl sich selbst gegenseitig, als auch andere Materie abzustoßen, tendieren sie, wie das Elektron, an die Oberfläche des Metalls, wo sie sich als eine abstoßende Kraft manifestieren.*

Diese Partikel haben nach eurer Zeitrechnung eine Lebenszeit von mehreren Wochen, so daß die normale Aufladung des Fahrzeuges mit kosmischer Strahlung im Weltraum ausreichend ist, eine wirkungsvolle Ladung aufrechtzuerhalten.

Das Feld ist im Molekularabstand sehr stark, nimmt aber bei der 7. Potenz der Entfernung ab, so daß diese Kraft einige Mikron von der Hülle entfernt wirksam wird. Vielleicht hast du bemerkt, daß die Oberfläche glatt und schlüpfrig zu sein scheint. Das kommt daher, weil deine Hand das Metall überhaupt nicht berühren konnte; sie wurde durch die Rückstoßkraft des Feldes daran gehindert. Wir nutzen dieses Feld, um die Hülle vor Kratzern und Schäden während der Landungen zu bewahren. Außerdem verringert es den Luftwiderstand beträchtlich, wenn es nötig wird, mit hohen Geschwindigkeiten in der Atmosphäre zu reisen."

Und später wurde noch erklärt: „Wenn die menschliche Haut dem Kraftfeld ausgesetzt wird, so erfolgt eine Produktion von etwas, das ihr Irdischen als ‚Antikörper' im Blutkreislauf bezeichnet." Dann wurde noch erklärt, wie schädlich dies sein kann und daß es bei Berührungen über eine Minute zum Tod führen würde.

Die im 2. Absatz dieses Abschnittes „Ein zusätzliches Phänomen — die abstoßende Wirkung durch ein atomares Kraftfeld" beschriebenen Einzelheiten sollte man mit der Atom-Skizze im Kapitel „UFO-Phänomene — Atom-Physik" vergleichen!

7.

UFOs verharren oft stundenlang an einer Stelle über der Erde, was aussieht wie ein *„Stehen, Schweben oder Hängen"* im Raum, aber auch knapp über dem Erdboden bei Fast-Landungen, wobei sie einige Zeit im Abstand von einem halben Meter oder auch mehr wie fixiert über dem Boden schweben, aber ohne denselben zu berühren. Dies setzt eine äußerst präzise, sofort, also ohne Verzögerung wirkende Regeltechnik für ihren Antrieb voraus.

Am Himmel stehen sie nach Beschreibungen von Beobachtern „oft" sogar eine Stunde und länger, nachts in einem meist orange, rot oder gelb leuchtenden Zustand, um nach Farbenwechsel in Hellorange, Weiß, Grün oder Blau sich sehr schnell in Bewegung zu setzen und die verschiedensten Flugmanöver auszuführen oder auch mit enormer Beschleunigung senkrecht in den Himmel zu starten und innerhalb von Sekunden, immer kleiner werdend, zu verschwinden. *(Eine solche Sichtung hatte ich selbst im April 1969 um ca. 21 Uhr,* wie bereits im Kapitel „Ufologie – ein beweiskräftiges Wissen" beschrieben; d. A.).

Welcher irdische Hubschrauber oder andere Senkrechtstarter kann das, noch dazu geräuschlos oder mit einem nur leisen Summgeräusch, so ausführen? Bei sehr langsamem Flug von UFOs wird oft ein *Schweben wie ein fallendes Blatt"* beobachtet, was durch die eigentliche aerodynamische Fluguntauglichkeit eines Diskus bedingt sein dürfte, und nur dann auftritt, wenn sich ein solcher Flugkörper ohne oder fast ohne Wirkung seines Antriebes langsam nahezu steuerlos und unstabil fallen läßt. Der Zweck einer solchen Flugbewegung ist uns unbekannt.

8.

Oft, besonders deutlich nachts, tritt ein *Leuchten von Teilen oder der ganzen Flugobjekte durch Ionisation* auf, das hervorgerufen wird durch Felder des Antriebes und je nach Geschwindigkeit und Beschleunigung, also je nach Leistungsbedarf, Farbe und Helligkeit wechselt. (Siehe auch unter 7.!) Diese Ionisation wird im Kapitel „UFO-Phänomene – Atom-Physik" näher beschrieben.

Eine derartige Ionisation kann sich auf die nähere Umgebung, auf Dunst- und Wolken-Bildung übertragen, so daß das Flugobjekt selbst in einer Ionisations-Wolke, bei anderen physikalischen und meteorologischen Voraussetzungen auch in einer leuchtenden Dunst- oder Plasma-Wolke unsichtbar werden kann.

Diese leuchtenden „Wolken" wurden oft und sogar in Formationsflügen beobachtet und fotografiert. (Siehe Kapitel „Beobachtungs-Fälle": Vier leuchtende „Wolken" über Salem, Mass., USA.)

Solche Bilder und Beschreibungen von Sichtungen gaben Gegnern des UFO-Themas die Gelegenheit, das alles wieder einmal als Humbug oder Täuschung hinzustellen, da ja keine UFOs als materielle metallische Objekte zu sehen seien. Sie hatten anscheinend nicht gewußt oder konnten nicht für möglich halten, daß es eine solche Ionisation überhaupt gibt oder hatten einfach vergessen und übersehen, daß bei Sichtungen solcher ionisierter „Wolken" meist deren hohe Geschwindigkeit besonders erwähnt wurde, die manchmal eine nur sehr kurzzeitige Beobachtung von z. B. nur Sekunden oder Minuten möglich machte. Wahrscheinlich konnten sie sich auch nicht vorstellen, daß UFOs, deren Existenz sie ja ablehnen, eine Ionisation ihrer Umgebung bewirken können. Altocumulus-lenticularis — (siehe Kapitel „Die verschiedenen UFO-Typen . . .“!) und Altostratus-lenticularis-Wolken aber, manchmal vorkommende diskusförmige oder tellerförmige Wolkenbildungen, bewegen sich nicht so schnell am Himmel, eben nur mit der herrschenden Windgeschwindigkeit.

In vielen Fällen wird von einem gesichteten *Feuerball,* grünen Feuerbällen oder nur von beobachteten Lichtern berichtet, die eine genauere Form eines oder des eigentlichen Flugkörpers nicht erkennen lassen. Dies schließt nicht aus, daß es auch andere Licht- oder Feuer-Erscheinungen geben kann, die nicht unbedingt direkt von Flugobjekten herrühren müssen.

9.

Oft beschrieben werden auch *Beleuchtungen* der Objekte durch an den Außenkanten oder am Mantel umlaufende, blinkende oder oszillierende *Lichtbänder* und *Einzellichter.*

Durch Luken und Fenster scheint oft von innen nach außen ein starkes hellrötliches Licht, und oft sieht man *bleibende, blinkende oder pulsierende Lichter* in symmetrischer oder einfacher Anordnung in verschiedenen Farben, häufig auch in blauer, die bei irdischen Flugzeugen nicht verwendet wird. Wiederholt gab es Meldungen von *starken Scheinwerfern* in verschiedenen Farben, Rot, Violett oder Weiß, die anscheinend bei Bedarf eingeschaltet werden, aber auch solche, die ein Licht wie bei elektrischen Lichtbogen, also wie beim Schweißen, ausstrahlen und die Umgebung beleuchten und das auch als diffundierendes Licht durch kleine Spalten in Häuser, z. B. durch angelehnte Türen und durch Fenster, eindringt und sich dort „verbreitet“.

Auffallend ist, daß sooft von einer außerordentlichen, unbeschreiblichen, ja überirdischen Farbenpracht aller dieser Beleuchtungs- und Licht-Effekte berichtet wird.

10.

Oberflächenbeschaffenheit und Färbung

der UFOs wurde neuerdings in den USA von dem jungen Trance-Medium RAY STANFORD, das gleichfalls und auf dieselbe Art in der Lage ist wie früher der 1945 verstorbene Prophet und Seher EDGAR CAYCE mit der gleichen hohen Wissensquelle in Verbindung zu treten, beschrieben und erklärt. Er wurde im Trancezustand über gewisse Probleme im Zusammenhang mit dem UFO-Phänomen befragt und gab unter anderem folgende Informationen:

„Die beiden verschiedenen Oberflächenarten dieser (bestimmter) Fahrzeugtypen sind auf die verschiedenartigen Eigenschaften der verwendeten Feld-Antriebskraft zurückzuführen. Beim Absteigen (Richtung Planetenoberfläche) ist der Energiequotient des hellglänzenden Oberflächenmaterials größer, für den Auftrieb ist der Energiequotient des matten oder dunklen Materials größer."

Zum Vergleich und zur Überprüfung dieser Aussagen betrachte man die in diesem Buch beschriebenen Bilder der „NAGORA-Serie"! Bild 1 zeigt die dunkle Unterseite des Diskus, Bild 9 zeigt die hellglänzende wie polierte Oberseite des Diskus, womit diese Aussagen mit den fotografierten Tatsachen wieder einmal frappant übereinstimmen und sich gegenseitig bestätigen; ein weiterer beweiskräftiger Pluspunkt für die Exaktheit der Aussagen und die reale Existenz der UFOs.

Weiter sagt RAY STANFORD in Trance: „Die Färbung der UFOs kann von der Energie des Materials zu einem bestimmten Zeitpunkt, bei einem bestimmten Manöver und noch von weiteren Faktoren abhängen. Die Kraftfeld-Emanation auf verschiedene Flächen des UFOs ergeben verschiedene Manöver.

Der Fahrzeugtyp, der eine dunkle oder schwarze Färbung am Boden (unten) zeigt, verwendet ein Kraftfeld, das seinen ,Brennpunkt' einige Fuß unter der Oberfläche des Fahrzeuges unten hat." (Vergleiche NAGORA-Bilder Nrn. 1, 4 und 9! Nach UN 210, März 1974, S. 2, Autor RHO SIGMA.)

11
Beeinflussung von Stromnetzen durch EM-Effekt (Elektromagnetischer Effekt)

Die Anwesenheit von UFOs führt regelmäßig zu Beeinträchtigungen und Störungen in irdischen Stromnetzen und elektrischen Geräten aller Arten, was oft zu Ausfällen in der Stromversorgung und Stillegungen elektrischer Anlagen geführt hat.

So werden viele Verdunkelungen von Städten und ganzen Landstrichen auf die Anwesenheit von UFOs zurückgeführt. Es wurden dabei keine normalen Fehler, wie sie z. B. durch Überlastungen entstehen, an den Anlagen selbst festgestellt, und wenn, dann nur als Folgeerscheinungen, aber immer wurden zur selben Zeit Sichtungen von außergewöhnlichen Flugobjekten gemeldet.

Nach dem Sich-Entfernen jener funktionierten die Stromnetze und Anlagen immer wieder einwandfrei und meist ohne besondere Instandsetzungen.

Wohl das größte Aufsehen aller Verdunkelungen durch UFOs machte jener weltweit bekanntgewordene Stromausfall im Nordosten der USA in New York und weiterer Umgebung am 9. November 1965, der einer Katastrophe glich und der einige Stunden dauerte, obwohl auch später kein größerer Fehler im Verbundnetz gefunden wurde.

Mehrere Piloten, die gerade das Gebiet überflogen, hatten die Verdunkelung während ihres Fluges erlebt und von oben beobachtet. Durch sie und zugleich vom Boden aus wurden von kompetenten Personen mehrere UFOs und sogenannte „Feuerbälle" beobachtet, die zwar von zwei Düsenjägern verfolgt, aber nicht eingeholt werden konnten.

Diese Verdunkelung New Yorks wurde von Frank EDWARDS in seinem Buch „Fliegende Untertassen — eine Realität" (Ventla-Verlag) S. 240 u. f., ebenso wie mehrere andere ähnliche Fälle bis in Einzelheiten und auch die Ableugnungstaktik der Behörden beschrieben.

Eine ganze Reihe solcher „geheimnisvoller" Stromausfälle auf der ganzen Erde, z. B. auch in Rom am 3. August 1958, brachte immer wieder neue Beweise, das UFOs direkt damit in Zusammenhang stehen.

„Dafür spricht auch der Versuch eines Ingenieurs in Rom, der mit einem Meßgerät während der Verdunkelung ins Stromnetz gegangen war und dabei feststellte, daß ein *minimaler* Strom vorhanden war, der zur Beleuchtung einer Glühbirne natürlich nicht ausreichte! Daß es sich also *nicht* um den Ausfall eines Relais handeln konnte, wie die Presse immer glauben zu machen versucht." (Letzter Absatz übermittelt von K.-H. Wiemann, Hamburg.)

Weitere EM-Effekte, also Ausfälle von Stromnetzen infolge von Einflüssen sehr starker *Elektro-Magnetischer* Felder, wurden in vielen Hunderten Fällen bei Kraftfahrzeugen und Flugzeugen gemeldet. Zuerst bemerkten das Piloten, deren Flugmotoren durch Zündungsversagen aussetzten, daß aber auch ihre Kompasse „verrückt spielten". Nach dem Sich-Entfernen von zugleich gesichteten außergewöhnlichen Flugobjekten funktionierten alle Instrumente und auch die Motoren wieder einwandfrei.

Im Jahre 1957 blieben ca. 60 Wagen auf der Autobahn in Texas gleichzeitig stehen, als ein UFO das Gebiet überflog. Unter ihnen befand sich ein Polizeifahrzeug. Sämtliche an dem Vorfall Beteiligten gaben an, plötzlich seien Motor und Scheinwerfer ausgefallen.

Bei allen diesen Stromausfällen werden Licht, Radio, Zündanlagen, Anlasser und bei Flugzeugen auch die Kompasse außer Betrieb gesetzt, die erst wieder funktionieren, wenn sich die UFOs entfernt haben. Dieselmotoren laufen unbeeinflußt weiter, da sie ja keiner elektrischer Zündung bedürfen, aber ihre anderen elektrischen Anlagen fallen auch aus. Um auf Entfernung derart starke EM-Wirkungen als Störfelder zu erzielen, müssen berechnete und durch Experimente bestätigte Feldstärken von mehreren hunderttausend Gauß erzeugt werden (Erdfeld = 0,5 Gauß!), was bei uns vorläufig nur durch supraleitende Spulen erreichbar sein könnte, aber noch nicht aus dem Experimentierstadium heraus ist.

Die nach außen freiwerdenden Energien und Kraftfelder müssen demnach bei den UFOs außerordentlich, für irdische Verhältnisse unvorstellbar groß sein, wobei die magnetischen und die energetischen Felder nicht von Ferromagneten oder Elektromagneten erzeugt werden, vielmehr handelt es sich hier höchstwahrscheinlich um Felder direkt aus den Atomen.

(Siehe auch Kapitel „UFO-Phänomene – Atom-Physik" – Skizzenhafte Darstellung eines Atoms!)

12.

Nach UFO-Landungen werden sehr oft *Verbrennungsmerkmale* am Boden, an Steinen, an Bäumen, aber auch Torsionen kreisförmiger Art im Durchmesser der Flugobjekte, also mehrere Meter, am Boden, im Gras, in Feldern festgestellt. Einige Male wurden tagelang oder auch wochenlang „glühende" oder phosphoreszierende Ringe in der Größe der UFOs gemeldet (UN 192, S. 4!).

Wiederholt wurde berichtet, daß sich Menschen unter tieffliegenden oder in der Nähe gelandeter UFOs schwere Verbrennungs- oder Strahlenschäden zugezogen hätten.

Es kommt immer wieder vor, daß Beobachter von Flugobjekten von Strahlen getroffen wurden, völlig aktionsunfähig waren, wie betäubt oder gelähmt nur dastanden und sich nicht bewegen konnten. Mehrere dieser Personen mußten sich in Krankenhäusern einer manchmal längeren Behandlung unterziehen.

In einigen Fällen wurden strahlen-verdächtige Personen, die eigene UFO-Kontakte meldeten, von der Polizei in Militärkrankenhäuser zu Untersuchungen gebracht, in den USA in US-Air-Force-Krankenhäuser, um möglichst eine Geheimhaltung der Vorfälle zu gewährleisten und genaue Untersuchungen der Strahlenwirkung zu ermöglichen.

Als Beispiel sei hier der neuere Fall von Pascagoula Mississippi (USA) erwähnt, der im Kapitel „Beobachtungs-Fälle" näher beschrieben ist.

13.

UFOs „saugen" durch ihre *Gravitationsfelder* bei einem Abflug oft Erdbrocken, Steine, Wasser in großen Mengen, ja sogar Tiere mit hoch. Ein Fall wurde bekannt, bei dem die Asphaltdecke einer Straße hochgehoben und dadurch zerstört wurde. Ein anderer Fall ereignete sich neuerdings, bei dem sogar ein amerikanischer Armee-Hubschrauber, der 750 Meter hoch über dem Boden flog, durch ein über ihm „stehendes" UFO innerhalb weniger Sekunden auf eine Höhe von 1050 Meter gehoben wurde, obwohl seine Steuereinrichtung auf einen 20-gradigen Abwärtsflug eingestellt war, um diesem Einfluß zu entgehen, und zwar ohne eine Beschleunigung, eine Schwerkraft-Belastung (g) oder irgendeine andere Belastung zu bemerken. Anschließend verließ das UFO das Gebiet.

RHO SIGMA schreibt dazu: „Alles in allem eine überaus eindrucksvolle Demonstration des EM- (atomaren; d. A.) Feld-Antriebes dieser außerirdischen Raumfahrzeuge" — (beschrieben in UN 208, S. 4).

14.

Die Besatzungen der außerirdischen Flugobjekte

benutzen Gegenstände und zeigen Verhaltensweisen, die nur durch technologische Anwendung einer uns noch großenteils unbekannten Physik eine Erklärung finden können.

Sie verwenden röhrenartige, kästchenartige, kugelförmige Geräte, die uns in ihrer Wirkung noch einige Rätsel aufgeben, die im allgemeinen darauf hinausläuft, Angreifer oder auch nur aggressiv erscheinende Beobachter und zu Neugierige bewegungsunfähig zu machen, zeitweise zu lähmen und dadurch außer Gefecht zu setzen.

Diese Geräte könnten Weiterentwicklungen unserer Laser-Technik sein, sie können aber auch durch Mikrowellen auf das vegetative Nervensystem und das psychische Verhalten eines Menschen einwirken, da hierdurch eingetretene physiologische Schäden kaum beobachtet wurden.

Die Bewegungen der Außerirdischen wurden oft so beschrieben, als ob sie zeitweise geschwebt und geflogen wären oder auch eine eigenartig steife Gangart gezeigt hätten, ähnlich wie unsere Astronauten auf dem Mond.

So wurde von einem Zeugen erzählt, daß sie bei einer anscheinend eiligen „Abfahrt" einfach zu ihrem schon in einiger Höhe schwebenden Raumschiff „hinaufgeflogen" seien. Beherrschen sie vielleicht ihre eigene Schwerkraft durch einen Antigravitations-Effekt oder durch Levitation, wobei sowohl eine technische, als auch eine geistige Levitation in Betracht gezogen werden müßte?

15.

Metaphysik und Parapsychologie der Außerirdischen

Wie aus den vorausgehenden Ausführungen ersichtlich ist, sind einige ihrer phänomenalen Technologien und deren Manifestationen durchaus physikalisch erklärbar, für uns Irdische aber sind die meisten derselben noch undurchführbar.

Sie aber beherrschen außer einem gewissen Teil unserer Physik und einer fortgeschrittenen Superphysik sicher auch die Physik, die wir Metaphysik, deren noch höheren Grad wir Parapsychologie nennen, und deren besondere Manifestationen sie nach Wunsch und nach Bedarf herbeiführen und für ihre Zwecke zur Anwendung bringen können.

Von unserer Sicht aus lautet die fortlaufende naturwissenschaftliche Evolutionsreihe: Physik, zukünftige Superphysik, Meta- oder Paraphysik, Parapsychologie animistischer Art (z. B. Radiästhesie, Spuk) und Parapsychologie mentaler Art als

„Herrschaft des Geistes über die Materie".

Alle parapsychologischen Phänomene und Manifestationen sind endlich doch mit unseren Sinnen erkennbar und später sicher auch mit Apparaten meßbare physikalische Vorgänge, was das in der Evolutionsreihe noch höhere sogenannte „Rein-Geistige" nicht ausschließt; nur ist das für uns materiell Inkarnierte vorläufig nicht vorstellbar.

Deshalb ist auch GOTT für uns unvorstellbar.
(Siehe auch Tafel I !)

Viele bei UFO-Sichtungen beobachtete und in der Ufologie registrierte Phänomene sind auf eine für uns noch wenig durch- und überschaubare atomare *Elementarteilchen- und auf Wellen-Physik* zurückzuführen, *eine Physik der „höheren" Daseinsebenen und der „höheren" Dimensionen.*

Es wird dabei kaum eine genaue Abgrenzung geben, die unsere bisherige grobmaterielle Physik und die Meta- bzw. Paraphysik streng begrenzt, sondern *die Übergänge werden auch hier fließend übergehen in die Transzendenz, und auch diese ist ohne irgendwelche physikalische Vorgänge nicht denkbar und nicht möglich.*

Dies zeigt schon auf Tafel I die Bezeichnung „atomisch" bis in die 5. Ebene, eine Erkenntnis, die indische Weise und andere Eingeweihte schon sehr früh hatten.

Je fortgeschrittener unsere Erkenntnisse sind, desto mehr verlieren die Phänomene ihre „Geheimnisse", und sogar „Wunder" werden dann erklärbar, ja sogar machbar.

Die Art der Entwicklung in der Physik der Außerirdischen kann gänzlich anders verlaufen sein als bei uns. Das ist ja auch der Grund, warum viele Wissenschaftler glauben, eine Kommunikation mit außerirdischen technischen Zivilisationen sei unwahrscheinlich, da eine uns ähnliche und daher verständliche nur selten im All in erreichbarer Nähe zur selben Zeit bestehen könne.

Wenn man aber die Aussagen der UFO-Kontaktler akzeptieren kann, dann wird klar, daß eine gewisse Kommunikation zwischen Irdischen und Bewohnern anderer Planeten zwar schwierig, aber durchaus möglich, wenn auf unserer Seite der gute Wille dazu vorhanden ist. Das ist leider bei unseren Regierungen, Behörden und anderen Institutionen eben nicht der Fall, sonst hätte man schon längst Mittel und Wege gefunden, anstatt Schießbefehle auf weit überlegene Außerirdische zu erteilen, die diese nicht einmal erwiderten.

16.
Umstrittene Auslegungen der außerirdischen Physik

Neuerdings werden, wie schon vor Jahren, von einigen Forschern UFO-Theorien verbreitet, nach denen die UFO-Insassen als „Astrale Wesen" von angenommenen „Parallelwelten" kommen könnten, also gar keine materiellen Außerirdischen von anderen Planeten seien, sondern Astralkörper aus einer Parallelwelt.

Ich meine: Wie man das alles auch benennen mag, Tatsache ist, daß sie für uns sichtbar, tastbar, irgendwie materiell sind oder sich jedenfalls in einem solchen Zustand befinden, den wir als materiell bezeichnen müssen.

Das beweisen z. B. Fußabdrücke im Boden, normale Geräusche und andere Manifestationen beim Gehen, Sprechen und bei Handlungen jeder Art; Bruchstücke von Flugobjekten wurden als reines Magnesium analysiert usw. Ihre Raumschiffe und Geräte scheinen also ebenso materiell wie unsere Flugzeuge, Raumflugobjekte und Sonden zu sein, wenn auch die Ufonauten selbst, wie ihre Objekte manchmal scheinbaren Veränderungen und Phänomenen unterliegen, die wir in die Reihe parapsycho-physikalischer und metaphysischer Ereignisse einordnen können.

Es ist also nicht ausgeschlossen, sondern vielmehr anzunehmen, daß sie diese „überirdischen" Phänomene nicht nur geistig, sondern auch technologisch beherrschen.

146

Wir müssen damit rechnen, daß sie durch gewollte Veränderung der Materie diese in Zustände versetzen, die wir nur als feinmateriell, feinstmateriell und vielleicht als „entmaterialisiert" bezeichnen können. Diese Feststellung sollte noch ergänzt werden durch einen Satz aus der ersten medialen Durchsage des Kapitels „Zwei medial-telepathische Durchsagen von außerirdischen Intelligenzen", der lautet: „Von geistiger Seite aus wird viel mehr zur Materie gerechnet als Ihr es Euch vorstellen könnt." usw.

Wenn sie nur mit ihrem Astralkörper ganz nach ihrem Wunsch reisen würden, dann brauchten sie keine materiellen Flugobjekte, die mit allen Attributen einer materiellen Supertechnik ausgestattet sind, die aber eben doch nicht astral sind.

Sie könnten dann völlig ohne diese, für Astralebenen immer noch sehr schwerfälligen und, wie sich auch schon gezeigt hat, manchmal anfälligen *Flugschiffe dasselbe Ziel erreichen.*

Sie hätten es nicht nötig, uns Irdischen eine Raumfahrt vorzugaukeln, die dann ja eigentlich gar keine mehr wäre.

Außerdem scheint mir die „Astrale Ebene" der Sphäre des sogenannten „Jenseits" vorbehalten zu sein.

Über diese Theorie der astralen UFOs und ihrer Insassen aus einer Parallelwelt hinausgehend, wurde noch eine andere Theorie bekannt, nach der die UFOs aus anderen Zeiträumen, insbesondere aus unserer irdischen ferneren Zukunft kommen sollten.

Abgesehen von den sowieso paradoxen Aussagen dieser Theorien, die aus mancherlei Gründen leider oft benutzt werden, um Aufsehen zu erregen, Geltungsbedürfnis zu befriedigen o. ä., entbehren sie jeder Logik, und man braucht dies alles nur bis in die letzte Konsequenz durchzudenken, dann kommt man schon dahinter, daß hier vielleicht die Präkognition, eine parapsychische Voraussicht, mit einer realen materiellen derzeitigen Existenz verwechselt wurde.

Es kommt hier wieder einmal zu einer Diskrepanz zwischen psychischen Vorstellungen und der realen Wirklichkeit, welche die Menschheit seit Jahrtausenden so verwirrte und ihr so großen Schaden zufügte, daß sie heute immer noch nicht in der Lage ist, die eigentliche Wahrheit festzustellen.

Einige dieser Theorien sind durch mathematische und geometrische Konstruktionen scheinbar wissenschaftlich unterbaut und durch graphische Darstellungen publiziert worden, sind aber doch nur reine Spekulationen, die meist jeder logischen Grundlage entbehren. Sie stehen hier nicht weiter zur Debatte. Aufgrund unserer Unzulänglichkeit in der Deutung dürfen wir Unzulänglichkeit oder gar bewußte Täuschungsabsicht der anderen Welten nicht annehmen. Vielmehr sollten sich berufene wissenschaftliche Experten mit allen zu Gebote stehenden Mitteln das nötige Wissen aneignen, um eine bestmögliche Erforschung der Phänomene in die Wege zu leiten.

17.
Irdische Herkunft?

Die physikalischen Gesetze, die man als Vorbedingungen für die beschriebenen besonderen Eigenschaften der außerirdischen Flugobjekte annehmen muß, kennen wir nicht ausreichend. Einiges mag wohl erklärlich sein, aber nachbauen können wir sie nicht, wenn das auch versucht wurde.

Tatsache ist, daß weder irgendein irdischer Staat, noch Einzelpersonen heute schon in der Lage sind, Flugkörper mit den beschriebenen Eigenschaften zu konzipieren oder gar zu realisieren, denn dazu fehlen einfach alle Voraussetzungen.

Denkbar sind gerade noch eventuell mögliche Antriebsaggregate wie Ionen-, Protonen- oder Photonen-Antriebe, alle aber nach dem uns bekannten raketenartigen Rückstoßprinzip und Kombinationen von mehr oder minder bekannten Energie-Wandlern oder -Speichern, wie Kondensatoren und Spulen, auch supraleitende, und vielleicht dadurch entstehende elektrische und magnetische Felder.

Die uns bereits bekannte elektrische Supra-Leitfähigkeit bestimmter Metalle bei Tiefkühlung bis nahe an den absoluten Nullpunkt von minus 273 °C, mag die Energie-Ausbeute noch wesentlich verbessern oder auch erst möglich machen.

Problematisch ist und bleibt aber immer noch die Energiebeschaffung, die Quelle, durch deren Ausnutzung und mit deren Hilfe die vorher angedeuteten Aggregate ihre Arbeit leisten könnten.

Wahrscheinlich werden bestimmte atomare Struktur-Verwandlungen verwertbare Kraftfelder erzeugen, die eine atom-elektrisch-magnetisch-gravitative-massenträgheitsmindernde Wirkung erzielen.

Alle diese soeben bezeichneten Wirkungen wurden in diesem Kapitel „Die Physik der Außerirdischen" unter den Nrn. 1 bis 15 als bei UFOs *vorkommend im einzelnen beschrieben, so daß sie als tatsächliche Voraussetzungen für den tausendfach beobachteten UFO-Flug angesehen werden müssen.*

Niemand auf der Erde ist heute schon in der Lage, alle diese Phänomene durch angewandte Technik in Gang zu setzen und in Flugkörpern zu verwenden, so daß angenommen werden muß, daß die seit Jahrzehnten beobachteten Raum-Flugobjekte nur von außerhalb unserer Erde kommen können.

Bis zu einer tatsächlichen Durchführung eines interplanetaren oder eines interstellaren Reisens eines irdischen Raumschiffes so, wie es die UFOs praktizieren, ist für uns ein noch weiter Weg, der uns offensichtlich, und man könnte fast sagen, hoffentlich noch einige Zeit bis zu einer ethisch-moralischen Klärung auf unserem Planeten, versperrt sein dürfte. Und das ist auch gut so, denn mit solchen Geräten ausgestattet, könnte man nicht nur die Erde tyrannisieren, sondern wäre sogar imstande, die irdischen Streitigkeiten und Gemeinheiten weit hinauszutragen und womöglich außerirdische Lebensräume damit zu infizieren. Eine vorzeitige Freigabe solcher immenser Energien würde, ähnlich wie bei der Öl- und Energie-Krise 1973/74, sofort zu schweren internationalen Auseinandersetzungen und Erpressungen führen. Das allein schon erklärt das Ausbleiben öffentlicher Landungen und weltweiter Kontaktaufnahmen durch Außerirdische.

18.
Einführung neuer Begriffe und neuer Bezeichnungen

Da einige bisher kaum erkannte oder kaum beachtete Phänomene bei UFOs tatsächlich existieren, müssen folgende Begriffsbestimmungen neu eingeführt werden:

1. „AGO"
= Atom-energetische innere Antriebskraft durch Vektoren auf die Atome
ago (lateinisch) = ich treibe an; (**a**dolf **g**eigenthaler **o**ttobrunn)

2. „MTM"
= *Massen-Trägheits-Minderung*

3. „MTL"
= *Massen-Trägheits-Losigkeit*
oder ein solcher Effekt

19.

Zusammenfassung

Als Endergebnis der Untersuchungen in diesem Kapitel „Physik der Außerirdischen" komme ich zu dem Schluß, daß bei den außerirdischen Flugobjekten folgende physikalischen Bedingungen erfüllt sein müssen:

1. Es muß ein dem Flugkomplex (Flugobjekt samt Einrichtung und Insassen) eigenes atomares Kraftfeld („AGO") bestehen, das durch bestimmte gewollte Veränderung seiner Intensität und durch Steuerung in bestimmte Richtung die verschiedenen Flugmanöver herbeiführt, wobei der Kraftfeldabstand zu dem Trägheitsfeldabstand minimal aber variabel sein wird und durch die Feld-Vektoren den Antrieb und die Steuerung ermöglicht. Die atomar integrierten „Felder", die aus den „einzelnen" Energie-Vektoren der Atome bestehen, entstehen durch Wechselbeziehungen atomarer Komponenten und Faktoren.

2. Es muß ein Effekt bestehen, der für den gesamten Massekomplex eines Flugobjektes einschließlich der Insassen die Massenträgheit mindern („MTM") bzw. nahezu oder ganz aufheben („MTL") kann, und zwar ebenfalls von jedem einzelnen Atom bzw. den einzelnen Atom-Partikeln her, so daß schließlich ein Massenträgheitslosigkeits-Effekt die abrupten Flugmanöver mit ihren enormen Beschleunigungen und dem dann quasi masselosen Flugkomplex ein Überschreiten der Lichtgeschwindigkeit erlaubt. Ein solcher Entmaterialisations-Effekt, den man auch mit Eintritt in eine andere „Dimension" bezeichnen kann, gestattet dann mehrfache Lichtgeschwindigkeit und Teleportation.

3. Die Wirkung des „AGO"-Antriebes und des „MTM"- bzw. „MTL"-Effektes wird durch die unter Abschnitt Nr. 6 dieses Kapitels beschriebenen, uns bereits bekannten Technologien der „Elektro-Ärodynamik" ergänzt.

Dies alles mag für uns noch so unvorstellbar sein, eine andere Erklärung des UFO-Phänomens gibt es nicht, und ihre vorgeführten Flugmanöver lassen nur diese physikalische Auslegung zu.

Höchstwahrscheinlich wird nur so die Existenz der UFOs und werden nur so ihre interstellaren und möglicherweise intergalaktischen Reisen im All ermöglicht, und auch nur so werden sie erklärlich.

Wenn uns diese Begriffe und Feststellungen auch noch so phantastisch, ja vielen noch unwahrscheinlich vorkommen sollten, so gibt es doch keine andere Erklärung für Überlichtgeschwindigkeit und bei UFOs für überlichtschnellen „Flug", ohne den Reisen im Universum in erträglicher Zeitspanne nicht durchführbar sein können.

Es handelt sich bei allen diesen, für uns Menschen noch so außergewöhnlichen Dingen, die wir allerdings durch die Parapsychologie kennen und durch die Realität der außerirdischen Raum-Flugobjekte als existent anerkennen müssen, um eine teils schon

„Transzendentale Superphysik".

Die Außerirdischen wenden diese durch eine überlegene Technologie praktisch an. Ihre Physik geht über die geist-funktionelle Manipulation des Atoms unserer Parapsycho-Physik insofern hinaus, als sie diese rein technologisch beherrscht und so für ihre Raumfahrt anzuwenden befähigt.

Auch dieses Kapitel läßt in allen Einzelheiten den hohen Grad der Wissenschaftlichkeit des UFO-Themas, der UFO-Forschung und der Ufologie erkennen.

Wer sich der Aufgabe unterzieht, die einzelnen Argumente, die für eine Existenz der UFOs sprechen, unvoreingenommen zu studieren, für den ist die darin enthaltene Beweiskraft absolut überzeugend.

KAPITEL 13

UFO-Phänomene — Atom-Physik

Die vieltausendfachen Beobachtungen von außerirdischen Flugobjekten zeigen immer wieder ihre enormen Beschleunigungen. Diese müßten nach Berechnungen einen Anpressungsdruck von Hunderten, ja von Tausenden „g" (Gewicht = Druck auf eine Unterlage) erzeugen. Dabei aber würden materielle Flugkörper mit materieller Besatzung nach unserer bekannten Physik durch eben diesen immensen Anpressungsdruck wie Wasser zerfließen. Außerdem wären für so enorme Beschleunigungen unvorstellbar große Antriebskräfte erforderlich. Aus diesen Gründen muß ein physikalischer Zustand des gesamten Flugkomplexes bestehen, der mit entsprechenden Antriebsleistungen auskommt und eine Zerstörung verhindert.

Vorbedingung dafür ist eine Veränderung in der atomaren Struktur der Materie, oder besser, der Massenträgheit derselben. Die Trägheit der Gesamtmasse des Flugkomplexes muß so reduziert werden, daß solche beobachtete Beschleunigungen erreichbar, überhaupt möglich und für Menschen und Material erträglich bzw. kaum wahrnehmbar werden.

Wenn Albert EINSTEIN damals bei seiner Speziellen Relativitätstheorie von der Erfahrungstatsache der strengen *Identität von träger Masse,* die eine Anti-Trägheitskraft bei Beschleunigung erfordert, *und schwerer Masse, Schwerkraft = Gravitation, ausging,* so war das *eine Vereinfachung, wenn nicht gar ein Trugschluß,* aber für seine Untersuchungen und Berechnungen vielleicht unerheblich, da solche (UFO-) Beschleunigungen damals nicht zur Debatte standen.

UFOs aber zeigen uns, daß zwischen Schwerkraft (Gravitation) und Massenträgheit ein erheblicher Unterschied besteht. Man muß dabei von unterschiedlichen Aspekten des inneren atomaren Gefüges und Zustandes, von dem sie beide abhängen, sprechen.

Diese unterschiedlichen Aspekte sollen in folgendem dargestellt werden.

Gravitation

Von wesentlicher Bedeutung ist die Feststellung, daß *Gravitation von zwei Massen abhängig* ist, die sich gegenseitig anziehen. Bei angenommener Antigravitation sollten sie sich abstoßen, ähnlich dem Magnetismus. Dabei ist zu bedenken, daß Antigravitation nicht natürlich vorkommt (siehe auch Abschnitt „Die Schöpfung, die Erschaffung der Welt durch die Urkraft der Gravitation" am Ende dieses Kapitels!) und auch bei uns bisher noch nicht, bis vielleicht auf gewisse Versuchsanordnungen, erzeugt werden konnte; und wenn, dann wäre zu überprüfen, ob nicht die Gravitation nur durch Gegenkräfte aufgehoben wurde, ähnlich wie bei der *scheinbaren Schwerelosigkeit in unseren Raumschiffen.*

Unsere Saturn-Raketen, aber auch alle anderen, überwinden die Erdgravitation beim Start und auch danach durch den größeren Schub ihrer Triebwerke und beschleunigen im Verhältnis zu den UFOs sehr schwach durch den Raketenstrahl. *Im Orbit, dem Erdumlauf,* sind sie d. h. ihre Stufe 3, ebenso wie die Apollo-Kapsel mit den Astronauten *nicht schwerelos an sich,* sondern ihre Schwerkraft als Zentripetalkraft wird nur ausgeglichen und aufgehoben durch die Zentrifugalkraft ihres schnellen kreisförmigen Umlaufes um die Erde.

Die Astronauten und alles in dem gesamten Flugkomplex scheinen, ebenso wie das Flugobjekt selbst, schwerelos zu sein. Eine echte Aufhebung der Schwerkraft, der Gravitation, ist dabei jedoch nicht erfolgt. Jede schnelle Ablenkung aus einer solchen Umlaufbahn durch Beschleunigung im Ausmaß von UFO-Beschleunigungen oder auch ein Zusammenstoß hätte katastrophale Folgen für Raumschiff und Besatzung, trotz scheinbarer oder gerade wegen *nur scheinbarer Schwerelosigkeit.* Dieselbe Wirkung würde eintreten in dem gravitativen Null-Effekt zwischen zwei Himmelskörpern.

Damit ist bewiesen, daß ein gravierender Unterschied zwischen Gravitation und Massenträgheit besteht, da die Gravitation bei dem hier beschriebenen Fall eines irdischen Objektes, wenn auch nur scheinbar, aufgehoben ist, während die Massenträgheit dabei immer bestehen bleibt.

Was so erscheinen könnte wie Antigravitation, ist sicher nur eine Minderung von Gravitation, vielleicht sogar bis auf Null. Negative Gravitation gibt es nicht, da Gravitation von Massen abhängig ist. Jedes Raumschiff hat eine Masse, und solange diese besteht, wird die Gravitation (Schwerkraft) wirksam. Sie könnte nur wirklich aufgehoben werden, gleich Null werden, wenn sich ein Flugobjekt außerhalb jedes Gravitationsfeldes von Himmelskörpern, also in einem (fast) unendlich leeren Weltraum befände. *Das Objekt wäre dann wirklich schwerelos, hätte aber immer noch seine Masse und damit seine Massenträgheit.* Ein Antrieb, eine Bewegung durch Gravitation, aber auch durch eine angenommene Antigravitation, wäre dann völlig unmöglich, da ja die zweite Masse fehlt.

Ebenso fehlt die zweite Masse bei den beobachteten UFO-Flügen in jede gewollte Richtung. Die Gegenüberstellung eines elektrischen oder eines magnetischen Feldes würde nicht zu irgendeiner Beschleunigung durch Gravitation führen.

Elektrisch oder magnetisch manipulierte „Gravitation" wäre, wenn dies überhaupt möglich wäre, keine Gravitation oder Antigravitation, denn dies hätte nichts mehr mit Schwerkraft zu tun. Man müßte dafür eine neue Bezeichnung suchen, die nicht Elektro-Gravitation heißen könnte. Ich nehme an, daß mit Elektro-Gravitation die atom-internen Wechselbeziehungen gemeint waren, die später auf möglichst einfache Art erläutert werden.

Außerdem könnte ein UFO-Antrieb mit gravitativen oder antigravitativen Kräften niemals die für interstellaren oder auch intergalaktischen Flug notwendigen Geschwindigkeiten erzielen, da auf diese Art ein Überschreiten der Lichtgeschwindigkeit aus den hier noch zu beschreibenden Gründen unmöglich ist.

Diese Überlegungen und Erkenntnisse zeigen auf, daß *die als UFOs bezeichneten außerirdischen Flugobjekte nicht mit* Gravitation und Antigravitation, aber auch nicht mit Elektro-Gravitation oder Magnetismus fliegen, eine Behauptung, die zwar scheinbar im Widerspruch zu den in dem Buch „Forschung in Fesseln" von RHO SIGMA (Ventla-Verlag) dargelegten Theorien und auch anderen Aussagen steht, aber in Wirklichkeit nur eine Erweiterung der Erkenntnisse darstellt. Aufgrund seiner Vorarbeiten und Untersuchungen war es möglich, weitere tiefgreifende Überlegungen anzustellen.

Massenträgheit

Je kleiner die Massenträgheit eines Flugkomplexes ist, desto größer kann bei gegebener vernünftig großer Antriebsenergie dessen Beschleunigung sein, und desto leichter ertragen Objekt und Insassen die Beschleunigungen.
Nach Bodeneindrücken und mehreren anderen Berechnungsmöglichkeiten wurden für UFOs je nach Größe ebenso große Massen (Gewichte)

ermittelt, wie sie vergleichsweise auch unsere Raumkapseln haben. Ein Objekt soll, z. B. nach den Eindrücken in Eisenbahnschwellen berechnet, ein Gewicht von ca. 30 Tonnen gehabt haben.

Bei derartigen Gewichtsmassen würde bei den beobachteten Beschleunigungen und gewichts-identischer Massenträgheit ein alles zerstörender Anpressungsdruck von mehreren hundert „g" entstehen, der alles Material und auch die Insassen wie Wasser zerfließen lassen würde. Dieses aber geschieht nicht. Das Erstaunliche daran ist, daß die Insassen solcher Flugobjekte bei abrupten Starts und Abbremsungen sowie bei Wendungen in spitzen Winkeln in Hochgeschwindigkeit die enormen positiven und negativen Beschleunigungen überhaupt nicht spüren. Diese „Immunität" wurde nicht nur bei Außerirdischen beobachtet, sondern sowohl von Ufonauten, als auch von Kontaktlern bestätigt, die behaupten, mit UFOs mitgeflogen zu sein, aber auch medialtelephatisch zum Ausdruck gebracht.

Auch UFO-Insassen unterliegen also der Physik der atomaren Umwandlungen, während unsere Astronauten maximal nur 10 g über kurze Zeitspannen zu ertragen imstande sind und dieser Belastung schutzlos unterliegen.

Die oftmals beobachteten enormen Beschleunigungen der UFOs sind absolut sicher bewiesen. Sie finden für viele Beobachter sichtbar in unserem 4-dimensionalen Raum-Zeit-Kontinuum statt, sie sind daher durchaus als real physikalisch kontrollierbar anzusehen. Es handelt sich hier also nicht um eine Hypothese, eine bloße Annahme, sondern um „experimentell" von den UFOs durchgeführte, tausendfach beobachtete und bestätigte Tatsachen.

So können Massen-Gewicht und Massen-Trägheit bei UFOs nicht identisch oder zumindest zeitweise nicht identisch sein, nämlich während enormer positiver oder negativer Beschleunigungen, aber auch im Moment jeder abrupten Ablenkung, sonst wären solche Manöver unmöglich.

Wir kommen zu der Feststellung:

UFOs beschleunigen enorm in jede beliebige Richtung unabhängig von einer zweiten Masse, also ohne Gravitation.

Sie überwinden ihre Massenträgheit durch deren Verminderung (MTM) bis zu einem Massenträgheitslosigkeits-Effekt oder einer echten Massenträgheits-Losigkeit (MTL) und beschleunigen durch atomare Feld-Antriebsenergie (AGO).

Abrupte Geschwindigkeitsänderungen und Bewegungen, wie sie z. B. in der später beschriebenen und analysierten NAGORA-UFO-Bilderserie zu sehen oder aus dem Beobachtungsfall des Flugkapitäns NASH bekannt sind, wären ohne MTM bzw. MTL vollkommen ausgeschlossen. (Siehe Kapitel „Beobachtungs-Fälle"!)

Nur das Phänomen einer Massenträgheits-Manipulation erlaubt
1. die beobachteten enormen Beschleunigungen in jede Richtung mit möglicher Antriebsenergie,
2. die beobachteten enormen Beschleunigungen ohne Gefahren für Objekte und Insassen, und
3. Reisen mit höchsten Geschwindigkeiten,
   mit Zeitdilatation (z. B. mit 98 Prozent der Lichtgeschwindigkeit),
   mit Über-Lichtgeschwindigkeit,
   mit mehrfacher Lichtgeschwindigkeit
   und mit Teleportation.

Bei den vielen beobachteten UFOs wird im Falle enormer Beschleunigungen und bei Reisen im interstellaren und im intergalaktischen Raum eine Manipulation des inneren Aufbaues des Atoms und seiner inneren Wechselbeziehungen die Materie so weit verändern müssen, daß jene Phänomene überhaupt möglich werden. Dies bestätigen auch die früher schon zitierten medialen Aussagen.
Dabei muß diese Materie-Veränderung für uns nicht einmal sichtbar in Erscheinung treten.

Über-Lichtgeschwindigkeit

Wir haben bereits festgestellt, daß zwischen Gravitation und Massenträgheit wesentliche Unterschiede bestehen und sie zwei verschiedene Aspekte der in den Atomen integrierten Wirkungen darstellen.
Diese Unterschiede müssen daher in der berühmten

EINSTEIN-Formel: $E = m \cdot c^2$,

die immer wieder da zitiert wird, wo von Lichtgeschwindigkeit die Rede ist, berücksichtigt werden.
Bisher wurde diese Formel nur für den Gravitations-Aspekt von Materie, nicht aber für den Massenträgheits-Aspekt zur Anwendung gebracht. Deshalb war Über-Lichtgeschwindigkeit bisher indiskutabel.
Aus unseren neuen Erkenntnissen durch die UFO-Existenz und ihr physikalisches Verhalten resultiert, daß eigentlich zwei Formeln notwendig sind, die den jeweils gegebenen Verhältnissen, also entweder dem

Gravitations-Aspekt mit „m" = Massen-Gewicht- oder dem
Massenträgheits-Aspekt mit „m" = Massen-Trägheit

entsprechen, nämlich
Formel Nr. 1: E = m (grav.) · c²
Formel Nr. 2: E = m (träg.) · c²

Die EINSTEIN-Formel Nr. 1
verbietet Lichtgeschwindigkeit und Über-Lichtgeschwindigkeit, da bei
diesen die Masse und damit auch die erforderliche Energie für weitere Beschleunigung über ca. 300 000 km/sek hinaus, unendlich groß
würde; eine unendlich große Energie aber gibt es nicht.

Die neue Formel Nr. 2 als Übergangsformel
*läßt in bestimmten Fällen Licht- und vielleicht auch Über-Lichtge-
schwindigkeit zu,* da bei einer Massenträgheit = Fast-Null nur relativ
wenig Energie erforderlich ist, um eine trägheitsreduzierte oder quasi
trägheitslose Masse weiter zu beschleunigen.

Bei beiden Formeln kann man nach unseren mathematischen Regeln
die Masse „m" nicht = Null setzen, sonst würde die ganze Gleichung
= Null.
Tatsache ist aber, daß „m" (grav.) praktisch = Null werden kann im
Weltraum-Außenbereich, in dem sich so wenige Himmelskörper bzw.
diese sich in so großem Abstand befinden, daß kein oder kaum noch
ein Gravitationsfeld besteht.

Auch „m" (träg.) muß = Null werden bei enormen UFO-Beschleunigungen, wie wir bereits wiederholt festgestellt haben.

Daraus ist zu schließen, daß beide Formeln nur für Verhältnisse gelten
können, in denen wenn auch nur kleinste Werte für „m" vorhanden sind.
Fehlen auch diese ganz und wird so die Masse in beiden Fällen =
Null, *dann gelten Gesetze, die wir nicht kennen, die aber mit Sicherheit
das Phänomen der Über-Lichtgeschwindigkeit zulassen.*

In unserem besonderen UFO-Fall ist es nicht so, daß die Massenträgheit und / oder die Gravitation = Null werden muß und dann gar nichts
mehr vorhanden wäre; deshalb nenne ich diesen Zustand auch Massen-
trägheits-Losigkeits-*Effekt.* Der Null-Begriff, als das absolute mathematische Null kann nicht angewendet werden, wenn wir nur etwas nicht
mehr sehen oder anderweitig feststellen können, das aber doch in einem anderen Aggregatzustand weiter existiert, wie z. B. esoterische
Begriffe, Schwingungen, Umwandlung von Materie in Energie. Selbst
bei Dematerialisation wird immer noch „Etwas" existieren, das im Re-
materialisations-Fall ja auch wieder in Erscheinung tritt. Im feinmate-

riellen und transzendentalen Bereich wird es den Null-Begriff überhaupt nicht geben, denn *ein absolutes „Nichts" gibt es nicht.*

Was wir unter „Null" verstehen, ist nur ein mathematischer Begriff. Null können wir also nur da in eine Formel einsetzen, wo wirklich „Nichts" ist bzw. „Nichts" sein soll.

Über die Grenzfälle des Noch-Geschwindigkeitsbereiches hinaus oder auch schon bei mehrfacher Lichtgeschwindigkeit, sicher aber bei De-Rematerialisation und bei Teleportation sind also, wenn wir „m" = Null setzen müssen, mangels Masse „m" beide Formeln nicht mehr brauchbar.

Unsere Formeln können also nur für Materie im für uns normalen „groben" Zustand, nicht aber für eine solche im „feineren und feinen", uns noch nicht näher definierbaren höheren „Schwingungszustand" eingesetzt werden. Den Übergang in diese Aggregatzustände wird man im Endeffekt als einen Übergang von Materie in Energie und umgekehrt betrachten können. (Siehe Kapitel „Übergang der Materie in Energie und umgekehrt"!)

Damit wäre dann die Grenze zu einer transzendentalen Physik überschritten, für die uns noch keine Formeln bekannt sind.

So wird uns verständlich, warum bestimmte Außerirdische sich bei medial-telephatischen Kommunikationen als „Energiewesen", und warum sie Überlichtgeschwindigkeit als möglich für den Fall bezeichneten, daß die Materie verändert wird.

Auch die später im Kapitel „UFO-Antriebs-Probleme" noch kurz beschriebene, durch EINSTEINS Relativitäts-Theorie exaktwissenschaftlich gesicherte Zeitdilatation mag, wenn sie bei Überlichtgeschwindigkeit sehr groß oder gar unendlich groß würde, zur Lösung des Problems der Überbrückung immenser Entfernungen beitragen bzw. dafür ausschlaggebend sein.
Bei derart großen Unterschieden zwischen z. B. irdischem und Raumschiff- Zeitablauf würde auch und zusätzlich eine stark überhöhte Zeitdilatation zu einer so enormen Zeitverkürzung führen, daß interstellare oder gar intergalaktische Reisen durchaus in den Bereich der Möglichkeit treten können, so daß das einem Teleportations-Effekt gleichkommen würde.
Während ich dieses niederschreibe, bin ich mir dessen astrophysikalischer „konventioneller Unmöglichkeit", aber auch der Tragweite meiner Aussage durchaus bewußt.

Der Vorgang einer Reduzierung von Massenträgheit auf Null oder ein solcher Effekt kann demnach in letzter Konsequenz mit

Übergang in eine andere Dimension bzw. als *Dematerialisation* bezeichnet werden, die dann eine *Technische Teleportation* ermöglicht, und wobei eine *Rematerialisation* eine solche wieder ausschließt.

(In diesem Zusammenhang sei auf das Kapitel „Drei Erklärungen des Raumreisens" in dem Buch „Auf den Spuren außerirdischer Weltraumschiffe" von Ing. Bryant REEVE, Seiten 140—145, Ventla-Verlag, hingewiesen; d. H.)

Dies alles mag für die meisten Menschen, auch Wissenschaftler, unbegreiflich sein, viele werden eine solche „Theorie" rundweg ablehnen. *Tatsache ist:*

UFOs erscheinen und verschwinden oft plötzlich,

UFOs beschleunigen enorm und unerklärlich,

UFOs „fliegen" anscheinend überlichtschnell, sonst könnten sie nicht in so großer Anzahl und in der beobachteten Verschiedenartigkeit hier bei der Erde erscheinen.

Die Phänomene der De- und Rematerialisation von Materie und deren Teleportation sind erwiesen durch Manifestationen parapsycho- und meta-physikalischer Art.

Das Problem ist also, wie UFOs ihre Massenträgheit auf nahezu Null oder einen Null-Effekt reduzieren können.

Dies ist sicher nur erreichbar mittels ihrer atomaren Superphysik und durch eine uns noch unbekannte Atom-Technologie, die jedes Atom des gesamten Flugkomplexes nicht durch Atom-Reaktoren, sondern durch Atom-Katalysatoren manipuliert und beherrscht. Dabei kann der beschriebene trägheitslose Zustand der Materie nur durch Veränderungen der partikularen und elektrischen Verhältnisse innerhalb jedes Atoms erreichbar sein.

Der UFO-Kontaktler, Versuchs- und Elektronik-Ingenieur für Steuersysteme der US-Atlas-Raumraketen, Dr. Daniel W. FRY, der bereits im Kapitel „Die Physik der Außerirdischen" unter Nr. 6. erwähnt wurde, hatte bei seiner dort beschriebenen Kommunikation u. a. folgende Erklärung gehört:

„Eure Physiker würden die Kraft dieses Feldes den Anti-Aspekt der Binde-Energie des Atoms nennen. Wenn gewisse Elemente, wie z. B. Platin, richtig vorbereitet und einem Sättigungsprozeß durch einen Strahl hochenergiereicher Photonen ausgesetzt werden, *so werden die Binde-Energie-Partikel außerhalb des Kernes erzeugt.* Da diese Partikel nun die Eigenschaft haben, sowohl sich selbst gegenseitig, als auch andere Materie abzustoßen, tendieren sie, wie das Elektron, an die Oberfläche des Metalls, wo sie sich als eine abstoßende Kraft manifestieren."

Gemeint war bei dieser Aussage ein Nicht-berühren-können der Oberfläche des Flugkörpers, was Dr. FRY versucht hatte, und die er als schlüpfrig nichtberührbar empfand.

Als neueste Aussage eines Außerirdischen wurde einem Telepathie-Medium im Juni 1975 auf die Frage, wie Antigravitation erzeugt werden könne, von diesem folgende Erklärung übermittelt:

„Antigravitation entsteht durch Aktivierung der Antigravitation des Elektrons."

Gemeint ist hier bestimmt dasselbe Phänomen wie vorher bei Dr. Fry:

...., so werden die Binde-Energie-Partikel ... *als abstoßende Kraft* ...

Sicher war bei beiden Aussagen nicht von Antigravitation als UFO-Antriebskraft die Rede, sondern eine brauchbare und erwünschte Nebenwirkung der atomaren Antriebstechnik ebenso, wie z. B. die im Kapitel „Die Physik der Außerirdischen" unter Nrn. *8 und 11* bereits beschriebenen Ionisations- und EM-Effekte.

Die Ionisation entsteht durch Abspalten von Elektronen aus den Atomen bzw. durch andere sprunghafte Elementarprozesse, so durch Herunterspringen von Elektronen von einer höheren Bahn auf eine niedere innerhalb einer hundertmillionstel Sekunde, wobei die Energiedifferenz, die zwischen den beiden Bahnen besteht, als ein Lichtquant abschießt. Dies ist sinngemäß nachzulesen in dem Buch von Heinz HABER „Bausteine unserer Welt", Seite 76. Bei diesen als „Quantensprung" bezeichneten Prozessen können Millionen Elektronenvolt frei werden; und so braucht es uns nicht zu wundern, wenn UFO-Beobachter von oft so gewaltigen Effekten berichten, wie wir sie bereits beschrieben haben.

Das Ganze weist auf eine atomare Strukturwandlung der Materie hin, die den bei den beobachteten Flugmanövern unbedingt erforderlichen Trägheits-Minderungs-Effekt und die Antriebs-Energie hervorruft.

Solche ineinander übergehende Zusammenhänge im Atom diskutierten auch schon *Professor EINSTEIN* und sein ehemaliger Schüler, der For-

Skizzenhafte Darstellung eines Atoms
übergeben von einem anonymen Atom-Physiker

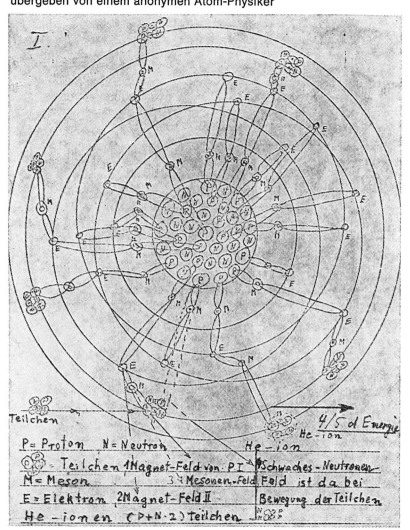

Nach diesem Bild können dies Helium-Ionen (P+N · 2) Teilchen sein. Dabei entstehen dann: 1. Magnet-Feld von P I, 2. Magnet-Feld II vom Elektron, 3. Mesonen-Feld, 4. Schwaches Neutronen-Feld bei Bewegung des Teilchens.

Hier entsteht 4- und 5-dimensionale Energie, die mit der von mir (d. A.) mit AGO bezeichneten Antriebsenergie identisch sein dürfte.

scher *Dr. Erwin J. SAXL* aus Harvard (USA), der dann auch diese *Wechselbeziehungen experimentell bewies.* (Siehe auch Kapitel „Physik der Außerirdischen" Nr. 6.!)

Bei uns geht es nicht um exakte atomwissenschaftliche Auseinandersetzungen, sondern um prinzipielle Erläuterungen und die klare Feststellung, daß es sich bei der von UFOs angewandten Physik um eine uns weitgehend unbekannte Super-Atomphysik überhaupt handelt und, daß die tausendfach beobachteten Phänomene nur aus einer solchen Physik resultieren können.

Nur Experten auf diesen besonderen Gebieten der Atom- und Quanten-Physik werden eines Tages die notwendigen Erklärungen und Details geben können, die zu einer entsprechenden Technologie auch bei uns auf der Erde führen werden.

Nach der folgenden, von einem anonymen Atomphysiker stammenden skizzenartigen Darstellung entstehen bei der für den UFO-Flug notwendigen Atom-Manipulation 4- und 5-dimensionale Energie-Vektoren, die mit unserer Bezeichnung „AGO" identisch sein dürften.

Durch die Wechselbeziehungen zwischen den im Atom integrierten Komponenten und Faktoren entstehen die anderen notwendigen Zustandsformen und Aggregatzustände der Materie des Flugkomplexes „MTM" und „MTL".

Wenn auch die auf Seite 161 abgebildete Skizze nicht alles ganz klar verdeutlichen kann, so scheint sie mir doch für ein besseres Verständnis von gewisser Wichtigkeit.

Prinzip-Skizzen, die von demselben anonymen Atomphysiker stammen, zeigen u. a. einen *„Plasma-Amalgamation-Generator".*

Auch aus einer anderen Skizze von einem jungen österreichischen Atomphysiker, der ein höchstleistungsfähiges *„Protonen-Triebwerk"* konzipierte und beschrieb, geht hervor, daß es sich dabei immer um Technologien handelt, die auf dem Beschleuniger-Prinzip beruhen und mit elektrischen Hochspannungen, beschleunigtem Plasma, elektrischen Feldern, Magnetkammern und Magnetfeldern arbeiten.

Ob und wieweit diese Anordnungen den von den UFOs benutzten Katalysatoren ähnlich sind, ist eine andere noch nicht zu beantwortende Frage. Auf Einzelheiten einzugehen, ist hier und jetzt auch völlig unmöglich, denn diese Atom-Technologie ist noch vielzuwenig erforscht, was uns auf der Erde einen Bau von UFO-ähnlichen Flugobjekten derzeit noch verbietet bzw. diesen uns unmöglich macht.

Es soll hier nur gezeigt und bewiesen werden, daß UFOs diese Physik und Technik benutzen, denn nur diese machen ihre beobachteten Flugmanöver, ihre physikalischen Eigenschaften und ihre reale Existenz überhaupt erst möglich.

Ein weiteres technologisches Problem stellen die Regulationsmechanismen für die vorher beschriebenen Energien und Felder dar. Nur gerichtete und gequantelte Energien können als Kraftvektoren jedes einzelne Atom eines Flugkomplexes mit der gewollten Beschleunigung in die gewollte Richtung bringen. Über diese Regeltechnik bei UFOs weiß man praktisch nichts.

Die beobachteten phänomenalen Manifestationen der UFO-Technik (übrigens ebenso der Parapsycho- und der Metaphysik) funktionieren alle fast ganz ohne komplizierte Konstruktionselemente, die eine typisch irdische Technologie darstellen. Sie beruhen auf einer Felder-Physik, auf Kraftfeldern, Magnetfeldern, Gravitationsfeldern und erfordern deshalb keine elektrischen Leitungen, keine Dampf-, Wasser-, Luft- oder Ölleitungen, wie sie diese „groben" Energien zu ihrem Transport brauchen. Die Felder wirken als „feinere" Energien gegenseitig, wechselseitig, beeinflussend durch integrierte Vektoren und Faktoren.

Vorgeschichtliche Technologien, die oft als „technische Hochkulturen" bezeichnet werden, verwendeten nach den bekannten Analysen ihrer Hinterlassenschaften und nach Überlieferungen bereits diese Energiefelder in ihrer „Technik" und noch feinere geistige Felder für überlieferte Phänomene, die manche von ihnen herbeizuführen imstande waren, und die wir jetzt von der Parapsychologie her kennen.

Deshalb fanden weder Archäologen noch Erich v. Däniken jemals Zeugen einer technischen Hochkultur, wie wir sie kennen. Sie fanden keine Eisenbahnschienen, keine Überreste von Stahlteilen, keine Autoteile, keine Flugzeugteile, auch keine elektrischen Kupferleitungen und keine Stahlbetonteile usw.

Auch die UFO-Technik ist wahrscheinlich viel einfacher als wir uns vorstellen, wie von Außerirdischen wiederholt angedeutet wurde.

Man denke in diesem Zusammenhang an die im Prinzip einfache Konstruktion einer Atombombe, die so einfach ist, daß, wie am 26. 6. 1974 in Radionachrichten berichtet wurde, die große Gefahr bestehe, daß sie in Bälde sogar Gangsterbanden herstellen könnten.

Die Gefahr einer falschen Anwendung aller dieser Atomkräfte ist bei dem ethischen und moralischen Tiefstand der irdischen Bevölkerung sehr groß, und man sollte sich nicht wundern, wenn uns die außer-

163

irdischen Planetarier in diese Dinge nicht so einweihen, wie manche Menschen dies wünschen, die das zurückhaltende und vorsichtig-ablehnende Verhalten jener nicht verstehen.

Es kann gar kein Zweifel daran bestehen, daß eine wie bisher beschriebene Atom-Physik allein die außerirdischen Raum-Flugobjekte befähigt, die Riesenentfernungen zwischen Planeten, Sonnensystemen und evtl. Galaxien in angemessener oder auch kürzester Zeit zu durcheilen.

Dies ist wieder einmal mehr der Beweis, daß sie außerirdische Flugobjekte sein müssen, und eine plausible Erklärung, wie sie es zustande bringen, die kosmischen Riesenentfernungen zu bewältigen.

Die „Schöpfung", die Erschaffung der Welt durch die Urkraft der Gravitation

Alle Materie entstand und entsteht noch immer durch gravitative Zusammenballung super-feinstverteilter kosmischer Gase und Nebel, die aus feiner materieller Substanz bestehen, und deren bereits dichtere „Wolken" durch unsere Fernrohre sichtbar sind.

Diese Substanz mag durch Umwandlung aus Energie, wie in dem Kapitel „Übergang der Materie in Energie und umgekehrt" dieses Buches dargestellt, durch die

„Herrschaft des göttlichen Geistes über die Materie"

entstehen. Der dabei vorhandene *gravitative Aspekt* jedes Partikels dieser Substanz führt im Laufe von immensen Zeiträumen zu immer stärkeren Verdichtungen. Die dabei entstehende enorme Wärmeentwicklung von Millionen Grad Celsius durch den ungeheuren gravitativen Druck von Millionen Atmosphären führen bekanntlich, bewiesen durch unsere Sonne, über Kernfusion und andere atomare Wechselbeziehungen zu der Bildung von sich drehenden Sonnen, von denen sich andere Himmelskörper, wie Planeten und Monde, bei Explosionen abspalten. Bei diesen Explosionen, die als Supernovae von Astronomen beobachtet wurden, werden jene durch Wirbelbildung und Rotation abgeschleudert und durch allmähliches Erkalten zu gasförmiger, flüssiger und zu fester Materie.

Diese Theorie stimmt weitgehend mit der des deutschen Physikers Professor Freiherr von Weizsäcker aus dem Jahre 1938 überein.

Ich halte aus vorstehenden Gründen zumindest natürliche Antigravitation für unmöglich. Es wurden noch keine Massen irgendwelcher Art beobachtet, die dadurch auseinanderstrebten.

Foto des Andromeda-Nebels. Eine Weltinsel aus Milliarden Sonnen mit einem Durchmesser von etwa 160 000 Lichtjahren in 2,25 Millionen Lichtjahren Entfernung. (Aufnahme: Mt. Wilson-Observatorium)

Die Behauptung, daß durch die sogenannte Rotverschiebung der Spektrallinien im Hubble-Effekt, ähnlich wie im Doppler-Effekt, ein Auseinanderfliegen aller Galaxien mit immer höherer Geschwindigkeit, je weiter sie entfernt sind, bewiesen sei, dürfte auf einem Trugschluß beruhen und in Wirklichkeit nicht stattfinden.

Auch das zu uns kommende Sonnenlicht zeigt eine Rotverschiebung, obwohl hier nicht von einem Auseinanderstreben gesprochen werden kann. Das beruht nach der Relativitätstheorie darauf, daß die ausgesendeten Lichtquanten Masse haben und daher gegen die Gravitations-Anziehung der Sonne Arbeit leisten. Die extreme Größe des Hubble-Effektes bei den Quasaren beweist diese Besonderheit. Die von diesen ausgesendeten Lichtquanten müssen bei deren Super-Materie und ihrer riesigen Gravitation natürlich noch mehr Arbeit leisten, was die Rotverschiebung auslöst.

Die spektrale Rotverschiebung ist deshalb zur Stützung dieser Theorie des immer schnelleren Auseinanderfliegens nicht brauchbar.

Nur die Gravitation ist Vorbedingung für die Bildung und den Zusammenhalt der Materie des „sichtbaren" Universums, also für dessen Existenz. Ein Auseinanderstreben durch Antigravitation hätte primär eine Zerstreuung der kosmischen Gas- und Materie-Partikel zur Folge und könnte deshalb niemals zu einer materiellen Zusammenballung, zu einer Bildung von Materie mit allen ihren Konsequenzen führen. Es gäbe keine Materie, es entstünden keine Sonnen, keine Planeten, kein Leben. Alles würde durch Auflösung auseinanderfliegen, aber nicht wie bei der Theorie eines einzigen Urknalles, wie viele immer noch glauben, denn dabei müßte ja schon eine Riesen-Materie vorhanden gewesen sein, und woher käme dann diese?

Materie kann nur durch Umwandlung aus Energie entstehen. Diese Energie kann man als göttlich bezeichnen.

Ein einmaliger Urknall kann niemals ein primärer Schöpfungsakt sein. Solche Explosionen kann man nur als sekundäre Ereignisse, vielleicht in Form der bekannten Supernovae, ansehen, wie eine derartige, von chinesischen Astronomen im Jahre 1054 n. Chr. beobachtet worden war und deren Überreste als sogenannter „Krebsnebel" im Sternbild des Stieres heute noch zu sehen sind. Eine andere Supernova blitzte im Mai 1940 in dem Spiralnebel NGC 4725 auf.

(Im Zusammenhang mit Gravitation sei auch auf die kurze Beschreibung der Pulsare, Quasare und schwarzen Löcher im Kapitel „Homogenität der Physik im Universum?" hingewiesen!)

KAPITEL 14

UFO-Antriebs-Probleme

Im ZDF, dem Zweiten Deutschen Fernsehen, hielt im Januar 1972 in der Sendereihe „Querschnitt" der Fernseh-Wissenschaftler Prof. Dr. Hoimar v. Ditfurth ein Referat, das dann im „X magazin vom Juli 1972", einer Zeitschrift „für naturwissenschaft und technik" mit dem Kommentar „45 erstklassige Fernsehminuten" unter folgendem Titel publiziert wurde:

„UFOs Science fiction – oder Wirklichkeit?"

Professor Hoimar v. Ditfurth kam nach den bei Wissenschaftlern üblichen (Un-)Wahrscheinlichkeits-Rechnungen über eventuelle mögliche Kulturen im Universum und den angeblich noch viel selteneren technischen Kulturen, obwohl es von Leben dort geradezu wimmele, zu dem Schluß, daß erst 800 Lichtjahre entfernt – *statistisch gesehen* – technisch fortgeschrittene Intelligenzen leben.

Prof. H. v. Ditfurth glaubt also lieber an seine Statistik und hält UFOs für unmöglich, als daß er ihre oftmals erwiesene tatsächliche Anwesenheit bei der Erde für einen Beweis ansieht, daß seine Statistik ein Irrtum ist.

Prof. Hoimar v. Ditfurth stellt dann die Frage, ob es nur eine Frage der Zeit sei, bis wir sie besuchen, und beantwortet sie auch sofort mit der Feststellung, daß dies eine Frage der Reisezeit sei, denn 800 Lichtjahre, die Entfernung also, für die ein Lichtstrahl 800 Jahre benötigt, sei eine unvorstellbare Entfernung.

Sodann stellt er die Frage, ob es einer zukünftigen Technologie gelingen könnte, derartige Entfernungen zu überbrücken, vergißt aber dabei oder hält es nicht für möglich, daß dies außerirdischen Zivilisationen vielleicht schon längst gelungen sein könnte.

Dann kommt Prof. v. D. auf die *Zeitdilatation – eine Zeitdehnung –* zu sprechen, denn je näher die Raumschiffe der Lichtgeschwindigkeit kämen, desto größer wird die Differenz zwischen irdischer und Raumschiffzeit. *(Ende des Zitates)*

Die Zeitdilatation ist eine wissenschaftlich gesicherte Tatsache und wurde in der einschlägigen, aber auch in der UFO-Literatur so oft beschrieben, daß diese Zeitdehnung bei nahezu Lichtgeschwindigkeit als bekannt vorausgesetzt werden kann. Sie bringt bei Raumreisen einen erheblichen Gewinn an Zeit für die Raumschiff-Besatzung. Interstellare und intergalaktische Reisen werden für uns dadurch aber kaum wahrscheinlicher bzw. möglicher, solange wir irgendeine, uns bisher bekannte oder auch nur denkbare Technologie eines Antriebes in Erwägung ziehen.

Um es gleich vorwegzunehmen:

Der eigentliche Antrieb allein löst nicht das Problem des UFO-Fluges; dazu sind noch einige andere physikalische Voraussetzungen erforderlich, die in diesem und den anderen Kapiteln über physikalische Einzelheiten beschrieben sind.

Bei den UFOs allerdings dürfte die Zeitdilatation mit ein ausschlaggebender Faktor bei ihren Raumreisen sein. Sie überbrücken durch diese, und nicht nur durch sie, Zeiträume, die ihre Existenz in anderen als uns geläufigen Zeitdimensionen erscheinen läßt.

Dies kann dann für irdisch-menschliche Beobachter so erscheinen, als kämen sie aus einer, aus ihrer „anderen Zeit", und das dürfte manche für uns rätselhafte Erscheinung bei UFO-Kontakten glaubhaft machen, so daß man in einem solchen Fall nicht sagen sollte, ein solches phantastisches Ereignis könne es nicht geben.

Aus einer, aus unserer eigenen irdischen ferneren Zukunft, wie manche anzunehmen bereit sind, dürften sie allerdings auch durch die Zeitdilatation plus Teleportation nicht kommen können.

Prof. Hoimar v. Ditfurth fuhr dann fort:

Doch ob wir es je schaffen, die Lichtgeschwindigkeit annähernd zu erreichen, sei eine andere Sache. Bei 98 Prozent der Lichtgeschwindigkeit von 300 000 Kilometer pro Sekunde wird die Zeit so gedehnt, daß Astronauten fünfmal langsamer altern als auf der Erde zurückgebliebene Menschen. Dies sei ein gesichertes Ergebnis von EINSTEINs Relativitätstheorie.

Prof. Hoimar v. Ditfurth meint dann,

das in Frage kommende Verkehrsmittel hierfür könne nur die Rakete sein. Eine andere Antriebsart als das Rückstoßprinzip sei im leeren Weltraum nicht denkbar.

Mein Kommentar:
Hier irrt Prof. Hoimar v. Ditfurth!

Das Ziel der Raketenbauer, sagte er weiter, sei also vorgegeben, nämlich möglichst starker Rückstoß, d. h. möglichst schneller Raketenstrahl aus der Düse.

Unsere heutigen chemischen Antriebe seien hierbei erst ein kümmerlicher Anfang. Aber bessere Antriebssysteme seien bereits konzipiert: Ionentriebwerke, Atomtriebwerke. Und die heute noch utopische „Zähmung der Wasserstoffbombe", die Kernfusion, könnte dereinst zum Wasserstoff-Antrieb führen. Dann kam Prof. v. Ditfurth noch auf das Nonplusultra aller Raketenträume zu sprechen, die Photonenrakete, bei der der Raketenstrahl aus einem gewaltigen Lichtbündel bestehe, das durch restlose Zerstrahlung von Materie entstehe.

Mehr Energie und höhere Strahlgeschwindigkeit liefere kein Antrieb dieser Welt.

Sodann kommt der Professor noch auf die Beschleunigungsdrücke zu sprechen, die eine interstellare Raumfahrt nun vollends unmöglich machen.

Aus diesem voreingenommenen, allerdings wissenschaftlich mehr oder minder „gesicherten" Standpunkt heraus, meint er weiter, daß es nun auch für UFOs unmöglich sei, bei uns zu erscheinen oder gar zu landen.

Und er sagte: „Auch UFOs haben's schwer."

So schwierig es für uns Menschen sei, den erdnahen Raum zu verlassen, *so unwahrscheinlich sei es, daß „Fliegende Untertassen" eines Tages auf der Erde landen.*

Mein Kommentar: Das wäre tatsächlich so, wenn die Physik im Universum homogen wäre oder wenn wir schon alles wüßten, und wenn sie nicht schon lange gelandet wären.

Schließlich sagte Prof. Hoimar v. Ditfurth: „Trotzdem tauchen immer wieder Fotos von UFOs auf, die von vielen Menschen als echt betrachtet werden. Auch UFOs müßten 300 Jahre für eine Reise zu uns drangeben, wollten sie einen Ausflug zur Erde unternehmen. Schon aus diesem Grund darf man den ‚Augenzeugen' von UFOs oder den ‚persönlichen Vertrauten' von Außerirdischen getrost einen Irrtum unterstellen."

Prof. Hoimar v. Ditfurth hielt im September 1974 wieder in derselben Sendereihe „Querschnitt" im ZDF ein neues Kolloquium mit dem Titel „WARUM ICH NICHT AN UFOS GLAUBE", das im Prinzip dieselben Argumente gegen UFOs erbrachte wie zwei Jahre vorher.

Nun wissen wir es wieder einmal mehr, daß alles, was mit UFOs, mit deren Geheimhaltung durch die NASA, die US Air Force, durch die Staatsmänner, die Behörden, die UNO und nicht zuletzt seit 25 Jahren, mit mehreren Millionen Menschen, die sie sahen, und mit allen Forschungen der UFO-Experten zu tun hat, ein einziger großer Irrtum gewesen sein soll und auch heute noch ein solcher sei.

Prof. Dr. Hoimar v. Ditfurth sagte zu Anfang:
   „Nach Schätzungen gebe es in der Milchstraße 12 Milliarden Planeten, die von intelligenten Wesen bewohnt seien. *Darin wimmelt es von Leben.*"

Prof. Heinz Kaminski, Leiter des Institutes für Satelliten- und Weltraum-Forschung an der Sternwarte Bochum, ist dagegen der Ansicht, daß:
   „Die Existenz menschlichen intelligenten Lebens auf dieser Erde ein einmaliger Sonderfall im Universum sei."

Wer hat nun recht, wo liegt hier der Irrtum?

Zugegeben, man kann weder das eine noch das andere beweisen, WENN MAN NICHT DIE UFOLOGIE ZU HILFE NIMMT.

Was haben alle Schätzungen, Wahrscheinlichkeits-Rechnungen und Statistiken für einen Sinn, wenn so widersprüchliche Behauptungen von Experten aufgestellt werden?

Im Gegensatz zu diesen hundertprozentig konträren spekulativen Behauptungen exakter Wissenschaftler haben wir in der Ufologie geradezu handfeste Beweise, die sich um ein Vielfaches vermehren würden, wenn die betreffenden Behörden und Institutionen ihre Geheimhaltung aufgeben und die in Tresoren gehorteten Beweise freigeben würden.
Der Irrtum beginnt mit der Feststellung oder Behauptung, daß eine andere Antriebsart als das raketenartige Rückstoßprinzip im leeren Weltraum nicht denkbar sei.
Gerade aber dieses Problem ist im tausendmal vorgeführten UFO-Antriebsprinzip glänzend gelöst und durch die beobachteten Flugmanöver so weit für uns verständlich, daß wir mit absoluter Sicherheit feststellen können, daß es im wesentlichen kein Raketen-Rückstoßprinzip bei UFOs gibt. Ihre Antriebsprinzipien beruhen auf ganz anderen physikalischen Grundlagen.

Die Wissenschaftler, die heute noch glauben, daß nur das Rückstoßprinzip für Reisen im „leeren" Raum geeignet sei, verhalten sich dem

UFO-Antrieb gegenüber so, wie vor Jahrzehnten diejenigen, die glaubten, nur der Antrieb durch Propeller sei bei Flugzeugen im Luftraum möglich, und die sich das Rückstoßprinzip weder hier, noch im leeren Raum als wirkungsvoll vorstellen konnten.

Es verhält sich doch im Fortschritt der Technik

der Propeller-Antrieb   zum Düsenstrahl-Triebwerk
wie die Dampf-Eisenbahn   zur Magnetschwebe-Technik
und das Düsenstrahl-Triebwerk   zum *UFO-Antrieb*.

Die von der Firma MESSERSCHMITT-BÖLKOW-BLOHM in Ottobrunn bei München und von der Firma KRAUSS-MAFFEI in München entwickelte und in Versuchen bereits fortgeschrittene „Magnetschwebe-Technik" benutzt bereits keinen Antrieb im üblichen Sinne mehr, sondern *fortlaufende Magnet-Felder,* denen ein Fahrzeug (Zug) freischwebend folgt.

Ähnlich „fliegen" auch die außerirdischen Flugobjekte, angetrieben durch atomare Energie-Felder („AGO", siehe Kapitel „UFO-Phänomene — Atom-Physik"!), nicht also mit Hilfe von Düsenstrahl-Triebwerken oder -Raketen.

Es ist vollkommen ausgeschlossen, daß wir mit unserer derzeitigen irdischen Physik und Technologie ein diskusförmiges Flugobjekt, das die UFOs meist darstellen, bauen könnten, das die gezeigten und vorgeführten Flugeigenschaften besitzt. Weder von der Aerodynamik, noch von der Flugzeugtechnik und der eigentlichen Flugtechnik her ist der Bau und der Flug eines solchen Flugkörpers mit den gezeigten Eigenschaften möglich. Er würde bei dem oft beobachteten Flug mit dem größten Querschnitt gegen den Luftwiderstand in Erdnähe, und auch aus anderen Gründen, niemals die gezeigten Beschleunigungen erreichen, würde über die schmale Kante „abschmieren" und abstürzen, da er in der Atmosphäre ohne jede Leitfläche der Schwerkraft und dem Luftwiderstand hilflos ausgeliefert wäre, außer durch Benützung von Düsentriebwerk und Düsensteuerung. Solche aber wurden bei UFOs kaum beobachtet und wären aus Gründen des Treibstoff-Nachschubs indiskutabel, da sie schon allein dadurch immer noch keine interstellaren oder intergalaktischen Reisen durchführen könnten.

Für solche Reisen ist unbedingt eine unserer exakten Wissenschaft noch weitgehend unbekannte Physik und Technologie erforderlich, die möglich macht, was uns die UFOs immer wieder vorführen, nämlich das Zickzack-Fliegen, die enormen Beschleunigungen, die immensen

Geschwindigkeiten und die gute Verträglichkeit aller dieser Flug-eigenschaften für die Insassen.

Sie beschleunigen nicht von einem Triebwerk her ein Raumschiff und über die Inneneinrichtung die Insassen, sondern beschleunigt wird alles, von jedem einzelnen Atom her, also mit seinem gesamten Masse-Komplex, auch mit der atomaren Struktur der Insassen, so daß auf diese keine, weder von g (Schwerkraft=Gravitation), noch von Masse (Massenträgheit) herrührende äußere Belastung zukommt.

Nur die in dem Kapitel „UFO-Phänomene — Atom-Physik" beschrie-bene Massenträgheits-Minderung „MTM" in Verbindung mit „AGO"-Antriebs-Energien als Vektoren aus den Atomen ermöglichen den ty-pischen UFO-Flug, niemals aber irgendein Düsenstrahl-Rückstoß-Prinzip, sei es auch noch so stark und noch so „zukünftig".

Von Kontaktlern ebenso wie von den vielen Tausenden anderer, also Nur-Beobachtern von UFOs, werden immer wieder ganz bestimmte Eigenschaften dieser Flugobjekte geschildert und beschrieben, die dar-auf hinweisen, daß sie eine völlig andere Technologie benutzen als die aller irdischen Luftschiffe, Flugzeuge, Raketen und Raumschiffe (z. B. Saturn-Apollo).

Man hört bei ihnen weder im Flug, noch im „Stand" wesentliche Ge-räusche, so daß ein Raketen- oder Triebwerk-ähnlicher Antrieb nach dem Rückstoßprinzip von vornherein ausscheidet.

Andererseits treten Phänomene verschiedenartiger Intensität, je nach Leistungsbedarf bzw. Leistungsabgabe auf, die auf äußerst große elek-trische und magnetische Potentiale hinweisen.

Dieses festzustellen sind Laien auf technischen und physikalischen Gebieten kaum fähig, und die große Masse der Beobachter und Kon-taktler waren und sind eben einfache Laien.

Sie waren alle nicht auf eine Beobachtung oder einen Kontakt mit einem außerirdischen Flugobjekt vorbereitet, sondern diese erfolgten fast immer spontan.

Mit diesen Feststellungen ist bewiesen, daß es durchaus andere An-triebsmöglichkeiten gibt, als das bei uns übliche raketenartige Rück-stoßprinzip, womit die Behauptung, daß eine andere Antriebsart als dieses Rückstoßprinzip im „leeren" Weltraum nicht denkbar sei, bereits glänzend widerlegt ist.

Wir können die von Professor Hoimar v. Ditfurth zitierten möglichen Antriebsarten alle vergessen, denn sie kommen für die hier zur Debatte stehenden und durch die UFOs vorgeführten Raumfahrtzwecke alle nicht in Betracht.

Wie aber bringen die Außerirdischen diese Atom-Verwandlung in Gang? Wie bewirken sie das Freiwerden der für den „Flug" und die Flugmanöver notwendigen Energien?

Dieses kann man sich nur vorstellen durch Dazwischenschalten von Vermittlern, von sogenannten Katalysatoren, wie auch wir sie in unserer Technologie und Chemie verwenden müssen.

Es wird von Kontaktlern oft von „Sonnenenergie" als Antriebs-Energie der UFOs berichtet. Dieses aber erscheint mir so, wie wir uns Sonnenenergie vorstellen, als sehr unwahrscheinlich, denn eine solche wäre im freien Weltraum z. B. zwischen zwei oder mehreren weit auseinanderliegenden Sonnen und auch auf der Nachtseite von Planeten nur sehr schwach bzw. gleich Null, also für Raumreisen zu unstabil, zu sehr schwankend, es sei denn, man könnte sie irgendwie speichern.

Anzunehmen ist dagegen, daß sie atomare Energie meinen, wie sie bei der Tätigkeit der Sonne als Kernfusion aktiv ist. Es ist daher wahrscheinlich, daß die in folgendem berichteten Anordnungen und Energien als Katalysatoren eingesetzt werden.

Als solche könnte man folgende Medien bezeichnen, die mehrere Kontaktler verschiedener Raumschiff-Besatzungen in allerdings und verständlicherweise nur sehr oberflächlicher und einfacher Erklärungsart beschrieben haben, z. B.:

Das Fahrzeug fliegt mit Lichtgeschwindigkeit, angetrieben von *zwölf parallelgekoppelten Quarzstäben.*

Analyse eines bei einer beobachteten Reparatur aus einem UFO geworfenen Teilstückes: halbdurchsichtiger grobkristalliner Quarz, spez. Gew. 2,652 bei 22 ° C.

(Fall „Gösta Carlsson", beschrieben in UN 193, Sept., und in UN 194, Okt. 1972)

Andere nennen:
Eine Quarz-Säule
Große Kristalle

Sonnen-Energie
Ständiger Zufluß hoch energiereicher Elektronen von der Sonne. Zwischen beiden Polen des Sammlers ein Potentialgefälle. Freie Elektronen in Riesenmengen. Elektronenfluß durch Kraftringe erzeugt ein sehr starkes Magnetfeld.
Dr. D. FRY „Erlebnis von White Sands", S. 52. (Ventla-Verlag)

Sonnenräder
Brennstoff ist Wasser; H für Antrieb, O für Atmung.
Stefan DENAERDE „Menschen vom Planeten Jarga", S. 219. (Econ-Verlag)

Sonnen-Motoren

Sonnenstahl als Material der Motoren, 6 fässerartige Sonnenmotoren fangen Sonnenenergie auf und wandeln diese in Antriebskraft für das „Schiff" um. Propulsatoren und Impulsatoren, je 2 Stück in Tätigkeit.

Artur BERLET „Im Raumschiff von Planet zu Planet" S. 142 und 208. (Ventla-Verlag)

Sonnen-Energie

Antischwerkraft-Flugapparate, die sich mittels eines Kerns konzentrierter Sonnenenergie bewegen.

Adolf SCHNEIDER „Besucher aus dem All" Seite 230 (Bauer-Verlag, Freiburg)

Vakuum und *Vibration*

werden einige Male genannt.

Alle diese Angaben sind sicher nur Andeutungen. Sie sind Aussagen, wie es gerade verstanden oder, besser gesagt, eben *nicht* verstanden wurde.

Genauere Beschreibungen von Antriebs-Methoden und Antriebs-Aggregaten außerirdischer Flugobjekte sind natürlich nirgends zu finden. Versuchte Erklärungen und Konzepte sind reine Spekulationen.

Man kann sie nur an ihren Wirkungen auf die Flugobjekte und deren Umgebung einigermaßen analysieren, was in den betreffenden Kapiteln dieses Buches geschehen ist.

Danach entstehen durch Wechselbeziehungen atomarer Faktoren, also durch atomelektrische Umwandlung:

steuerbare Magnetfelder, steuerbare Gravitationsfelder,

steuerbare Trägheitsfaktoren (MTM und MTL) und

steuerbare Antriebs-Vektoren (AGO), wodurch alle bei UFOs auftretenden und tausendfach beobachteten Phänomene erklärbar werden, die in dem Kapitel „Die Physik der Außerirdischen" ausführlich beschrieben sind.

Die Massenträgheits-Manipulierbarkeit oder ein analoger Effekt als atomare Wechselbeziehung zu den anderen Faktoren des Atoms wird hiermit als wesentlicher Bestandteil der UFO-Physik neu erkannt, und die UFOs stellen dies durch ihre enormen Beschleunigungen unter Beweis.

Höchstwahrscheinlich ist diese atomare Struktur-Wandlung auch das Geheimnis der Verwandlungen bei vielen parapsycho-physikalischen Phänomenen und Manifestationen.

Nicht also die Kernphysik nach unserer bisherigen Art, in Form einer Spaltung und Zerstörung, sondern die atomelektrische Umwandlung wird die Phänomene der „höheren Dimensionen" hervorrufen. Dadurch dürften auch verschiedene, bei den UFOs und ihren Besatzungen aufgetretene Phänomene parapsycho-physikalischer Art ihre Deutung und Erklärung finden.

Die Außerirdischen beherrschen eine für uns transzendente Physik, die für viele so rätselhaft ist, daß sie nicht an UFOs glauben können.

Schließlich soll noch die Methode beschrieben werden, wie die Fortbewegung eines Flugobjektes in eine bestimmte Richtung mit Hilfe eines erzeugten resultierenden Feldes von Energie-Vektoren vor sich gehen kann.
Das erklärte ein Außerirdischer dem bereits erwähnten Wissenschaftler, Forscher und Elektronik-Ingenieur Dr. Daniel W. FRY, der an der Entwicklung der Leitsysteme für die Träger-Raketen unserer Raumfahrt beteiligt war, und der als UFO-Kontaktler von dem Raketen-Prüfgelände White Sands, New Mexico, aus nach New York und zurück in einem ferngesteuerten unbemannten UFO mitgenommen wurde, folgendermaßen durch elektromagnetische oder ähnliche Kommunikation (Lautsprecher?):
„Wie du weißt, erzeugt jedes Magnetfeld, das sich in seiner Intensität verändert, ein elektrisches Feld, das in jedem Moment in der Amplitude gleich, in der Polarität entgegengesetzt und senkrecht zum Magnetfeld stehend angeordnet ist. Wenn die beiden Felder in gegenseitige Resonanz treten, wird eine Vektorkraft erzeugt. Der Effekt des resultierenden Feldes ist mit dem Effekt eines Gravitations- (bzw. Energie-; d. A.) Feldes identisch. Wenn das Zentrum des resultierenden Feldes mit dem Gesamtschwerpunkt des Schiffes übereinstimmt, tritt als einziger *Effekt eine Erhöhung der Trägheit oder der Masse des Schiffes ein"!*

Hier tritt also schon eine Masse- bzw. Trägheits-Manipulierbarkeit auf.

In folgendem werden die Sätze entsprechend unserer Erkenntnis über die Vektor-Kraft jedes Atoms („AGO") gegenüber den Sätzen bei Dr. FRY etwas abgeändert.
Es heißt dann:

„Stimmt das atomische Schwerpunktefeld des gesamten Schiffskomplexes (Schiff inkl. Besatzung) jedoch mit dem aus dem „Antrieb" resultierenden Vektorenfeld durch Verschiebung in eine bestimmte Richtung *nicht* überein, so beginnt das Schiff sich in diese Richtung des resultierenden Feldes zu beschleunigen.

Da dieses System, das dieses Feld erzeugt, ein Teil des Schiffes ist, bewegt sich dieses natürlich mit dem Schiff und erzeugt ununterbrochen ein resultierendes Feld, dessen Anziehungspunkte kurz vor dem Schwerpunktefeld des Schiffes liegen, wodurch das Schiff so lange beschleunigt wird, wie das Feld besteht.

Um das Schiff zu verlangsamen oder anzuhalten, werden die Regler so eingestellt, daß das Feld kurz hinter dem Schwerpunktefeld erzeugt wird, woraus eine negative Beschleunigung resultiert."
(Buch Dr. Daniel FRY: „Erlebnis von White Sands" S. 52—53, Ventla-Verlag)

Wenn ich mit *dieser* Auslegung des Vektoren-Antriebes auch nicht ganz einverstanden bin, so zeigt sie doch das Prinzip auf. Ich sehe die Vektoren und Felder mehr „atom-intern" integriert.

Allerdings ist zu bedenken, daß diese Dinge alle nicht ganz einfach in Worte zu fassen sind.

So stellt sich der UFO-Antrieb als technologische Kombination für Antrieb und Richtungsänderung mit Massenträgheits-Minderung (MTM) bei einem nahezu unbegrenzten Energie-Angebot (AGO) mit höchstem Wirkungsgrad und ohne wesentliche mechanisch bewegte Teile dar; als ein neues Prinzip, das seiner Ursache nach auf der Manipulation der elektrischen und damit auch aller anderen Eigenschaften und Inhalte des Atoms beruht. Die entstehenden atomar internen Felder geben dem Raumschiff alle für einen Raumflug notwendigen Eigenschaften und Vorbedingungen in geradezu idealer Weise, wie sie so oft beobachtet wurden. Die Felder entstehen, bewirkt durch Katalysatoren, atomelektrisch aus jedem Atom des Schiffs-Komplexes direkt ohne elektrische Leitungen, ohne Magnetspulen, ohne andere Medien, nur durch Vektorenkräfte.

Nicht also äußere Antriebskräfte, sondern verschiedene innere, in jedem Atom integrierte Energien, die untereinander variabel und voneinander abhängig sind, beschleunigen den Flugkörper samt Insassen, wobei der die Massenträgheit vermindernde bis aufhebende Aspekt von maßgeblicher Bedeutung ist.

In demselben Maße, in welchem die Massenträgheit schwindet, kann die Beschleunigungwachsen, bei Massenträgheit = Null wird die Beschleunigungs-Möglichkeit theoretisch = unendlich groß.

Diese „Theorie" der Massenträgheits-Losigkeit (MTL) oder zumindest der Massenträgheits-Minderung (MTM) der UFOs bei Höchstbeschleunigungen erhält große Beweiskraft durch viele Beobachtungen, die gar keinen anderen Schluß zulassen, z. B. im Fall der Sichtung des Flugkapitäns NASH, der im Kapitel „Beobachtungs-Fälle" eingehend beschrieben ist.

Aber auch das oft berichtete plötzliche Erscheinen und Verschwinden, das entweder so hohe Geschwindigkeiten erfordert, daß das menschliche Auge ebenso wie das Radar nicht so schnell folgen kann, oder eine De- bzw. Rematerialisation nicht ausschließt, sind nur durch *Trägheitsminderung* erklärbar.

Sie ist die einzige Möglichkeit, die einen interstellaren und sogar einen intergalaktischen „Flug" dieser Objekte mit Lichtgeschwindigkeit, Überlichtgeschwindigkeit, vielfacher Lichtgeschwindigkeit oder gar Teleportation zulassen kann.

Wenn auch Einzelheiten noch nicht gesichert erscheinen, so offenbart sich doch das „UFO-Geheimnis" Punkt für Punkt und durchaus logisch immer mehr.

Die tausendfach berichteten Flugeigenschaften sind nur durch eine, wie soeben beschriebene Antriebsart überhaupt erst möglich, die Analyse dieser Antriebsart wird durch die beobachteten Flugphänomene bestätigt, die haargenau abgestimmt zueinander passen.

Man muß diese Erkenntnisse und Feststellungen in die große Anzahl der UFO-Beweise einreihen, wenn man in der Aufhellung des UFO-Phänomens weiterkommen will.

KAPITEL 15

Die verschiedenen UFO-Typen, UFO-Formen und Flug-Formationen

Die Telemeterscheiben

Den kleinsten UFO-Typ stellen die sogenannten Telemeterscheiben dar, die in verschiedenen Größen von einigen Zentimetern bis zu 1 Meter und mehr beobachtet wurden.

Sie sind auch schon für uns verständliche ferngelenkte Sonden von meist diskus- oder scheibenförmiger Gestalt. Sie haben die Aufgabe, verschiedene Messungen auf der Erde und über ihr vorzunehmen. Von Kontaktlern wird nach Aufklärung durch Außerirdische behauptet, sie könnten sogar telepathische Kontakte zu einzelnen Menschen haben, also deren Gedanken, Stimmungen, Reaktionen aufnehmen, speichern und auf die größeren Flugobjekte und deren Insassen übertragen.

Soweit sie Meßdaten übermitteln, ist uns diese Physik und Technologie durch unsere irdischen Raumsonden durchaus geläufig, die mehr psychischen Kontakte und Registriermöglichkeiten für uns noch rätselhaft, aber schon denkbar.

Es wird von ihnen oft berichtet, daß sie nach erfolgter bzw. gelöster Aufgabe sich auflösen, also scheinbar entmaterialisieren, auch selbst zerstören oder durch Fernsteuerung von den Raum-Flugkörpern aus zerstört werden können. Es gibt Berichte von Explosionen und Verbrennungen solcher kleiner Scheiben.

Andererseits scheinen sie von sehr großer Stabilität zu sein, da Beschädigungen von Gegenständen, Bäumen, Reklametafeln etc. bekannt sind, nach denen sie selbst scheinbar unbeschädigt weiterflogen. Analysen von Metallabrieben stellten z. B. reines Kupfer fest.

Telemeterscheiben sind also auch, wie die UFOs selbst, materieller und metallischer Natur.

Das Bild Nr. 335 in dem Buch „Planetenmenschen besuchen unsere Erde" von K. L. Veit (Ventla-Verlag) S. 190 zeigt eine Personen-Aufnahme am Giant Rock von Carl Anderson, wobei die Kamera die Blitzfahrt zweier Telemeterscheiben festhielt, die über den Felsenberg herab- und sofort wieder hochstiegen.

Vergleich durch
Projektion des
Adamski- und
Coniston-Fotos.
Adamskis
Aufnahme vom
13. Dezember 1952
(siehe „Fliegende
Untertassen sind
gelandet", S. 190).

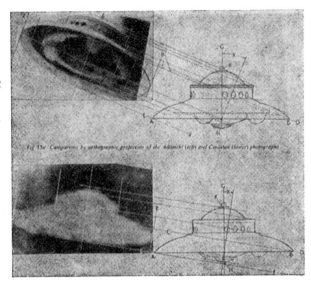

Leuchtendes Erkundungsschiff, das der 13jährige Stephen Darbishire im Beisein seines 8jährigen Vetters am 15. Februar 1954 bei Coniston fotografierte.

Blick in die Innenteile eines IFOs nach einer Konstruktionszeichnung von Ing. Leonhard Cramp, Mitglied der brit. Interplanetarischen Gesellschaft und Autor des Buches „Space, Gravity and the Flying Saucer".

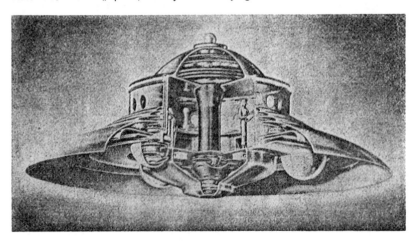

180

Die diskusförmigen, scheibenförmigen UFOs

Diese Gruppe stellt den meistbeobachteten diskusförmigen UFO-Typ mit mehr oder minder ausgeprägtem kuppelförmigen Aufbau und konzentrischen Ringen dar. Sie haben einen Durchmesser von einigen bis mehreren Meter; die meist beobachteten Größen haben einen geschätzten Durchmesser von 6, 12, 25, 30, 80 Meter und mehr, wobei die kleineren Durchmesser bis 30 Meter durch Bodeneindrücke, Pflanzen- und Gras-Torsionen (sogen. UFO-Nester) als sicher anzusehen sind. Es wurden aber auch Riesen-Scheiben mit ungefähren Durchmessern von 80, 100 und 200 Meter (Fall der „Concorde" 30. 6. 1973) beobachtet. Die Höhe bzw. Dicke des Diskus beträgt ca. 1/5 bis 1/10 des Durchmessers, je nach Größe des Objektes.

Sie haben anscheinend eine nahtlose, metallisch aussehende, oben meist wie poliert glänzende Oberfläche. Türen, Luken, Klappen und Fenster scheinen nahtlos und ohne Fugen im Flugkörper zu sitzen, Spalten entstehen erst beim Öffnen. Es gibt keine Schrauben und Nieten.

Das Leuchten wie „Glühen" das oft von ihnen ausgeht, kommt nicht von Lampen, Scheinwerfern oder anderen Beleuchtungskörpern, sondern aus der Materie des Objektes selbst, erzeugt durch Ionisation je nach Antriebs-Leistungsbedarf. Oft werden auch Such- und Lande-Scheinwerfer mit äußerst starker Leuchtkraft, aber auch Blinkleuchten in allen Farben gesehen. Ihre Manövrierfähigkeit ist fast unbegrenzt, wie aus den entsprechenden Kapiteln dieses Buches hervorgeht, die diese Einzelheiten beschreiben.

(Bilder aus „Erforschung außerirdischer Weltraumschiffe", Karl L. VEIT, Ventla-Verlag)

Zigarrenförmige Mutterschiffe

Diese sogenannten Mutterschiffe, die angeblich in ihrem Inneren mehrere, meist diskusförmige Flugobjekte über die interstellaren, vielleicht auch über intergalaktische Entfernungen transportieren, verbleiben fast immer in den oberen Schichten der Atmosphäre, in der Stratosphäre oder auch darüber. Sie wurden mehrmals beobachtet und sollen Längen von mehreren hundert Meter bis über 1 Kilometer erreichen. Ein Fall ist bekannt, bei dem eine Länge von 1800 Meter geschätzt wurde.

So verglich zum Beispiel Flugkapitän HOWARD, der einen Stratocruiser der BOAC am 29. 6. 1954 mit Kurs nach London über Labrador steuerte, die Abmessungen des beobachteten Mutterschiffes mit denen eines Ozeandampfers. In diesem Falle begleitete das Schiff die Maschine 18 Minuten lang, wobei sechs diskusförmige Scheiben abwechselnd aus

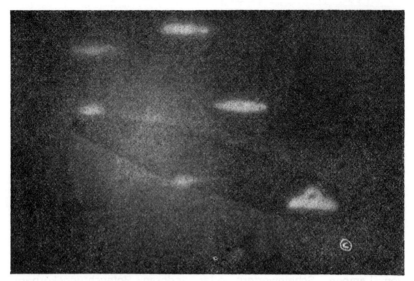

Zigarrenförmiges Raumschiff, das Fliegende Untertassen ausschickt. Die letzte einer Serie von vier Schnellaufnahmen, die George Adamski am 5. März 1951 machte. Auf dem ersten Bild ist nur eine Untertasse sichtbar; auf jedem folgenden Bild haben immer mehr Untertassen das Mutterschiff verlassen; jetzt sind sechs dieser Aufklärer zu sehen.

dem Mutterschiff ausflogen, um dieses herumkreisten und wieder einflogen.

Diese Raumschiffe werden nach Aussagen bzw. Übermittlungen von Außerirdischen an irdische Kontaktler für die interstellaren und intergalaktischen Reisen benutzt, wobei sie kosmische Entfernungen in mehr oder minder kurzer Zeit „zurücklegen" sollen.

Ihre Energie-Strahlung soll so groß sein, daß sie sich der Erde, um größere Schäden zu vermeiden, nicht sehr nähern dürfen. Es wird weiter von ihnen berichtet, daß sie die interstellaren Entfernungen in einer anderen „Dimension" oder in einer Art Masselosigkeit oder Entmaterialisation überwinden.

Für uns ist dieser physikalische Vorgang, und nur um einen solchen kann es sich handeln, noch kaum vorstellbar. Trotzdem muß er tatsächlich stattfinden, denn anders ist die Überwindung kosmischer Räume bzw. Entfernungen nicht möglich. Hier also versagen unsere exakt-wissenschaftlichen physikalischen Vorstellungen völlig.

Diese Phänomene sind nur durch eine andere, eine weit fortgeschrittene Super-Physik, die an eine Transzendental-Physik grenzt, mög-

lich, welche die atomare Struktur der Materie mittels einer uns noch unbekannten Elementarteilchen-Elektro-Physik so weit umwandelt, daß sie, in einer anderen Dimension, zu einem entmaterialisierten kosmischen Ortswechsel fähig ist.

Viele UFO-Typen

Außer den bisher beschriebenen Flugobjekt-Typen wurden und werden noch eine große Menge anders aussehender oder anders erscheinender Objekte, Erscheinungen, Formen und Phänomene registriert, die im einzelnen kaum zu beschreiben sind.

Man liest von 80 verschiedenen UFO-Typen, andere Aussagen lauten auf einige Hunderte verschiedene Ausführungen.

Wahrscheinlich wurden UFOs auch aus verschiedenen Perspektiven als verschiedene Formen angesehen, und verschiedene Phänomene physikalischer Natur, als UFOs bezeichnet, obwohl es nur deren Folgeerscheinungen waren, also Lichteffekte, Reflexe, Ionisationen, etc. Oft kam es vor, daß der eigentliche ionisierte Flugkörper in einer Lichtwolke versteckt war oder durch überhelles Leuchten bzw. durch starke Lichteffekte nicht beobachtet werden konnte, was sehr oft beschrieben wur-

In einer wirkungsvollen Zusammenstellung publizierte die italienische Zeitschrift „Domenica del Corriere" die verschiedensten Typen „Außerirdischer Flugobjekte" als „Weltraum-Mutterschiffe" und „Aufklärer", wie sie in allen Teilen der Erde im Laufe der letzten 20 Jahre — und früher — von zahlreichen intelligenten Einzelpersonen sowie Gruppen von Zeugen in der Luft und bei Landungen beobachtet und fotografiert worden sind. UN

183

de. So mag es scheinen, als ob es unglaublich viele Formen und Typen von UFOs gebe. Es kommt dabei sehr auf die Genauigkeit und Beobachtungsgabe der Person an, der eine sieht z. B. den Mond als Scheibe (zweidimensional), der andere sieht ihn als Kugel (dreidimensional). Dazu kommen noch die optischen Täuschungen verschiedener Arten.

Aus den vielen Tausenden UFO-Beobachtungen geht hervor, daß sich die UFO-Formen innerhalb einiger Jahre geändert haben, und daß auch sie einer gewissen Weiterentwicklung und „Modernisierung" unterworfen sind. Die Vielzahl der beobachteten Flugobjekt-Typen, aber auch die unterschiedlichen Typen der UFO-Insassen, deuten außerdem darauf hin, daß diese von mehreren, unterschiedlich bewohnten Planeten kommen müssen, deren Existenz und Lage im Weltraum uns noch weitgehend unbekannt sind. Anhaltspunkte und Hinweise können da nur die Aussagen von Außerirdischen, von Kontaktlern und medial-telepathische Durchsagen bringen. Man sollte diese dann aber auch, nach einer gewissen, vielleicht möglichen Überprüfung auf Echtheit, akzeptieren.

Die Flugformen der UFOs

(Nach UN 200, April 1973, von Dr. Wolfram Fragner; gekürzt)

Um genaueres über die bei den UFOs üblichen Flugformen zu erfahren, muß man die großen Verbände studieren, in denen sie auftreten. Die größte Anzahl von UFOs, die bisher gesichtet wurde, war 500, und zwar schon am 17., 18. und 19. März 1949 in Neumexiko und den umliegenden Staaten. Leider ist uns nicht überliefert, in welcher Form sie flogen. Weitere 500 erschienen in der Nacht vom 17. auf 18. Juli 1959 über Pescara in Italien. Diesmal wurde die Formation genau beschrieben. Es handelte sich um 4 Geschwader mit je 125 Scheiben. Bei einer weiteren Beobachtung am 24. 9. 1968 über Malaga in Spanien wurden 10 UFOs gesichtet. Am 18./19. Juli wurden in der Toscana 10 Scheiben in V-Formation gesehen, die von einem größeren Apparat angeführt wurden. Die Zeitschrift „Lo Specchio" in Rom schreibt am 19. 7. 1967: „Geheimnisvolle leuchtende Objekte in Zehnerformationen sind gleichzeitig in fast allen Ländern Europas erschienen." In Houghton (Michigan) beobachtete das Personal der Funkzentrale der Luftwaffe auf dem Radarschirm 10 unbekannte Objekte in V-Formation. Am 6. November 1954 spielten 4 Zehnerstaffeln in V-Form über dem Vatikan in Rom eine Rolle und bildeten ein vollendetes griechisches Kreuz. 30 Maschinen erschienen am 17. 10. 1952 mittags über Oloron (Frankreich) und 20 überflogen 10 Tage danach gegen 17 Uhr Gaillac (Frankreich). Über 40 UFOs von verschiedenen Typen wurden am 13. 5. 1960 in verschiedenen Staaten Brasiliens gesichtet. Ein Geschwader von 100 Scheiben wurde am 14. August 1955 gegen 18.30 Uhr von Konsul Dr. A. Perego über Alghero in Sardinien beobachtet. Am 6. Juli 1966 von 10—13 Uhr flogen 100 Scheiben über Savona. 50 Scheiben wurden in der 1. Novemberwoche 1954 über London beobachtet, wo sie sich in der Formation eines U und N zeigten.

Bei seiner 1. Sichtung am 6. November 1954 zählte Konsul Dr. Alberto PEREGO, Direktor des italienischen Zentrums für Elektromagnetische Luftfahrt in Rom, einmal 85 Scheiben. Bei seiner 2. Sichtung am 7. November 1954 von der Dachterrasse des Stabilimento Neri in Rom beobachtete er rund 100 Scheiben von Stecknadelkopfgröße, also in sehr großer Höhe, die verschiedene Manöver ausführten. Am Tag zuvor sah er auch schon Siebenerstaffeln in V-Form, usw.

Bei allen diesen und anderen UFO-Massenbeobachtungen wurden verschiedene, aber vorwiegend das Zehnersystem und die V-Formation bevorzugende Flugformen festgestellt.

Foto- und Film-Aufnahmen von Außerirdischen Flugobjekten

Zufällig und plötzlich erscheinende außerirdische Weltraumschiffe können nicht so exakt und auf Wunsch fotografiert und gefilmt werden wie irdische Flugzeuge oder Raumfahrzeuge.

Trotzdem sind, meist durch Zufall, eine ganze Menge aufschlußreicher und beweiskräftiger Foto- und Film-Aufnahmen gemacht worden. Einige davon sind Militär-Personen, Polizisten oder Flughafen-Personal geglückt, von diesen pflichtgemäß ihren Vorgesetzten übergeben worden, aber dann spurlos, wahrscheinlich in Geheimtresoren, verschwunden, was in das Kapitel „Geheimhaltung und Ableugnung" einzureihen ist. Den Herstellern dieser Bilder wurde oftmals nahegelegt, nicht mehr davon zu sprechen, denn sie hätten irgendein natürliches, aber vielleicht seltenes Phänomen gesehen und fotografiert.

Auf diese Art sind erwiesenermaßen viele sehr gute und beweiskräftige Fotos aus dem „Verkehr" gezogen worden und deshalb für die Ufologie verloren.

Es gibt aber doch eine größere Anzahl hervorragender Bilder und einige Kurzfilme. Selbstverständlich kann die Qualität der häufig in gewisser

Erregung gemachten Aufnahmen von schnell wechselnde und ungewöhnliche Flugmanöver ausführenden Flugobjekten niemals diejenige
von gestellten und vorbereiteten Aufnahmen erreichen.

Bekannt ist ein Kurzfilm, den ein Mann aufnahm, als seine Frau die
Flugprüfung für Sportflugzeuge ablegte. Der Mann wollte dieses freu-
dige Ereignis filmen, was er dann auch tat. Deutlich ist auf dem Film zu
sehen, wie das Flugzeug zur Landung auf dem Flugplatz anfliegt, als
ein diskusförmiges UFO in einigem Abstand hinter diesem herflog, wobei es die bei Langsamflug häufig beobachteten schaukelnden und
schwebenden Bewegungen wie ein fallendes Blatt ausführte und dann
in schnellem Steigflug, das Flugzeug überholend, über dem Flugplatz
verschwand.

Eine kleine Auswahl sensationeller UFO-Fotos, die als absolut echt, also als nicht-manipuliert anzusehen sind, werden in den nun folgenden
Kapiteln dieses Buches gebracht und beschrieben.

KAPITEL 16

Die NAGORA-UFO-FARBFOTO-SERIE

Die beweiskräftigen UFO-Fotos, die ich je sah, sind in der durch mich, den Autor des Buches, seit kurz nach ihrer Aufnahme betreuten NAGO-RA-UFO-Farbbilderserie enthalten, die auf zwölf Bildern, direkt hintereinander aufgenommen, immer ein und dasselbe diskusförmige Flugobjekt in verschiedenen Flugphasen vor, bei und innerhalb vorbeiziehender Wolken zeigt. Durch diese Bilderserie wird ein besonders deutlicher Eindruck von den außergewöhnlichen Flugeigenschaften solcher außerirdischer Flugkörper ermöglicht, durch die ganze Serie von zwölf Bildern kommt „Bewegung" in die einzelnen Bilder, und sie offenbaren eine Fülle von Phänomenen und Einzelheiten, wie es einzelne Bilder niemals können, fast wie ein laufender Film.

Jeder Leser kann nach der von mir durchgeführten Analyse diese Bilderserie selbst überprüfen und sich von deren Beweiskraft überzeugen. Diese NAGORA-UFO-Bilder bzw. der Negativ-Film und Negativ-Kontaktkopien desselben wurden verschiedenen Foto-Experten, u. a. auch in London, vorgelegt, die sie auf das genaueste in bezug auf jede mögliche fototechnische Manipulation hin untersucht und immer für absolut einwandfrei echt, also nicht gefälscht, befunden haben.

Gutachten des Fotoexperten Mr. Percy HENNELL, London

Mr. Hennell schreibt: „Die kleinen (nicht vergrößerten; d. A.) Kontakt-Abzüge sind in der Tat sehr interessant. Erstens beantworten sie mit Sicherheit die Frage, was auf den Negativen darauf war. Dies ermöglicht mir, die Größe des Objektes zu schätzen, das, zugegeben, etwa 12 bis 15 Meter Durchmesser gehabt haben kann. Auf jeden Fall ist die Tatsache wichtig, daß es viel zu groß war, um in die Luft geworfen zu sein und auch viel zu hoch flog, als daß dies möglich gewesen wäre. Der Bewegungsfortschritt auf den Fotos stimmt absolut mit der Einstellung auf $^1/_{50}$ Sekunde einer in der Hand gehaltenen Kamera überein. Offen gesagt, ich könnte diese Fotos, so wie sie sind, nicht fälschen, und obwohl ich nicht sagen kann, was es für ein Objekt ist, scheinen mir die Aufnah-

men genauso echt zu sein wie die von CAPPOQUIN und BEXHILL, und das ist für mich – wie Sie wissen – wirklich ein Zugeständnis!"
Herrn HENNELL wurden Kontaktabzüge direkt vom Original-Negativfilm 6/6 cm aller 12 Bilder zur Begutachtung übergeben.

Ein Gutachten des bekannten Münchener UFO-Forschers Oberstudienrat Hubert MALTHANER kommt zu demselben Ergebnis.

Er schreibt: „Seit zwei Jahrzehnten befasse ich mich intensiv mit dem Studium aller Fragen, die mit den sogenannten „Unidentifizierten Fliegenden Objekten" zusammenhängen. Dabei hatte ich auch Hunderte von Fotos daraufhin zu prüfen, ob es sich um echte UFO-Aufnahmen oder um Trickaufnahmen bzw. Irrtümer handelte. Die daraus gewonnene Erfahrung berechtigt zu der Feststellung, daß die von Herrn NAGORA am 23. 5. 1971 in der Steiermark gemachten Farbaufnahmen eines scheibenförmigen Flugkörpers von wahrscheinlich außerirdischer Herkunft absolut echt sind.

Begründung:

1. Von den 12 Aufnahmen der Serie zeigen 7 das Flugobjekt bei halb bewölktem Himmel deutlich über oder unter den Wolken fliegend. Bei den Aufnahmen Nrn. 1, 4, 8 und 10 zeigen jedoch die verschwommenen Umrisse, daß das UFO sich innerhalb einer Wolke befand. Keine Trickeinrichtung vermöchte einen Diskus in oder über Wolkenhöhe zu schleudern, wobei dieser Körper mehrere Meter im Durchmesser haben müßte, um in der großen Höhe noch erkennbar zu wirken.

2. Eine mikroskopische Filmprüfung zeigt die gleiche Körnung in Objektnähe und an sonstigen Bildstellen. Hierdurch ist ausgeschlossen, daß durch Mehrfachkopien das UFO in die Wolkenaufnahme hineinpraktiziert worden sein könnte.

3. Beim Nebeneinanderlegen aller Fotos in der zeitlichen Folge ihrer Entstehung ergeben sich durch Vergleich der Wolkenformen bei benachbarten Bildern Flugbahnstudien, die bei Trickaufnahmen nicht möglich wären. (Vergleiche Skizze der Bildergruppen!)

4. Rudi NAGORA war vor 10 Jahren Berufsschüler in einer meiner Klassen. Ich kenne ihn seitdem als einen ehrlichen und vertrauenswürdigen Charakter, dem jegliche Betrugsabsichten fernliegen. Er machte diese Aufnahmen spontan bei einem Urlaubserlebnis, ohne daran zu denken, diese Bilder jemals später zu veröffentlichen."

(Ende des Gutachtens)

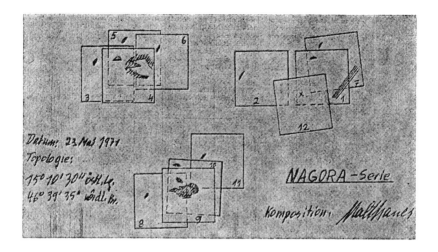

Herr und Frau NAGORA haben bereits am 21. Januar 1972 die folgende eidesstattliche Erklärung schriftlich gegeben, in der jede Art von Manipulation oder andere Täuschungsabsicht ausdrücklich verneint wird. Sie verhielten und verhalten sich in jeder Beziehung charakterlich und psychisch einwandfrei, was ich als Psychologe nur bestätigen kann. Siehe sein Bild Seite 193. (Der Autor)

EIDESSTATTLICHE ERKLÄRUNG

Unterzeichnete erklären hiermit an Eides statt, daß die unter dem Namen „NAGORA-UFO-Farbbilder-Serie" bekannten Fotos mit einer Agfa-Click-I-Kamera auf Agfacolor-Film CN 17 ohne weitere technische Hilfsmittel irgendwelcher Art und ohne jegliche Manipulation direkt hintereinander fortlaufend von Herrn NAGORA aufgenommen wurden. Diese Bilder wurden von Herrn Adolf GEIGENTHALER in den UFO-Nachrichten Nr. 181 vom Sept. 1971 und Nr. 185 vom Jan. 1972 nach meinen Angaben genauso beschrieben, wie ich und meine Frau das Flugobjekt bei den Aufnahmen erlebten. Es sind absolut echte Fotografien eines diskusförmigen Flugobjektes von 12 bis 15 Metern Durchmesser. München, den 21. Januar 1972.

Gezeichnet: Rudi N a g o r a ;   Zeugin: Frau Hildegard Nagora

---

Selbstverständlich wissen wir, daß man heutzutage mit großem Aufwand an Arbeit, aber auch an finanziellen Mitteln und mit Inanspruchnahme von Helfern, eine ähnliche, aber niemals eine so überzeugende Bilderserie als Fälschung herstellen könnte. Fraglich ist nur, wozu dies gut sein und welchen Zweck eine solche, an sich unseriöse Handlungsweise haben sollte; etwa um eine UFO„-Theorie", was sie eigentlich gar nicht ist, beweisen und erhärten zu wollen denen gegenüber, die sich sowieso nicht überzeugen lassen? Oder etwa, um sich Ansehen oder einen gewissen Nimbus zu verschaffen, was auf diese Art auch sehr fragwürdig ist, oder gar um sich finanziell zu bereichern?

Zum Thema Bereicherung wäre noch zu sagen, daß schon eine Herstellung von Fälschungen solchen Formats mit großen finanziellen Unkosten verbunden wäre, ganz zu schweigen von der Schwierigkeit eines mit intensiver Propaganda verbundenen Verkaufes in großer Stückzahl und zu gewinnbringenden Preisen.

Dazu kommt noch, daß eine manipulierte Herstellung einer solchen Bilderserie mit den in der dazugehörigen Beschreibung ausgewiesenen beweiskräftigen Einzelheiten, wie z. B. der auf den meisten Bildern zu sehende fortlaufende Vorbeizug von markanten Wolkenformationen oder das Eintauchen des Objektes in die Wolken, unmöglich in dieser überzeugenden Art und Weise durchführbar wäre.

Dies alles hat Herr NAGORA nie, auch bis heute nicht, versucht. Der Film lag nach Entwicklung und Herstellung einiger Bilder-Kopien monatelang unberührt in einer Schublade, bis ich den Wert dieser Aufnahmen erkannte und sie, analysierend, aber nicht kommerziell, auszuwerten begann.

Fälschungen sind von Gegnern der UFO-„Theorie" reihenweise angefertigt worden, um zu beweisen, daß man sie herstellen kann, und daß auch alle anderen in der Ufologie gezeigten Bilder Fälschungen sein könnten und sein müßten. Jene sind natürlich durchweg als Manipulationen erkennbar, das ist ja auch der Zweck ihrer Herstellung, und sie sind von den Fälschern als solche bezeichnet worden.

Ich erinnere hier besonders an ein Buch mit dem irreführenden Titel „UFO UFO" und dem ebenfalls irreführenden Untertitel „Das Buch von den Fliegenden Untertassen", der eigentlich lauten müßte — Das Buch *gegen* die Fliegenden Untertassen — (von P. G. Westphal), das von einer allerdings meist bestehenden, aber für Wissenschaftler geradezu erstaunlichen Unkenntnis der ufologischen Tatsachen Zeugnis ablegt.

Auf eine solche Weise kann man die wahre Existenz der UFOs nicht ad absurdum führen oder beweisen wollen, daß es sie nicht geben könne, und daß alle, die aufgrund ihrer besseren Informationen sich mit diesen Dingen befassen, arme Irre seien.

Das soeben erwähnte Buch beweist dagegen wieder einmal mehr, daß man nicht über UFOs schreiben sollte, bevor man sich durch eingehendes Studium das nötige Wissen angeeignet hat. Aber das wollen diese Leute auch eigentlich gar nicht. Sie wollen nicht die Wahrheit ergründen, sondern sie wollen nur beweisen, daß „Außenseiter" von diesen Dingen zuwenig verstehen, als daß sie überhaupt sich damit befassen könnten und sollten, sie wollen weiter beweisen, daß es UFOs nicht geben könne, weil dies nicht in ihr Weltbild paßt.

Uns Ufologen aber sollte man nicht für so einfältig halten, daß wir, nur um der Welt-UFO-Forschung einige Beweisbilder mehr zu liefern, soviel Zeit und Geld geopfert hätten, wie die Herstellung von „guten" Fälschungen dieses Umfanges erfordern würde.

Man sollte meinen, daß zumindest Fachleute und Spezialisten auf dem Gebiet der Weltraumforschung das größte Interesse an der Aufklärung der weltweiten Meldungen über UFO-Sichtungen hätten, und daß sie mit allen Mitteln versuchen würden, die Wahrheit darüber zu ergründen.

Meine und alle Erfahrungen zeigen aber das reine Gegenteil. Sie lehnen jedes weitere Sich-Befassen mit diesen Dingen ab, was sich insbesondere auch in der negativen Beurteilung der vorliegenden NAGORA-Bilderserie durch Wissenschaftler und Experten immer wieder zeigt.

Die nichtmanipulierte Echtheit dieser Fotoserie ist durch
die Beschreibung der einzelnen Bilder,
die Flugbahnstudie im Ablauf der Bilder,
die Ermittlung der wahren Größe des Objektes durch Vergleichsfoto,
und nicht zuletzt durch die eidesstattliche Erklärung NAGORAs und seiner Frau
gesichert und steht außer jedem Zweifel; abgesehen davon, daß es NAGORA niemals möglich gewesen wäre, alle die auf den einzelnen Bildern sichtbaren und hier beschriebenen Einzelheiten für eine zu manipulierende Fotoserie vorauszuplanen und dann auch so durchzuführen.

Entstehung und Aufnahme der Bilder

Am Sonntag, dem 23. Mai 1971, mittags 12.30 Uhr fuhr der Münchener Rudi NAGORA (26), der am Konservatorium in München Musik studierte, mehrere Musik-Instrumente spielt und damals als Angestellter bei der Firma Siemens in München in der Datenverarbeitung arbeitete, mit seiner Frau Hildegard am letzten Tag eines vierzehntägigen Urlaubs in der Nähe seines Urlaubsortes mit seinem Auto spazieren. Er befand sich in der Steiermark in Österreich einen Kilometer südlich von St. Lorenzen, das ca. 50 Kilometer südsüdwestlich von Graz liegt, in einer verhältnismäßig einsamen Gebiet. Als er nach kurzer Bergfahrt an einem schönen Aussichtspunkt (Bild 12) haltmachte, um ein Erinnerungsfoto zu knipsen und gerade mit seiner sehr einfachen Agfa-Click-I-Box in der Hand aus dem Wagen ausstieg, hörte er am Himmel ein leises Summen.

In der Kamera hatte NAGORA einen neuen Agfacolor-CN-17-Farbfilm für zwölf Bilder. Von drei möglichen Blendeneinstellungen war bei den Aufnahmen die kleinste k = 16 eingestellt. Objektiv : Meniskus 1:11/72,5 mm.

Der Nennwert der Belichtungszeit ist fest 1/30 Sekunde, *die tatsächliche Belichtungszeit beträgt nach Überprüfung dieser Kamera im Münchener Agfa-Camera-Werk = 1/48 Sekunde,* was noch im Rahmen der Werks-Toleranz (1/30 bis 1/50) liegt.

Die Sonne stand hoch am Himmel, es war gerade Mittag vorbei, das Geräusch kam aus dieser Richtung, so daß NAGORA beim Aufblicken vorerst nichts sah, da er geblendet wurde. Einen Moment später erblickte er ein aus Richtung der Sonne nach links wegfliegendes diskusförmiges Flugobjekt, und da er schon einige Male Vorträge über UFOs gehört hatte und ähnliche Objekte auch von den bekannten Science-fiction-Fernsehfilmen her kannte, nahm er an, daß es ein solches Objekt sein könnte.

Geistesgegenwärtig machte NAGORA sofort und schnell hintereinander alle zwölf möglichen Aufnahmen von dem teils schnell wie ein Düsenjäger fliegenden, teils nahezu stillstehenden oder wie ein fallendes Blatt schwebenden Diskus. Dieser flog auch in größerer Winkelhöhe in verschiedenen Richtungen und Höhen herum und verschwand manchmal hinter oder in Wolken so, wie es die Bilder 8 und 12 zeigen.

Die nach dem Ablauf der Bilder 1 bis 12 rekonstruierte Flugbahn ist aus dem folgenden Diagramm zu sehen und kann mit den einzelnen Bildern verglichen werden.

Nachdem der Film verknipst war, konnte NAGORA nur noch zusehen, wie das UFO ziemlich tief, etwa auf halbe Höhe von vorher, herunterkam, so daß er glaubte, es würde landen, was aber dann doch nicht geschah.

Nach ungefähr 7 bis 10 Minuten schoß der Diskus plötzlich mit ungeheurer Beschleunigung, aber ohne besondere Geräusche, durch ein Wolkenloch senkrecht nach oben, und war innerhalb von 2 bis 3 Sekunden,

immer kleiner werdend, nicht mehr sichtbar. Der Summton, den das
UFO von sich gab, hatte bei Annäherung eine tiefere, bei Abflug eine
höhere Frequenz.

Während der Aufnahmen lief NAGORA im Umkreis von mehreren Metern herum, mehr aus Aufregung als um günstige Positionen zu haben,
er mußte nach jedem Bild den Film auf die nächste Bildnummer weiter-
drehen und er kam so nicht dazu, auf eine besonders gute Einstellung
und ruhige Haltung zu achten. Er hatte bei der Sichtung keine telepathischen Eindrücke irgendwelcher Art, mußte jedoch gestehen, daß eine
gewisse Angst oder Erregung, ein unheimliches Gefühl nicht zu verleugnen war.

Zeugen des UFO-Fluges waren außer seiner Frau auch einige Spazier-
gänger und Feldarbeiter, die Wiesenränder und Gräben trotz des Sonn-
tags ausmähten, und mit denen sich NAGORA und seine Frau nachher
unterhielten. Sie sagten, ähnliche Flugzeuge hätten sie schon einmal
gesehen, zum Teil auch solche in ovaler Form, sie wüßten aber nicht,
woher diese kamen. NAGORA dachte nicht daran, die Anschriften dieser
Zeugen zu notieren, er hatte ja den Film mit den seltenen Aufnahmen.

Beschreibung der Bilder und Analyse

Je genauer man diese Bilder betrachtet und untersucht, desto mehr Beweiskraft für ihre nichtmanipulierte Echtheit und die außerirdische Flugtechnik dieses Objektes kann man erkennen. *Sogar die irdisch-unmöglichen Geschwindigkeiten bei Beschleunigungen lassen sich aus einzelnen dieser Bilder berechnen.* Aus diesem Grunde wird in folgendem jedes einzelne Bild auf seine Besonderheit und die daraus resultierenden Erkenntnisse der physikalischen und technologischen Eigenschaften hin analysiert, wodurch eine sinngemäße Gesamtbeurteilung abgeleitet werden kann.

Anfangs führten alle nur denkbaren konventionellen Methoden zur Ermittlung der wahren Größe des Objektes zu keinem brauchbaren Ergebnis, da bei allen Berechnungen mehr als ein unbekannter Faktor geschätzt bzw. angenommen werden mußte. Ich übergab die Fotos Universitäts-Professoren, Raumfahrt-Experten, Radar-Spezialisten, Astronomen, Meteorologen usw. Keiner glaubte an die Echtheit der Bilder, keiner kannte anscheinend eine Methode, den Durchmesser des Diskus zu ermitteln, keiner nahm sich vielleicht die Zeit dazu.

Erst Anfang des Jahres 1974 kam ich auf die Idee, ein Vergleichsfoto mit derselben Kamera NAGORAs zu machen, also irgendein bekanntes meßbares Objekt aus der immer wieder geschätzten ungefähren Entfernung des Flugobjektes vom Aufnahmeort aufzunehmen.

Alle schätzten mindestens 1000 Meter Entfernung, der Deutsche Wetterdienst z. B. errechnete nach bestimmten meteorologischen Daten am Aufnahmetag und am Aufnahmeort eine Entfernung der vorderen maßgeblichen Cumulus-Wolken von der Kamera bei den Aufnahmen von 800 bis 1700 Meter. Auch jede einfache Schätzung bei einem Betrachten der Bilder kommt zu demselben Ergebnis. NAGORA schätzte nach der Beobachtung den Durchmesser des Objektes auf 12 bis 15 Meter und die Entfernung auf 1000 bis 1500 Meter.

Für ein solches Vergleichsfoto bot sich in München die 1000 Meter lange Ludwigstraße mit dem meßbaren Siegestor im Hintergrund an. Also fotografierten wir das Siegestor von der Feldherrnhalle aus mit NAGORAs Kamera. Eine Ausmessung der Breite des Siegestores ergab 22,5 Meter. Die Bilder gleichen Formates, also gleicher Vergrößerung, brachten folgendes Ergebnis:

1. Bild der Ludwigstraße: Breite des Siegestores am Ende der Straße im Hintergrund = ca. 2,5 Millimeter.
2. Bild 9: Durchmesser des Objektes = über 2,5 Millimeter.

Zu einem Vergleich der Objekt-Größe innerhalb der Wolke und außerhalb über derselben, verwende man die Bilder 8 und 9 des Formates
13/13 cm! Auch die jeweiligen Ausschnitt-Vergrößerungen der Bilder 8,
9 und 12 zeigen etwa gleiche Objekt-Größen und das Objekt selbst in
oder über den Wolken.

Infolgedessen ist der wahre Durchmesser des Diskus
= etwas größer als die wahre Breite des Siegestores
(22,5 m), also = 25 Meter.

Bei dieser Berechnungsmethode gibt es nur eine einzige Annahme bzw.
Schätzung, nämlich die, daß die vorderen Cumuluswolken ebenso wie
das Objekt bei der Aufnahme eine Entfernung von 1000 Meter von der
Kamera hatten. Diese Entfernung kann man aber ebenso wie den
Durchmesser des Flugobjektes mit 25 Meter als absolut gesichert an-
sehen.

Aus Gründen der einwandfrei technischen Wiedergabe
der zwölf Nagora-UFO-Fotos erfolgen die Reproduktionen
derselben auf den Seiten 197 bis 211 auf Kunstdruckpapier.

Die Erläuterungen zu jedem einzelnen Bild schließen sich
auf den Seiten 212 bis 215 an.

Ermittlung der wahren Größe des von Rudi NAGORA fotografierten UFOs durch Vergleichsfoto

Die Ludwigstraße in München, aufgenommen mit der Agfa-Click-I-Box NAGORAs. Der Abstand vom Aufnahme-Standort Feldherrnhalle bis zu dem am Ende der Straße sichtbaren Siegestor beträgt bekanntlich 1 Kilometer, die Gesamtbreite des Siegestores nach unserer Ausmessung 22,5 Meter.

Bild 9 in gleichem Vergrößerungsformat wie oberes Bild. Der Durchmesser des Flugobjektes erscheint bei also ungefähr gleicher Entfernung etwas größer als die Gesamtbreite des Siegestores. Es muß somit in Wirklichkeit ca. 25 Meter Durchmesser gehabt haben.

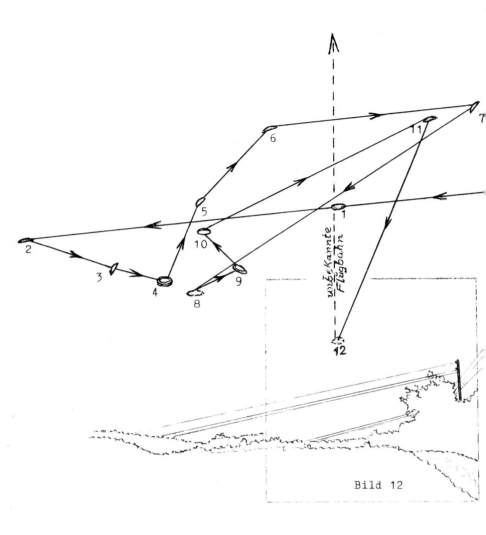

Bild 12

Flugbahn-Diagramm

Die Flugbahn des durch Rudi NAGORA fotografierten UFOs im Ablauf der Bilder 1 bis 12.

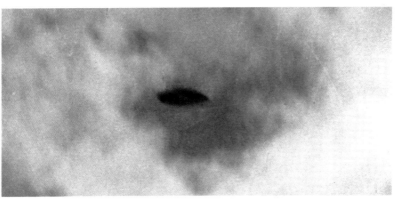

2

200

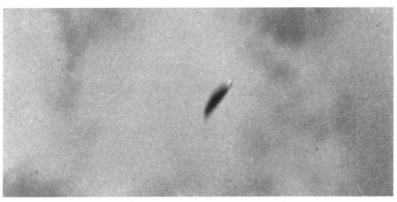

4

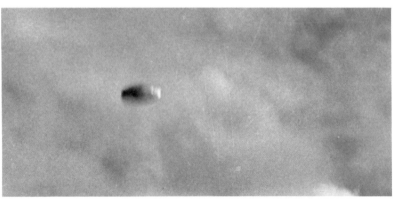

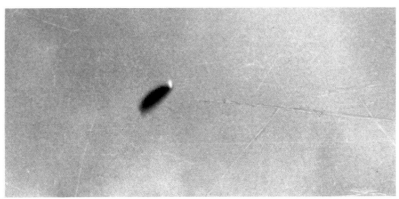

6

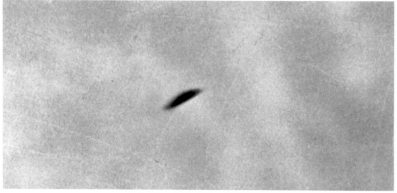

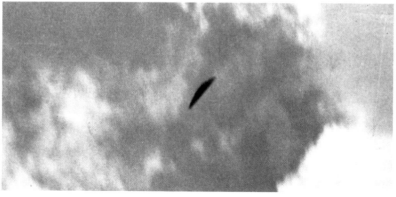

8

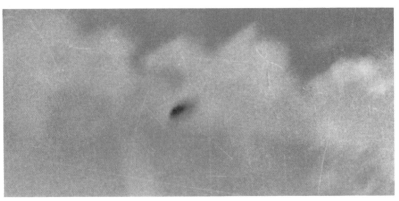

10

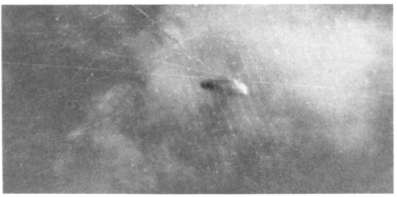

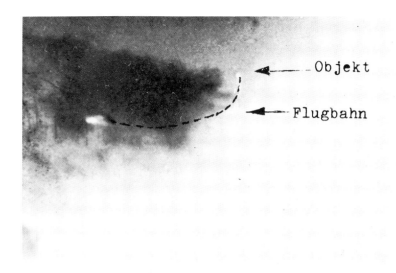

Objekt

Flugbahn

Zu Bild 10

Als neuen Echtheitsbeweis für die NAGORA-UFO-Farbbilderserie erhielt ich erst jetzt von einem Fotoamateur aus Köln ein sogenanntes Fotogramm des Bildes Nr. 10.

Der Fotoamateur bekam zufällig und von anderer Seite Einblick in die NAGORA-Serie und wollte sie auf ihre Echtheit überprüfen, von der er anfangs keineswegs überzeugt war. Er machte also von den beiden Bildern Fotogramme mit einer Polfolie zusätzlich, um Streulicht auszuschalten. Bei dem Fotogramm sind Hell und Dunkel vertauscht.

Auf diesem Fotogramm ist rechts neben der Wolke ein zweites kleines Objekt, wahrscheinlich eine Telemeterscheibe und deren Flugbahnkurve von dem großen Objekt weg, ganz deutlich zu sehen.

Dieser neuerliche, ganz große Beweis spricht zusätzlich für die absolute Echtheit dieser Bilderserie und zeigt außerdem ein Phänomen, das selten so beobachtet und fotografiert wurde.

11

210

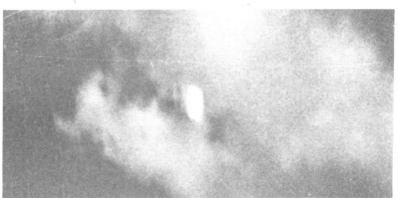

Beschreibung der NAGORA-UFO-Bilderserie

Es handelt sich immer um ein und dasselbe diskusförmige Flugobjekt. Die scheinbare, auf den einzelnen Bildern verschiedenartige Form des Diskus ist bedingt durch unterschiedliche Perspektive, die jeweilgen Lichtverhältnisse wie Sonnenbestrahlung bzw. Wolkenschatten, verschiedene Geschwindigkeiten und Entfernungen.

Die unteren Bilder sind jeweils Ausschnittvergrößerungen des Objektes aus den oberen Bildern.

Bild 1

Objekt links oben, dunkel im Wolkenschatten, horizontale Lage, unten in der Mitte eine hellere Stelle, scheinbar eine Ein- bzw. Ausbuchtung oder ähnliches.

Das Objekt hat unten eine sehr dunkel und matt aussehende Oberfläche. Die verschiedenen Oberflächenarten zwischen hier auf Bild 1 unten am UFO und Bild 9 oben am UFO (siehe dort!) sind auf die verschiedenartigen Eigenschaften der verwendeten Feld-Antriebskraft zurückzuführen. Für den Auftrieb, also vom Planeten weg, ist der Energiequotient des matten und dunklen Materials größer, d. h. das Material erscheint dann dunkler und matt. (Beschrieben in UN Nr. 210, S. 2, medial durch Ray STANFORD; Autor: Rho SIGMA.)

Leider ist der Original-Negativ-Film bei mehrfacher Anfertigung von Dias und Kopien **durch Kratzer so beschädigt** worden, daß besonders **bei allen Ausschnittvergrößerungen** diese deutlich **sichtbar** sind. **An Beweiskraft hat der Film dadurch allerdings nicht verloren.**

Bild 2

Objekt ganz links, flacher Diskus, von der Schmalseite her aufgenommen, schwache Linksneigung, oben leicht gewölbt mit Andeutung eines flachkuppelförmigen Aufbaues.

Dieses Bild ist in etwas anderer Himmelsrichtung, weiter nach links (nordöstlich) als die Bilder 1 und 3 aufgenommen (siehe Flugbahn-Diagramm).

Hier sieht man die eigentliche Diskusform deutlich. Das Verhältnis von Durchmesser zur Höhe beträgt 5 :1, was den meisten Beobachtungen dieses Typs entspricht. Dies ergibt also bei einem berechneten Durchmesser von 25 Meter eine Höhe von ca. 5 Meter.

Wie bereits kurz erwähnt, resultieren alle anderen „Formen", wie sie auf den anderen Bildern dieser Serie zu sehen sind, aus:

1. verschiedenen Perspektiven,
2. verschiedenen Beleuchtungen durch die Sonne, z. B. Bild 9,
3. bzw. Verdunkelungen im Schatten, z. B. Bild 1 (abgesehen vom Energiequotienten, wie bei Bild 1 beschrieben),
4. schnellen Bewegungen während der Belichtungszeit von 1/48 Sekunde, z. B. Bilder 4, 5, 10 und 12,
5. unterschiedlichen Reflexen, z. B. Bilder 10 und 12,
6. teilweiser Unsichtbarkeit, z. B. Bild 8 (rechts in Wolke), oder Fast-Unsichtbarkeit, z. B. Bild 12 mit hohem Sonnen-Reflex rechts durch schnelles Kippen während der Belichtungszeit
7. und aus den unterschiedlichen Entfernungen.

Die Sonnenreflexe erscheinen auf dem Objekt immer rechts. Da es Mittag war, mußte also rechts die Himmelsrichtung Süden liegen. Geradeaus in Blickrichtung war somit Osten, links der Norden.

Bild 3

Objekt links oben mit ca. 55 Grad Linksneigung, rechts oben beleuchtet von durchkommender Sonne.

Helle Wolke rechts beachten und mit Bild 4 vergleichen! Es gibt keine irdische unsichtbare Antriebskraft, die einen Diskus von dieser Größe mit einem Neigungswinkel von 55 Grad so fliegen lassen könnte.

Bild 4

Das Objekt – hier mit minimaler Linksneigung – hat sich aus der Position von Bild 3 horizontal nach rechts auf die weiße Wolke zu bewegt (siehe Flugbahn-Diagramm).

Der Diskus wirkt „dicker" durch eine äußerst schnelle Vertikalbewegung mit der ganzen Scheibenfläche gegen den Luftwiderstand in Richtung der Position im Bild 5, also nach oben. Wie aus der scheinbaren Dicke des Objektes ersichtlich ist, hat es während der Belichtungszeit von 1/48 Sekunde, der im Agfa-Camera-Werk in München festgestellten genauen Belichtungszeit der Kamera NAGORAs, bei einem nach dem Vergleichsfoto berechneten Durchmesser von 25 Meter, eine Vertikalbewegung von ca. 4 Meter, der Höhe des Sonnenreflexes rechts entsprechend, durchgeführt.

Dies entspricht nach der Berechnung 48 × 4 × 3600 = einer Steiggeschwindigkeit von 690 km/h (Kilometer pro Stunde).

Die dabei erforderliche Beschleunigung und anschließende Verzögerung sowie die Umlenkung in die Flugrichtung auf Bild 5 hätte ein irdisches Flugobjekt kaum in dieser kurzen Zeitspanne bzw. Wegstrecke eines zwischen den Bildern 3 und 5 erfolgten Senkrecht-nach-oben-Fluges zustande gebracht.

Dieses ist außerdem das einzige Bild der Serie, bei dem eine schwache Emission aus der unteren Mitte des Flugobjektes, kegelförmg nach unten sich verbreiternd, sichtbar ist.

Dieser Energie-, Strahlungsausstoß- oder Sog-Kegel der Luft (Dunst?) bei der beschriebenen großen Beschleunigung, der weniger von einem Düsenstrahl-Triebwerk als vielmehr von einer anderen Art von Energie- oder Licht-Strahlung oder von einem Wasserdampf-Kondensat herrühren dürfte, ist ein wesentlicher Beweis dafür, daß das Objekt einen eigenen Antrieb oder eine Ausstrahlung hatte, also nicht ein hochgeworfener oder geschleuderter Diskus war, sondern ein Flugobjekt mit außerordentlichen, außerirdischen Flugeigenschaften, wie sie nicht manipuliert werden konnten.

Bild 5

Objekt mit ca. 35 Grad Linksneigung im Schnellflug nach rechts, dadurch „dickeres" Aussehen.

In dieser Schrägstellung würde kein von uns auf der Erde gebautes Objekt so gegen den Luftwiderstand fliegen, der für dieses UFO nicht zu existieren schien. Cumulus-Turm von Bild 4 rechts Mitte, jetzt rechts unten. Fortsetzung dieser Wolkenformation nach links auf den Bildern 4 und 5 vergleichen, um die Flugbahn des Objektes festzustellen!

Bild 6

Objekt jetzt in horizontalem Flug nach rechts, immer noch in Schräglage mit 30 Grad Linksneigung, wieder als flacher Diskus in etwas größerer Entfernung. Der Cumulus-Turm jetzt links unten.

Bild 7

Objekt wieder mit fast 55 Grad Linksneigung, eine Fluglage wie auf Bild 3, als flacher Diskus dunkel im Wolkenschatten, in anderer Himmelsrichtung weiter rechts (südöstlich), stillstehend vor steilem Abflug nach links unten (siehe Flugbahn-Diagramm).

Bild 8

Objekt in leicht linker Schräglage, rechts durch einen Ausläufer des gleichen Cumulus-Turmes, wie z. B. auf den Bildern 4 und 5, **fast unsichtbar, linke Seite aber deutlich herausragend.**

Beweisbild erster Ordnung! Denn, wer wirft einen Diskus so hoch bis in die Wolken?

Die Entfernung dieser Cumulus-Wolken mit dem darin sichtbaren Flugobjekt schätzte der „Deutsche Wetterdienst", dem ich die Bilder übersandte, auf 800 bis 1700 Meter, also auf wahrscheinlich mindestens 1000 Meter, ebenso wie NAGORA, der 1000 bis 1500 Meter annahm.

Bei dieser Entfernung „sieht" man hier das UFO ungefähr so groß **in** der Wolke, wie auf dem nächsten Bild 9 **darüber,** so daß die beiden Entfernungen als gleich groß anzunehmen sind. Dann aber war das Objekt auf Bild 9 = 1000 Meter demnach genauso weit entfernt wie das 22,5 Meter breite Siegestor von der Feldherrnhalle, nämlich die ganze Länge der Ludwigstraße von 1000 Meter, **ein sicherer Beweis für die Größe des Flugobjektes, das dann einen Durchmesser von 25 Meter hatte.** (Siehe auch Vergleichsfotos und Größenberechnung!)

Bild 9

Das schönste Bild!

Objekt in ca. 30 Grad Rechtsneigung, schräge Draufsicht auf den in der Sonnenstrahlung metallisch glänzenden Diskus.

Beim Absteigen in Richtung einer Planetenoberfläche ist der Energiequotient des hellglänzenden Oberflächenmaterials für die Sinkgeschwindigkeit größer. (Siehe auch Beschreibung des Bildes 1!)

Besonders zu beachten ist die strahlende Helligkeit der Oberfläche, was nur bei einer größeren Fläche der Fall ist. Ein kleines Objekt hätte bestimmt nicht diese stark reflektierende Wirkung gehabt. – Der Diskus wirkt auch dadurch dicker.

Der Cumulus verändert jetzt zusehends seine Form und löst sich in eine obere größere und untere Wolke auf.

Dieses Bild wurde für die Größenbestimmung des Flugobjektes, d. h. für dessen Durchmesser-Berechnung, verwendet. (Siehe auch Beschreibung zu Bild 8 und Vergleichsfotos!)

Bild 10

Objekt vor bzw. in der kleinen Wolke links oben, die auch auf Bild 9 sichtbar ist, untere Wolkenbildung gleich wie auf Bild 9.

Die Form des Diskus erscheint hier unsymmetrisch, rechts höher bzw. dicker, was durch schnelles Kippen um die linke Kante nur so erscheint, wobei man aber sehr deutlich einen flachkuppelförmigen Aufbau erkennt.

Die große Helligkeit am rechten Rand des Objektes wird die optisch scheinbare Verdickung zusätzlich verstärken, was beides in der Ausschnittvergrößerung besonders deutlich erkennbar ist. Die Wölbung des Kuppelaufbaues wird dadurch deutlich hervorgehoben, der z. B. auf Bild 2 kaum zu sehen ist.

Rillenartige Linien im Bereich der Wolke dürften von einem Fingerabdruck auf dem Originalfilm herrühren, der bei einer Dia-Herstellung oder bei einer Kopierarbeit entstand. Auch die anderen Linien sind Beschädigungen des Originalfilmes, die auf früheren Kopien und Dias nicht zu sehen waren.

Bild 11

Objekt jetzt in anderer Himmelsrichtung, weiter rechts (siehe Flugbahn-Diagramm!) mit ca. 20 Grad Linksneigung, leichte Draufsicht.

Linker Rand im eigenen Schatten dunkel und durch schnellen Flug nach rechts verwischt, was besonders in der Ausschnittvergrößerung deutlich zu sehen ist. Kratzer auf dem Originalfilm-Negativ sind auch hier zu sehen.

Bild 12

Objekt im Wolkendunst, links als dunkle Stelle noch sichtbar, rechts durch sehr schnelles Kippen um die linke Kante als hoher Sonnenreflex zu sehen. In der Ausschnittvergrößerung ist dies deutlich erkennbar.

Dieser Kipp-Vorgang muß mit enormer Geschwindigkeit geschehen sein, die sich wie folgt berechnen läßt:

Das Objekt hat, wie berechnet, einen Durchmesser von 25 Meter, so daß, wie aus diesem Bild 12, d. h. aus der Ausschnittvergrößerung gemessen werden kann, mit einer Kipphöhe rechts von ca. 15 Meter gerechnet werden muß, und das innerhalb der Belichtungszeit von 1/48 Sekunde, **was einer Kippgeschwindigkeit von 48 × 15 × 3600 = 2590 km/h entspricht, ein Bewegungsvorgang und eine Beschleunigung, die einem irdischen Flugkörper** aus derzeit bekannten physikalischen und technologischen Gründen **vollkommen unmöglich sind.**

Schlußanalyse und Beweiskraft

Die Kippbewegung liegt mit doppelter Schallgeschwindigkeit im Überschallbereich, es hätte also ein Überschallknall eintreten müssen, was aber nicht geschah. Abgesehen davon hätten Insassen diesen Kippvorgang kaum unbeschadet überstanden, wenn nicht auch sie physikalischen Gesetzen unterlegen wären, die uns noch weitgehend unbekannt sind.

So ist auch Bild 12 ein Beweisbild ersten Ranges, sowohl für die extraterrestrische Herkunft dieses fotografierten Flugobjektes, als auch für die nichtmanipulierte Echtheit dieser NAGORA-UFO-Bilderserie, denn kein noch so raffinierter Fälscher könnte diese niemals vorauszusehenden Einzelheiten absichtlich so ausführen.

Niemand, auch kein Foto-, UFO- oder Raumfahrt-Experte wäre fähig gewesen, diese Bilderserie durch Manipulation herzustellen, absichtlich so „kuriose" Einzelheiten an Flug-Phänomenen mit ihren berechenbaren Geschwindigkeiten und Beschleunigungen vor den eigentlichen Aufnahmen zu erfinden, sich auszudenken, zu planen und dann auch fotografisch so durchzuführen, wie sie z. B. die Bilder Nrn. 4, 8 und 12 zeigen.

Kein Mensch hätte vorher daran gedacht, so „schlechte", aber so beweiskräftige Bilder absichtlich zum Zweck einer Fälschung zu manipulieren.

Diese 12 NAGORA-Bilder sind der absolute Beweis für die Existenz dieses und damit auch der anderen gesichteten ähnlichen Raum-Flugobjekte außerirdischer Herkunft, die wir UFOs nennen.

Experten der sogenannten exakten einschlägigen Wissenschaften, wie z. B. Physiker, Astrophysiker, Astronomen, Fernseh-Autoren, Fernseh-Professoren, Raumfahrt-Kapazitäten, denen ich diese NAGORA-UFO-Bilderserie übersandte oder vorlegte, verhielten sich sofort ablehnend und erklärten meist schon nach kurzem Ansehen diese Bilder für Fälschungen, Manipulation und Schwindel.
Sie wollten in diesen einmaligen UFO-Bildern, die doch deutlich nur einen diskusförmigen Flugkörper in verschiedenen außergewöhnlichen Flugphasen zeigen, was jeder unvoreingenommene Betrachter ohne weiteres feststellen kann, folgendes erkannt haben:

1. Eine Spielzeugscheibe von ca. 25 Zentimeter Durchmesser, also eine bewußte Fälschung.

2. Die Bilder müssen manipuliert sein, da Flugobjekte, gegen den Himmel fotografiert, nicht so kontrastreich, deutlich und klar und sogar mit einem Stich ins Braune oder Schwarze auf den Kopien erscheinen könnten.

3. Möglicherweise ein Hubschrauber mit Radarkuppel.

4. Der Deutsche Wetterdienst meinte nach mehreren meßtechnischen Annahmen, es könnte ein Radiosonden-Fallschirm, evtl. nach bereits erfolgtem Abwurf der Meßinstrumente, mit 2,5 Meter Durchmesser oder weniger gewesen sein.

5. Ein westdeutscher Astronom, der als Anti-Ufologe bekannt ist, meinte: Das Objekt auf dem Bild 9 sehe aus wie eine kleine verwaschene Wolke, wenn man den unteren dunklen Rand mit einem Papier abdeckt.
Er hätte gleich schreiben können: Wenn man das ganze Objekt mit Papier abdeckt, sieht man nichts von einem Flugobjekt, womit feststeht, daß es keine UFOs gibt, und somit die Bilder Fälschungen sein müßten.

Einige andere Experten und Kapazitäten behielten die ihnen übermittelten Bilder ohne sich weiter darüber zu äußern oder sandten sie kommentarlos zurück, da sie der von ihnen oft geäußerten Meinung sind, daß UFO-Bilder immer nur manipuliert sein könnten.

Wir sehen uns daher zur Feststellung veranlaßt: Solche unter 1. bis 5. beschriebene und ähnliche Erklärungsweisen entbehren jeder wissenschaftlichen Logik, sie stellen vielmehr, scheinbar bewußt, falsche Behauptungen und gezielte Ableugnung dar, die jedem gesunden Menschenverstand widersprechen, die aber, wie man sieht, den UFO-Forschern zugemutet werden.

Alle von den Experten gemachten Schätzungen, Annahmen und daraus folgenden Berechnungen, die immer einen abwertenden Charakter hatten, liegen weit ab von meinen bewiesenen Berechnungen und logischen Folgerungen.

Man könnte fast annehmen, ein gewisser Personenkreis leide besonders stark an Seh- und anderen Störungen und Fehlern, die ihn an normalem plastischen und perspektivischen Sehen und Schätzen, sowie an logischem Denken hindern; sonst wären doch solche Fehlinterpretationen ausgeschlossen.

Während der ganzen Zeitspanne von 7 bis 10 Minuten des UFO-Fluges waren von NAGORA keinerlei Auspufföffnungen, Auspuffgase, Rauch, Dunst, Flimmern der Luft durch Hitzestrahlung, aber auch keine Veränderungen der Wolken, in denen der Diskus sich teilweise und zeitweise befand, beobachtet worden, die durch einen Auspuff- oder Düsen-Strahl oder durch Verdrängung der Luft hätten entstehen können.
Mit Ausnahme der bei Bild 4 beschriebenen schwach sichtbaren Emission, war äußerlich nichts am Objekt bemerkbar. Es hat sich also um einen Antrieb gehandelt, der nach außen hin keine sichtbaren Auswirkungen zeigte. Auch beim Abflug des UFOs senkrecht nach oben, der mit ungeheurer Beschleunigung erfolgte und bei dem die Schallgeschwindigkeit sehr schnell überschritten wurde, waren keinerlei besondere Geräusche, weder ein Schallmauerknall, noch Düsenlärm zu hören.

Bekanntlich wurde bei UFOs noch nie ein Schallmauerknall gehört bzw. gemeldet. Eine, aber vielleicht nicht die einzige physikalisch-technologische Abhilfe dagegen ist als Elektro-Aerodynamik, ebenso wie die Technologie der unterschiedlichen bzw. besonderen Oberflächenbeschaffenheit im Kapitel „Die Physik der Außerirdischen" beschrieben.

Dieses von Rudi NAGORA fotografierte Objekt hatte aber auch dieselbe Form eines Diskus, wie sie seit weit über 25 Jahren in vielen Tausenden Fällen immer wieder in allen Ländern der Erde, also auch in der Sowjetunion, gesehen, fotografiert, in der Welt-UFO-Forschung und in der UFO-Literatur beschrieben werden, so daß eine irdische Herkunft nicht denkbar und deshalb an der außerirdischen Abstammung auch dieses Flugobjektes nicht gezweifelt werden kann.

Es bleibt schließlich noch die philosophische Frage, warum gerade Rudi NAGORA dieses UFO sehen und so beweiskräftig fotografieren konnte und nicht etwa einer der Spezialisten für Weltraumforschung, Astronomie oder Astrophysik.

Solche Persönlichkeiten beklagen mir gegenüber immer wieder, und benutzen dies als Argument gegen die Existenz von UFOs, daß nur Farmer in den USA oder Fischer und andere einfache Leute solche Flugobjekte sehen würden, und nicht eben sie als Astronomen, Raumfahrt-Wissenschaftler und Astrophysiker.

Das Flugbahn-Diagramm der NAGORA-Bilderserie zeigt doch deutlich, daß die Insassen des Objektes anscheinend so flogen, als ob sie gerade Rudi NAGORA ihre phänomenalen Flugeigenschaften vorführen wollten, um es ihm zu ermöglichen, diese fotografisch zu dokumentieren. Warum hatte gerade er diese bisher wohl einmalige Gelegenheit? Er hatte die für diese Aufnahmen besonders günstige Kamera mit einer festen Belichtungszeit von 1/48 Sekunde, mit einem neuen Farbfilm für zwölf Aufnahmen schußbereit.

Er wollte ein Urlaubs-Erinnerungsfoto mit seiner Frau vor dem Auto machen, hielt an, stieg aus dem Wagen, hörte einen Summton, sah das Flugobjekt und knipste alle 12 Bilder herunter.

Was wollten die UFO-Piloten gerade in dieser einsamen, für sie wahrscheinlich uninteressanten Gegend? Einen Hinweis darauf könnte die folgende „Andere Methode einer Analyse mittels Psychometrie-Radiästhesie" geben.

Was hätten wohl die Weltraum-Fernseh-Professoren Hoimar v. Ditfurth und Heinz Haber getan und gesagt, wenn sie diese Gelegenheit gehabt hätten? Was hätten sie dann im Fernsehen in ihren Sendungen „WARUM ICH NICHT AN UFOS GLAUBE" bzw. „BRÜDER IM ALL", die beide die Unmöglichkeit einer Existenz von außerirdischen Flugobjekten in Erdnähe darstellen und beweisen sollten, gesagt?

Fragen, auf die es kaum Antworten gibt!

Andere Methode einer Analyse mittels Psychometrie-Radiästhesie

Es bleiben aber auch noch viele, uns brennend interessierende andere Fragen offen, die auf konventionelle Art und Weise bisher nicht beantwortet werden können.

219

Als Hilfsmittel bietet sich hier eine Methode an, die zwar noch nicht „exakt-wissenschaftlich" anerkannt ist, die aber schon von gewissen Behörden für außergewöhnliche Zwecke und oft mit großem Erfolg in Anspruch genommen wird.

Kaum jemand wird bezweifeln können, daß Wünschelruten-Gänger tatsächlich unterirdische Wasserstellen gefunden oder andere ähnliche Feststellungen getroffen haben. Diese Methode der Ortung bzw. Feststellung mittels Wünschelrute oder Pendel nennt man Radiästhesie.

Wenn nun eine Person, die diese Fähigkeit besitzt, noch dazu die Möglichkeit einer paranormalen Wahrnehmung (ASW = Außersinnliche Wahrnehmung) durch sogenannte Psychometrie hat, dann kann sie mit großer Sicherheit vergangene oder auch gegenwärtige, ja sogar zukünftige Ereignisse beschreiben, die, wie in dem uns hier interessierenden Fall, mit außerirdischen Raumfahrzeugen in Zusammenhang stehen. Zum besseren Verständnis sei hier auf Aussagen hingewiesen, daß eine Registrierung und Archivierung aller Lebensabläufe, wie Gedanken, Worte und Handlungen, aber auch Herkunft und Geschichte jedes Gegenstandes in der sogenannten Akasha-Chronik ein für allemal erfolgt ist. Aus dieser „Akasha-Chronik" können Ereignisse durch hierfür geeignete Personen unbewußt medial abgerufen werden wie durch einen Computer. Die mit solchen Fähigkeiten ausgestatteten Personen benutzen dann dieses „Wissen" für ihre Aussagen. (Siehe auch UN 224, Mai 1975, S. 4!)

So hat das Psychometrie-Radiästhesie-Medium Balthasar KERN, Rosenheim, anfangs rein zufällig, aber dann aus persönlichem Interesse und durch häufig frappierend mit der realen Wirklichkeit übereinstimmende Feststellungen gesichert, seit einigen Jahren auf Weltkarten mehrere Einflüge von Flugobjekten außerirdischen Ursprunges, deren Flugbahn über Kontinente und Ozeane, und ihre Abflüge aus dem erdnahen Bereich, mit dieser paranormalen Ortungsmethode festgestellt. Balthasar KERN bekommt mit Hilfe seines wünschelruten-ähnlichen Anzeige-Instrumentes meist eindeutige Antworten auf konkrete Fragestellungen.

Er kann also z. B. ein Flugobjekt auf einer Weltkarte genau orten, so daß eine Reihe solcher Ortungen in bestimmten Zeitabständen eine genaue Flugbahn dieses Objektes ergeben, die auf der Karte eingezeichnet werden kann. Dabei kann die Zeit und auch die Höhe über dem Boden bzw. dem Wasser, d. h. über der Erdoberfläche, registriert werden.

Bei diesen Flugbahn-Ortungen stellte es sich heraus, daß außerirdische Flugobjekte meist über den Nordpol einfliegen und über den Südpol ausfliegen, was in der Ufologie seit Jahren durch andere Beobachtungen und Aussagen, z. B. von Personen der antarktischen Stützpunkte, bekannt ist.

Eine solche *psychometrisch-radiästhetische Analyse,* die ich *für das von Rudi NAGORA fotografierte Flugobjekt* in Zusammenarbeit mit Balthasar KERN durchführte, sagt folgende Einzelheiten aus:

Die Flugbahn: Der Einflug des NAGORA-Flugobjektes erfolgte ungefähr über den Nordpol am 21. 5. 1971 ca. 18.40 Uhr in ca. 37 km Höhe. Bei umfangreichen Flügen über der Erdoberfläche wurden die 12 Aufnahmen der NAGORA-UFO-Bilderserie am 23. 5. 1971 um ca. 12.30 Uhr über der Steiermark fotografiert. Besonders markante Punkte der Reise dieses Objektes über der Erde waren die längeren Aufenthalte im Bereich der Aleuten-Inseln ca. 49° nördl. Breite, 178° östl. Länge bis 54° n.b., 158° w.l. sowie im Bereich von Australien. Den mittleren Bereich dieses Kontinentes umkreiste dieses Flugobjekt 2mal am 29. und 30. 5. 1971 in geringen Höhen von oft nur einigen hundert Meter. Auch andere Gegenden wurden mit diesen geringen Höhen überflogen, während die mittlere Höhe bei 20 bis 30 km lag.

Es würde zuweit führen, die Flugbahn des Objektes hier genau zu beschreiben. Am 30. 5. 1971 ca. 24 Uhr verließ es den erdnahen Raum über den Südpol.

Weitere höchst interessante Aussagen der Analyse mittels dieser Methode sollen, bei vorsichtiger Beurteilung, dem Leser nicht vorenthalten werden. Auf meine schriftlich formulierten Fragen ergaben sich folgende Antworten:

Das fotografierte Objekt hatte einen Durchmesser von 34 Meter. (Zwischenbemerkung: Die Differenz zwischen der optischen Analyse der Bilder, die einen Durchmesser von 25 Meter ergab, und der psychometrisch-radiästhetischen „Aussage" kann durch zu kurze Einschätzung des Abstandes zwischen dem Aufnahmeort und dem Flugobjekt mit 1000 Meter resultieren.

Wenn es ca. 1200 bis 1500 Meter waren, was auch NAGORA schätzte und was ohne weiteres als richtig angenommen werden kann, dann ist der Durchmesser von 34 Meter als zutreffend anzusehen.)

Das Objekt hatte 2 Ufonauten als Besatzung an Bord, die *nicht irdisch-menschenähnlich-materiell,* sondern je nach Bedarf wechselnd von verschiedener feinstofflicher Substanz waren, man könnte vielleicht sagen „geist-materiell" waren, was sich mit den bereits früher beschriebenen medialen Aussagen decken würde. Nach unseren Begriffen waren sie ca. 1,40 Meter groß und nicht in der Lage, sich außerhalb des Raumschiffes zu begeben. Es wurde auch keine Landung registriert.

Ihre Aufgabe war die Aufnahme und Speicherung von Daten über die biologische und geologische Struktur der Erde durch Sensoren, die nach irdischen Begriffen nicht erklärbar sind.

Das Objekt hat im europäischen und im australischen Bereich biologische Proben entnommen. Alle Planeten unseres Sonnensystems sind von den Außerirdischen bereits biologisch und geologisch untersucht worden.

Es war nicht geplant, Kontakt mit irdischen Intelligenzen aufzunehmen. Die Außerirdischen wurden durch Radio-Signale auf die Erde aufmerksam. Dieses Flugobjekt wird aber nicht mehr im Erdbereich erscheinen.

Das fotografierte diskusförmige Flugobjekt kam zusammen mit einem ebensolchen zweiten Objekt in einem ca. 185 Meter langen und 63 Meter dicken zigarren- bzw. mehr tonnenförmigen Mutterschiff, das abgestumpfte Enden hatte, aus einer Entfernung von ca. 212 Lichtjahren, die es zeitweise mit 75facher Lichtgeschwindigkeit zurücklegte. Es löste sich vom Mutterschiff über Afrika in ca. 23 km Höhe und kehrte in dieses an der Ostküste Australiens bei 148° ö.L. und 30° s.B. zurück.

Das zweite im Mutterschiff befindliche UFO löste sich ca. 35 Minuten früher zur Erforschung der Erdumgebung mit dem Van-Allen-Gürtel bzw. den Magnetfeldern.

In dem Mutterschiff befanden sich 26 Intelligenzen derselben Art wie vorher beschrieben.

In dem Gebiet der NAGORA-Aufnahmen wurden von dem Objekt aus geologische und geophysikalische Untersuchungen im Zusammenhang mit elektromagnetischen Anomalien durchgeführt. Anzeichen deuten auch auf Erforschung ultrakurzer Wellen, wie Radar-Wellen u. a., und auf Einpendelung des Objektes in die „Energieströme".

Weiter wurde übermittelt, daß die Antriebssysteme in keinerlei Zusammenhang mit irdischen Antriebssystemen stehen, daß das Mutterschiff für interstellare und intergalaktische und das NAGORA-Objekt nur für interplanetarische Reisen geeignet sei. „Aussagen" über Reisezeit-Ersparnis durch Zeitdilatation im erdnäheren Raum von 423 % in diesem besonderen Fall, aber von deren Fast-Bedeutungslosigkeit im interstellaren und im intergalaktischen Verkehr lassen uns die großen Schwierigkeiten für unser Verständnis solchen Aussagen gegenüber ahnen.

Eine Erklärung hierzu könnten die diesbezüglichen Hinweise in den vorhergehenden Kapiteln auf De- und Rematerialisation bzw. Teleportation geben, wobei die Zeit tatsächlich bis auf Fast-Bedeutungslosigkeit zusammenschrumpfen könnte. Dabei wäre dann die Zeitdilatation nur noch als relativer Faktor im reinen Geschwindigkeitsbereich anzusehen, aber nicht mehr bei De-Rematerialisation und bei Teleportation, die mit einem „Dimensionswechsel" verbunden ist.

Weitere „Aussagen": Die tatsächliche Reisezeit aus dem Herkunftsgebiet des Flugobjektes aus Richtung und Nähe des kugelförmigen Sternhaufens 6779 (M 56) in LYRA habe 58 Tage 14 Stunden und 48 Minuten unserer Zeit betragen.
Bei der ganzen Erkundungstour seien folgende Gebiete besucht worden: 6720 (M 57) in LYRA, 109 in HERCULES, die beschriebene Erkundung der Erde, VELOX BARNARDI in OPHIUCHUS und bei 110 in HERCULES.
Die kegelförmige Ausstrahlung aus dem NAGORA-Objekt nach unten, die nur auf dem Bild 4 zu sehen ist, sei „lichtähnlich" gewesen, dabei bewegte sich das UFO mit 744 km/h nach oben.

Bei der Gegenüberstellung beider Arten von Analysen der NAGORA-UFO-Bilderserie und ihrer Beschreibung zeigt sich eine große Übereinstimmung. *Die psychometrisch-radiästhetische Methode erklärt zusätzlich sehr vieles, was uns bisher oft so rätselhaft erschien, wenn* ihr vorerst auch keine absolute Beweiskraft, sondern nur eine Kontrollfunktion zugesprochen werden kann.
Jedenfalls aber fördert diese Gegenüberstellung das kosmische Bewußtsein des Lesers. Diese Angaben sind auch plausible Erklärungen für das uns oft rätselhafte Verhalten der UFOs (Flugbahn-Diagramm etc.!) und ihrer Besatzungen.

So fliegen nur außerirdische Flugobjekte

Die NAGORA-UFO-Farbbilder-Serie beweist nicht nur die außerirdische Existenz der UFOs an sich, sondern auch ihre überlegene außerirdische Physik und Flugtechnik.
Solche Bilder sind keine fotografierten Psychosen, keine Halluzinationen, kein Humbug, Schwindel, Betrug oder Irrtum, wie Unwissende das behaupten.
Diese und andere Bilder zeigen diskusförmige außerirdische Flugobjekte, außerirdisch, weil sie mit unserer derzeit bekannten konventionellen Physik nicht vereinbar sind. Außerirdisch auch deshalb, weil es einfach unlogisch und unsinnig wäre, wenn irgend jemand auf der Erde seit so langer Zeit in großer Anzahl und noch dazu so verschiedene perfekte Flugobjekte bauen könnte und dann diese so „nutzlos" herumfliegen lassen würde. Sie würden dann mit Sicherheit auch für militärische, zivile und kommerzielle Zwecke und anstelle unserer sehr komplizierten und sehr unwirtschaftlichen Weltraum-Raketen eingesetzt werden.

Außerdem kann auch die so verschiedenartige Besatzung, wie sie Hunderte Male bei und in den Objekten beobachtet wurde, nicht von unserer Erde stammen.

Solche bis in alle Einzelheiten analysierten UFO-Bilder sind absolut sichere Beweismittel für die Existenz außerirdischer, intelligent gelenkter Weltraum-Flugobjekte.

KAPITEL 17

BEOBACHTUNGS-FÄLLE

Kleine Auswahl typischer Beispiele

In der umfangreichen internationalen UFO-Literatur wird eine sehr große Anzahl von UFO-Beobachtungsfällen beschrieben. Diese wurden meist bis in kleinste Einzelheiten von den Beobachtern dargelegt und oft von Zeugen bestätigt, an die vermeintlich zuständigen Behörden wie Polizei, Militär-Dienststellen, Zeitungen und auch an UFO-Forschungsgruppen gemeldet. Anschließend sollen nur einige besonders markante Fälle näher beschrieben werden. Diese Fälle werden großenteils im Wortlaut aus den „UFO-Nachrichten" (UN) des Ventla-Verlages, D-6200 Wiesbaden 13, mit besonderer Genehmigung des Verlegers und Chefredakteurs Karl L. VEIT, übernommen.

Riesenscheiben bis zu 200 Meter Durchmesser
Leuchten von umgebenden „Wolken" durch Ionisation

Bestimmte Wolkenbildungen, die als Altocumulus-lenticularis- und als Altostratus-lenticularis-Wolken von den Meteorologen bezeichnet werden, mögen manchmal irrtümlich als UFOs angesehen, fotografiert und bekanntgeworden sein.
Solche Fotos wurden von UFO-Gegnern, meist Wissenschaftlern, benutzt, um festzustellen, daß hier eben wieder einmal ein Irrtum vorliege, d. h. daß auch dieses „UFO" natürlich zu erklären sei.
Als typisches Beispiel wurde in dem Anti-UFO-Buch „UFO UFO" (von P. G. Westphal) eine derartige Wolkenbildung, eine Altocumulus-lenticularis-Wolke, publiziert und durch Einzeichnen von Fenstern, Luken, einer Tür, Aufbau und Kuppel manipuliert, um mit dem diskriminierenden Kommentar:

— Was die Phantasie des Beobachters nachträglich in ein Gebilde hin-
ein-„erinnern" kann: Kuppel und Fenster! —

die ganze UFO-„Angelegenheit" wieder einmal mehr ad absurdum zu
führen. Kein UFO-Forscher und kein Ufologe hat jemals behauptet, auf
dem Foto seien Kuppel und Fenster zu sehen.

Tatsache ist, daß sowohl die oben beschriebenen Wolkenbildungen als
auch außerirdische Raum-Flugobjekte vorkommen und existieren.
Letztere bleiben, selbst ionisiert, manchmal in dann auch ionisierten,
also leuchtenden Kondensationswolken eingehüllt, als materieller Flugkörper dem Beobachter verborgen. Man wird also unterscheiden müssen
zwischen einer Altocumulus- bzw. Altostratus-lenticularis-Wolkenbildung
und einem Flugobjekt außerirdischen Ursprungs, das sich in einer Wolke
oder Dunstglocke verbirgt und so schnelle, z. B. dem Wind oder der
Luftströmung entgegengesetzte oder auch flugbahnähnliche Bewegungen ausführt.

Als Musterbeispiele seien hier einige Sichtungen zitiert, die diese Art
von UFOs beschrieben und ihre wahre Existenz dokumentieren:

Am Nachmittag des 7. Januar 1948 wurde ein riesiges, rundes, glühendes Flugobjekt von mehreren hundert Personen in Madisonville, Kentucky (USA), und später von Tausenden im ganzen Staat gesichtet. Die
Warnmeldung der Staatspolizei an Fort Knox sprach von einem Mindest-
durchmesser von 80 Meter.

Eine halbe Stunde später tauchte das riesige Objekt über dem Militär-
flugplatz Godman, nicht weit von Fort Knox, auf. Während es über dem
Flugplatz kreuzte und abwechselnd rot und weiß glühte, flogen Hauptmann Thomas MANTELL und zwei andere F-51-Piloten auf einem
Übungsflug vorbei. Kapitän Thomas F. Mantell, mit 3600 Flugstunden ein
erfahrener Jagdflieger, wurde durch Funk vom Kontrollturm des God-
man-Flugplatzes angerufen und angewiesen, Natur und Art des fremden
Objektes zu erkunden. Nachdem Mantell einige Minuten durch Wolken-
fetzen gestiegen war, rief er den Kontrollturm an.

„Ich habe das Ding gesichtet, es sieht aus, als ob es aus Metall wäre, und
es ist riesengroß; jetzt fängt es an zu steigen. Es ist immer noch über
mir, hält meine Geschwindigkeit oder fliegt etwas schneller. Ich gehe
jetzt auf sechseinhalbtausend hinauf. Wenn ich nicht näher herankomme,
gebe ich die Verfolgung auf." Minuten vergingen. Der Turm rief Mantell
erneut an, aber er bekam keine Antwort. Später an jenem Tage
wurde der Leichnam Mantells in der Nähe seiner abgestürzten Maschine
etwa hundertdreißig Kilometer vom Flugplatz aufgefunden. „Offizielle"
Berichte behaupten, daß Mantell wahrscheinlich in ca. 7000 Meter Höhe
infolge Sauerstoffmangels ohnmächtig geworden ist.

Ein Zeuge namens SCOTT, ein Ingenieur, der zur Zeit dieses Ereignisses auf diesem Flugstützpunkt stationiert war, erklärte 6 Jahre später, daß er ebenfalls das Riesen-UFO gesehen habe und daß die Durchsagen Mantells im Turm auf Tonband aufgenommen worden waren. Seine letzte Durchsage lautete: „Großer Gott, es hat Fenster und ist enorm groß."

Ein anderer Zeuge namens Dick MILLER, der damals bei der Air Force diente und den Sprechfunkbericht Mantells ebenfalls verfolgte, berichtet, daß die letzten Worte gelautet haben sollen: „Mein Gott, ich sehe Menschen in diesem Ding . . ."

Aus dem Buch
„UFO UFO"
von P. G. Westphal.

UFO — ja oder nein?

Was die Phantasie des Beobachters nachträglich in ein Gebilde hinein „erinnern" kann: Kuppel und Fenster!

Die Original-aufnahme einer Altocumulus-lenticularis-Wolke, am 12. 9. 1965 gegen 13 Uhr von einem Schulmädchen bei einem Ausflug in der CSR mit einer Schnappschuß-Kamera fotografiert.

Das denkwürdige Ereignis von 1948 ist bis heute nicht voll aufgeklärt. Sicher ist, daß Mantell ein Riesen-UFO, das von vielen Personen und dem Flughafen-Radar beobachtet wurde, erkunden sollte, es nahezu erreichte und dann abstürzte.

— — —

Er hat mit Sicherheit keine Altocumulus-lenticularis-Wolke gesehen und „gejagt", ebensowenig wie die anderen Beobachter sich irrten.

Foto eines UFOs aus Brasilien (nach UN 157, September 1969)

Professor Flavio PEREIRA, Präsident des brasilianischen Institutes für Astronautik und Weltraum-Wissenschaft und ebenfalls A.P.R.O.-Repräsentant, hat das gezeigte Foto mit folgenden Ausführungen vorgelegt:
Um 1 Uhr in der Nacht des 5. Juli 1968 war Ibrahim Rodrigues FONSECA, ein Berufsfotograf, beim Lesen eines Buches. Er war an Bronchitis erkrankt und so lange aufgeblieben, bis die schlimmste Hustenattacke überwunden war. Während er neben dem geöffneten Fenster saß, sah Fonseca ein großes Licht vom Himmel herabgleiten. Fonseca beeilte sich, seinen Fotoapparat zu holen, er konnte gerade noch dieses Foto machen, ehe das Objekt wieder aufstieg und aus der Sicht verschwand.
Er schätzte, daß eine Zeit von ungefähr 2 Minuten vergangen war, von der Zeit an, als er das Objekt entdeckte, bis zu dem Augenblick, in dem es wieder abflog.

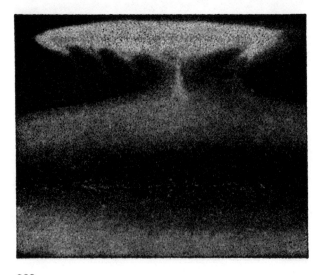

UFO, von Sonnenforschern über
Tschad aufgenommen.
„Tribune de Genève"
und „Dépêche du Midi",
31.1.1971.

Die einem Diskus ähnlich geformte Scheibe, auf dem oberen Teil des
Bildes ist das Objekt, während die beleuchtete Region unterhalb des
Objektes, das erhellte Gebiet auf der Erde darstellt.
("The A.P.R.O. Bulletin", Sept./Okt. 1968)
– – –

Auch dieses Objekt war mit Sicherheit keine irgendwie zu benennende
Wolkenbildung, sondern ein selbstleuchtendes Flugobjekt, dessen Diskusform trotz der durch Ionisation verschwommenen Umrisse deutlich
sichtbar ist.

Wissenschaftler in einer „Concorde" filmen ein Riesen-UFO (nach UN
210, März 1974).

Als neuestes Beispiel einer leuchtenden „Wolkenbildung" mit einer
UFO-typischen Eigenbewegung und zusätzlicher Beobachtung von Einzelheiten eines Raumflugobjektes sei das Riesen-UFO erwähnt, das
durch Insassen des englisch-französischen Überschall-Flugzeuges „Concorde", den Chefpilot Präsident Pompidous, André TURCAT, und mehrere beteiligte Fachwissenschaftler über dem afrikanischen Staat Tschad
beobachtet wurde.
Sie filmten das Objekt, als sie in 17 000 Meter Höhe die totale Sonnen-
finsternis am 30. Juni 1973 studieren und mit ihrem modernsten wissenschaftlichen Gerät analysieren wollten.

229

Ein Wissenschaftler entdeckte *das Objekt, das einen Durchmesser von ca. 200 Meter und eine Höhe von 80 Meter gehabt haben soll. Diese „Lichtquelle" zeigte eine grüne Grundfärbung, das Oberteil war hell erleuchtet. Das Objekt soll aus zwei Stockwerken bestanden haben.*

Der geheimnisvolle Gegenstand näherte sich dem Flugzeug und wurde in einer Serie von Aufnahmen festgehalten. *Der Film wurde* am Samstag, dem 2. 2. 1974, *im französischen Staatsfernsehen* von der Station Toulouse *gezeigt.*

Der französische Rundfunk erklärte, es handle sich um ein völlig seriöses Ereignis, das von Wissenschaftlern kontrolliert wurde. Diese Wissenschaftler hatten sieben Monate lang den Film analysiert und geschwiegen, da sie für dieses Phänomen keine plausible Erklärung fanden.

Dazu erklärte der Astro-Physiker Serge Koutchmy vom Staatlichen Wissenschaftlichen Forschungszentrum CBRS: „Es ist durchaus möglich, daß es auf anderen Sternen Lebewesen gibt, und es besteht kein Grund zu der Annahme, daß wir hier auf der Erde die intelligentesten Wesen sind."

Claude POHER, Chef der Beobachtungsstelle im Zentrum für Weltraumstudien in Toulouse, brachte kürzlich ein Buch über die nicht zu identifizierenden Flugobjekte (französisch OVNI) heraus. Er hat sich damit als hervorragender Kenner der Materie qualifiziert.

Der Testpilot der „Concorde", André Turcat, der auch den ersten Flug mit dieser Maschine gewagt hatte und als Mann ohne Nerven gilt, sagte: „Es war ein merkwürdiges, verwirrendes Erlebnis."

— — —

Man sollte auch in diesem Falle nicht glauben, daß sämtliche Beobachter, der Pilot, die Wissenschaftler und auch die Filmkamera nicht unterscheiden konnten, ob eine Wolkenbildung in Art einer Altocumulus-lenticularis in 17 000 Meter Höhe, was sowieso kaum möglich ist, oder ein außergewöhnliches überdimensionales leuchtendes Flugobjekt, das sich in einer ionisierten Plasmawolke befand, ihren Weg kreuzte. Allerdings hat man seither nichts mehr von der Sache gehört, und es ist deshalb anzunehmen, daß die Wissenschaftler schon wieder zuviel wußten und sagten, sie deshalb aus Geheimhaltungsgründen von staatlichen, behördlichen und militärischen Stellen zurechtgewiesen wurden und ihnen ein Schweigegebot auferlegt worden ist.

Vier leuchtende „Wolken" über Salem, Mass., USA

Am 16. Juli 1952 um 9.35 Uhr fotografierte der Angehörige des amerikanischen Küstenschutzes, Mr. Shell R. ALPERT in Salem, Massachusetts, USA, vier hell leuchtende „Wolken" in V-Formation. Das Bild ist das

V-Formation von UFOs in ionisierter Luft- bzw. Wolken-Hülle über Salem, Massachusetts, USA. Offizielles US-Küstenwache-Foto Nr. 5554 der „US Coast Guard", Washington, D. C., vom 16. 7. 1952, 9.35 Uhr.

offizielle US-Küstenwache-Foto Nr. 5554 der „US Coast Guard", Washington, D. C.

P. G. Westphal schreibt in seinem Buch „UFO UFO" dazu: „... scheint ... vier Altostratus-lenticularis-Wolken aufgenommen zu haben. Leider ist das Wichtigste auf dem Bild, nämlich die Gruppe der vier Wolken, überaus stark retuschiert. Aber zur Aufnahmezeit, es war 9.35 Uhr vormittags, stand die Sonne noch tief und konnte also gut die vier Wolkengebilde von unten anleuchten." Und später: „Das vorübergehend schwächere Leuchten der vier Gebilde ist dadurch erklärbar, daß für kurze Zeit eine andere Wolke das Sonnenlicht etwas abschirmte und dadurch die vier Altostratus-lenticularis-Wolken schwächer angestrahlt wurden."
— — —

Diese Behauptungen entsprechen nicht den Tatsachen, sondern sind tendenziöse Verdrehungen, wie sie bei UFO-Gegnern immer wieder beobachtet werden, denn:

a) Wie will P. G. Westphal feststellen, daß die Gruppe der vier Wolken überaus stark retuschiert sei? Das kann man nicht an Bildern, höchstens anhand des Negativ-Filmes, den er aber bestimmt nicht hatte. Herr Westphal kann sich ionisierte Wolken wahrscheinlich nicht vorstellen und glaubt deshalb, sie müßten retuschiert sein, und deshalb könne es keine UFOs geben.

b) Die Sonne steht im Juli auch in Salem (Mass.) um 9.35 Uhr nicht so tief, daß Wolken von unten beleuchtet werden könnten.

c) Wenn Wolken von der Sonne angestrahlt werden, dann sind sie auf einer Seite heller, auf der Gegenseite dunkler. Die fotografierten „Wolken" leuchteten aber von innen heraus; wenn sie heller und dunkler wurden, so hängt das von den in ihnen verborgenen UFOs ab, die bei Antriebs-Leistungswechsel eben verschieden stark und in verschiedenen Farben leuchten. (Siehe Kapitel „UFO-Antriebs-Probleme"!)

Sichtungen durch Flug- und Marine-Kapitäne

Flugkapitän NASH und Verkehrspilot FORTENBERRY
(Nach UN Nr. 79/1963 und Nr. 204/205/1973)

Diese Piloten beobachteten acht strahlend rot-orange leuchtende scheibenförmige UFOs, die mit nahe an 20 000 km/h auf sie zurasten, kurz vor ihnen in Sekundenschnelle einen spitzen Winkel von 30 Grad flogen und innerhalb von Sekunden wieder verschwanden.

Flugkapitän NASH und Pilot FORTENBERRY wurden durch Experten der US-Luftwaffe lange und gründlich vernommen. Nach monatelanger Auswertungsarbeit, bei der alle natürlichen Erklärungen ausgeschaltet werden mußten, kam das ATIC (= Air Technical Intellegence Center), die technisch-wissenschaftliche Zentrale der US-Luftwaffe, zu der Schlußfolgerung, daß die gesichteten Objekte als „unidentifiziert" einzustufen sind.

Der US-Luftwaffe bzw. dem Ausschuß ATIC wurde die Sichtung dieser Formation von sieben Zeugen bestätigt, die sich am Boden befunden hatten, darunter ein Korvettenkapitän.

Major Dewey FOURNET vom Nachrichtendienst der US-Luftwaffe, der damals als Überwachungsoffizier im Hauptquartier für das Projekt „UFO" tätig war, bezeichnete den Nash-Fortenberry-Bericht als eine der genauesten und zuverlässigsten Darstellungen, die die Luftwaffe je erhalten habe.

Flugkapitän William B. NASH war im Krieg 1939—1945 bei den Marinefliegern und kehrte danach zur PANAM zurück, wo er im Jahre 1946 das Kapitänspatent erhielt.

Flugkapitän Nash/PPA sah
Fliegende Untertassen:
„Das waren Apparate, die nicht
von unserem Planeten
stammen."

Heute, 1974, ist er Senior-Kapitän mit ca. 28 000 Flugstunden und fliegt dreistrahlige Boeing-727-Maschinen der PANAM, meist zwischen London und Berlin.

Sein und seines Kopiloten UFO-Erlebnis hatte sich vor 21 Jahren ereignet, das Kapitän NASH in einem Vortrag vor der Münchener UFO-Studiengruppe 1973 wie folgt genau beschrieb:

In der Nacht vom 14. Juli 1952 flogen wir eine PAA-DC-4 von New York nach Miami. Unsere Mannschaft bestand aus Kapitän KOEPKE und uns beiden sowie zehn Passagieren (Firmenpersonal und deren Familien). Die Nacht war klar und die Sicht unbegrenzt. Die für uns praktisch nicht sichtbaren Wolken wurden als dünne Zirruswolken (3/10) mit einer Höhe von etwa 20 000 Fuß = 6100 Meter angegeben.

Wir saßen auf dem Piloten- und Kopiloten-Platz und flogen in einer Höhe von 2400 Meter, kreuzten den automatischen Piloten an der Chesapeake-Bay und näherten uns Norfolk, Virginia, das etwa 32 km, nach unserem magnetischen Kompaß ein wenig südwestlich vor uns lag. In 6 Minuten hatten wir die VHF-Funkkurs-Station zu überfliegen und Meldung zu erstatten. Vor einer Stunde war die Sonne untergegangen, und wenn wir auch die Küstenlinie sahen, so war die Nacht doch im ganzen dunkel. Die Entfernungslichter der Städte waren deutlich zu

233

sehen und nicht durch Nebel beeinträchtigt. Einer von uns zeigte nach der Stadt Newport News, die rechts vor uns lag.

Plötzlich wurde in Richtung Newport News etwas Rotglänzendes sichtbar. Wir sahen es beide gleichzeitig. Einer bemerkte: „Was zum Teufel ist das?" Es kam nicht langsam in Sicht, es schien plötzlich dazusein.

Unmittelbar darauf stellten wir fest, daß es sich um sechs große Objekte handelte, die mit erheblicher Geschwindigkeit und anscheinend unter uns auf uns zuflogen. Sie sahen aus wie glühende Kohlen, aber mit starker Leuchtkraft, vielleicht 20mal stärker als irgendeine der vereinzelten Grundleuchten, über die wir hinwegflogen bzw. die Lichter der Stadt zur Rechten. Ihre Silhouetten waren deutlich umrissen rund, die Kanten hoben sich gut ab, weder phosphoreszierten sie noch waren sie verwischt. Rot-orangener Lichtschein stand gleichmäßig über jedem Objekt.

Innerhalb der wenigen Sekunden, die die sechs Objekte benötigten, um auf die Hälfte der Distanz der Erstentdeckung an uns heranzukommen, konnten wir beobachten, daß es sich um eine enge stufenförmige Formation handelte, eine noch oben gerichtete Linie, leicht nach rechts geneigt, mit dem Führer am untersten Punkt, die weiteren Flugobjekte übereinander. Bei diesem halben Entfernungspunkt schien es, daß der Führer der Gruppe plötzlich die Geschwindigkeit verlangsamte. Dies schien deshalb so, weil das zweite und dritte Fahrzeug an der Führermaschine vorbei wollten; die Positionen der drei Maschinen waren nicht konform. Es schien, als ob ein „menschlicher" oder „intellektueller" Fehler gemacht worden wäre, da die beiden folgenden Maschinen nicht schnell genug reagierten, als die Führungsmaschine langsamer wurde, wodurch sie diese überflogen.

Wir schätzten den Durchmesser der Flugobjekte etwas größer als eine DC-3-Flügelspannweite, also ca. 30 Meter, und ihre Flughöhe, die wir mit etwas mehr als 1500 m unter uns bzw. ca. 1000 m Höhe über der Bodenfläche annahmen.

Als die Gruppe direkt unter uns bzw. ein wenig vor uns war, lehnte sich der Pilot rasch aus seinem linken Sitz heraus, um sie zu beobachten, änderten sie ihre Richtung in bewundernswerter Weise.

Alle zusammen flogen sie in Seitenlage, also die Scheiben hochkant, die links von uns befindliche Seite aufwärts, die leuchtende Oberfläche geradeaus. Obwohl die Untersicht nicht deutlich sichtbar wurde, hatten wir den Eindruck, daß sie dunkel war. Die Seite, ebenfalls dunkel (unbeleuchtet), schien etwa 4,5 m dick, die Oberseite ziemlich flach. Im Umriß und der Form nach glichen sie Münzen.

Nachdem sie sich alle in der Seitenlage befanden, glitten die fünf an der Führermaschine vorbei, so daß die Staffel nunmehr keilförmig wirkte, d. h. das erste bzw. letzte Flugzeug waren nahe bei unserer Position. Dann gingen sie ohne Bogen oder Pendelbewegung auf die niedrigere Höhe zurück und schossen in Richtung eines spitzen Winkels, den sie beibehielten, davon. Die Richtungsänderung war klar und unerwartet. Die einzige vergleichbare Möglichkeit, die wir anbieten können, sind von einer Wand zurückprallende Bälle.

Unmittelbar hinter diesen sechs davonfliegenden Objekten erschienen zwei weitere hinter bzw. unter unserer Maschine in etwa gleicher Höhe wie die davongeflogenen. Es schien, daß die beiden der ersten Gruppe zu einer geschlossenen Staffel nacheilten.

Dann ging plötzlich das Leuchten aller dieser Objekte aus, kurz darauf leuchteten alle acht auf einer Linie, die westwärts gewandt war — nördlich von Newport News — und stiegen in einem großen eleganten Bogen über uns auf. Dann verschwanden sie, eines nach dem anderen, nicht in einer bestimmten Reihenfolge, sondern in breitest gestreuter Form, dunkler werdend.

Es dürfte eine gewisse Beziehung zwischen dem Leuchten der Objekte und deren Geschwindigkeit bestanden haben. Die Sechser-Staffel hatte vor ihrer scharfen Wendung abgedunkelt und war nachher wesentlich heller. Auch die beiden nachfolgenden waren, nachdem sie die anderen eingeholt hatten, leuchtender.

Wir starrten ihnen verblüfft und wahrscheinlich offenen Mundes nach. In der Hoffnung, daß noch solche Objekte erscheinen würden, suchten wir den Himmel ab, aber nichts tat sich. Es waren fliegende Scheiben, und wir hatten sie gesehen. Was wir bezeugen können, war so überwältigend und unglaubwürdig, daß wir selbst es kaum glauben wollten. Hätte nur einer von uns das alles gesehen, würde er zögern, hierüber zu berichten; aber wir waren zu zweit. Es war undenkbar, daß wir alle beide ein solches eindrucksvolles Vergnügen mißverstanden. Das Ganze geschah um 8.12 Uhr östlicher Standardzeit, alles lief sehr schnell ab. Wir schätzten in etwa 12 Sekunden.

Nun die etwas skeptische Frage: Hatte auch jemand an Bord sie gesehen?

Der Kopilot ging durch den Passagierraum, wo der Kapitän schriftliche Arbeiten ausführte. Im Hauptteil dösten einige Passagiere vor sich hin. Eine vorsichtige Frage, ob irgend jemand etwas Außergewöhnliches beobachtet hätte, erbrachte kein Ergebnis.

Wieder im Cockpit, besprachen wir die Sache und formulierten einen kurzen Bericht. Wir riefen Norfolk Radio an, gaben unsere Position beim Durchflug routinemäßig an und nach der Bestätigung der Meldung fügten wir hinzu: „Zwei Piloten dieses Flugzeuges beobachteten acht unidentifizierte Objekte in der Nähe von Langley Field, geschätzte Geschwindigkeit mehr als 1600 km/h, geschätzte Höhe etwa 1000 m. Der Kapitän kam nach vorn und wurde über den Zwischenfall und die Meldung unterrichtet. Er übernahm das Steuer, während wir von dem Geschehenen Skizzen und Notizen anfertigten.

Mit einem Dalton-Mark-7-Computer, einer Art schwenkbarer Rechenmaschine, richteten wir den Scheitelkreis von der Längsachse des Flugzeuges auf den Annäherungswinkel der Untertassen zu der Spitze, so gut wir uns hieran erinnern konnten, und machten die gleiche Berechnung für ihren Abflugwinkel. Wir stellten fest, daß der Unterschied lediglich 30 Grad betrug, d. h. *sie hatten eine Drehung von 150 Grad ausgeführt. Die durch eine solche Richtungsänderung verursachte G-Kraft (Gitterkraft = Massenbeschleunigung bei Massenträgheit) konnten wir uns nicht vorstellen, selbst wenn wir gewußt hätten wie.*

Verglichen mit der Tabelle schätzten wir, daß die Spur der fliegenden Scheiben von dem Punkt, an dem wir sie zuerst sichteten, bis zu dem Punkt, an dem sie verschwanden, etwa 80 Kilometer betrug und von ihnen einschließlich der Wendung um 150 Grad innerhalb von 12 Sekunden bewältigt wurde. Wenn wir vorsichtigerweise 15 Sekunden unterstellen, heißt das, *daß die Objekte mit einer Geschwindigkeit von 320 km in der Minute oder 19 200 km/h flogen.* Wenn wir noch vorsichtiger sind und den Abstand auf die Hälfte vermindern, würde die Geschwindigkeit noch immer 9600 km/h betragen haben.

Wir landeten im Miami-International-Flughafen kurz nach Mitternacht. Beim Betreten des Flugbetriebsbüros fanden wir bereits die Kopie unserer Durchsage, die wir über Norfolk unserem New Yorker Meldedienst übermittelt hatten, mit dem Zusatz — Unterrichtet Mannschaft — fünf Düsenmaschinen waren zu jener Zeit in dem Gebiet —.

Das war nicht ganz zutreffend. Was wir sahen, waren acht an der Zahl, und wir waren absolut sicher, es handelte sich nicht um Düsenmaschinen.

Dann riefen wir den Offizier vom Dienst des Luftwaffenhauptquartiers auf dem Flughafen an und erklärten ihm, daß wir einen Bericht über einige fremde, nicht identifizierte Objekte zu machen hätten. Er notierte unsere Namen und Anschriften und entgegnete, daß die zuständige Stelle sich mit uns in Verbindung setzen würde.

Um 7 Uhr morgens riefen uns die Luftwaffenermittlungsbeamten an und wir vereinbarten ein Interview am späten Vormittag. Wir beide wurden lange und gründlich einzeln sowie zusammen befragt. Am Schluß der Befragung waren wir erstaunt zu hören, daß unser besonderes Erlebnis in keiner Weise einzigartig war. Wir beide fliegen seit mehr als zehn Jahren, wir kennen eine Reihe von Dienstvorschriften betreffend Flugzeugerkennung, und während Tausenden von Flugstunden hatte keiner von uns auch nur annähernd etwas gesehen, was diesen fremden und unvergeßlichen Objekten bei Newport News am 14. Juli ähnlich war. Wenn wir auch nicht wissen, wer sie waren, was sie taten oder woher sie kamen, so *sind wir dessen in unserer Vorstellung sicher, daß es intelligent geführte Maschinen von außerhalb unseres Planeten waren.* Wir sind gewiß, daß kein Pilot, der sie wie wir sehen würde, sie mit einem irdischen Flugzeug vergleichen wird, das *eine derartige Geschwindigkeit und abrupten Richtungswechsel sowie Beschleunigungen,* die wir bezeugen können, *ausführen kann oder der sich ein Metallflugzeug vorstellen kann, das der Hitze widersteht, die infolge der Reibung bei einem so schnellen Durchflug durch die dichte Atmosphäre in so geringer Höhe gegeben ist.*

Da wir nicht wissen, ob sie innerhalb der Maschine oder durch Fernsteuerung kontrolliert werden, ist es *unvorstellbar, daß Menschen aus Fleisch und Blut den Stoß solcher Umkehrkurse aushalten würden.* Wir sind auch der Ansicht, daß es keine geheimen Fernlenkwaffen sind. Es wäre unwahrscheinlich, wenn unsere Luftwaffe mit solchen Apparaten über großen Städten und Luftlinien operieren würde. Eine andere Nation würde das auch nicht riskieren. Weiterhin kann auch irgendeine Wissenschaft einen derartigen Stand der Entdeckungen nicht erreicht haben, ohne daß dazwischenliegende Abschnitte öffentlich bekanntgeworden wären.

Eines wissen wir: *Die Menschheit hat noch eine Menge zu lernen —* *von irgend jemandem.* gez. W. B. Nash und W. H. Fortenberry

— — —

Diese UFO-Sichtungsmeldung der beiden Piloten wurde von dem damaligen bekannten „UFO-Gegner" Prof. Dr. Donald MENZEL (USA) als optische Täuschung bezeichnet, worauf ihm Kapitän NASH folgende Erklärung und Rechtfertigung zukommen ließ: „Nun mal ganz allgemein zu Ihrer offensichtlichen Meinung über Verkehrspiloten: Sie nehmen an, daß Piloten ihre Einbildungskraft benutzen . . ., daß sie sich leicht durch Dinge narren lassen, die sie sehen . . . Nein, Sir, die Art und Weise, in der wir ein Flugzeug im Wert von fünf Millionen Dollar von einem Flughafen zum anderen fliegen, beruht keineswegs auf Annahmen oder Schätzungen.

Wir haben zu prüfen und nochmals zu überprüfen . . . Wir verbringen monatlich 120 Stunden in der Luft und können aufgrund dessen zu den erfahrensten Beobachtern von Dingen zählen, die wir vom Cockpit unserer Flugzeuge aus sehen können. Können Sie sich vorstellen, Dr. Menzel, daß wir Tausende von Reflexionen gesehen und studiert haben? Denken Sie, daß wir nicht Tausende von Meteoriten gesehen haben?

Ich habe sie nächtelang beobachtet. Meinen Sie, wir können keine Reflexionen an einem konventionellen Flugzeug identifizieren und hätten nie Nordlichter gesehen? ...

Sie erklären auch, wir seien durch das, was wir sahen, viel zu aufgeregt gewesen, um die elementarsten wissenschaftlichen Prüfungen vornehmen zu können. Nochmals, Doktor, Piloten regen sich nicht so leicht auf — sonst wären sie nicht lange Verkehrspiloten. Ich habe einen Universitätsgrad in Naturwissenschaften; dieses Gebiet war von jeher mein Hobby. Die meisten Piloten von uns haben übrigens einen Universitätsgrad.

Sie verlachen uns und meinen, innerhalb von 12 Sekunden könne man keine genauen Eindrücke erfassen. Während meiner Dienstzeit wurden Bill Fortenberry und ich, wie alle anderen Militärpiloten, im Erkennen von Gegenständen geschult. Wir mußten uns an die Konturen jedes Schiffes der deutschen und japanischen Marine erinnern können. Das gleiche gilt für alle feindlichen Flugzeugtypen. Selbstverständlich mußten wir auch alle eigenen Schiffe und Flugzeuge schnell und sicher erkennen können. Wir mußten bei Prüfungen Umrißskizzen von allen anfertigen. Nachdem wir sie kannten, wurden die Skizzen ganz kurz auf eine Leinwand projiziert, zuerst eine Zehntelsekunde und später eine Hundertstelsekunde lang, worauf wir den Lehrern Typ, Nationalität und Anzahl der gesehenen Schiffe und Flugzeuge nennen mußten. Sie sehen also, wir hatten sogar sehr viel Zeit, um unsere UFO-Beobachtungen zu machen!"

Analyse

Diese Sichtung hatten zwei Piloten mit je 10 Jahren Flugerfahrung. Ihre Beobachtungen sind so eindeutig und genau und entsprechen in ihrer Art einer großen Anzahl sehr ähnlicher Sichtungen im Laufe vieler Jahre auf der ganzen Erde, daß an der Realität der Objekte nicht gezweifelt werden kann. Außerdem wurden sie durch sieben Personen auf dem Boden bestätigt, darunter ein Korvetten-Kapitän der US-Marine.

1. Es kann also kein Reflex oder andere Täuschung gewesen sein. Es waren vielmehr zuerst 6 orange-rot „glühende" Objekte von Scheibenform bzw. der bekannten Diskusform mit einem geschätzten Durchmesser von ca. 30 Meter und einer Höhe (Dicke) von ca. 4,5 bis 5 Meter, denen sich nach einer abrupten Richtungsänderung um 150 Grad zwei weitere gleiche Objekte anschlossen. Ihre Geschwindigkeit wurde annähernd errechnet nahe an 20 000 km/h einschließlich der Richtungsänderung, da ihre zurückgelegte Entfernung ca. 80 km in 12 bis 15 Sekunden betragen hatte.

2. Es können keine irdischen Objekte gewesen sein, da solche Geschwindigkeiten in dichter Atmosphäre wahrscheinlich schon ein Verbrennen und Verglühen, zumindest eine Überhitzung zur Folge gehabt hätte oder aus Gründen des Luftwiderstandes unmöglich gewesen wäre.
3. Eine solch ungeheure Verzögerung am Wendepunkt und anschließende ebensolche Beschleunigung könnte kein irdisches Objekt samt Insassen heil überstehen.
4. Es gibt nach unserer Physik und Technik keinen Antrieb, der das leisten könnte.
5. Das unterschiedliche „Glühen" bzw. Leuchten in orange-roter Farbe je nach Geschwindigkeit bzw. Leistungsbedarf deutet auf Ionisation des Materials bzw. der umgebenden Luft hin, *was auf einen Antrieb hinweist, der die elektro-atomare Struktur des gesamten Flugkomplexes, also der Objekte samt Einrichtungen und Insassen, so weit verändert und umwandelt, daß Massenträgheit vermindernde (MTM) bis aufhebende (MTL), richtungsbeschleunigende Komponenten auf jedes einzelne Atom (AGO) entstehen, die solche Flugmanöver überhaupt erst ermöglichen.*
6. Diese Sichtung ist ein Musterbeispiel für den *Masselosigkeits-Effekt,* durch den der UFO-Flug mit seinen *enormen Beschleunigungen und immensen Geschwindigkeiten* erst erklärlich wird, der aber auch ein *Überschreiten der Lichtgeschwindigkeit* gestatten dürfte, was ihre *Herkunft aus anderen Sonnensystemen, vielleicht sogar aus anderen Galaxien nicht mehr ausschließt.*
7. Alle die beobachteten phänomalen Eigenschaften dieser 8 UFOs treten bei UFO-Flügen immer wieder auf und wurden tausendmal von den verschiedensten Menschen weltweit beobachtet.

Diese Sichtung ist ein schlagender Beweis für die reale Existenz der UFOs, mit einer unserer bekannten Physik weit überlegenen Superphysik und Supertechnologie, wie sie in den entsprechenden Kapiteln dieses Buches in ihren Grundgedanken beschrieben sind.

UFO-Formation über Norwegen und Schweden
(Nach UN 186, Febr. 1972)

(sad). Stockholm/Oslo, 4. Januar 1972
Der Kapitän eines Urlauber-Jets, aus Las Palmas kommend, bereitete sich über der norwegischen Stadt Bergen auf die Landung vor. Plötzlich sah er durch die Cockpit-Scheibe über sich am nächtlichen Himmel sieben leuchtend weiße Punkte: UFOs.
Die sieben runden Flugkörper wurden in der Neujahrsnacht über Norwegen und Schweden von Dutzenden Augenzeugen beobachtet. Zwei

Schweden berichteten: Wir haben die Besucher von einem anderen Stern im Tiefflug gesehen.

Das Militärkommando wurde eingeschaltet.

Der Bericht von Flugkapitän Oddmund KARLSSON, der aus Las Palmas kam: „Über uns flogen formationsartig gestaffelt sieben gleißend weiße Punkte. Die vier vorderen leuchteten am stärksten. Ich schätze ihre Flughöhe auf 20 000 m. Auch einige unserer 124 Passagiere sahen die Erscheinung."

In derselben Nacht sahen Häkan BERGLUND und Anders HEDBERG die UFOs über Mittelschweden. Die beiden berichteten, die Formation habe über dem Dorf Sveg plötzlich ihren Flug verlangsamt. Über dem Ort senkten sich die „Fliegenden Untertassen" – und nach einem Tiefflug nahmen sie rasch wieder Fahrt auf.

Der Waldarbeiter Lennart JONSSON beobachtete die UFOs drei Minuten lang über Lembacken in der mittelschwedischen Provinz Värmland. Erschrockene Bewohner, die die Flugkörper auch über Stockholm, Eskilstuna, Gävle und Östhammar gesehen hatten, riefen Polizei und Armee an.

Die Luftüberwachung stellte fest: Weder auf den Radarschirmen der NATO in Norwegen noch auf den Warngeräten der schwedischen Verteidigung hatten die UFOs Reflexe ausgelöst.

Major Erling HORNVEN vom norwegischen Oberkommando bestätigt: „Wir haben rund 20 Berichte mit absolut glaubwürdigen Beschreibungen. Fast immer war die Rede von sieben stark leuchtenden runden Flugkörpern, die sich sehr schnell von Nordwest nach Südost fortbewegten. Wir haben keine Erklärung für das Ganze. Es ist ausgeschlossen, daß es sich um ein Flugzeug oder einen zur Erde zurückkehrenden Satelliten handelte."

Nach Schätzungen der Augenzeugen erreichten die UFOs Geschwindigkeiten bis zu 4800 km/h – schneller als jedes Flugzeug der Erde.

– – –

Laut „Kronenzeitung" Wien vom Januar 1972 lösten die Vorfälle über Norwegen und Schweden, die von 20 bis 30 ernst zu nehmenden Augenzeugen berichtet worden waren, „UFO"-Alarm im NATO-Hauptquartier in Brüssel aus.

Sichtungsbericht aus Schweden

Askersund, 1. Januar 1972
Datum und Zeit: 1. 1. 1972, 4.15 Uhr.
Ort: Vekhyttan bei Örebro/Mittelschweden.
Wetter: Absolut klar, Vollmond, minus 10 Grad Celsius.
Zeugen: Fünf Personen.

Vier bis fünf deutlich sichtbare Objekte erschienen etwa 40 Grad über dem Horizont, von Osten nach Westen fliegend. Ihre Geschwindigkeit war verhältnismäßig gering. Der Vorüberflug dauerte etwa eine Minute, ehe sie verschwanden. Die Farbe der Objekte war klares Rot-Gelb, leuchtend, mit starken Schweifen von derselben Farbe. Einige kleinere unter ihnen waren grün, und das Ganze sah wie eine große Formation aus, die sich manchmal etwas veränderte. Man konnte keine Einzelheiten erkennen; es waren einfach strahlende, ziemlich große Flecke, die den Himmel zwischen sich erleuchteten. Sie flogen horizontal und schienen beim Fernflug zu verblassen.   gez. Christer ANSEHN

Auf der Höhe von Temuco (Chile): Zehn UFOs
(Nach UN 187, März 1972)

Meldungen, die in der Tageszeitung „Las Ultimas Noticias" Santiago vom 29. Dezember 1971 standen und im „Radio National de Agricultura" am 30. 12. 1971 um 21.30 Uhr ausgestrahlt wurden.
Zehn sogenannte „Fliegende Untertassen" verfolgten einen LAN-Frachter (Flugzeug), der von Punta Arenas kam und um 1.15 Uhr in Pudahuel landete. Gemäß den amtlichen Berichten der Flugleitung in diesem Flughafen flog die Boeing 727 auf der Höhe von Temuco, als diese etwa 10 000 Meter hoch flog, erschienen diese sonderbaren Apparate von achtern aus.
Sie waren nach den Cordilleren hin ausgerichtet. Die Objekte verlagerten sich mit großer Geschwindigkeit und wechselten ihre Lichtfrequenzen, so daß sie an Intensität abnahmen und zunahmen.

Die Boeing hatte als Besatzung den Kommandanten Ricardo FRANCEY, den ersten Offizier Eduardo ORTIZ und als Ingenieur Herrn Victor RUBIO. Diese verbanden sich mit Puerto Mont, um zu erfahren, ob zur Zeit eine Flugflottille in der Luft wäre. Die Antwort war negativ. Danach versuchten sie die OVNIS (spanisch für UFOs) mittels des Bordradars anzupeilen, sie erschienen jedoch *nicht* auf dem Bildschirm, auch machte sich keine Interferenz bemerkbar.
Die dramatische Unterhaltung, die mit den Flugleitern Juan SANSÔN, Hernan GOMEZ, Octavio PODUJE und Rosa CARO gehalten wurde, ist auf Magnetband festgehalten worden und hat eine Dauer von ca. 30 Minuten. — Die sonderbaren fremden Objekte verschwanden erst auf der Höhe von Chillán um 0.19 Uhr.
Der Flugkapitän Ricardo FRANCEY bestätigte kurz nach seiner Landung in Pudahuel (Santiago) „LUN" (Las Ultimas Noticias) den sensationel-

len Vorfall. Zunächst war er im Zweifel, die Nachricht durchzugeben, denn er befürchtete, daß sie als ein Scherz aufgefaßt werden könnte. Wegen der Eigenart des Vorfalls jedoch sagte er, daß seine Bemerkungen im Landeflughafen Pudahuel gut aufgenommen worden seien. Er bekannte, daß er bei dem Zusammentreffen mit den sogenannten unbekannten fliegenden Objekten, „OVNIS" genannt, keine Furcht gehabt habe.

Der Fall der Flying-Tiger-Lines-Maschine
(Nach UN 155/1969)

Ungefähr um Mitternacht am 15. Februar 1969 befand sich die Maschine der Flying Tiger Lines, die eine Gruppe Militärangehöriger von Amerika nach Japan beförderte, vier Flugstunden von Anchorage entfernt. Plötzlich erfaßte das Cockpit-Radargerät drei sich schnell bewegende Objekte. Der Flugkapitän und seine Mannschaft schauten seitlich aus der Maschine und sahen drei riesige ovalförmige Objekte, die in der Nacht rot glühten.

Ein Air-Force-Kapitän, der Flugpassagier war, wurde nach vorn gebeten, um die Sichtung zu bestätigen. Sein unterzeichneter Bericht befindet sich in der Kartei des „National Investigations Committee on Aerial Phenomena".

Nach dem Bericht des Kapitäns drosselten die unbekannten Maschinen ihre Geschwindigkeit bis auf jene des Passagierflugzeuges und flogen dicht beieinander. Laut Radarmessung kamen sie in einer Entfernung von 8 km hinunter und hielten Schritt mit dem Flugzeug. Der Air-Force-Kapitän errechnete ihre Länge als weit größer als 700 ft = 212 m. Es war offensichtlich, daß die riesigen nicht identifizierten Objekte eine unbekannte Antriebsart besaßen. Weder Düsen noch Auspufföffnungen waren zu sehen. 30 Minuten lang, immer noch in Formation, hielten sie mit dem Flugzeug Schritt. Dann, indem sie ihre Geschwindigkeit schnell auf 1200 Knoten beschleunigten, stiegen sie innerhalb von Sekunden außer Sichtweite.

Einige weitere Fälle
(Nach UN 155/1969)

In der Abenddämmerung am 26. Dezember 1964 sichtete das Radar des Ramey-Luftwaffenstützpunktes in Puerto Rico zwei riesige Scheiben. Sobald A 4 D-Düsenjäger hochrasten, ihnen nachzujagen, beschleunigten die Scheiben auf eine unheimliche Geschwindigkeit. Indem sie plötzlich rechtwinklige Kurven schlugen — undurchführbar mit irgendwelchen uns bekannten Flugzeugen −, verschwanden sie über dem Atlantik.

Viele Fälle sind bekannt, in denen große UFOs kleine Einheiten losgeschickt hatten, anscheinend zur genauen Beobachtung der Erde, und sie dann in schnellen und präzisen Flugmanövern wieder eingefangen haben.

In einem solchen Fall, nach einem offiziellen Luftwaffengeheimdienst-Bericht, wurden Gruppen von kleinen UFOs, die mit einer Geschwindigkeit von 5240 Meilen/h = 8385 km/h flogen, von der Mannschaft einer Air-Force-B-20 gesichtet und mittels Radar verfolgt. Eine Gruppe erreichte binnen Sekunden die alte Geschwindigkeit, nachdem sie abrupt abgebremst hatte, um im gleichen Tempo des Bombers zu fliegen. Man beobachtete dann, wie die kleinen UFOs mit einem riesigen Trägerschiff verschmolzen oder an Bord flogen, das wiederum seine Geschwindigkeit auf über 9000 Meilen/h = 14 400 km/h beschleunigte, ehe es verschwand.

Es ist ein Fall bekannt, wo Marinewissenschaftler auf dem Prüfgelände von White Sands Proving Ground ein UFO sahen und verfolgten, das mit 18 000 Meilen/h = 28 800 km/h flog.

Am 29. Juni 1954 steuerte Flugkapitän James HOWARD einen Stratocruiser der BOAC von New York über Labrador nach London, als er ca. 150 Meilen südwestlich der Goose Bay ein scheinbar deltaförmiges Flugobjekt mit den Ausmaßen eines Ozeandampfers sichtete. Das Schiff begleitete die Maschine 60 Meilen weit, wobei sechs fliegende Scheiben abwechselnd aus dem Mutterschiff ausflogen, um dieses herumtobten und wieder einflogen, wie um zu zeigen, was sie können. Das große Objekt schien verschiedentlich seine Form zu ändern, was auf unterschiedliche Perspektiven zurückzuführen sein könnte, aus denen es gesehen wurde. Alle 11 Besatzungsmitglieder und viele der 51 Passagiere sahen etwa 30 Minuten lang diese UFO-Formation am klaren Abendhimmel. Die 28jährige Stewardeß Daphne Webster sagte über den Vorfall: „Die Objekte waren weniger als fünf Meilen von uns entfernt. Wir sind sicher, daß es sich um reale Flugobjekte unbekannter Herkunft handelte."

UFO über Trinidade −
Fotos durch brasilianisches Marineschiff

(Nach UN 59, Juli 1961, und UN 69, Mai 1962)

Am 16. Januar 1958 lichtete das brasilianische Marineschiff „Almirante Saldanha", das sich am Internationalen Geophysikalischen Jahr beteiligte, die Anker in Trinidade. Gegen Mittag 12 Uhr tauchte plötzlich ein saturnförmiges Flugobjekt am Himmel auf, das sowohl der Kapitän mit Wissenschaftlern und hochqualifizierten Marineforschern, als auch die gesamte Besatzung von 100 Mann beobachten konnte. Der schnell herbeigerufene Berufsfotograf an Bord des Schiffes, ein Unterwasser-Fotoexperte, konnte sechs ausgezeichnete Aufnahmen des Flugobjektes machen, die sofort an Bord des Schiffes entwickelt und kopiert wurden. Nach erschöpfender Analyse der Negative und der Bilder durch die Laboratorien der Kriegsmarine, wurden die Bilder mit Zustimmung des brasilianischen Präsidenten als absolut echt zur Veröffentlichung freigegeben.

Der fotografierte Diskus wurde vom Radar des Schiffes nicht erfaßt, obwohl er sich nur in 14 km Entfernung befand. Auch alle anderen elektrischen Aggregate des Schiffes fielen gleichzeitig aus, eine Erscheinung, die sehr oft beobachtet wird und die nur durch sehr starke magnetischen Felder von Millionen Gauß zu erklären ist. Der Diskus überquerte dreimal die Insel Trinidade und führte dann verschiedene Flugmanöver aus. Ein Arzt erklärte, daß das Flugobjekt eine Geschwindigkeit von 70 000 km/h entwickelt habe, andere Schätzungen kamen auf 40 000 km/h; nur so ließe sich erklären, daß es in Sekundenschnelle die beobachtete Distanz zurückgelegt habe. Für sein plötzliches Stillstehen an einer Bergflanke sei nur eine Erklärung möglich: eine extraterrestrische Technik, die es bei uns nicht gebe.

Zigarrenförmiges Flugobjekt mit Leuchtkugelphänomenen

(Nach UN 198, Februar 1973)

Chefoffizier Torgrim Lien
T/T „Jawesta", A Jahres redezi, Sandetfjord/Norwegen

T/T „Jawesta", Nordatlantik, 8. 7. 1965
Dienstag, den 6. Juli 1965, auf der Fahrt von Puerto da Cruz, Venezuela, nach Santa Cruz de Tenerife, Kanarische Inseln. *Um 21.25 Uhr* GMT (Greenwich-Zeit) befand sich das Schiff auf 24°40' N, 31°15' W, Nordostwind, Windstärke 5. Tiefliegende Kumuluswolkenhaufen, die mit dem Wind trieben. Barometerstand 1023 Millibar, Temperatur plus 23° C.

Um 21.52 Uhr GMT bzw. 18.52 Uhr Schiffszeit, berichtete der *Ausguck auf der Backbordseite der Brücke von einem leuchtenden Objekt am Firmament in nördlicher Richtung.* Als ich die Backbordseite der Brücke betrat, sah ich eine sehr starke *blaue Feuerzunge, die sich mit enormer Geschwindigkeit dem Schiff näherte.* Ich rannte zum Telefon und rief den Kapitän, und ohne auf eine Antwort zu warten, nahm ich den Feld-

Saturnförmiges UFO über der Trinidade-Insel

stecher und lief zur Steuerbordseite der Brücke. Dann beobachtete ich das Objekt durch den Feldstecher, wie es am Schiff vorbeiflog. Das Objekt flog in etwa 200 bis 400 m Höhe und deutlich unterhalb der Wolken unmittelbar hinter dem Heck des Schiffes an uns vorbei. Zwischen den tiefen Wolken sah man helle Sterne und das Licht des Mondes, und ich konnte die oberen Umrisse des Objektes deutlich erkennen. *Das Objekt war zigarrenförmig, und ich konnte eine Reihe quadratischer Fenster klar erkennen sowie ein schwaches, gelb-orange-farbiges Licht, das aus dem Innern kam.*

Weder Flügel noch Ruder waren zu erkennen. Das Objekt besaß einen bläulichen Feuerschweif, der nahe dem hinteren Teil am intensivsten war und der sich mit zunehmender Entfernung vom Objekt ausbreitete. Etwas weiter hinter dem Objekt sah ich unzählige glühende Kugeln, und von jeder Kugel ging ein blauer Strahl aus in Richtung zum Objekt. Die Länge des Feuerschweifs wurde auf etwa 100 m geschätzt. Das Objekt schien viel größer als irgendwelche bis jetzt bekannten Flugzeugtypen zu sein. Das Objekt hatte eine enorme Geschwindigkeit und wurde während der Dauer von *etwa 30 bis 40 Sekunden* beobachtet und innerhalb dieser Zeit überquerte es den Himmel vom nördlichen zum südlichen Horizont. Sein ungefährer Kurs war 180°. Trotz der *enormen Geschwindigkeit* und seinem nahen Vorbeiflug hörte man *kein Geräusch.* Der Ausguckmann auf der Backbordseite der Brücke, der Voll-Matrose Hernandez Ambrosio, sagte, ihm schien, als sei das Objekt zunächst vom Meer hochgestiegen, dann in nördlicher Richtung geflogen, um anschließend plötzlich auf uns zuzusteuern. Der Steuermann Matrose Narciso Guillen hatte ebenfalls Gelegenheit, das Objekt gleich nach dem Vorbeiflug am Schiff zu sehen. Vom Heck aus wurde das Objekt vom Mechaniker Juan Hernandez und Kombüsen-Matrosen Ignacio Guarez beobachtet. Ihre Aussagen decken sich genau mit der meinigen. Ich kann mit *Sicherheit sagen, daß es sich nicht um ein gewöhnliches Flugzeug, eine Rakete, einen Meteor oder einen Kugelblitz gehandelt hat. Ich wäre dankbar, die Meinung eines Experten zu diesem Phänomen zu hören.*

Hochachtungsvoll
TORGRIM LIEN
Chefoffizier und Offizier vom Dienst

Wir bestätigen hiermit, das gleiche Phänomen beobachtet zu haben, und das, was wir sahen, steht im Einklang mit diesem Bericht.

Hernandez Ambrosio	Juan Hernandez
Voll-Matrose	*Mechaniker*
Narciso Guillen	Ignacio Guarez
Matrose	*Matrose (Kombüse)*

Zusammenfassung

In der internationalen UFO-Literatur ist eine große Anzahl solcher und ähnlicher UFO-Sichtungsberichte zitiert und beschrieben, bei denen Flugkapitäne, Piloten, Radarbeobachter, Kontrollturm-Offiziere und -Beamte, Luftwaffen- und Marineangehörige, Flughafenpersonal usw., also alles Flug-Fachleute, UFOs sahen, beschrieben und meldeten, wobei zu bedenken ist, daß es höchstwahrscheinlich noch zusätzlich viele Hunderte Meldungen an Behörden gibt, die wegen der strengen Geheimhaltungsvorschriften niemals öffentlich bekanntwurden.

In den meisten bekannten Fällen hatte eine mehr oder minder große Anzahl von „privaten" Zeugen die Objekte vom Boden aus beobachtet und die Meldungen der Flugfachleute bestätigt.

Immer waren die Flugeigenschaften dieser Objekte von denen irdischer bekannter Flugzeuge oder Raumfahrt-Objekte, wie Raketen und deren Teile oder auch Satelliten, so verschieden und in ihren Leistungen absolut unerreichbar, daß Verwechslungen nahezu ausgeschlossen werden können, denn sie zeigten sich oft in Formationsflügen mehrerer Objekte mit für irdische Verhältnisse unerreichbaren Geschwindigkeiten, Beschleunigungen, Leucht-Effekten, ohne Luftwiderstands-Erscheinungen, ohne Schallmauerknall etc.

Es kann also kein Zweifel daran bestehen, daß die Beobachter solch außergewöhnlicher Phänomene nur UFOs im Sinne außerirdischer Raum-Flugobjekte gesehen haben können.

Die Quote der Täuschungen dürfte bei so ausführlich beschriebenen Sichtungen und Beobachtungen durch geschulte Fachleute der irdischen Luftfahrt zusammen mit Bestätigungen durch andere Zeugen äußerst gering sein und kann die Glaubwürdigkeit jener und die Realität der Objekte nicht beeinträchtigen.

Sichtungen durch Astronauten

Es ist uns bekannt, daß mehrere Astronauten UFOs sahen, die keine von der Erde stammenden Flugkörper oder deren Teile sein konnten. Dr. Garry C. HERDERSON von der General Dynamics Corporation erklärte bei einem Vortrag im Planetarium in Calgary, Kanada, daß fast alle Astronauten UFOs gesehen und von der Regierung die Auflage erhalten haben, über ihre Sichtungen zu schweigen. Außerdem bestätigte dieser Weltraum-Wissenschaftler die vielen Gerüchte, nach denen die NASA Filme und Fotos der Astronauten besitze, die sie im Weltraum aufgenommen haben und die UFOs unbekannter Herkunft zeigen.

Mehrere UFO-Sichtungen durch Astronauten sind trotz offizieller Geheimhaltung beschrieben worden und können in der UFO-Literatur nachgelesen werden.

Folgender unerhörter Artikel basiert auf Quellen, die zu verläßlich sind, als daß man sie einfach ignorieren könnte.

Ich bringe ihn hier bewußt als Beispiel für die Tatsache der Geheimhaltung, aber auch der Glaubwürdigkeit, denn wer die Übertragungen im Radio und im Fernsehen anläßlich der Apollo-8-Reise zum Mond miterlebte, wird sich gewiß an bestimmte Einzelheiten noch erinnern, die hier beschrieben sind und die bei keinem anderen Apollo-Flug in dem Maße auftraten.
Es war damals die Rede von allen hier beschriebenen Komplikationen und Beschwerden, welche die Astronauten heimsuchten, sogar die wiederholt notwendigen Kurskorrekturen, besonders die zweite, welche sie durch Beobachtung der Sterne Canopus und Sirius selbst bestimmen und durchführen mußten.
Alles dies gab damals Rätsel auf, die durch diesen Artikel eine Erklärung und Lösung finden können.

Irdische Astronautik unter UFO-Beobachtung
(Nach UN 155, Juli 1969)

Da derartige Fälle nicht nur einmal, sondern oftmals festgestellt wurden, publizieren wir nachstehend zwei Vorkommnisse, die sich während des „Apollo-8"-Fluges ereigneten.
Eine diese ungewöhnlichen Fälle von großer Tragweite unterstützende Veröffentlichung des „National Examiner" / New York und Montreal/ Kanada (Reg. Nr. 1563) vom 19. Mai 1969 gelangt nachstehend den Lesern der UN zur Kenntnis. Da hierbei die äußerst prekäre Lage der US-Regierung sowie der NASA-Dienststellen eine völlig ungewöhnliche, in Europa derzeit noch unbekannte Beleuchtung erfährt, möchten wir auf die besondere Bedeutung dieses Berichts aufmerksam machen.

Furcht vor öffentlicher Panik zwang Regierung zur Geheimhaltung
Von Eduard KEYMER

Der Mondflug von Apollo 8 war nicht ganz der glückliche ungetrübte Erfolg, der er nach der Pressemitteilung der NASA an Zeitungen, Rundfunk und Fernsehen zu sein schien.
Es wurde kein Wort verloren über die zwei entsetzlichen alpdruckartigen Angriffe unidentifizierter Weltraumschiffe auf Apollo 8.

Die Mannschaft von Apollo 8, Kommandant Frank Borman, Pilot James A. Lovell und Fotograf William A. Anders steht seit der Enthüllung ihres schrecklichen Erlebnisses für eine Erklärung nicht mehr zur Verfügung. Der Examiner jedoch gräbt hinter der Fassade des Regierungsschweigens, und *dieser unerhörte Artikel basiert auf Quellen, die zu verläßlich sind, als daß man sie einfach ignorieren könnte.*

Frage: Aus welch anderen Gründen als der Tatsache eines feindlichen unidentifizierten Raumschiffes geht das Gerücht, daß die US-Regierung eilige, beinahe überstürzte Anstrengungen zur Bewaffnung des nächsten Mondflugraumschiffes Apollo 9 unternimmt? Der schreckliche Flug von Apollo 8 begann am 21. Dezember 1968, 19.51 Uhr, von Cap Kennedy, Rampe 9. Sein komplizierter Mechanismus und seine beständige Fernsteuerung durch das NASA-Kontroll-Zentrum in Houston funktionierten perfekt, bis es in die Dunkelheit seiner 2. Raumnacht hineinglitt. „Wir wußten, daß irgend etwas nicht stimmte", sagte der Direktor Keith Wyatt, „aber wir dachten, es sei kosmische Strahlung, eine Situation, die entweder durch den Computer ausgeglichen oder bald wieder vorbei sein würde."

Für die Männer im Raumschiff, das mit 5700 mph (ca. 11 000 km/h) flog, stimmte etwas in erschreckender Weise nicht: Eine geisterhafte weißglühende Erscheinung war plötzlich aus der samtschwarzen Nacht aufgetaucht. Sie war scheibenförmig, wie die von zahllosen Erdbewohnern gesehenen UFOs, und *begann parallel zu Apollo 8 zu fliegen.* Plötzlich schienen sämtliche Systeme von Apollo 8 nicht mehr zu funktionieren: die Leit- und Navigationsausrüstung, elektrische Stromkreise und Raketenantriebe. Dann griff das mysteriöse Raumschiff die US-Kapsel mit unerträglichem Ultraschall-Lärm an (was das Gerücht erklären könnte, die Besatzung leide an Ohrenschmerzen) sowie mit blendenden Lichtern. Unendlich scheinende, qualvolle Minuten später hörten der Lärm und die Lichter auf, und das Geisterschiff verschwand mit einer für menschliche Begriffe unglaublichen Geschwindigkeit. Zur gleichen Zeit berichteten Direktor Wyatt und andere Techniker der Raumfahrtzentrale von der *Wiederaufnahme des Kontaktes mit Apollo 8.* Die Männer in Apollo 8, die natürlich erfreut waren, daß das geheimnisvolle Schiff seinen Angriff eingestellt hatte, entdeckten bald, daß dieser „Angriff" das schwierige Flugprogramm auseinandergerissen hatte. Die tapferen Männer befürchteten, den Kurs zu verlieren, der sie zum Mond bringen sollte. Aber eine kurze Korrektur durch drei Sekunden Zündung des Raketentriebwerkes brachte Apollo 8 wieder auf seine Bahn. Die Besatzung war trotzdem sehr besorgt. Sie hatte nicht mehr genug Treibstoff, um eine solche Korrektur wiederholt auszuführen. Was wäre, wenn Apollo 8 mehrere Male angegriffen würde? Niemand mochte an die Folgen denken: Apollo 8 und seine tote Mannschaft würden dann für immer im Raum kreisen. In der Zwischenzeit glitt Apollo 8 auf einer durch den Computer genau berechneten Flugbahn durch die endlose Leere und setzte seinen Mondflug fort, den Probeflug für den zukünftigen Auftrag, einen Mann auf dem Mond zu landen zur Suche nach dem Schlüssel für die Entwicklung und das Schicksal des Universums. Die Verbindung nach Houston war wieder normal. Desgleichen zu den anderen Bodenstationen. Alles ging gut.

Die Apollo-Mannschaft hat sich anscheinend von dem psychischen Schrecken und den physischen Schmerzen des UFO-Vorfalls erholt, bis das Raumschiff in die Mondbahn einschwenkte. *Da erschien plötzlich und lautlos ein anderes scheibenförmiges UFO. Es war größer als das erste und umgeben von einem purpurnen Glühen. Es sandte einen summenden Ton aus, der für die Männer fast unerträglich war. Dann gingen Wellen von Hitze und strahlendem Licht von dem großen UFO aus. Apollo 8 begann zu schwanken und vom Kurs abzukommen. Sein gesamtes Steuersystem arbeitete regellos.*

„Wir wußten nicht, was dort oben los war", *sagte Flugkontroll-Überwacher Russell Holcombe,* „wir wußten nur, daß seine Flugsicherheit ernstlich gefährdet war." Im Innern von Apollo herrschte die nackte Angst. *Die Astronauten litten an migräneartigen Kopfschmerzen, Handzittern, Brustschmerzen und Halluzinationen. Genau 11 Minuten und 11 Sekunden lang dauerte dieser UFO-Vorfall.* Dann verschwand es plötzlich wie das erste UFO. *Die Verbindung mit Houston war wiederhergestellt,* aber unmittelbar darauf machte der Co-Ordinator Scott Farniston eine erschreckende Feststellung: Apollo 8 war so weit vom Kurs abgekommen, daß der Boden-Computer ihn nicht mehr korrigieren konnte. Bange Minuten später *korrigierte die kleine Mannschaft, obwohl sie an Gedächtnisverlust, Atembeschwerden und unerbittlichen Brustschmerzen litt, den Flug* durch Beobachtung der Sterne Canopus und Sirius.

Der Rest des geschichtemachenden Fluges verlief ereignislos, und als Apollo am 27. Dezember planmäßig in den Pazifik eintauchte, *hatte die NASA anscheinend beschlossen, nichts über die UFO-Angriffe zu veröffentlichen.* Der Grund für das Zurückhalten, ja Leugnen dieser unglaublichen Nachricht, gewiß der größten des Jahrhunderts, ist *Furcht vor einer allgemeinen Panik.*

Kann eine solche aber durch offizielles Stillschweigen verhindert werden? Vielleicht, wenn eine Auswertung der Funkberichte weder Zeit, noch Ort, noch Ernsthaftigkeit der UFO-Angriffe aufzeigt. Angesichts dieser Entwicklung sind Dementis nichts weniger als überzeugend. Aber kein offizieller Regierungssprecher wird auch nur im geringsten die Vorfälle bestätigen. Das Raumprogramm wird dennoch wie geplant fortgesetzt.

Mehr als 20 amerikanische und russische Astronauten beobachteten und fotografierten UFOs im Weltraum

(Nach UN 213, Juni 1974)

UFOs beobachten jede Bewegung der NASA,
sagen die Astronauten, die während ihrer Raumreisen verfolgt wurden.

17. März 1974 – von *Robert H. Abborino* – Tattler Editor

Die amerikanischen Astronauten werden immer noch von den unidentifizierten fliegenden Objekten verfolgt und verwirrt. Die NASA gibt zu, daß außer den 20 amerikanischen Weltraumreisenden auch die letzten Astronauten von Skylab II und III UFOs gesichtet haben. Die Skylab-II-Astronauten Jack Lousma, Owen Garriot und Alan Bean beobachteten und fotografierten während 10 Minuten ein mysteriöses rotes Objekt, bevor es dann verschwand. Später meldete Edward Gibson, von Skylab III aus, der Mission-Kontrolle in Houston, Texas, daß er und seine Kollegen, die Astronauten Gerald Carr und William Pogue, von kleinen roten Lichtern verfolgt werden.

„Die Männer der Skylab II und III sahen bestimmt UFOs – d. h. wir wissen nicht, was sie eigentlich sahen und fotografierten", sagte Dennis Williams, ein Sprecher der Mission-Kontrolle, in einem Interview für Tattler.

Nach den Angaben eines prominenten UFO-Experten, George D. Fawcett von Mt. Airy, North Carolina, bringen die zwei letzten Episoden der Skylab II und III die Anzahl der von amerikanischen und russischen Weltraum-Fahrern gesichteten UFOs auf mindestens 20. Inbegriffen sind die Erlebnisse der Astronauten der Apollo-11-Mission, Neil Armstrong, Edwin Aldrin und Michael Collins, die meldeten, daß sie während des Fluges an zwei Tagen von einem UFO verfolgt wurden, das nicht eher von ihnen abließ, bis sie etwa die Hälfte der Strecke zum Mond zurückgelegt hätten.

Obwohl die Skylab-III-Astronauten die roten Lichter, die sie verfolgten, fotografierten, sagte Williams dem Tattler, daß vorläufig keine weiteren Einzelheiten über die Sichtungen zur Verfügung ständen.

Es stehen jedoch bedeutend mehr Einzelheiten über die Skylab-II-Sichtungen des glühenden roten Objektes gegen den schwarzen Schleier des Weltraums, in einer Höhe von etwa 270 Meilen über der Erde zur Verfügung.

Bob Gordon, ein anderer Sprecher für Mission-Kontrolle, sagte dem Tattler, daß die Männer der Skylab II bestimmt ein UFO gesehen und auch fotografiert haben.

Garriott sagte: „Zuerst beobachtete Jack Lousma den ziemlich großen roten Stern am Fenster der Kabine. Bei näherer Beobachtung war er viel heller als der Jupiter oder irgendeiner der anderen Planeten. Er hatte eine rötliche Färbung, obwohl er weit über dem Horizont war. Wir beobachteten ihn während etwa 10 Minuten vor Sonnenuntergang. Er drehte sich langsam, wobei er eine wechselnde Helligkeit in 10 Sekunden Abstand aufwies.

Etwa 5 Sekunden später traten wir in die Dunkelheit ein. Aus der 5 bis 10 Sekunden Verzögerung, bevor er verschwand, nahmen wir an, daß er nicht mehr als 30 bis 50 nautische Meilen von unserem Standpunkt entfernt war", sagte Garriott. „Von seiner ursprünglichen Lage aus dem Kabinenfenster gesehen, bewegte er sich in den 10 Minuten unserer Beobachtung nicht mehr als 10 bis 20°. Seine Flugbahn war der unseren sehr ähnlich. Wir sahen ihn weder während der vorhergehenden oder nachfolgenden Erdumkreisungen", schloß er.

Gordon sagte, daß keine Bemühungen gemacht wurden, um herauszufinden, was die Astronauten der Skylab II gesehen hatten, obwohl das Nordamerikanische Luft-Verteidigungs-Kommando (NORAD) das Objekt nicht auf seinen Bildschirmen hatte. „Es war einfach irgend etwas dort oben. Es hätte irgendeines von Tausenden von Objekten sein können", sagte er.

Dr. J. Allan Hynek von der Northwestern-Universität, ein Berater für die Luftwaffe in ihrer jetzt aufgegebenen Bemühung der UFO-Forschung, Project Blue Book, eine der bekannten Autoritäten in der UFO-Forschung, sagte dem Tattler: „Die Sichtung der Skylab II qualifiziert sich bestimmt als UFO, da sie niemand befriedigend erklären konnte."

Wären es Weltraum-Abfälle oder die Zünd-Rakete der Skylab I gewesen, so ist es merkwürdig, daß NORAD diesen nicht auf der Spur sind. — Sie verfolgen ja jedes auftauchende Ding, auch in dieser Höhe.

Ich verstehe, daß die NASA viel zu tun hat und nicht jedes ungewöhnliche Ding, das gemeldet wird, untersuchen kann, aber es könnte wohl sein, daß so etwas wie dieses Objekt der Schlüssel sein könnte, durch welchen wir lernen, was ein wirkliches UFO eigentlich ist", sagte er.

Laut Fawcett haben amerikanische Astronauten und russische Kosmonauten UFOs gesehen, schon seitdem sie zum erstenmal vor 10 Jahren ihre Bemühungen begannen, ins Weltall hinauszutreten. Das erste Mal geschah es am 20. Februar 1962, als John Glenn, Pilot der Mercury-Kapsel, drei Objekte sah, die ihn zuerst verfolgten, dann in verschiedenen Geschwindigkeiten überholten.

Fawcett sagte, laut seinen Eintragungen seien folgende weitere Sichtungen registriert:

24. Mai 1962 – Mercur VII – Scott Carpenter meldete, mit seiner Handkamera feuerfliegenähnliche Objekte fotografiert zu haben, und er habe auch ein gutes Bild einer „Untertasse".

30. Mai 1962 – Joe Walker, X-15-Pilot, fotografiert 5 diskusähnliche Objekte.

17. Juli 1962 – Bob White, X-15-Pilot, fotografiert Objekte in einer Höhe von etwa 58 Meilen.

30. Oktober 1962 – Mercur VIII – Walter Shirra meldet große glühende Massen über dem Indischen Ozean.

16. Mai 1963 – Mercur IX – Gordon Cooper meldet ein grünliches UFO mit rotem Schweif während seiner 15. Erdumkreisung. Er meldete auch andere ungewöhnliche Sichtungen über Südamerika und Australien. Die Objekte, die er über Perth, Australien, sah, wurden auf Bildschirmen der Boden-Verfolgungs-Anlagen aufgezeichnet.

8. März 1964 – Voskhod 1 – Russische Kosmonauten meldeten unidentifizierte Objekte gerade als sie wieder in die Erd-Atmosphäre eintraten. (Datum oder Nr. der Raumkapsel scheint hier verwechselt worden zu sein. – HS.)

12. Oktober 1964 – Voskhod 2 – Russische Kosmonauten meldeten, sie seien von einer Staffel schnell fliegender, diskusförmiger Objekte umkreist worden.

3. Juni 1965 – Gemini IV – John McDivitt meldete, er habe mehrere fremdartige Objekte fotografiert, darunter ein zylindrisches Objekt mit Armen und ein eiförmiges UFO mit einer Art Auspuff.

4. Dezember 1965 – Gemini VIII – Frank Borman und Jim Lowell fotografierten ovalförmige UFO-Zwillinge mit glühenden Unterseiten.

18. Juli 1966 – Gemini X – John Young und Mike Collins sahen ein großes zylindrisches Objekt von zwei kleineren leuchtenden Objekten begleitet, welche Young fotografierte, die NASA konnte sie auf Bildschirmen nicht feststellen.

12. September 1966 – Gemini XI – Richard Gordon und Charles Conrad meldeten ein gelb-oranges UFO, etwa 6 Meilen entfernt.

11. November 1966 – Gemini XII – Jim Lowell und Edwin Aldrin sahen vier UFOs in einer Reihe, zusammenhängend. Beide Astronauten sagten, es seien keine Sterne.

21. Dezember 1968 – Apollo 8 – Frank Borman und Jim Lowell meldeten ein „Bogie" – ein unidentifiziertes Objekt, etwa 10 Meilen über ihnen.

16. Juli 1969 — Apollo 11 — In dieser Mission wurde die Raumkapsel von einem UFO verfolgt.

14. November 1969 — Apollo 12 — Die Astronauten Pete Conrad, Alan Bean und Dick Gordon sagten, ein UFO begleitete sie bis zu etwa 132 000 Meilen vom Mond entfernt und eilte ihnen auf der ganzen Strecke voraus.

Eine Anzahl Astronauten, die diese Objekte sahen, als sie im Weltraum waren, haben öffentlich zugegeben, sie glauben, daß UFOs das Produkt von intelligenten Wesen seien. „Ich glaube, UFOs gehören jemand anderem und auch, daß sie von einer anderen Zivilisation sind", sagte Gene Cerman am 4. Januar 1973 auf einer Presse-Konferenz in Los Angeles.

„Ich glaube, daß UFOs unter intelligenter Kontrolle unseren Planeten schon während Tausenden von Jahren besucht haben", sagt Gordon Cooper jr. am 1. Juli 1973 in Cape Canaveral, Florida. — „Allem Anschein nach existieren UFOs", sagte John Young am 28. November 1973 in einem Vortrag in Seattle, Washington.

UN-Korrespondent und Übersetzer: Hugo Schwarz/USA

Astronaut Neil ARMSTRONG in Hamburg interviewt
(Nach UN 221, Febr. 1975)

„Dies ist ein kleiner Schritt für einen Mann, aber ein großer Sprung vorwärts für die Menschheit."

Mit diesen Worten betrat der 39jährige Amerikaner Neil ARMSTRONG am 21. Juli 1969 im Mare Tranquillitatis als erster Mensch den Mond. Ende 1974 war dieser Astronaut in Hamburg und wurde von Reportern und Lesern des „Hamburger Abendblattes" interviewt. Anwesend war auch Dr. med. Alfred Teichmann, ehem. Leiter der UFO-Studiengruppe Hamburg. Dr. Teichmann schreibt in den UN 221: Es ist natürlich wesentlich mehr gesprochen worden als in der Zeitung steht. Zum Beispiel möchte ich Ihnen noch berichten von einer Frage, die ich u. a. Mr. Armstrong stellte: „Haben Sie es erwartet, damit gerechnet oder erhofft, auf dem Mond Wesen anderer Planeten zu entdecken?"

Nach einigem Zögern antwortete er, sehr langsam überlegend, aber mit Betonung *„I have not expected, but I looked it!"* (Ich habe es nicht erwartet, aber ich schaute danach aus!)

Eine zweite Frage: „Die Russen haben gesagt, sie hätten bei ihrer Erd-umkreisung keine Engel gesehen. Haben Sie irgendwelche Objekte am Himmel gesehen?"

Wieder nach einigem Zögern: *„Jawohl, wir haben unbekannte Objekte gesehen, aber sie waren zu weit weg, um genau sagen zu können, was es war."*

Mein Eindruck war der, daß Mr. Armstrong sehr viel mehr über diese Dinge wußte, aber es nicht sagen wollte oder durfte.

Sichtungen durch Astronomen

In den Büchern
Karl L. VEIT „Erforschung außerirdischer Weltraumschiffe" S. 47–51
und
Desmond LESLIE „Fliegende Untertassen sind gelandet" S. 26–60, sowie in
UN 214/215 Juli/August 1974 S. 9 und
UN 216/217 September/Oktober 1974 S. 7   (alle Ventla-Verlag)

wurden eine große Anzahl von UFO-Sichtungen durch Astronomen mit genauen Daten sowie deren Namen, Ort und Zeit bekanntgemacht.

Trotz dieser Veröffentlichungen von Namen bekannter, teils weltbekann-ter Astronomen, die UFOs sahen, darunter berühmte Namen wie: Maun-der (Greenwich), Halley, Messier, Flammarion, Dr. Lincoln (La Paz), Clyde Tombaugh (der Entdecker des Planeten Pluto) und Seymor Hess (Flagstaff-Obs., Arizona) behaupten auch heute noch immer viele Wis-senschaftler und Skeptiker, insbesondere Astronomen, die häufig UFOs für eine Utopie halten, *noch kein Astronom habe jemals ein außer-irdisches Weltraum-Flugobjekt, ein UFO, gesehen.*

Zugegeben, nicht jeder Astronom oder anderer Himmelsbeobachter konnte und kann ein UFO sehen, ebensowenig wie jeder Radarbeob-achter, denn dazu sind sie eben doch zu selten in dem Riesenbeobach-tungsraum um die Erde. Ihre übliche Größe wird, mit geringen Aus-nahmen, die eines modernen Verkehrsflugzeuges kaum übertreffen. Auch diese werden selten in „Fernrohren" gesehen, dazu sind die Be-obachtungs-Ausschnitte viel zu klein. Käme ein UFO zufällig in sehr großer Entfernung von der Erde gerade einmal in das Blickfeld z. B. vor der hellen Mondscheibe oder als selbstleuchtendes bzw. von der Sonne beleuchtetes Objekt, ähnlich unseren im Erdumlauf befindlichen Satelliten, dann bestünde die Möglichkeit einer Sichtung durch Astro-nomen durchaus. Solche Fälle wurden bereits mehrmals bekannt, führen aber gelegentlich auch zu Verwechslungen mit Satelliten irdischer Herkunft. Dann kann man sie nur nach den typischen Flugmanövern unterscheiden.

Ähnliche Fälle traten mehrmals ein und wurden auch von Astronomen bekanntgemacht bzw. beschrieben, von anderen sogar fotografiert, aber eben doch nicht als außerirdische Raumschiffe erkannt. Solche Bekanntmachungen werden außerdem von denen, die nicht selbst Zeugen der Beobachtungen waren, kaum zur Kenntnis genommen und schnell wieder vergessen. Meist glauben dann die anderen, jene seien einer Täuschung erlegen. Man wußte nichts von einer möglichen Raumfahrt und hielt sie sowieso für unmöglich, wie oft auch heute noch.

Die Behauptung: Noch kein Astronom habe jemals ein UFO gesehen, ist also schlicht und einfach unwahr und beweist nur wieder einmal mehr, daß diese Skeptiker nur schlecht oder nicht informiert sind und es deshalb nicht wissen können.

KAPITEL 18

Massen-Sichtungen

„Fliegende Untertassen" über Washington, D. C.

Siebenmalige Flugmanöver von UFO-Flotten über dem Sperrgebiet der amerikanischen Hauptstadt zwischen dem 19. Juli und dem 6. August 1952.

Am 27. Juli 1952 erklärte das Oberkommando der US Air Force, daß Düsenjäger mehrfach zur Verfolgung von UFOs über Washington eingesetzt waren. Bei gleichzeitiger einwandfreier Beobachtung der Objekte im Radar hatten sich die Jäger den UFOs bis auf 12 Meilen nähern können.

Der nun folgende Bericht entstammt dem „Dokumentarbericht — 7. Internationaler Weltkongreß der UFO-Forscher in Mainz 1967" (Ventla-Verlag) bzw. der „Flying Saucer Review" Mai—Juni 1957.

1952: Siebenmal Fliegende Untertassen über Washington, D. C.

Am 19. Juli, kurz nach Mitternacht, beobachteten acht Verkehrsexperten unter der Leitung des Oberaufsehers Harry G. BARNES in dem Radarraum der Luftverkehrskontrollstation des Washingtoner Flughafens, wie sieben deutliche Bläschen („blips") von UFOs plötzlich auf dem Radarschirm erschienen. Als sie zuerst entdeckt wurden, schienen die Objekte innerhalb eines Gebietes von 15 km Durchmesser ungefähr 24 km südlich von Washington zu sein. Bis zur Morgendämmerung wurden unbekannte Objekte mit bloßem Auge und durch Radar über der Washingtoner Gegend beobachtet. Während der ersten Stunde wurden die Objekte auf allen Sektoren des Radarschirmes beobachtet, der ein Gebiet von über 100 km im Durchmesser um Washington herum umfaßt. Das bedeutete, daß sie über das für Flugzeuge gesperrte Gebiet Washingtons geflogen waren, auch über das Weiße Haus und das Capitol. Die Geschwindigkeit der Objekte belief sich auf 130 bis 210 km/h. Ihre Bewegungen schienen wahllos zu sein. Einmal wurden kurz vor Tagesanbruch zehn Objekte über Andrews Field, gerade außerhalb

Washingtons, gezählt. Die meiste Zeit waren acht sichtbar. Der Radar-Operateur Barnes berichtete: „Ich kann mit Sicherheit folgern, daß sie Kreisbewegungen ausgeführt haben und andere, die kein uns bekanntes Luftfahrzeug ausführen könnte. Damit meine ich, daß unser Schirm zeigte, wie sie rechtwinklige Wendungen und vollständige Umkehrungen in ihren Flügen machten. Meiner Meinung nach könnten keinerlei natürliche Phänomene wie Sternschnuppen, elektrische Störungen oder Wolken diese Flecke auf unserem Radar erklären.

26. und 27. Juli 1952. Die Kontrollstation der zivilen Luftfahrt (Administration, Verwaltung), die Washington gegenüber auf der anderen Seite des Potomac-Flusses liegt, fing um 20.08 Uhr die ersten mysteriösen Objekte am Samstag, 26. Juli, auf ihrem Radarschirm auf. Während der nächsten vier Stunden, bevor die Objekte verschwanden, berichtete die Kontrollstation, daß sogar zwölf der nicht identifizierten Objekte zur selben Zeit auf dem Radarschirm erschienen. Weißglühende Lichter wurden visuell (mit bloßem Auge) genau erkannt von Piloten der Luftwaffe und von Verkehrsflugzeugen und auf dem Radarschirm. Während der ganzen Nacht zeigten sich fortgesetzt unidentifizierte Objekte auf dem Radarschirm bis 6 Uhr früh am nächsten Morgen (Sonntag, 27. Juli).

29. Juli 1952. In einer Rundfunksendung über CKLW sagte Frank Edwards am 29. Juli: „Einige Minuten nach 1 Uhr in dieser Nacht wurden nicht identifizierte Objekte auf dem Radarschirm in Washington, D. C., aufgefangen. Acht und manchmal zwölf UFOs waren zu gleicher Zeit auf den Radarschirmen während fast drei Stunden sichtbar. Sie operierten innerhalb eines 10-Meilen-Bogens zwischen dem National Airport (Flughafen) und dem Militärstützpunkt Andrews Field."
In der Rundfunksendung von Frank Edwards über CKLW am 6. August: „Eine Menge fliegender Untertassen waren letzte Nacht über der Stadt Washington, D. C., die hin- und herflogen. Sie wurden auf Radar aufgefangen." Flotten von zwei bis zehn Stück wurden am späten Abend des 5. August und am frühen Morgen des 6. August beobachtet. Diese Meldungen stehen in dem Artikel „Flotten über Washington, D. C.", von Professor Charles A. Maney. Er fährt dann fort: „Bei Zusammenfassung der Daten obiger Liste von chronologischen Ereignissen bemerkt man, daß zwischen dem 14. Juli und dem 20. Juli mehrere Flotten von UFOs über den Vereinigten Staaten beobachtet worden sind.

An drei verschiedenen Tagen innerhalb dieses Zeitraumes wurden sie über dem Gebiet der Hauptstadt der Nation beobachtet, am 14., 18. und 20. Juli, besonders deutlich sichtbar am 20. Juli. Dann wieder schienen sich einige Tage später die Sichtungen von Flotten dieser Objekte über der Hauptstadt der Nation zu konzentrieren, als sie zum viertenmal über diesem Gebiet erschienen. Am Abend des 26. Juli und am frühen Morgen des 27. Juli, genau eine Woche nach der ausgedehnten Sichtung am 20. Juli, veranstalteten sie eine zehnstündige Vorführung über Washington."

Als sie zum fünftenmal gemäß Radio-Bericht von Frank Edwards über dem Stadtgebiet erschienen, jagten wieder Düsenflugzeuge der Luftwaffe die UFO-Flotte. Wie es von jeher bei solchen Verfolgungen der Fall war, konnten die Düsenflugzeuge überhaupt nicht in die Nähe der Objekte gelangen, so vollständig werden Düsenflugzeuge von ihnen *ausmanövriert*.

Dann wieder erschienen UFOs zum sechstenmal am 28. Juli über der Hauptstadt. Am Morgen des 29. Juli waren sie fast drei Stunden lang sichtbar.

Zehn Tage später wurden wieder zahlreiche UFOs über dem Gebiet von Washington beobachtet, die zum siebtenmal in einem Zeitraum von 22 Tagen in Erscheinung traten. Bei dreien dieser sieben Gelegenheiten führten UFO-Flotten stundenlang Rundflüge aus.

Nichts dergleichen hat sich vorher oder seither am Himmel über den Vereinigten Staaten von Amerika ereignet. Außerdem haben sich diese außerordentlichen Geschehnisse über der Hauptstadt der Nation konzentriert. Die Frage, die noch beantwortet werden muß, ist: „Was hat das alles zu bedeuten?"

Zusammenfassung

(Teilweise nach UN 198, Febr. 1973, und nach UN 226, Juli 1975)

Beobachtungen und Sichtungen so vieler UFOs, ja ganzer Gruppen während mehrerer Tage und jeweils einiger Stunden über Washington, D. C., und ihre Bestätigung sowohl durch Radar-Beobachter, wie auch durch Zivil- und Luftwaffen-Piloten, machte natürlich Schlagzeilen in der amerikanischen und besonders in der örtlichen Presse. Außerdem wurden sie in diesen Tagen durch den damals bekannten amerikanischen Radio-Kommentator Frank EDWARDS (Autor des Buches „Fliegende Untertassen — eine Realität", Ventla-Verlag) in Rundfunksendungen beschrieben und kommentiert.

Es gibt also genügend Beweise, daß die UFO-Massendemonstrationen über Washington, D. C., 1952 tatsächlich stattfanden. Sowohl von den Radar-Beobachtern als auch von den die UFOs verfolgenden Piloten der US Air Force und Verkehrspiloten wurden sie bestätigt. Die Luftwaffen-Piloten konnten sie wegen der für irdische Flugzeuge unmöglichen Flugmanöver, wie Zickzack-Flüge mit überhohen Geschwindigkeiten und alle anderen für UFOs typischen Flugeigenschaften, nicht erreichen oder gar abfangen.

Wenn so viele Menschen teils visuell teils über Radar dasselbe sehen, dann gibt es keine Täuschung, besonders wenn sie sich über eine so lange Zeitspanne erstrecken, wie es hier der Fall war.

Das Erstaunliche an solchen Ereignissen ist, daß sie so schnell in Vergessenheit geraten. Man kann dies nur damit erklären, daß offizielle Kommentare aus Gründen der Geheimhaltung nicht gegeben werden, und sich diese Sensationen so einfach totlaufen, was ganz im Sinne der betreffenden Behörden liegt.

UFO-Parade über Farmington (USA)
(nach UN 142, Juni 1968, S. 3)

Die größte Invasion von Fliegenden Tellern, die in Amerika beobachtet wurde, geschah am 17. März 1950.

Sie erfolgte über der Ölstadt FARMINGTON im Norden von NEW MEXICO. Am 18. März kam die „Farmington Daily Times", die seit 1884 erscheint und das Motto „Im Dienste der Wahrheit" trägt, mit der achtspaltigen Schlagzeile heraus: „Große Saucer-Armada überfliegt Farmington". Sie berichtete, daß die gesamte Bevölkerung von 5000 Einwohnern am Vortage Dutzende, ja Hunderte von seltsamen Objekten am Himmel gesehen habe. „Was immer sie waren", schrieb das Blatt, „sie erregen eine riesige Sensation in unserer Stadt, die nur 110 Luftmeilen von der Atomfabrik von Los Alamos entfernt liegt."

Es wäre einfach, diesen Vorfall als Massenhysterie abzutun.

Doch Mr. Clayton E. BODDY, der Herausgeber der Zeitung, und ein ehemaliger Ingenieur-Hauptmann der US-Armee in Italien hatten die Flugobjekte mit eigenen Augen gesehen. Sie schätzten ihre Anzahl auf 500. Sie waren geräuschlose, silberne Scheiben, die mit unerhörter Geschwindigkeit dahinflogen.

Der erste Bericht über Fliegende Teller traf in der Redaktion der „Daily Times" um 10.14 Uhr ein. Im Laufe der nächsten 75 Minuten wurde die Schriftleitung mit Anrufen überschwemmt, die alle mehr oder weniger dasselbe Zeugnis ablegten. Um 11.30 Uhr war der Himmel wieder „tellerfrei". Einige der Objekte wurden jedoch um 11.35 Uhr über dem benachbarten Las Vegas gesichtet.

Übrigens hatte dieses Ereignis die Pressekonferenz Präsident TRUMANS vom 4. April 1950 in Key West zur Folge, wobei er u. a. sagte: „Die Fliegenden Untertassen sind weder in den USA, noch in einem anderen Land der Erde beheimatet, auch sind sie weder eine amerikanische noch eine russische Geheimwaffe."

Offiziell sagte die Luftwaffe zu der Demonstration von Farmington, „es habe sich um Baumwollflocken in der Luft gehandelt"; und das in einer Gegend, in der überhaupt keine Baumwolle gedeiht! –

Vierzig UFOs
in Kreuz-Formation über der Vatikan-Stadt

Von Konsul Dr. Alberto Perego
Direktor des italienischen Zentrums für Elektromagnetische Luftfahrt in Rom
(Ausschnitte nach UN 168, August 1970)

Nach den lächerlichen Schlußfolgerungen des sogenannten „wissenschaftlichen" Condon-Ausschusses (zwei Jahre Arbeit, 1465 Seiten Berichte und eine halbe Million Dollar kosten), der beweisen will, daß „Fliegende Untertassen" nicht existieren und in denen der amerikanischen Regierung vorgeschlagen wurde, das Informationsbüro „Blue Book" (das noch weiter UFOs studiert) zu schließen, halte ich die Zeit für gekommen, nochmals das zu betrachten, was am 6. und 7. November 1954 in Rom geschah. Ein äußerst wichtiger „Fall", der noch immer von angesehenen Wissenschaftlern ignoriert wird (weil mein „Bericht" und meine drei Bücher „Bericht über elektromagnetische Luftfahrt" [1954], „Sie sind Außerirdische" [1958] und „Luftfahrt von anderen Planeten in unserer Umgebung" [1963] in italienischer Sprache geschrieben sind). Dieser Fall allein – UFOs über Rom – genügt vollkommen, um die außerirdische Herkunft und das nicht feindselige Verhalten dieser Art von Luftfahrt zu demonstrieren.

Am 6. November 1954 sah ich etwa 100 Fliegende Untertassen länger als zwei Stunden (11 bis 13.30 Uhr) am Himmel über Rom. Genau um 12 Uhr formten 40 von ihnen ein riesiges „Kreuz" über der Vatikan-Stadt. Am Tage danach (7. November) befanden sich wieder etwa 50 Fliegende Untertassen zweieinhalb Stunden (12.00 bis 14.30 Uhr) über Rom.

Ich meldete es den italienischen Behörden und später der amerikanischen Botschaft und dem damaligen Oberkommandierenden der NATO in Paris, General Gruenter. Mit Dank wurden meine Schreiben vom italienischen Außenminister Martino und von General Gruenter bestätigt, aber niemand sagte mir, zu wem diese mächtigen Geschwader gehörten! Darauf begann ich mit Nachforschungen und reiste durch ganz Italien, Europa, Nord- und Südamerika, Indien und Australien. Ich sprach mit Hunderten von Zeugen, die Sichtungen am Himmel hatten oder Landungen beobachtet haben. Während meiner Reisen sah ich 76mal Fliegende Untertassen (über Italien, dem Suez-Kanal, in Australien, am Panama-Kanal und in Brasilien).

In Rom gründete ich 1958 das „Italienische Zentrum für Elektromagnetische Luftfahrt" (CISAER) und schrieb drei Bücher. Sie alle wissen, daß am 17., 18. und 19. März 1950 nicht nur einhundert, sondern sogar fünfhundert Fliegende Untertassen am Himmel über Farmington (USA) erschienen sind. Genau gesagt, über den Atomkraft-Anlagen von New Mexico und Arizona, drei Monate vor dem Beginn des Korea-Krieges (25. 6. 1950). Ich bin also nicht der erste, der solche Geschwader gesehen hat!

UFOs über Rom und Italien

Bis August 1954 glaubte ich zwar, daß es Fliegende Untertassen gibt, aber ich hielt sie für geheime Experimente der großen Weltmächte. Ich teilte die Meinung der Astronomen, die jede Hypothese über Interplanetarische Raumfahrt als absurd ansahen. In den Monaten August und September 1954 berichteten die Zeitungen über eine regelrechte Welle von Sichtungen und Landungen von Fliegenden Untertassen in Frankreich. Am 17. September 1954 stand für eine Weile ein rätselhaftes zigarrenförmiges Luftfahrzeug über Rom, das von Tausenden Römern ganz klar gesehen wurde. Im Oktober hatten wir eine Sichtungswelle in Italien. Allein in diesem Monat berichteten die italienischen Zeitungen über 200 Sichtungen und 19 Landungen in Italien. In Rom erklärten Tausende, sie hätten Fliegende Untertassen gesehen und riefen die Zeitungen an, um die Sichtungen zu melden. Aber die Zeitungen waren zu Tode gelangweilt! Eine Menge Leute, die UFOs gesehen hatten, zogen es daraufhin vor, überhaupt nicht mehr über sie zu sprechen.

Am 30. Oktober 1954 fuhr ich um 13 Uhr mit meinem Wagen an der Kirche Santa Maria Maggiore vorbei, wo ich etwa 100 Leute in den Himmel schauen sah. Ich hielt an und sah zwei kleine „weiße Flecken", die sich nach Süden bewegten. Nach einer Weile sah ich sie in entgegengesetzten Richtungen verschwinden. Kurz darauf erschienen sie wieder, diesmal nach Norden fliegend. Ich hielt sie ganz klar für „Flugzeuge", die in etwa 2000 m Höhe flogen und war tief beeindruckt, besonders aber davon, daß keinerlei Motorengeräusch zu hören war. Eine „neue Art" von Luftfahrt? Wer hat sie erfunden? Warum fliegen sie über

40 UFOs
über Rom (Vatikanstadt)

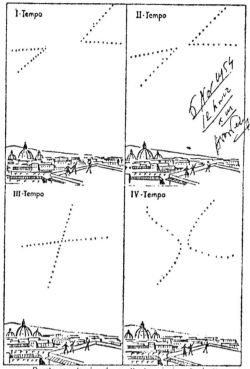

Durata complessiva dei quattro tempi circa 3 minuti
(Evidentemente lo schizzo non rispetta le proporzioni in quanto la manifesta-
zione aerea dovrebbe apparire molto più alta nel cielo rispetto all'orizzonte)

Rom? Diese Sichtung wurde am 31.10.1954 von den Zeitungen gebracht.
Am 6. November gegen 10.45 Uhr befand ich mich im Bezirk Tuscolano.
Da sah ich die „weißen Flecken" wieder. Eine Menge Leute um mich
herum sahen sie ebenfalls. Schnell ging ich auf die Terrasse einer Fa-
brik, um den Himmel genauer zu beobachten. Dort blieb ich mit vielen
anderen Zeugen bis 13 Uhr, ganz beherrscht von dem, was ich das auf-
rüttelndste Schauspiel meines Lebens nennen möchte. Nachfolgend
meine Notizen, die ich in jenen Tagen machte:

6. November 1954 – Heute von 11 bis 13 Uhr wurde Rom von mehreren
Dutzend Flugmaschinen in einer Höhe von 7000 bis 8000 m überflogen.
Sie flogen mit variierender Geschwindigkeit, die manchmal 1200 bis
1400 km/h zu erreichen schienen.

Diese Maschinen sahen wie weiße Flecke aus und zogen manchmal
einen kurzen weißen Streifen nach sich. Anfangs schätzte ich sie auf

etwa fünfzig, später merkte ich jedoch, daß es wenigstens einhundert waren. Manchmal flogen sie einzeln, dann auch in Formationen von zwei, drei, vier, sieben und zwölf Stück. Oftmals bildeten sie zu viert eine „Raute" (·:·) oder zu sieben ein „V". Dann kamen sie auch im „Gänsemarsch" und flogen große Kurven. Einige Male formierten sie sich auch zu „Staffelkeilen".

Um 12 Uhr sah ich eine große Formation von genau 20 Maschinen, die in „V"-Formation nach Westen (Richtung Ostia) flog. Es war das größte „V" dieser Art, das ich bis damals gesehen hatte. Kurz darauf sah ich eine völlig gleiche Formation, die aus Richtung Ostia kam. Beide Formationen näherten sich einander schnell und als sich die Scheitelpunkte der beiden „V's" schnitten, entstand ein perfektes Griechisches Kreuz von 40 Maschinen mit je 10 Maschinen auf jedem „Balken" (siehe die Zeichnungen). Dieses geschah im Bezirk Trastevere-Monte Mario direkt über der Vatikan-Stadt in einer Höhe von 7000 bis 8000 m. Dieses „Kreuz" blieb weniger als eine Minute erhalten und löste sich dann in zwei entgegengesetzte Kurven auf. Ich war von diesem Manöver äußerst beeindruckt, da mich die Idee des Kreuzes an den Vatikan erinnerte, der in dieser Richtung liegt. In diesem Gebiet hatte sich am Himmel ein großer, bläulicher Schatten gebildet, der bald vom Wind aufgelöst wurde. Zehn Minuten später bildete sich jedoch ein neuer Schatten, als mehrere Objekte von allen Seiten kamen und sich an einer anderen Stelle des Himmels konzentrierten. Wie schon vorher, bildeten auch diese Objekte Formationen von 4, 7 und 12. Es war diese zweite Konzentration, die mich veranlaßte, zu berechnen, daß die Anzahl der Objekte am Himmel Roms ungefähr 100 betrug (und nicht nur 40, wie in der Formation über dem Vatikan beobachtet). Ich wurde ganz von einer freudigen Überraschung beherrscht, in die sich aber eine gewisse Sorge mischte: — daß sich hier etwas von überlegener Großartigkeit abspielte.

Diese großartigen Geschwader bewiesen eine neue, revolutionäre Stärke, der aufgrund ihrer Geschwindigkeiten weder mit der Flugabwehr-Artillerie noch mit den konventionellen Luftstreitkräften begegnet werden kann. Zu wem mögen sie gehören? In einem gewissen Moment sah ich ein seltsames, schimmerndes fadenartiges Material vom Himmel fallen und konnte ein Bündel davon aufsammeln. Es sah etwa wie Lametta aus, war aber dünner und länger. Sie glichen aber nicht den im 2. Weltkrieg von den Bombenflugzeugen zur Störung der gegnerischen Radargeräte massenhaft abgeworfenen Streifen aus Aluminium-Folie. Das aufgesammelte Material bestand aus einer glasigen Substanz, die nach einigen Stunden völlig verdunstet war. (Offensichtlich das sogenannte „Engelshaar", Übersetzer.)

Die Presse schwieg

Warum verschwieg die Presse das zahlreiche Erscheinen dieser Objekte über Rom? Zu wem gehörten sie?

Die erste Frage kann ich beantworten. Ich stellte fest, daß viele Römer Gruppen von Fliegenden Untertassen gesehen hatten. Die Antwort der Presseleute wird folgende gewesen sein: „Ja, wir wissen Bescheid — die ewigen Fliegenden Untertassen!" Zur Auswertung dieser Sichtungen und besonders, um die Anzahl der Objekte zu errechnen, hatte ich jedes Mal zwei Stunden mit ununterbrochener Beobachtung verbracht. Viele der Leute, die um mich herum waren, gingen nach einiger Zeit weg, da ihre Augen schmerzten. Viele hielten diese Objekte für ganz normale Flugzeuge und erfaßten die Bedeutung der Vorgänge am Himmel überhaupt nicht. Die von den 40 Objekten gebildete „Kreuz"-Formation bestand nur kurze Zeit, weniger als eine Minute, und auch ich war nur während ein paar Minuten in der Lage, die Objekte genau zu zählen. Es ist daher verständlich, daß nur wenige Leute sie zählen konnten.

Der 7. 11. war außerdem ein Sonntag und die Redaktionen der Zeitungen waren geschlossen. Verständlich ist auch, daß die Presse ohne „amtliche" Kommunikation keine Nachricht über die Erscheinungen in ihrer Gesamtheit erhielt.

Zeugen der Kreuz-Formationen über dem Vatikan waren: Gräfin Maria Teresa Rasponi, Dr. Giancarlo Barattini und viele andere.

UFOs stoppen Fußballspiel bei Rio de Janeiro
(Nach UN 202/203, Juni/Juli 1973)

Diese Massensichtung, sowohl was die Zahl der beobachtenden Personen, als auch die Anzahl der fliegenden Objekte betraf, geschah am 26. Juli 1972, als ca. 3000 Zuschauer einem Soccerspiel (Fußballspiel) im Stadion von Goytacaz bei Campos in der Nähe von Rio de Janeiro/ Brasilien, zusahen.

Es erschienen um 22 Uhr im ganzen neun „glühende" Flugobjekte, und zwar ein großes, anscheinend zigarrenförmiges und hinter diesem acht kleinere von runder Form hoch über dem Stadion, überquerten ca. 2 bis 3 Minuten lang den Himmel, bis sie hinter dunklen Wolken verschwanden.

Alle Zuschauer, die Spieler und der Sportberichter Osorio Pieixoto sahen sie. Das Spiel wurde unterbrochen und der Reporter begann die

Sichtung zu beschreiben. Etwa 600 Zuschauer sprangen von ihren Sitzen auf, um die Objekte besser sehen zu können.

Das große Objekt war hell erleuchtet von gelber oder orangener Farbe, die ständig „glühte". Das Mittelteil schien aus einem langen Streifen erleuchteten Glases zu bestehen. Das gelbe oder orange „Glühen" kam von diesem Streifen, vergleichbar einer Reihe hell erleuchteter Ladenfenster. Es war ein überwältigender Anblick, sagten Zuschauer, Spieler und der Reporter. Die kleineren Scheiben zeigten wechselnde Farben pulsierend von Rot zu Gelb und Grün.

Der Polizeichef Bagnei Real erklärte dem ENQUIRER: „Diese fliegenden Objekte wurden von einigen unserer vornehmsten Bürger gesehen, Leute, die ich mein Leben lang gekannt habe. Ich kann ihre Worte einfach nicht anzweifeln. Zur rechten Zeit werde ich den zuständigen Behörden berichten. Sichtungen von UFOs in diesem Teil des Landes kommen immer häufiger vor. Fragen Sie mich nicht, warum." Chief REAL fügte hinzu: „Meine eigene Familie hat seltsame Sichtungen am Himmel erlebt. Obgleich ich persönlich sie nicht gesehen habe, zweifle ich nicht daran, daß sie existieren."

(„National Enquirer", 29. 10. 1972; UN-Übersetzer: L. v. Hohberg)

2 UFOs unterbrechen Fußballspiel in Florenz
(Nach UN 176, April 1971, S. 1)

Es war am 27. Oktober 1954 auf dem Schauplatz Prato. Zwei Männer, Gennaro Lucchetti und Pietro Lastrucci, standen auf einer Hotelterrasse an der Piazza San Marco, als sie am Himmel zwei „leuchtende Spindeln" bemerkten, denen eine feurige weiße Spur folgte. Beide Objekte zogen mit ungleichmäßiger Geschwindigkeit hintereinander und mit kurzem Abstand zueinander über sie dahin. Dann stieg letzteres auf die gleiche Höhe mit dem führenden auf, beide Objekte machten eine 45-Grad-Wendung und verschwanden in Richtung Florenz.

Wenige Minuten später gab es eine dramatische Unterbrechung in dem Fußballspiel zwischen den Mannschaften von Florenz und Pistola. Zuerst standen die 10 000 Zuschauer, dann die Spieler und zuletzt auch der Schiedsrichter staunend da und starrten zwei Himmelsobjekte an, die über dem Stadion dahinzogen.

Zwischen 14.20 und 14.29 Uhr passierte dieses Objektpaar dreimal Florenz. Seltsame haarige Fasern regneten auf die Stadt herunter und die Zeitungsbüros wurden mit aufgeregten Telefonanrufen überschwemmt.

Es sei daran erinnert, daß in Oloron und auch in Gaillac (Frankreich) die Zeugen nicht in der Lage waren, eine Analyse der rätselhaften Fäden, des sogenannten „Engelshaares", zu machen, bevor es sich in Luft auflöste. In Florenz jedoch hatte ein Ingenieur-Student namens Alfredo Jacopozzi die Geistesgegenwart, einige Fasern in ein steriles Glasröhrchen zu stecken und damit zu Professor Giovanni Canneri, dem Direktor des Institutes für chemische Analyse an der Universität Florenz, zu eilen.

Unterstützt von seinem Kollegen Professor Danilo Cozzi machte Canneri eine schnelle mikroskopische und spektrografische Analyse von der rätselhaften Substanz. Sein Urteil lautete: „Es ist ein Material faseriger Zusammensetzung, das einen bemerkenswerten Widerstand gegenüber Zug und Verdrehung besitzt. Der Hitze ausgesetzt, wurde es dunkler und verflüchtigte sich unter Hinterlassung eines schmelzbaren, durchscheinenden Restes. Die spektrografische Analyse dieses Rückstandes zeigte die hauptsächlichen Bestandteile wie folgt: Bor, Silikon, Kalzium und Magnesium. „Hypothetisch könnte die von uns mikrochemisch untersuchte Substanz ein Bor-Silikon-Glas gewesen sein." Wie die Florentiner Zeitung damals kommentierte, wollte der Wissenschaftler nicht *mehr* sagen.

„Alles was wir als objektive und aufrichtige Chronisten der Angelegenheit sagen können, ist, daß das verschwundene Material, das hier zur Debatte steht, gesehen wurde wie es vom Himmel fiel, und zwar zur selben Zeit, als gewisse Einwohner der Stadt seltsame Geschehnisse über sich am Himmel sahen."

Der Fall mit den faulen Orangen in Mailand

(Nach Frank Edwards' „Fliegende Untertassen — eine Realität", Seite 174—175, Ventla-Verlag, Wiesbaden)

Einer der ausgefallensten Berichte über menschliche Wesen in und bei UFOs — kam aus Italien. Es war der 28. Oktober 1954, also der Tag nach dem spektakulären Fußballspiel von Florenz (siehe Fall vorher!), und in dem Jahr, als Hunderte von Landungen aus vielen Teilen der Welt einschließlich Europas gemeldet wurden.

An jenem Tage bemerkte ein Einwohner Mailands bei der Rückkehr von einem Kinobesuch am Stadtrand ein glühendes Licht in einem sehr selten benutzten Sportfeld, das von einem hohen, aber baufälligen Zaun umgeben war. Neugierig geworden wegen der ungewöhnlichen Erscheinung auf jenem Feld, sprang er von seinem Rad und schaute durch die Zaunlücken.

Später berichtete er den amtlichen Stellen, er hätte ein ziemlich großes Objekt gesehen, das sanft glühte wie eine schwach fluoreszierende Lampe. Es war auf dem Boden oder schwebte wenige Zentimeter darüber. Er konnte es nicht genau angeben, da er weder Standbeine noch einen Landeapparat sehen konnte. Aber er konnte die Schatten kleiner Wesen erkennen, die sich zwischen ihm und dem Objekt bewegten. Da erschrak er so sehr, daß er auf sein Rad sprang, um so schnell wie möglich die Stadt zu erreichen. Er war jedoch kaum hundert Meter weit gekommen, als er eine Gruppe von Landwirten traf, die nach einer Tagung auf dem Nachhauseweg waren. Als sie sein Erlebnis hörten, gingen sie mit ihm wieder zurück. Auch sie sahen durch die Zaunlücken das gleiche wie er. Alle Zeugen, im ganzen 31 Personen, bestätigten der Polizei, die sie nach dem Zwischenfall befragte, daß die sich um das Objekt bewegenden Geschöpfe kleine Menschen waren, nicht größer als etwa 1,20 Meter mit durchsichtigen Helmen, hellen Hosen und grauen Jacketts.

Außerdem hätten alle auf dem Rücken eine voluminöse Apparatur getragen, die mit Knöpfen an den Helmen verbunden gewesen sei und vermutlich Atemgeräte darstellten.

Mehrere vorbeifahrende Automobile einschließlich eines mit Früchten beladenen Lastwagens hielten an, um nachzuschauen, was die Menschenmenge am Zaun so fesselte. Ein paar besonders Neugierige brachen sogar das Tor auf und waren, um besser sehen zu können, ins Innere des Zaunes gegangen. Aber während sie das taten, hatten die kleinen Wesen begonnen, in ihr Fahrzeug zu steigen, das sie von unten her betraten. Einen Augenblick später begann dies zu summen und zu steigen. Dabei hatten die Bauern ganze Mengen verdorbener Orangen danach geworfen und sogar die „Treffer" gezählt.

Wenn die der Mailänder Polizei hierüber berichteten Einzelheiten stimmen, dann ist dies wohl der einzige Fall, daß Weltraumbesucher mit einem Regen von Abfall begrüßt wurden.

Enorme fliegende Scheibe über LOANO (Savona), Italien
(Nach UN 198, Februar 1973, S. 5)

Am Sonntag, 2. Juli 1972, beobachteten zahlreiche Personen um 23 Uhr einen zur Erde herabkommenden „Stern". Es ist die Gegend der Uferstraße. Während der ca. 15 Minuten, in denen sich das Objekt näherte, entpuppte es sich als eine *enorme fliegende Scheibe mit Kuppel und Kugeln auf der Unterseite.* Sie war rundherum mit Scheinwerfern versehen, die in Intervallen aufstrahlten und das Gebiet unter ihr beleuchteten. Die Scheibe im Ausmaß von ca. *100 Meter Durchmesser,* von dunkler Farbe, kreiste in der Zone, als erwartete sie irgend etwas. Plötzlich leuchteten Lichter unter dem Meer auf, und an diesem Punkt tauchte die Scheibe unter und verschwand. Die Entfernung von der Küste betrug ca. 200 Meter. Viele Personen wohnten dieser Szene bei, und unterschiedlichste Kommentare entzündeten sich. Keine Zeitung veröffentlichte die Nachricht, obwohl einige von verschiedenen Zeugen informiert wurden.

(Bulletino Alaya, 9/72; UN-Übersetzerin Brigitte Kolbe)

UFO über LA SPEZIA
(Nach UN 206/207, Nov./Dez. 1973)

Die italienischen Tageszeitungen haben in den letzten Tagen — zum Teil in großer Aufmachung auf der ersten Seite — Artikel über verschiedene seltsame Himmelserscheinungen gebracht, die in der Toskana und insbesondere über La Spezia (Ligurien) von Tausenden beobachtet wurden und teilweise auch fotografiert werden konnten.

Die Titelseite der Florentiner Zeitung „La Nazione" vom 29. 10. 1973 zeigte ein interessantes Foto von einer Erscheinung, die 2 Stunden 40 Minuten dauerte.

Zuvor war die Intensität der elektrischen Beleuchtung überall in La Spezia und Umgebung erheblich zurückgegangen und diese „flackerte", während bei den Neon-Doppelröhren jeweils nur eine brannte. Die Techniker der ENEL (staatl. Elektrizitätsgesellschaft) hatten die Ursache der Störung nicht ergründen können.

mo. La Spezia (Italien), 30. 10. 1973

Ein Feuerball in einem leuchtenden Strahlenkranz raste senkrecht aus dem Nachthimmel auf die italienische Hafenstadt La Spezia zu. In ganzen Stadtvierteln gingen die Lichter aus. Im Elektrizitätswerk hatte sich aus unerklärlichen Gründen die Stromspannung vermindert.

Der 19jährige Student Ignacio Bonadies will das UFO von einem 745 Meter hohen Berg aus fotografiert haben. Er und zwei andere Studenten berichten: „Wir warfen uns vor Angst zu Boden, als die feuerrote Platte zwei bis drei Sekunden lang direkt über uns stand."

Vizepolizeichef Dr. Benzini: „Wir haben das Foto den Militärbehörden übergeben."

Spuren im Sand des Hügels Cima Verugoli, geschmolzene Steine, „als sei eine Mondfähre gelandet", eine Stromstörung, die man sich im E-Werk nicht erklären konnte, wurden festgestellt. Die „feuerroten Scheiben" am Nachthimmel geisterten diesmal über der italienischen Hafenstadt La Spezia und wurden von Hunderten beobachtet .

(Österreichischer „Kurier", 31. 10. 1973)

Brasilien: UFO begleitet Universitäts-Omnibus
(Nach UN 191, Juli 1972, S. 5)

Über hundert Personen waren Zeugen, als am 4. April 1972 ein unbekanntes Flugobjekt auf der Landstraße nach Tingua eine Verkehrsstauung verursachte. Wie die Zeugen später aussagten, darunter ein hoher Funktionär der Vereinigung brasilianischer Banken namens Cicero, die Lehrerin Sonia Carreiro aus Paulo de Frontin und der Postbeamte Amauri aus demselben Ort, hatte das UFO einen mit 43 Personen besetzten Bus der Rechtsfakultät der Universität von Valencia auf der Straße überflogen und ein Stück begleitet, bis schließlich der Motor des Busses aussetzte. Die Insassen flohen in Panik, da das UFO Kreise zog und dabei immer tiefer herunterkam. Da inzwischen auch die anderen Fahrzeuge nicht weiterkonnten, blieb der Verkehr für fünf Stunden unterbrochen.

Zwei Ehepaare in einem Taxi, das in diese Stauung hineingeriet, brachten der lokalen Presse einen ausführlichen Bericht, nach dem das UFO ein schwer beschreibbares Geräusch verursachte und durch seine Helligkeit stark blendete.

(„Luta Democratica", 6. 4. 1972;
für UN übers. Ruth v. Mutius)

KAPITEL 19

SONDER-FÄLLE

Der Fall von Pascagoula (Mississippi, USA)

(Nach UN 206/207, Nov./Dez. 1973, UN 208, Jan. 1974 und UN 216/217, Sept./Okt. 1974, S. 5 u. 6) Ein Fall, der neuerdings in dem italienischen Fernsehfilm „EXTRA" seine Dokumentation erhielt. (Vergl. UN 233, Febr. 1976)

Am Donnerstag, dem 11. Oktober 1973 in den Abendstunden fischten zwei Schiffswerft-Arbeiter, Charles HICKSON (42) und Calvin PARKER (18), am Ufer des East River; ein Fluß, an dem die kleine Stadt Pascagoula mit ca. 50.000 Einwohnern liegt.

Plötzlich hörten sie hinter sich ein summendes Geräusch, drehten sich um und erblickten knapp über dem Boden schwebend einen diskusförmigen Flugkörper von ca. 10 Meter Durchmesser oder auch noch mehr, der in intensivem blauen Licht erstrahlte, wobei die eigentliche Lichtquelle nicht zu sehen war.

Beide waren zutiefst erschrocken; sie wollten fliehen, vor ihnen aber war der Fluß und hinter ihnen das UFO.

Da öffnete sich in dem scheinbar fugenlosen Flugkörper eine Luke, und aus dem grell erleuchteten Inneren des Diskus kamen ihnen drei menschenähnliche große Gestalten entgegengeschwebt, deren Füße den Boden scheinbar nicht berührten.

Sie waren mit silbergrauen durchgehenden Overalls vom Kopf bis zu den Füßen bekleidet, eine andere Version spricht von grauer Haut. Die Augen waren frei, an Stelle des Mundes sei nur ein schmaler Schlitz zu sehen gewesen. An der Stelle der Ohren befanden sich kurze spitze Ansätze, und ihre Hände sollen wie Krabbenscheren ausgesehen haben (vermutlich war der durchgehende Anzug so geschnitten, ähnlich wie eine bestimmte Art unserer Arbeitshandschuhe, entweder wie Fäustlinge oder wie für 2 und 2 Finger und Daumen, d. A.).

Die Gestalten faßten ganz vorsichtig die beiden Fischer an den Armen, und auch diese schwebten, ohne die Füße zu bewegen oder den Boden zu berühren, auf das Flugobjekt zu. Sie hatten eine furchtbare Angst und waren keiner Handlung fähig.

Im Inneren des UFOs angelangt, in dem ein ungewöhnlich grelles Licht herrschte, sahen sie einige ihnen unbekannte Geräte und Instrumente, wurden auf Liegen gelegt oder irgendwie in eine liegende Position gebracht. Von der Decke des Raumes kam ein wie ein moderner Röntgenkopf aussehendes „elektronisches Auge" auf sie zu und bewegte sich mehrmals über ihre Körper hin und her und auf und ab. Untereinander schienen sich die UFO-Insassen durch einen monoton murmelnden Ton zu verständigen.

Sodann wurden die beiden Arbeiter auf dieselbe Weise wieder an ihren Angelplatz gebracht und ins Gras gelegt.

Sie hörten wieder das ihnen schon bekannte summende Geräusch, und das UFO verschwand, mit ungeheurer Beschleunigung emporsteigend, in Sekundenschnelle.

Hickson glaubt, daß sie ca. 20 Minuten oder auch länger in dem Flugobjekt „untersucht" wurden.

Beide Männer wurden, nachdem sie ihr Abenteuer dem Sheriff gemeldet hatten, nach Angabe der Polizei mehrmals vernommen, hatten die vorher beschriebenen Angaben gemacht und immer wieder glaubhaft bestätigt. Dann wurden sie im US-Luftwaffenhospital der „Keesler Air Force Base" bei Pascagoula auf Strahlen- und andere Schäden untersucht. Hickson litt über eine Woche lang an einer stärkeren Augenentzündung, die er auf das grelle Licht im UFO zurückführte. Der junge Parker ist seitdem nicht mehr arbeitsfähig, er befindet sich in ständiger Krankenhausbehandlung.

Auch andere Personen in Pascagoula berichteten, in derselben Nacht UFOs gesehen zu haben.

Larry Booth, ein Einwohner von Pascagoula und ehemaliger Luftwaffenpilot, teilte den Beamten mit, daß er ein UFO beobachtete, das in östlicher Richtung quer über den Himmel flitzte, gegen Mobile zu. Diese Sichtung erfolgte ungefähr um 8 Uhr abends.

Mehrere andere UFOs wurden in jener Nacht in Jackson County beobachtet. Aus Washington hieß es: „ ... Seit einer Woche werden die Polizeistationen und Luftwaffenstützpunkte in allen Teilen Amerikas mit Anrufen überflutet, daß ‚Fliegende Scheiben' und andere geheimnisvolle Raumfahrzeuge gesichtet worden sind."

Fred Diamond, Sheriff der Hafenstadt Pascagoula, erhielt derart viele UFO-Meldungen, daß er im Laufe von 24 Stunden kein Auge schließen konnte und anschließend bekanntgab, er werde sich an den Präsidenten der Vereinigten Staaten wenden, wenn nicht endlich jemand in dieser Angelegenheit etwas tun würde.

Professor Dr. Allen HYNEK, der bekannte amerikanische UFO-Forscher, Prof. für Astronomie an der Northwestern Universität, früher 10 Jahre Berater der US-Luftwaffe in UFO-Fragen, und Prof. Dr. James HARDER, Professor für Ingenieurwesen an der Universität von Kalifornien, hatten die beiden Männer Hickson und Parker nicht nur einem Hypnosetest unterworfen, sondern auch andere Überprüfungsmethoden angewandt, ebenso wie später Erich v. DÄNIKEN und Peter KRASSA. Alle kamen zu demselben Ergebnis und sind von der Wahrheit der Aussagen überzeugt.

Nach dem Hypnosetest sagte Dr. Hynek, daß der Pascagoula-Vorfall einer der dramatischsten Fälle von den 800 bekannten Kontakterlebnissen war, die jemals aufgezeichnet wurden.

„Hickson und Parker sind nicht geistesgestört, sie sind keine Verrückten."

Der Vorfall von Lagôa Negra
(Nach UN 195, Nov. 1972)
Von Prof. Felipe Machado Carrion, Präsident des GGIOANI

Beobachtungsort: das Landgut Lagôa Negra in der Gemeinde Viamâo, nahe beim Lagôa dos Patos (Entensee). Dieses riesige Gewässer (oder besser: Lagune) erstreckt sich parallel zur brasilianischen Küste zwischen Porto Alegre und Rio Grande do Sul.

Datum: anfangs Januar 1958, zwischen 20 und 22 Uhr, in einer klaren und windstillen Nacht.

Zeugen: fünf Personen, und zwar der Gutsherr, seine Frau, Sohn und Tochter (beide minorenn), sowie der Geschäftsführer. Ihr Ruf ist ausgezeichnet. Sie hatten sich nie für die UFOs interessiert.

Dauer der Beobachtung: ca. 20 Minuten.

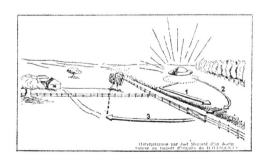

Skizze der Örtlichkeit
des Vorfalls.

Beschreibung des Objektes: Rundform von etwa 10 m Durchmesser und 3 m Höhe, gekrönt von einer rundlichen Kuppel, die an eine Art Hut erinnert. Unten schienen gewisse vorragende Teile zu sein, die indessen nicht beschrieben werden können. Das Objekt schien metallisch, es war leuchtend und strahlte ein starkes, leicht rötliches Licht aus. Es blieb die ganze Zeit 2 Meter über der Erde, wie aufgehängt. Keine Bewegung war zu sehen, bis es sich zu entfernen begann.

Das rötliche Licht bewirkte in den Augen der Zeugen ein gewisses Brennen. Die Helle drang durch die Ritzen der Fenster und Türen ein und verbreitete sich im Innern des Hauses, das sie völlig erhellte. Die Entfernung des Objektes vom Haus betrug genau 390 Meter.

Beschreibung der Besatzung: Die beiden ersten „Piloten", die neben dem UFO erschienen, waren etwa 2 m groß. Sie trugen eine Art Überkleid und um die Hüften ein breites Band, beides weiß. Der Kragen war hoch und dunkel. Ihre Postur war breit und das Haar fiel ihnen auf die Schultern. Sie gehörten einer weißen Rasse an. Ihre unbekleideten Füße waren groß, die Hände lang. Ihr Gang war steif: sie gingen ohne die Knie zu biegen.

Die drei anderen Wesen, die darauf sichtbar wurden, schienen dagegen klein, *nicht über 1,40 Meter.* Auch sie trugen ein Überkleid mit Hüftband, aber in Braun, und hatten ebenso lange Haare wie die ersten. Auch sie waren weißhäutig. Die Füße steckten in kleinen Stiefelchen. Sie gingen schnell, entfernten sich aber nie von der unmittelbaren Umgebung des UFOs.

Ablauf der Handlung: Die beiden großen „Piloten" stießen bis zum Wassergraben vor, kehrten aber auf halbem Wege zurück (nach 90 Metern, s. Skizze). Das zweitemal gingen sie geradewegs auf das Tor im Drahtzaun zu, überquerten aber die Holzbrücke nicht und begaben sich nochmals zu dem Diskus (2. Ausflug: ca. 100 m). Schließlich schlugen sie nochmals Route 2 ein, passierten das Brücklein und das Tor, das sie hinter sich wieder schlossen. Dann nahmen sie Richtung auf das Wohnhaus.

Der Besitzer und sein Geschäftsführer hatten dieses verlassen und sich unter zwei Palmen flach hingelegt. Die Stelle war leicht erhöht, so daß sie das Objekt gut betrachten konnten, ohne selbst gesehen zu werden. Die Frau und die Kinder befanden sich im Hause. Aus Angst vor dem rötlichen Leuchten, das auch drinnen alles umfaßte, hatte sich der Knabe unter Decken verkrochen. Die Mutter und das Mädchen verfolgten dagegen die sich annähernde UFO-Besatzung durch die angelehnte Eingangstür.

Es waren fünf Hunde da, die Fremden gegenüber sonst sehr gefährlich sind, doch haben sie sich nicht einen Moment lang gerührt. Sie blieben ruhig, auch als die 2 Meter großen „Piloten" durch das Tor im Zaun und auf die Domäne zukamen.

Als der Geschäftsführer, der eine Waffe trug, dies sah, wollte er die Besucher anrufen, der Meister aber zeigte sich von dem Gedanken beunruhigt und hieß ihn schweigen.

Die zwei Gestalten waren nun noch sechzig Meter vom Hause entfernt, und da die ganze Umgebung durch das Licht des Diskus völlig erhellt war, konnte das Töchterchen ihre Züge genau erkennen, so daß es ausrief: *„Mama, sie sehen aus wie Heilige!"* In diesem Augenblick bekam es die Mutter mit der Angst zu tun: Sie öffnete die Tür und rief ihrem Gatten zu, er möge hereinkommen. Da kehrten die Fremden um und gingen auf dem Weg, den sie gekommen waren, zum Raumschiff zurück. Die ganze Besatzung bestieg dieses, das sich senkrecht erhob, wobei eine leichte Rotationsbewegung erkennbar gewesen sei.

Spurensicherung: Tags darauf fand man die großen Abdrücke der nackten Füße, die sehr lange Zehen und spitze Fersen hatten. Die kleinen entsprachen einem glatten Absatz und einer Sohle, die in der Mitte etwas wie einen fünfzackigen Stern aufwiesen. Es wurde unterlassen, Abdrücke zu machen — man hatte zu spät daran gedacht. Das Flugobjekt hatte neben einem Eukalyptuswäldchen geschwebt, am Ufer des „Schwarzen Sees" (Lagôa Negra).

Die Untersuchung wurde von der UFO-Studienorganisation G.G.I.O.A.N.I. durchgeführt.

Über den Vorfall selbst hinaus sind auch die Kommentare der ihn publizierenden „GEPA" sehr beachtenswert. Darin wird vorerst auf die hervorragende Persönlichkeit und hohe wissenschaftliche Kompetenz von Prof. Carrion und die Ernsthaftigkeit seiner UFO-Gruppe hingewiesen; sodann werden die besonders interessanten Einzelheiten des Vorfalles besprochen.

Während langem seien nur noch kleine UFO-Besatzungen aufgetreten, doch würden seit 1 bis 2 Jahren speziell in Südamerika zunehmend Wesen bis zu 2 Meter Größe beobachtet. Eine Besonderheit des obigen Vorfalles sei das gleichzeitige Erscheinen beider Typen. Äußerst auffallend sei sodann folgendes:

Die Intensität und Natur des Lichtes, das sich nach dem Eindringen durch kleine Ritzen und Spalten überallhin verteilte (im Portugiesischen wird dies als „espelhar" gegeben, was das Bild der Dispersion vermittelt) — und damit nicht kohärent war!

Von dem UFO muß kein Geräusch ausgegangen sein, da in der Beschreibung nichts davon erwähnt wird.

Und dann, sehr bemerkenswert: die Stille der fünf sonst so bissigen Hunde, während sich solche in anderen Fällen als ausgezeichnete Anzeiger von UFOs erwiesen. Besteht hier ein Zusammenhang mit dem Ausruf der Kleinen, die Piloten glichen Heiligen? Tatsächlich haben vertrauenswürdige Zeugen im Himalaja gefürchtete Raubtiere wie große Hunde zu Füßen von Einsiedlern, die als Heilige angesehen werden, ruhig sitzen sehen, auch als militärische Einheiten vorbeimarschierten.

„GEPA" stellt fest, daß wir uns hier *im Grenzgebiet zwischen UFO-Erscheinungen und Parapsychologie* befinden. In weit zurückliegenden Zeiten hätten Vertreter von Zivilisationen aus dem Weltraum in den Augen unserer Primitiven als Götter gelten können, um so mehr, als ihnen deren technische Errungenschaften wie religiöse Wunder vorkommen mußten.

Die Raummenschen bewegten beim Gehen die Knie nicht, was an Roboter erinnern könnte, wären nicht physische Merkmale beschrieben. Ist vielleicht, so frägt „GEPA", auf ihrem Planeten die Gravitationskraft geringer? Die kleinen Wesen gingen schneller als die großen. Diese waren barfüßig, offenbar unbewaffnet und ohne Atmungsgerät. Haben sie daheim dieselbe Atmosphäre?

Warum sind sie zweimal umgekehrt? Sie haben das Tor auf- und zugemacht, was auf Vertrautheit mit unseren Begriffen hindeutet.

Während andere Besatzungen die hiesigen Behausungen meiden, suchten sich diese einer solchen zu nähern. Waren sie sich übrigens der beiden Männer unter den Palmen bewußt?

Und nicht ohne melancholischen Unterton stellt unsere Schwesterorganisation „GEPA" fest, wie traurig es doch sei, zu denken, daß diese Wesen von so weit gekommen und dann so nah am Ziel wieder umgekehrt seien!*)

(Quelle: „Phénomènes Spatiaux" der G.E.P.A., Paris;
für „UFO-Nachrichten" übersetzt und bearbeitet von Heinrich Ragaz)

---

*) Nur weil die Frau Angst zeigte, wie das schon oftmals vorgekommen ist. D. Red.

KAPITEL 20

Landungen von UFOs auf der Erde

Immer wieder wird die Frage gestellt:

„Warum landen UFOs nicht offiziell in größerer Zahl und nehmen Kontakte mit Regierungen, Militärs, Wissenschaftlern und der Bevölkerung auf, um sich mit der irdischen Menschheit zu verständigen? — Wir würden das doch sofort tun!"

Nun, im ersten Moment ist es tatsächlich ziemlich unverständlich, warum sie dies nicht tun oder angeblich noch nicht getan haben. Bei näherer Betrachtung der Sachlage und bei konsequentem Durchdenken der Gegebenheiten aber kommt man zu dem Schluß, daß dies gar nicht so einfach wäre, wie es zu sein scheint.

Man braucht nur die bisher beobachteten und in der UFO-Literatur bekannten Landungen, die tatsächlich schon Hunderte Male stattfanden, zu analysieren, und man wird erkennen, daß schwerwiegende Gründe für das Verhalten der UFO-Besatzungen bestehen.

Die irdischen Behörden halten die wirkliche Existenz der außerirdischen Flugobjekte aus Angst vor einer Panik der Massen, aber auch aus militärischen, politischen, soziologischen, wirtschaftlichen und wahrscheinlich auch aus religiösen Erwägungen heraus streng geheim und versuchen sie mit allen Mitteln zu vertuschen und zu verleugnen.

Warum sollten dann die Außerirdischen von sich aus solche mit Recht befürchteten chaotischen Zustände herbeiführen?

Ihr bisheriges Verhalten zeigt, daß sie sowieso keine Invasion vorhaben, sondern nur die Erde, ihre Bevölkerung und deren Tun und Treiben beobachten, erkunden und vielleicht kontrollieren wollen. Diese Kontrolle scheint bei unseren neuen „Errungenschaften", der Atombombe und den Weltraumexperimenten, durchaus berechtigt, sonst könnten diese bei der irdischen Mentalität leicht Weltraumschäden herbeiführen, die sich zu Weltraumkatastrophen auswachsen könnten.

Außerdem ist bei der anzunehmenden höheren Entwicklungsstufe Außerirdischer, bei näheren Kontakten mit der Erde ein Evolutions-Sprung, eine sprunghafte Weiterentwicklung bei uns zu befürchten, die, wie wir gerade bei den afrikanischen und asiatischen Völkern beobachten können, keine Zivilisation bisher verkraftet hat und die noch viel katastrophalere Folgen haben könnte.

Aus der UFO-Literatur ist bekannt, daß auf UFOs und deren Insassen in mehr als 70 Fällen geschossen wurde. Hier soll nur ein Fall dieser Art als Beispiel beschrieben werden, der in den UFO-Nachrichten Nr. 204/205, Sept./Okt. 1973, S. 7, veröffentlicht wurde:

Polizisten schossen auf UFO-Insassen

Olavarria/Argentinien. — Nach einer Meldung aus Südamerika wurden drei UFO-Insassen von argentinischen Polizisten angegriffen. Der Vorfall ereignete sich am 25. Juli 1968. Auf dem Flughafen bei Olavarria wurde auf einer Piste ein seltsames Leuchten bemerkt. Drei Polizisten fuhren mit einem Jeep zu dieser Leuchtquelle und fanden einen runden Flugkörper vor, aus dem drei Gestalten von etwa zwei Meter Größe in einer silbrigen Uniform stiegen. Als die drei Gestalten auf die Polizisten zugingen, schoß der Brigadier mit dem Maschinengewehr auf die Fremden. Sofort wurden die Polizisten von Strahlen gelähmt, die die Gestalten auf sie richteten.

Nach Einstieg der drei Piloten verschwand die Scheibe mit ihren Insassen in den Wolken, wurde jedoch vorher noch von zahlreichen Augenzeugen gesehen. („Saphir", Luxemburg 1972)

Warum noch keine offiziellen Kontakte durch öffentliche Landungen?

Es bleibt hier die Frage zu stellen: Ist es da noch verwunderlich, daß sie Kontakte mit Irdischen vermeiden?

Mit Sicherheit ist den UFO-Besatzungen bekannt, daß Tausende Tonnen Vernichtungswaffen von der Menschheit produziert wurden und hier lagern, die bei der erfahrungsgemäß irdisch-irrtümlichen, unlogischen und grausamen Mentalität vieler maßgeblicher „Führer" zu einer völligen Vernichtung der gesamten Erdbevölkerung ausreichen würden.

Man denke an die unsinnigen Kriege, die dauernd geführt werden, wobei von vielen allen Ernstes behauptet wird, daß diese als „Naturereignisse" unvermeidlich seien.

Diese Kriege werden doch meist aus unlogischen, philosophischen oder auch religiösen Gründen geführt, was auch die derzeitigen jahrelangen

Auseinandersetzungen zwischen Israel und Ägypten, zwischen Süd- und Nordvietnam, in Irland zwischen Katholiken und Protestanten und die Terrorakte der Palästinenser bestätigen.

Man kann täglich die Unfähigkeit der irdischen Menschheit beobachten, ihren Verstand zu gebrauchen, logisch zu denken und Ursache und Wirkung richtig einzuschätzen.

Sie wissen nicht einmal, warum und wofür sie sich bekämpfen, denn es gibt auf der Erde riesige Gebiete, die noch unbebaut sind, die nur zu kultivieren wären, was viel billiger und einfacher wäre, als Kriege zu führen. Es gibt keine Ideologie, keine Religion oder Philosophie auf der Erde, die es wert wäre, sich dauernd zu bekriegen und dabei und danach doch nichts daran zu ändern, denn falsch sind jene allemal, sonst könnten sie nicht zu Kriegen führen.

Diese werden also nicht um des Lebensraumes oder der Wahrheit willen geführt, sondern nur um der gegenseitigen Vernichtung willen. Also anstatt konstruktiver Zusammenarbeit — destruktive Vernichtung. Daran änderten auch ein zweitausendjähriges Christentum, sämtliche anderen Religionen, Philosophien, Ideale usw. rein gar nichts.

Wenn also Außerirdische auf einer höheren und vielleicht vollkommen anderen und andersartigen Evolutionsstufe stehen als wir, was anzunehmen ist, wenn sie interstellare Weltraumfahrt betreiben und sich nicht einzumischen versuchen, so ist durchaus verständlich, daß sie zögern, direkte Kontakte mit den „Großen und führenden Persönlichkeiten" unserer primitiven Erde aufzunehmen. Diese „Führer" haben schon zu oft versagt.

Die These, daß Außerirdische nicht offiziell mit der Menschheit Kontakt aufnehmen, kann also auch durch eine von hohem geistigen Niveau zeugende Nichteinmischungsdirektive erklärt werden.

Wenn das Verhalten der Außerirdischen manchem von uns unverständlich erscheint, so sollten wir bedenken, daß auch unser Verhalten eine Begeisterung bei ihnen kaum auslösen kann.

Es sind eben grundverschiedene Welten; wenn man den Kontaktlern bzw. deren Aussagen glaubt und auch gewisse mediale bzw. telepathische Aussagen akzeptiert, dann ist das alles sehr verständlich.

Die gewaltigen Unterschiede zwischen außerirdischer und irdischer Physik und Technologie würden außerdem einen umwälzenden Einbruch in unsere diesbezügliche Ordnung und Gesetzmäßigkeit hervorrufen, dem die Menschheit kaum gewachsen wäre. Deshalb gibt es auch keine Massen-Phänomene der Parapsychologie, da auch hier dieselben

Schwierigkeiten zu erwarten wären. Außerdem fehlt der irdischen Menschheit, zumindest vorläufig noch, sowohl für die UFO-Konsequenzen, als auch für die mit Parapsychologie zusammenhängenden Folgerungen, die nötige geistige Reife als unbedingt erforderliche Voraussetzung in moralischer und ethischer Hinsicht.

Solche massive Einbrüche in unsere für unsere Erde zugeschnittenen und daher nur für sie passende Gegebenheiten würden wahre Umstürze herbeiführen, wenn wir Menschen nicht vorher durch geistige Erkenntnisse und verstandes- und vernunftmäßig logisches Verhalten darauf vorbereitet wären. Ein sehr großer Teil der Menschheit hat weder Interesse an der Wahrheit, noch will er sich überhaupt um solche Dinge bemühen. Meine Erfahrungen zeigen, daß selbst Akademiker, und oft gerade sie, in ihren Bemühungen um wirklich neue, der Wirklichkeit näher kommende Erkenntnisse versagen.

In diesem Zusammenhang möchte ich noch einmal auf den im Kapitel „Homogenität der Physik im Universum" zitierten Artikel aus der Zeitschrift ESOTERA hinweisen, in dem weiter zu lesen ist:

„Die Menschheit könnte möglicherweise erst zu einem bestimmten späteren Zeitpunkt in Kontakt mit anderen Weltraumbewohnern kommen, und zwar erst dann, wenn ein bestimmter Mindestgrad kosmischer Reife erreicht ist. Man stellt sich diesen Reifeprozeß so vor, daß der sogenannte vergeistigte Mensch allmählich jene Laster überwindet, die in jeder Beziehung mehr oder weniger das Erdgeschehen bestimmen."

Das wäre eine weitere Erklärung, warum Außerirdische noch keinen näheren Kontakt wünschen und herbeiführen. Man denke nur darüber nach, wie sich viele Menschen, ja sogar nahezu die ganze Menschheit, aus kosmischer Sicht benehmen!

Tatsächlich erfolgte Landungen

Eine trotz dieser beschriebenen Vorbehalte große Anzahl tatsächlich bereits erfolgter Landungen von UFOs auf unserer Erde ist erwiesen und in der UFO-Literatur beschrieben.

Unsicher, da durch die behördliche Geheimhaltung verschwiegen, sind Berichte, die besagen, daß

1. USA-Präsident EISENHOWER, telefonisch über die Landung eines UFOs auf dem amerikanischen Flugplatz bei Muroc informiert, nach vier Stunden dort per Flugzeug aus Washington eintraf und in Anwesenheit eines hohen Regierungsbeamten und zweier Offiziere mit

den Raumpiloten eine Unterhaltung in englischer Sprache hatte. Einer der Offiziere war ein auf dem Flugplatz stationierter junger Leutnant. Nach der Unterredung seien die UFO-Piloten abgeflogen und der Präsident nach Washington zurückgekehrt. Auf unnachgiebiges Drängen eines Reporters soll der junge Leutnant nur eine Frage beantwortet haben. Er sagte folgendes: „Die beiden Männer, die aus dem UFO gestiegen waren, sprachen Englisch und erklärten, sie seien von einem dem Riesenstern Beteigeuze benachbarten Planeten gekommen. Die Lebensbedingungen auf diesem Planeten entsprächen den auf der Erde herrschenden."

Mehr war aus dem Offizier nicht herauszubringen;

2. der frühere Generalsekretär der Vereinten Nationen, Dag HAMMAR-SKJÖLD (†), dreimal Unterredungen mit Planetariern gehabt haben soll;

3. Präsident John F. KENNEDY (†) schon während seiner Dienstzeit auf dem pazifischen Kriegsschauplatz Kontakt mit Außerirdischen gehabt haben soll;

4. mit dem Sowjetführer Nikita CHRUSCHTSCHOW zweimal Kontakt aufgenommen worden sein soll.

Als erwiesen kann man viele Hunderte Berichte von UFO-Landungen ansehen, die durch Zeugen bestätigt wurden und bei denen reale Beweise in Form von Bodeneindrücken, Verbrennungen am Boden, an Bäumen, an Menschen usw. vorhanden waren.

Josephine CLARK, San Franzisko, Herausgeberin des „Data Net Report", einer monatlichen Publikation der Vereinigung von UFO-Forschern, die Radio-Amateure sind, hat seit Jahren alle in den USA gemeldeten Landungen von UFOs noch einer Überprüfung durch Forschungsgruppen veröffentlicht.

Danach wurden allein in den USA bereits bis 1971/72 400 (vierhundert) UFO-Landungen festgestellt, die auf der abgebildeten Karte eingetragen sind, wobei die vier Staaten New York mit 27, Ohio mit 26, Texas mit 26 und Kalifornien mit 25 (zusammen 104) an der Spitze stehen.

(Vergleiche UN 190, Juni 1972 und „Dokumentarbericht 1972", Seite 39; Ventla-Verlag!)

Bei diesen Landungen handelt es sich im einzelnen – wie ausdrücklich angegeben – um Fälle, bei denen entweder

a) UFOs auf dem Boden gesehen wurden,
b) UFOs den Boden nur kurz berührten,
c) UFOs mit Insassen beobachtet wurden, und
d) gelandete UFOs Spuren hinterließen.

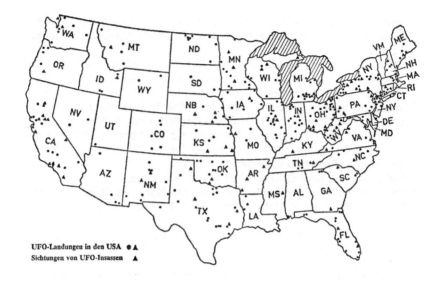

UFO-Landungen in den USA ●▲
Sichtungen von UFO-Insassen ▲

Bei Nachprüfung der gemeldeten Landungen hat sich oft herausgestellt, daß sich unter diesen Berichten solche befanden, die von der US-Luftwaffe wegerklärt worden waren, die aber tatsächliche, echte Erlebnisse waren, und die von mehreren Zeugen bestätigt werden konnten.

In einer minuziös genauen Statistik belegt die Forschungsgruppe jede dieser beobachteten Landungen exakt mit Zeit, Ort, Name(n) der Zeugen und gibt an, um welche Art Beobachtung es sich handelt. Meist ist sogar die genaue Uhrzeit der Beobachtung angegeben.

Wenn aber schon die in den USA registrierten Landungen bis 1971/72 die hohe Anzahl von 400 überschreiten, so ist anzunehmen, daß die Gesamtzahl der UFO-Landungen auf der Erde in die Tausende geht.

Viele dieser Landungen aber wurden nicht nur gesehen, sondern sind sehr oft durch hinterlassene Spuren, die häufig monatelang sichtbar waren, geradezu bewiesen.

So sind hier anzuführen:

1. Über dreihundert ausgetrocknete, versengte, kreisrunde Eindrücke und ähnliche Merkmale von UFO-Landungen mit Zeugenberichten. Die Meldungen darüber stammen aus allen 50 Staaten der USA und mehr als 30 anderen Ländern der Erde.

Die Eindrücke sind meist ringförmig mit einem Außendurchmesser von 10 Meter und mehr, die Breite der Ringe 30 bis 90 Zentimeter, die Wochen, Monate oder gar Jahre bestehen bleiben und wobei im

Innern der Ringe während einer oder zwei Saisonzeiten nichts mehr gedeiht.

2. Unter den hinterlassenen Landespuren hat man dreipunkt-, vierpunkt- und sechspunktförmige und andere Eindrücke von Landegeräten im Boden feststellen können, sowie eine Zunahme der sonst natürlichen Radioaktivität über und auf den Landeplätzen, eine Änderung des Boden-Salzgehaltes und der chemischen Zusammensetzung des Erdreiches sowie Spuren von verschiedenen Metallen und der Elemente Silikon, Schwefel und Boron.

3. In einzelnen Fällen konnte man ganz außergewöhnliche Merkmale feststellen.

So wurde nach der Landung eines tonnenförmigen UFOs am 2. November 1971 auf einer Farm in Delphos, Arkansas, USA, ein noch längere Zeit nachglühender Ring am Boden beobachtet, der noch wochenlang trotz Schnee- und Regenfällen außerordentlich trocken blieb.

Der Sohn des Farmers und auch die Eltern berührten den glühenden Ring, wonach ihre Finger gefühllos waren, was bei der Frau 2 Wochen anhielt. Der Boden schien verbrannt, und als der Farmer Wasser daraufgoß, lief es weg.

Ein UFO-Experte untersuchte die Stelle 71 Tage lang. Der bekannte UFO-Experte Dr. A. HYNEK ließ Bodenproben untersuchen: Der Boden nimmt kein Wasser an. Die Bodenprobe enthält 5- bis 10mal mehr Kalzium als der übrige Boden in der Nähe.

Ähnliche Ergebnisse hatte ein Fall, der sich vor einigen Jahren in Frankreich ereignet hatte. Auch dort zeigte sich im Boden ein Kalzium-Überschuß, der das Wachstum verhinderte. Man hatte in beiden Fällen Samen ausgesät, der in der Ringprobe nicht aufging. Keinem Test gelang es herauszufinden, was das weiße fadenförmige Material war, das sich im Ring befand.

Die kurze Landung auf der Farm war nicht nur von dem 16jährigen Sohn des Farmers und dessen Eltern, sondern auch noch von anderen Personen des Ortes Delphos, so vom Schulleiter und einem Reservepolizisten, beobachtet worden.

(Nach UN 192, Aug. 1972, S. 4 und UN 206/207, Nov./Dez. 1973, S. 4)

4. Außer den vorher beschriebenen Beweisen für UFO-Landungen, deren Zahl in die Hunderte geht und deren Beschreibungen in der UFO-Literatur enthalten sind, gibt es auch die häufig vorkommenden Schäden an Menschen, die bei Landungen zu nahe an die Objekte herankommen und so Lähmungen, Augenschäden, Verbrennungen, Radioaktivität, verschiedene physiologische Störungen, Hitzewellen-Effekte usw. erleiden.

Auch sie stellen wesentliche Beweismittel für erfolgte UFO-Landungen dar. Als ganz besondere Beweismittel, daß UFO-Landungen den Behörden bekannt sind, ist die *Dienstanweisung für UFO-Landungen der französischen Gendarmerie-Direktion für die Gendarmerie Nationale zu werten.*

Der Modell-Fragebogen, der darlegt, worauf der Gendarm achten soll, wenn er an die Landestelle eines UFOs kommt, verlangt Meldungen über:

Aussehen des Apparates, Art des erzeugten Lärms und was die Zeugen verspürt haben (Wärme, Prickeln, Luftdruck, Störungen des Augenlichts usw.). Ferner: Wie reagieren Tiere in der Nähe des Apparates? Den Tierhalter auffordern, sofort Meldung über evtl. Sterben von Tieren zu erstatten. Die auf unerklärliche Weise gestorbenen Tiere sind zu sezieren. Das Blut ist zu analysieren und auf Strahleneinwirkungen zu untersuchen. Wurden Wesen in der Nähe des Apparates gesichtet, so müssen folgende Einzelheiten beobachtet werden: Aussehen, Körpergröße, Arme, Beine, Kopf, Gesicht, Füße, Hände, Bekleidung, Haare, Fortbewegungsart. Geben sie Zeichen, tragen sie Gegenstände? Die Bodenspuren sind aus zehn Meter Höhe mit Infrarotfilm zu fotografieren, wenn nötig mit einem angeforderten Helikopter. (UN Nr. 204/205, S. 2)

Die Zahl der beobachteten Landungen auf der ganzen Erde geht sicher in die Tausende, wenn man rechnet, daß die Land-Oberfläche der USA ca. ein Zwölftel der Land-Oberfläche unserer Erde ausmacht und bereits bis 1971/72 allein dort 400 Landungen registriert wurden, wobei eine ungefähr gleichhohe Landungsquote für alle Länder anzunehmen ist.

Die immer wieder gestellte Frage, warum gerade bei uns in Deutschland sowenig UFOs zu sehen sind, wird überflüssig, wenn man die Winzigkeit der Bundesrepublik Deutschland im Verhältnis zu der gesamten Land-Oberfläche auf dem Globus feststellt.

Fast immer landen aus vorgenannten Gründen die UFOs in mehr oder minder einsamen Gegenden und verlassen die Erdoberfläche wieder, wenn sie sich beobachtet fühlen, gestört oder gar angegriffen werden; sie wurden, wie schon beschrieben, mehrfach, allerdings ziemlich erfolglos, beschossen.

Man sah Außerirdische beim Einsammeln von Pflanzen, Mineralien (Steine, Sand und Erde), beim Einsaugen von Wasser und bei Entführung von Tieren. Sie vermeiden Landungen in belebten Gebieten, obwohl sie solche sehr oft überfliegen und dabei auch eine Art von Flugveranstaltungen und Vorführungsflügen zeigen. Sie treten dabei auch in größeren Formationen auf, wie z. B. über dem Capitol in Washington, über dem Vatikan in Rom, über anderen Städten, Industrieanlagen, Kraftwerken, Fußball- und Sport-Stadien.

Die Frage, ob UFOs bereits auf der Erde gelandet sind, ist also unbedingt positiv zu beantworten, und man muß diese Landungen aufgrund der Sichtungen mit mehreren Zeugen und der oft hinterlassenen Landespuren als absolut bewiesen ansehen.

George D. FAWCETT aus Easton, seit 1957 Mitglied des NICAP in Washington, D. C., dokumentierte eine Anzahl von Landungen aus den Jahren 1964, 1965 und 1966. Danach gab es:

Im Jahre 1964

19 gemeldete Landungen
   18 davon in den USA
    1 in Kanada
    3 Sichtungen von Insassen (USA)

Im Jahre 1965

31 gemeldete Landungen
   16 davon in den USA
   15 in anderen Ländern
    7 Sichtungen von Insassen
    3 davon in den USA
    4 in anderen Ländern

Im Jahre 1966 bis April

21 gemeldete Landungen
   15 davon in den USA
    6 in anderen Ländern
    4 Sichtungen von Insassen, alle in den USA

Die genauen Daten und Orte der Sichtungen sind dabei einzeln aufgeführt.

KAPITEL 21

Abgestürzte UFOs und deren Teile

Ein Prof. Dr. Ing., Experte für Raumfahrttechnik an einer Technischen Universität, schrieb mir wörtlich:

„Bei dem starken Verkehr der UFOs sollte doch einmal ein solches Objekt abstürzen; weder aus der Gegenwart, noch aus archäologischen Funden gibt es so etwas. Dabei wäre mit solch einem Beweis alle Diskussion um die Realität derselben beendet."

Zu dieser „Aufforderung" eines Absturzes als Beweis für ihre tatsächliche Existenz gibt es eine ganze Anzahl von Beispielen. Wenn aber schon eine so hohe Geheimhaltungsstufe, ein „Top secret" durch die Behörden verhängt wurde und seit über fünfundzwanzig Jahren von diesen mit allen Mitteln der Ableugnungstaktik jede Existenz von außerirdischen Flugobjekten verheimlicht wird, dann werden jene mit allen ihnen zu Gebote stehenden Mitteln versuchen, auch derartige Beweisstücke aus der Weltöffentlichkeit zu schaffen und unter Geheimverschluß zu bringen. Solche Fälle sind der Ufologie durchaus bekannt und in der Literatur beschrieben. Bruchlandungen sind glaubwürdig bekanntgemacht worden, und Bruchstücke, die vor der behördlichen Beschlagnahme sichergestellt wurden, haben entsprechende Fachleute und Institute analysiert.

Es wurden wiederholt aus einigen Ländern der Erde UFO-Abstürze und Notlandungen gemeldet, ebenso sind historische Ereignisse bekannt, die auf solche Katastrophen hinweisen.

So wurde ein Fall publiziert, nach dem ein mexikanischer Ingenieur, dessen Name begreiflicherweise nie genannt wurde, bezeugte, daß ein UFO infolge einer Havarie im Sommer 1951 in der Sierra Nevada in Mexiko bei der Landung heftig gegen einen Hügel schlug. Bei dem Aufprall wurde der Apparat stark beschädigt, und die aus sechs Mann bestehende Besatzung verlor das Leben. Der Ingenieur näherte sich mit seinem Auto, aber er begegnete Polizeistreifen, die ihn am Weiterfahren hinderten. Da begab er sich auf einen nahegelegenen Hügel und beobachtete durch sein starkes Fernglas folgendes:

Um das Objekt waren einige Techniker versammelt. Erst nach Stunden war es ihnen gelungen, einige äußere Teile abzumontieren. Die Körper der sechs Piloten wurden herausgebracht, und der Ingenieur hatte Zeit, sie gut zu sehen. Es waren normale Menschen, aber alle von kleiner Statur, mit brauner Haut, feinen regelmäßigen Zügen und schlanken, dünnen Händen. Bei Anbruch der Dunkelheit kam eine Autokolonne der US Air Force, welche die Teile der Scheibe und die Toten auflud und davonfuhr.

Es sind noch einige Fälle bekannt, bei denen mehrere UFO-Insassen umgekommen sein sollen.

Frank SCULLY schilderte in seinem Buch „Behind the Flying Saucers" eine Geschichte, die auch von anderer kompetenter Seite aus Geheimdienstkreisen bestätigt worden sein soll.

Danach soll der Geologe und Geophysiker Dr. Silas NEWTON in Denver, Colorado, am 20. April 1969 eine Geheimvorlesung über abgestürzte UFOs gehalten haben. Hierin erwähnte er, daß nahe der Halbinsel Boothia (Nordkanada) ein Raumschiff entdeckt wurde. Die beiden Insassen wurden erfroren auf dem Eis gefunden.

Auf einem Hochplateau in der Nähe von Aztec, Neu-Mexiko, soll den USA eine „Untertasse" mit 15 Leichen von 0,9 bis 1 Meter Größe in die Hände gefallen sein.

Weitere abgestürzte Raumschiffe mit 16 Leichen bzw. 2 Leichen sind in der Nähe eines Versuchsgeländes in Arizona und im Paradies Valley oberhalb von Phönix entdeckt worden.

Die zum Teil außerordentlich detaillierten Informationen über das Aussehen der toten Mannschaft, die Konstruktion der UFOs und deren Inneneinrichtung will NEWTON von einem Ingenieur für Magnetkunde, Dr. GEE, erfahren haben, der bis zum Juli 1949 in verschiedenen Geheimprojekten der Regierung tätig gewesen ist.

Von anderer Seite wird behauptet, daß im Pentagon von einem dort tätigen Mann der Marine-Abteilung seinem Freund, der irgendwie Zutritt zum Pentagon hatte, ein Raum gezeigt wurde, in dem sechs Särge aufbewahrt waren, in denen tote außerirdische Wesen aufgebahrt lagen. Näheres und die Namen der Pentagon-Leute wurden natürlich nicht preisgegeben.

Unter der Überschrift:

„Liegen zwölf kleine weiße Männer aus dem All im Tiefkühlfach von Alabama?"

publizierte die „Bild"-Zeitung vom 29. Oktober 1974, München-Ausgabe, einen Artikel über ein angeblich abgestürztes bemanntes UFO.

Dort steht zu lesen: o. a. San Franzisko, 29. Oktober 1974

Die amerikanische Öffentlichkeit will die Wahrheit über zwölf kleine Männchen wissen, die angeblich in einem abgestürzten UFO in der Mojave-Wüste in Kalifornien gefunden wurden.
Der angesehene Professor Dr. Robert CARR von der Universität Süd-Florida hatte in einem Rundfunk-Interview erzählt, das UFO sei durch einen Fehler im Druckluftsystem abgestürzt. Im Wrack seien mysteriöse Leichen gefunden worden. Der Wissenschaftler: „Es muß sich um Wesen von einem anderen Planeten handeln. Sie waren nur 90 Zentimeter groß, hatten gelbes Haar, einen weißen Hautton, blaue Augen und ein riesiges Gehirn." Professor CARR behauptet weiter, die Weltraum-Männchen seien unter strengster Geheimhaltung zum Luftwaffenstützpunkt Wright Patterson (Ohio) gebracht worden. Ein Gerichtsmediziner habe die Leichen obduziert und erklärt: „Erstaunlich, wie weit sie entwickelt sind!"

Geheim-Kuvert für alle Piloten

Nachdem der Professor über den Fall gesprochen hatte, riefen viele hundert beunruhigte Menschen die Rundfunkstation in San Franzisko an. Reporter verfolgten die unheimliche Geschichte weiter. Sie wollen erfahren haben, daß die zwölf Männchen aus dem All seit einiger Zeit in Tiefkühlfächern in einem militärischen Sperrgebiet in Alabama liegen. Ein Presseoffizier erklärte allerdings, das Ganze entbehre jeder Grundlage.
Professor CARR: „Die Regierung wollte erst den Rat von Psychologen einholen, um zu wissen, wie die Bevölkerung reagieren würde, wenn man die Wahrheit durchsickern läßt . . ."
In Amerika erinnert man sich daran: US-Militärpiloten hatten lange Zeit einen Umschlag im Cockpit, auf dem stand: „Nur öffnen, wenn unbekannte Flugobjekte gesichtet werden."
Wie man auch immer zu solchen Meldungen stehen mag. Tatsache ist, daß strenge Geheimhaltung besteht, und daß sich solche und ähnliche Bekanntmachungen gegenseitig immer wieder bestätigen.
(Vergleiche: Universitätsprofessor R. S. CARR, Tampa/USA: „Ufonauten von 1 m Größe", UN 223, April 1975!)

Auch die Sowjetunion soll im Besitz von beschädigten, aus dem Weltraum stammenden Fliegenden Scheiben sein. Die russischen Behörden haben angeblich ein großes Raumschiff aufgebracht, das von einem eigens dafür eingesetzten Komitee studiert wird.

Diese Dinge mögen manchem Menschen unwahrscheinlich vorkommen. Wer aber die Geheimhaltungs- und Ableugnungs-Methoden der Behörden einigermaßen kennt, für den ist auch die Wahrscheinlichkeit groß, daß an diesen über Indiskretionen bekanntgewordenen Aussagen viel Wahres ist. Und, wenn es diese außerirdischen Flugobjekte wirklich gibt — und daran kann überhaupt kein Zweifel mehr bestehen —, dann sind Abstürze und Pannen auch bei ihnen sehr wahrscheinlich.

Stücke eines UFOs, das in der Nähe des Strandes von Ubatuba (Sao Paulo) mit phantastischer Geschwindigkeit auf den Ozean heruntergestoßen war, als es plötzlich anhielt, gut hundert Meter anstieg, schwankte und schließlich in einem Schauer glänzender Bruchstücke explodierte, wurden aus dem seichten Wasser geborgen und analysiert. Eine Strahl-Diffraktions-Analyse des Mineralproduktions-Laboratoriums von Brasilien ergab, daß die Bruchstücke aus reinem Magnesium bestanden, wie es auf der Erde üblicherweise als Legierungsbestandteil im Flugzeugbau verwendet wird.

Ein Düsenjägerpilot schoß bei Washington, D.C., auf Befehl auf ein UFO, wodurch ein Stück Metall von dessen Rand abgerissen wurde, das zwei Stunden später gefunden wurde, immer noch unnatürlich glühend. Erst nach zwei Wochen verlor das Bruchstück beides, sein „Glühen" und seinen metallischen Glanz, und wurde bräunlich. Eine Analyse des Materials enthüllte, daß seine gut erhaltene Struktur eine Matrize Magnesium-Orthosilikat hatte, und durch diese waren Tausende von winzigen Kugeln mit Einbuchtungen verteilt, jede im Durchmesser von 15 Mikrometer. Die Masse hatte anfänglich eine Resonanz (Sensitivität) auf eine Radiowellenlänge von 4,5 Megahertz oder 66,7 Meter. Das Stück gelangte dann in die Hände einer höchst geheimen, aber unbekannten Stelle. (Frank Edwards: „Fliegende Untertassen — eine Realität", S. 77, Ventla-Verlag.)

Ein ebenso mysteriöses Material, das angeblich in Neu-Mexiko gefunden wurde, erwies sich als Nickeleisen und war von runden, mikroskopisch engen Kanälen durchsetzt, die mit einer paraffinartigen Masse gefüllt waren. Eine genaue Erklärung, wie es zu einer solchen Durchdringung gekommen sein konnte, wurde nicht gefunden.

Am Nachmittag des 14. Dezember 1954 beobachteten viele Menschen in Campinos, Brasilien, einer Stadt von ca. 250 000 Einwohnern, merkwürdige Flugmanöver dreier scheibenförmiger Objekte, von denen eines in Schwierigkeiten geraten zu sein schien. Diese Scheibe schwankte heftig hin und her und schien unfähig, die Höhe zu halten, während die beiden anderen sie umkreisten, als ob sie versuchten zu helfen und es doch nicht konnten. Als die schwankende Scheibe bis auf etwa 90

Meter Höhe gesunken war, hörten viele Zeugen schwere dumpfe Schläge, die vermutlich von diesem besonderen Objekt kamen, da diese Geräusche mit den gelegentlichen Schwankungen übereinzustimmen schienen. Die beiden anderen Scheiben kamen sehr dicht an die scheinbar defekte heran, die sich plötzlich hochstellte und in kurzen Stößen vorwärtsbewegte, wobei ein dünner Strahl silbriger Flüssigkeit von ihrer Unterseite abtropfte. Einen Augenblick später nahm die Scheibe wieder eine horizontale Lage ein, wobei sie einen tiefen Summton hören ließ, und alle drei Objekte begannen zu steigen und waren bald in den Wolken verschwunden. Die Behörden unternahmen sofort eine Untersuchung der Gegend, in der die silbrige Substanz den Berichten zufolge von dem UFO auf die Erde gefallen war. Man fand Metallspritzer auf Hausdächern, Bürgersteigen, Straßen und in einem Fall sogar auf Kleidung, die zum Trocknen aufgehängt war. Im ganzen waren es mehrere Unzen (1 Unze = 28,35 Gramm) dieser Substanz, die die brasilianische Regierung in Verwahrung nahm.

Einige Wochen später gab ein Sprecher der Regierung auf einer Pressekonferenz lediglich zu, daß der gefundene Stoff Zinn war, gab aber keine zusätzlichen Informationen, wahrscheinlich, weil die Substanz von der Luftwaffe sichergestellt worden war, die die Existenz der UFOs heftig ableugnet.

Jedoch war nicht alles Metall in die Hände der Behörden gefallen. Bevor die Gegend abgesperrt wurde, waren einige Bruchstücke bzw. Reste bereits gesammelt und von dem Chemiker Dr. Risvaldo MAFFEI untersucht worden. Dieser teilte der Presse mit, daß das betreffende Metall tatsächlich Zinn sei mit etwa zehn Prozent Beimengungen anderer Metalle, die er nicht genau bezeichnete, die aber nicht die sonst üblichen Unreinheiten aus Antimon, Eisen oder anderen Bestandteilen aufwiesen. Dr. MAFFEI fügte hinzu, daß er nicht sagen könne, zu welchem Zweck das Zinn gebraucht worden sei, das im übrigen keine radioaktive Strahlung aufweise.

Es war also Zinn, das von einem UFO kam, und nachdem dieses UFO das geschmolzene Zinn ausgestoßen hatte, funktionierte es offensichtlich wieder ohne die vorangegangenen Schwierigkeiten.

Absturz eines UFOs in den Bergen
(Nach UN 182, Oktober 1971)

Die Zeitung „La Razon", Buenos Aires, meldete am 24. 6. 1971, daß ein UFO mit großem Getöse auf dem Berg Lasthuallja in der zentralen Region von Peru zerschellt sei. Dieses Ereignis, das von einem Bergmann angezeigt worden war, wurde von Bauern aus Sapallanga bestätigt, die ebenfalls behaupteten, daß ein unbekanntes Flugobjekt, einen roten Streifen hinter sich herziehend, zur Erde stürzte, wonach man eine Explosion hörte. Der Bergmann Hugo Meza ARCE erzählte, daß er sich noch vor der Anzeige an den Ort, wo das seltsame Objekt zerschellte, begab und daß dort, durch die Explosion zerstreut, eine Menge Metallstücke lagen, die von einer hellblauen, irisierenden Farbe waren. Weiter sagte er, er hatte versuchen wollen, eines dieser in den Felsen haftenden Stücke anzufassen; dabei hätten sich daraus Funken gelöst, die ihm Verbrennungen verursachten. Er fügte hinzu, daß besagte Metalle eine Anziehungskraft auf andere ausübten, als ob sie Magnete wären.

Bei ähnlichen Unfällen sollen durch Bruchstücke abstürzender UFOs schon Menschen und Tiere zu Schaden gekommen sein. So sahen am 21. Juni 1947 CHRISMAN und DAHL von der Küstenwache der Mauryinsel, wie fünf Untertassen eine sechste in die Mitte nahmen, die schließlich explodierte. Die Trümmer fielen zum Teil ins Meer, zum Teil auf den Strand und ein Schiff. Dahls Hund wurde durch Splitter getötet, sein Sohn verletzt. Die Luftwaffe untersuchte den Fall, nahm aber offiziell keine Stellung. Dahl und Chrisman wurden so eingeschüchtert, daß sie keinerlei Angaben mehr an die Presse zu geben wagten und schließlich sogar außer Landes verschwanden. Die Kiste mit den Trümmern wurde von der Luftwaffe sichergestellt.

Außer den Unfällen von normal großen UFOs von mehreren Meter Durchmesser wurden auch Havarien kleinerer, sogenannter Telemeterscheiben gemeldet.

Eine dieser unbemannten Scheiben von einigen Dezimeter Durchmesser durchschlug im Flug eine Stahlblechverkleidung und ohne anscheinend selbst Schaden zu erleiden, stieg sie hoch und verschwand. Eine spektroskopische Analyse des Metall-Abriebes an dem zerfetzten Stahlblech zeigte, daß er fast hundertprozentig reines Kupfer war.

Mehrere solcher kleinen Scheiben wurden in verschiedenen Gegenden beobachtet, als sie sich auflösten (entmaterialisierten), explodierten oder verbrannten, also sich anscheinend nach erfüllter Aufgabe selbst vernichteten oder durch Fernsteuerung vernichtet wurden.

Zusätzlich als Beispiele für kleine UFO-Unfälle und -Schäden gibt es eine Menge von anderen Beweisstücken für kleinere Havarien und Entstehung von Rückständen oder Abfall.

So wird immer wieder beobachtet, daß eine merkwürdige flockenartige Substanz oder eine spinnwebartige bzw. gallertartige Masse, sogenanntes „Engelshaar", oft in großen Mengen nach dem Vorbeiflug von UFOs die Gegend bedeckte, die sich nach einigen Stunden von selbst auflöste, ohne Spuren zu hinterlassen. Beim Anfassen bilden die Fäden schnell einen gelatineartigen übelriechenden Klumpen, der sich in kurzer Zeit unter Zurücklassung einer leicht abwaschbaren grünen Farbe an den Händen auflöst. Die Masse ist leicht radioaktiv.

Hier eine aus einer Vielzahl von Meldungen über solche Substanzen:

(nach UN 156, August 1969, S. 1)

Am 27. Oktober 1954 erschien während eines Fußballspiels über Florenz ein UFO, das von Tausenden beobachtet wurde und dessentwegen das Spiel mehrere Minuten lang unterbrochen wurde. Nachdem das UFO verschwunden war, breitete sich am Himmel eine Art „großen Spinngewebes" aus. Dies verwandelte sich in einen, wie es Zuschauer und Chronisten ausdrückten, Regen von „Flocken zerzauster Watte", die sich auf Dächern, Bäumen und Straßen eines kleinen Ortes festsetzten. Auch auf Florenz und Siena fiel „Watte aus dem Weltraum" nieder, und man kann sich vorstellen, mit welcher Spannung die Öffentlichkeit die Prüfung der rätselhaften Flocken erwartete.

Diese legte man dem Direktor des Chemischen Institutes der Florentiner Universität, Professor Giovanni CANNERI, vor. „Substanz mit faseriger Struktur mit beachtlicher mechanischer Zug- und Torsionsfestigkeit", lautete der Bescheid. „Bei Erhitzung verhärtet sie sich und hinterläßt einen schmelzbaren und transparenten Rückstand. Der schmelzbare Rückstand zeigt spektrographisch, daß er vorwiegend Bor, Silizium, Kalzium und Magnesium, Substanzen von wahrscheinlich fadenförmiger, makromolekularer Struktur enthält. Rein hypothetisch gesehen, könnte die geprüfte Substanz in der mikrochemischen Reihe ein bor-siliziumhaltiges Glas gewesen sein."

Doch niemand ist in der Lage zu sagen, wo diese mysteriöse Substanz hergestellt, wie sie verwendet und warum sie verstreut wurde.

Es gibt Dutzende von Meldungen dieser Art; sie können im einzelnen hier nicht aufgeführt werden, sie sind in der UFO-Literatur enthalten und können bei Bedarf dort nachgelesen werden.

Eine andere Art Substanz wurde in der „tz"-Zeitung vom 2./3. Juni 1973 wie folgt beschrieben:

Angst vor dem roten Zeug aus dem All

DALLAS (ap). Eine geheimnisvolle rote Substanz hat die Bevölkerung der texanischen Millionenstadt Dallas in Angst und Schrecken versetzt. Die Substanz, die an mehreren Stellen der Stadt gefunden wurde, wächst und pulsiert, verschwindet, taucht wieder auf und kann sich selbst bewegen. Wissenschaftler der Universität von Colorado, die die rote Masse untersuchten, stehen vor einem Rätsel: „Wir haben keine Erklärung gefunden. Wir wissen auch nicht, nach welchen Gesetzen sich die rote Materie vermehrt."

Für viele Einwohner von Texas gibt es jedoch nur eine Erklärung. Für sie stammt das „rote Zeug" aus dem Weltall.

Es ist also durchaus nicht unbedingt und zwangsläufig notwendig, daß abgestürzte UFOs und deren Teile irgendwo gefunden werden müßten und eine solche Auffindung dann in den Zeitungen der Weltpresse, in Radio und Fernsehen so bekanntgemacht und diskutiert wird, daß jeder Weltbürger davon etwas erfahren müßte oder daß solche Beweisstücke gar in einer Ausstellung oder in einem Museum besichtigt werden könnten, denn:

Sie können:

1. in Gegenden abstürzen, die von Menschen kaum beobachtet werden, in Wüsten, in Gebirgen, in Gewässer, in das Meer, in polare und in viele andere unbewohnte Gebiete, die immer noch im Verhältnis zu bewohnten Gebieten einen sehr hohen Prozentsatz ausmachen. Man bedenke hier, wie lange und wie erfolglos oft irdische Suchaktionen nach verschollenen bzw. abgestürzten Flugzeugen durchgeführt wurden, obwohl meist letzte Funkmeldungen nähere Hinweise für den ungefähren Ort einer Katastrophe gaben.
2. sich bei einem unabwendbaren Absturz selbst vernichten, entmaterialisieren, explodieren, durch außerirdische Kommandos abtransportiert oder vernichtet werden.
3. durch irdische militärische Kommandos abgeriegelt, abtransportiert und so wegen der bestehenden strengen Geheimhaltungsvorschriften jeder öffentlichen Bekanntgabe und Diskussion entzogen werden.
4. Auch historische Abstürze bedingen aus den genannten Gründen nicht eine Auffindung von Objekten und deren Teilen.

Alle diese Möglichkeiten sind schon mehrmals beobachtet worden und in der Ufologie und in ihrer Literatur beschrieben.

Es gibt sie also durchaus, die Beweise für Unfälle bei UFOs mit Bruchstücken und anderen Resten von Materialien, die als anscheinend nicht von der Erde stammend analysiert wurden, genauso wie ganze, aber beschädigte außerirdische Flugobjekte, die von den Behörden schnellstens unter strenger Geheimhaltung beseitigt und sichergestellt wurden.

Sie sind dann spurlos in Geheimarchiven verschwunden, jedenfalls der Weltöffentlichkeit nicht zur Besichtigung übergeben worden, denn wenn es schon keine außerirdischen Flugobjekte geben darf, dann darf logischerweise auch kein Bruchmaterial existieren.

Sie wurden aber doch weltweit seit Jahrzehnten durch die jeweils örtliche Presse beschrieben, durch die Bevölkerung diskutiert und dann wieder vergessen, von den Behörden totgeschwiegen, aber im geheimen registriert und schließlich durch die UFO-Forschung analysiert und im Rahmen ihrer Möglichkeiten publiziert.

Das ganze Geheimnisgetue der Behörden zeigt wieder einmal die Verlogenheit ihrer Aussagen auf und liefert die schlagenden Beweise für die Geheimhaltungs- und Ableugnungs-Taktik, aber damit auch für die reale Existenz der UFOs.

KAPITEL 22

Schießbefehle auf UFOs –
„Unternehmen: UFO abfangen"

Besonders beweiskräftig für die Existenz von außerirdischen Flug-
objekten sind zweifellos Schießbefehle höchster militärischer Dienst-
stellen mit der eindeutigen Anweisung und Erklärung, daß es sich
dabei um UFOs im Sinne von außerirdischen Flugobjekten handelt
und um Befehle, sie zum Landen zu zwingen.

Es ist absolut glaubwürdig bekannt, daß solche Befehle schon sehr oft
durch US-Piloten, und nicht nur durch sie, sondern auch durch sowjetische, befolgt wurden; man spricht in informierten Kreisen von ca. 70
Beschießungen auf UFOs. Allerdings blieben diese, soviel bekannt,
praktisch ohne Erfolg, da sich die Außerirdischen mit ihren Flugobjekten schneller absetzen konnten, als ihre Verfolger sie erreichten.
Ihre Wendigkeit im Flug, ihre unerreichbaren enormen Beschleunigungen und ihre Höchstgeschwindigkeiten wurden von den irdischen Piloten so oft beschrieben, daß an ihrer „Nahezu-Unverwundbarkeit" kein
Zweifel bestehen kann.
Man sollte aber auch daran nicht zweifeln, daß sie sich, wenn sie nur
wollten, erfolgreich zur Wehr setzen könnten. Wahrscheinlich unge-
wollt oder zur Selbstverteidigung haben sie dies mehrfach gezeigt, und
es ist sicher nur ihrem guten Willen zuzuschreiben, daß nicht noch
schwerere Unfälle vorkamen, als der im folgenden Artikel beschriebene,
bei dem sogar einige Menschen ihr Leben verloren.

„Unternehmen: UFO abfangen"
(Nach UN 213, Juni 1974)   *Von Donald E. Keyhoe*

Zur selben Zeit als hohe Offiziere des Pentagons einen massiven Ver-
tuschungsfeldzug aufzogen und alle Untertassensichtungen als Irrtum,
Wahn und Täuschung bespöttelten, verheimlichten sie mehr als 3000 un-
gelöste UFO-Berichte, viele von Wissenschaftlern, Piloten und anderen
autoritativen Beobachtern.*)

---

*) Diese Zahl bezieht sich nur auf die US-Territorien.

Jetzt enthüllt ein geheimer Bericht der Luftwaffen-Akademie, daß nicht nur Generale zugeben, daß Luftfahrt von außen her existiert, sondern Befehle des Luftraum-Verteidigungs-Kommandos beweisen, daß das „Unternehmen: UFO abfangen" jetzt ein Spitzen-Vorrangsprojekt der Luftwaffe ist.

Schießbefehle auf UFOs

Hinter einem neuen Vorhang von Geheimhaltung ist die US-Luftwaffe in ein gefährliches Wagnis verwickelt, indem sie Angriffe auf UFOs einbezieht. Trotz Leugnung der Luftwaffe operieren unidentifizierte fliegende Objekte an unserem Himmel.

Während des Jahres 1972 stiegen UFO-Begegnungen plötzlich an. Das Luftraum-Verteidigungs-Kommando (Aerospace Defense Command) *verstärkte schnell die Abfangjagden.* Durch strikte ADC-Vorschriften wurden die Piloten mundtot gemacht, die gefährlichen Jagden — und deren wahren Zweck zu verheimlichen.

Aus Furcht vor öffentlicher Unruhe hat die Luftwaffe das Schießen auf UFOs stets geleugnet. Nun ist das durch einen Sonderbericht der Luftwaffen-Akademie widerlegt worden. Als Direktor des NICAP (National Investigations Comittee on Aerial Phenomena), des nationalen Untersuchungs-Komitees für Luftphänomene, wurde ich im Oktober 1969 darüber informiert und erhielt eine Kopie dieses Berichtes. Nach der Aufdeckung eines Angriffes durch sowjetische Bordschützen, beschreibt der Akademiebericht eine verheimlichte AF (Luftwaffe)- Jagd:

Wir haben auf UFOs geschossen. Eines Morgens gegen 10 Uhr fing eine Radarstation in der Nähe einer Jagdfliegerbasis ein UFO auf, das 700 mph (Meilen pro Stunde) flog. Das UFO verlangsamte sich dann auf 100 mph und zwei F-80 wurden hinterhergeschickt, es abzufangen. Schließlich näherte sich eine F-80 dem UFO in 3000 Fuß Höhe. Das UFO begann sich sofort zu beschleunigen, aber der Pilot managte es noch, für eine kurze Zeitspanne bis auf 500 Yards an das Objekt heranzukommen. Es war definitiv untertassenförmig. Als der Pilot die F-80 auf Spitzengeschwindigkeit brachte, begann das UFO abzuziehen. Als die Entfernung 1000 Yards erreichte, machte der Pilot seine Schußwaffen scharf und feuerte in dem Versuch, die Untertasse herunterzuholen. Er verfehlte, und das UFO machte sich schnell davon, in der Ferne verschwindend.

Bei dieser Jagd war der Pilot nicht gefährdet, aber einige UFO-Verfolgungen haben einen schrecklichen Tribut gefordert. Verschiedene AF-Piloten haben beim Jagen dieser fremden Objekte ihr Leben verloren. In einem Falle verschwand ein AF-Flugzeug mit seiner Zwei-Mann-Besatzung spurlos. Während einer anderen Verfolgung zwang ein UFO einen Piloten und seinen Radartechniker aus ihrem *Abfangjäger* auszusteigen. Die Düsenmaschine krachte in eine Stadt, tötete einen Mann und seine Frau und deren beide Kinder. Diese und andere, später ausführlich berichtete Unfälle mögen als Warnungen gegen weitere AF-Attacken gemeint gewesen sein und nicht sogleich als Feindseligkeit. Aber das vermindert nicht die Gefahren.

In den letzten 25 Jahren haben UFOs über Raumbasen, Atomenergieanlagen, Flughäfen, Städten und Farmen manövriert, offensichtlich zu irgendeinem hochbedeutsamen Zweck jeden Aspekt unserer Zivilisation beobachtend. Während der langen Überwachung hat die Air Force zwei voll maßstabgerechte Wertbestimmungen für echtes Beweismaterial gegeben. In beiden Analysen gelangten Offiziere zu dem geheimen Schluß: *Die UFOs sind Raumfahrzeuge aus einer fortgeschritteneren Welt im Einsatz einer ausgedehnten Überprüfung der Erde.* Eine wichtige Phase der Überwachung durch UFOs schließt die Beobachtung unserer Verteidigungsstrategie ein. Seit Frühjahr 1967 wurde besondere Aufmerksamkeit auf unsere Minuteman-Geschosse gerichtet, die Interkontinentalraketen, die so wesentlich für unsere Verteidigung sind. Warum hält die Air Force diese Informationen vor uns zurück? Hat sie erfahren warum die UFOs hier sind? Glaubt sie, daß wir in Gefahr sind?

Nicht nur die Luftwaffen, insbesondere die US-Luftwaffe, haben Schießbefehl auf UFOs, sondern anscheinend ebenso die Polizei, wie aus dem Bericht hervorgeht, der im Kapitel „Landungen von UFOs auf der Erde" unter der Überschrift „Polizisten schossen auf UFO-Insassen", beschrieben ist.

Mehrfach haben es auch Privatpersonen für nötig befunden, auf UFO-Insassen zu schießen. Ein solcher Fall wird in UN 192, August 1972 unter der Überschrift „Wir beweisen . . ." mit dem Untertitel „Feindliches Verhalten" beschrieben.

Wir beweisen . . .
Amerikanisches Alarmsystem

Das Alarmsystem der US-Verteidigungskräfte ist durch den Generalstabschef gründlich schon seit September 1951 durch „JANAP 146/B" reguliert. Die Luftwaffe hat ihre „Kontinental-Verteidigung" unter „MERINT-OPNAV-94-P-3".

Das kontinentale Alarmnetz schließt nach Ost das NATO-Netz für Europa, den Nahen Osten und nach Richtung West den Fernen Osten mit ein.

Galaktische Raumschiffe und Sonden werden in Absprache mit der UdSSR für die Öffentlichkeit durch Blumensprache als „Meteore" behandelt, und auf dieser Linie arbeitet das astronomische Beobachtungsnetz mit der militärischen Beobachtung der UdSSR und USA voll zusammen.

Doch des „Blitzgenerals" Alarmnetz hat in „dunkler Friedenszeit" auch eine zweite Seite: Wie die SU (einschließlich Varso-Pakt-Staaten) operiert, wurde am 1. Mai 1960 bewiesen, als eine US-Fernaufklärungsmaschine Typ U-2 trotz „roten Telefons", US-Botschafter in Moskau und „Vereinte Nationen" ohne vorherige Erkundigung im russischen Luftraum abgeschossen wurde.

Zwölf Jahre später findet man auf der amerikanischen Seite dasselbe: Obwohl die galaktischen Raumschiffe Probleme globaler Natur darstellen, sind die Informationen der US-Regierung und der NASA seit Jahrzehnten irreführend, was den Standpunkt der Sicherheit der Nationen betrifft.

Der SAGA-Bericht
Ernsthafte Aufmerksamkeit verdient der UFO-Bericht aus SAGA, Juli 1972. Durch Telefonabhörung wurde enthüllt, daß am 1. Januar 1972 zwei F-104-US-Jetflugzeuge und zwei galaktische Raumschiffe – es können auch Raumsonden gewesen sein – nach Feuerkämpfen im Golf von Mexiko abgestürzt sind. Der Alarm und die Kampfverordnungen wurden durch NORAD mit Hilfe der Houston/Tex.-Alamogordo/ N. Mex.-Dayton-Radarstation und Tinker Air Force Base/Okl. durchgeführt.

Alle diese Instruktionen waren von Bill und Sherry Eckhardt als Resultat einer falschen Schaltung der NORAD „Emergency-Telefonlinie" während eines privaten Telefongesprächs mit seinen Schwiegereltern Mr. and Mrs. Roy Parker zufällig mitgehört worden.

Als durch die lokale Presse dieser ganze Fall enthüllt worden war, hatte das US-Verteidigungsministerium keinen anderen Ausweg als die Abhörangelegenheit blitzschnell als „Bluff" zu deklarieren. Amerikanische Bürger wundern sich, daß das US-Verteidigungsministerium denkt, die Leute und Leser anderer Nationen seien so blöde, ein junges Ehepaar habe nichts anderes zu tun als einen „UFO-Bluff" für die Öffentlichkeit zu fabrizieren.

Feindliches Verhalten

Wenn jemand zweifelt, galaktische Raumschifflandungen werden eine „globale Panik" hervorrufen, der sollte das Lehrbuch der US-Luftwaffen-Akademie" / Colorado Springs / Col. „INTRODUCTURY SPACE

SCIENCE (Einführung in die Weltraum-Wissenschaft), Band II, Physics 370, Seite 463 lesen. Dort heißt es u. a.:

1. Am 24. Juli 1957 hat die UdSSR-Fliegerabwehr-Artillerie auf den Kuril Islands (Die Kurilen sind eine ca. 1000 km lange Inselkette zwischen der SU, der Kamtschatka-Halbinsel und Japan. Sie haben für die SU im Fernen Osten die wichtigste strategische Bedeutung) auf galaktische Raumschiffe – ohne Resultat – gefeuert.

2. (Zeitpunkt nicht angegeben): „Wir (US-Abwehr) haben auf ein UFO gefeuert, um es mit unseren F-86-Kampfflugzeugen zum Boden zu zwingen; aber das UFO ist mit großer Geschwindigkeit verschwunden." (Seite 463)

3. Am 21. August 1955 hatten der Farmer Sutton und sein Sohn auf zwei Humanoide in Raumkleidung aus 10–15 Meter Entfernung ca. 50 Geschosse aus Pistolen abgegeben. Die Schützen haben das Aufprallen der Kugeln gehört, die jedoch von den Raumanzügen absprangen. Es ist bezeichnend, daß die US-Landpolizei so erschrocken war und sich fürchtete, für den Fall „eines zweiten Besuches" keine persönliche Sicherheit gegen die Humanoiden zu geben. In panischem Schrecken hatte die Suttonfamilie ihre Farmwirtschaft verlassen und eine neue erworben.

FBI, Air Force, Landpolizei und Zivilverteidigung erklärten später, Nachbarfarmer hätten mit der Sutton-Familie „nur Witze gemacht".
Die amtliche Stellungnahme hatte vergessen: Wo findet man 1 Meter große „Farmer" in Panzerkleidung, und von *welchem* Panzermaterial springen die gesamten, ca. 50, Pistolenschüsse ab – wie solches in FBI-Laboratorien durchexerziert wird? Es ist eine Unverantwortlichkeit, das Erlebnis der Sutton-Familie als „Witz" zu deklarieren.

Glauben Sie, daß die amerikanische Fliegeroffizier-Generation in ihrem Akademie-Lehrbuch durch „UFO-Bluffs" unterrichtet wird?

Es ist dringend erforderlich, daß diese ernsten Situationen im Sinne menschenwürdiger Verständigung behandelt werden.
Veröffentlichungen über die Luftwaffen-Verfügung Nr. 200-2 wurden in den UFO-Nachrichten Nr. 56, April 1961, bekanntgegeben; es heißt dort u. a.: „UFOs, eine ernste Angelegenheit – Unidentifizierte Fliegende Objekte – zuweilen von der Presse oberflächlich behandelt und als „Fliegende Untertassen" bezeichnet– müssen schnellstens und genauest als von schwerwiegendem Interesse für die US-Luftwaffe auf dem nordamerikanischen Kontinent (ZI = Interne Zone – Geheime Abteilung) identifiziert werden ...

Vergleiche auch: Frank Edwards „Fliegende Untertassen – eine Realität", Seite 291.

Besonders beweiskräftig ist hier wieder einmal der dreifache Bericht
über Beschießungen aus dem

Lehrbuch der US-Luftwaffen-Akademie", Colorado-Springs/Col.

„INTRODUCTURY SPACE SCIENCE"

*Was dort erklärt ist, wird doch genau bei dem Namen „UFO" genannt
und beschrieben, so daß überhaupt kein Zweifel darüber bestehen
kann, daß damit nicht etwa Psychosen, Täuschungen, Irrtümer, Ulk,
Spaß, Schwindel und Humbug von*

1. der UdSSR-Fliegerabwehr-Artillerie
2. der US-Abwehr, F 86-Kampfflugzeugen,
3. ca. 50 Geschossen aus Pistolen

*beschossen wurden, sondern, wie beschrieben, UFOs und deren Be-
satzungen, was wieder als ein eindeutiger Beweis zu bewerten ist,
daß UFOs tatsächlich existieren.*

Unerklärte Unterwasser-UFOs und Unterwasser-UFO-Basen

(Nach UN 192, August 1972, S. 3)

Es gibt zahlreiche geheimnisvolle Anzeichen dafür, daß die intelligent
gesteuerten Objekte (UFOs) oftmals in Meeren, Seen und Flüssen eintauchen oder daraus plötzlich emporsteigen. So liegt die Vermutung
nahe, daß sich in solchen Gebieten unter Wasser Basen befinden.
Unidentifizierte fliegende Objekte sind übereinstimmend von den
Mannschaften von Hunderten von Schiffen über den Weltmeeren gesehen worden. In vielen dokumentierten Fällen behaupteten Zeugen,
daß fremdartige, metallische, scheiben- oder zigarrenförmige Objekte
plötzlich aus dem Wasser auftauchten, sich in die Luft erhoben, ihre
Schiffe umkreisten und am Himmel verschwanden. In anderen Fällen
kamen sie herunter auf die Meeresoberfläche und verschwanden unter
Wasser.
Es gibt auch weitere verwirrende Vorfälle mit gigantischen U-Booten,
die offensichtlich von keiner bekannten Nation stammen. Sie haben
sich allen Suchaktionen zu Wasser und von der Luft aus, die von den
Flotten eines halben Dutzend Staaten durchgeführt wurden, mit Erfolg
entzogen.

Stefan DENAERDE, ein niederländischer Direktor in der Kraftfahrzeug-Branche, hat in seinem als „Science-fiction" getarnten UFO-Buch „Menschen vom Planeten Jarga" (Econ-Verlag) einen Zusammenstoß seines größeren Segelbootes mit einer in der Ooster-Schelde (Niederlande) „geparkten" sehr großen „Fliegenden Untertasse" und die dabei gemachten Erfahrungen und Erlebnisse geschildert.

Bob RENAUD hat eine UFO-Unterwasser-Basis, deren Existenz nur vermutet, angenommen, geglaubt, aber bisher nicht bewiesen werden konnte, in seinem Buch „Meine Kontakte mit Außerirdischen" Band II im Kapitel 32 (Ventla-Verlag) beschrieben.

In diesem Zusammenhang sind auch bekanntgewordene Riesenlöcher von bis zu 30 Meter Durchmesser unbekannter Herkunft im bis zu 80 cm dicken Eis in Seen und im Meer in Norwegen und in Schweden interessant und deuten vielleicht auf UFO-Landungen auf dem Eis oder auf Durchbrüche zu oder von Unterwasser-Basen hin.

Diese Behauptungen und Meldungen aber haben alle, bis auf die Löcher im Eis, spekulativen Charakter und sollen hier nur einer gewissen Vervollständigung halber Erwähnung finden. UFO-beweiskräftig belegt sind sie nicht, ebensowenig wie Behauptungen und Vermutungen über ober- und unterirdische UFO-Stützpunkte, wie sie ebenso in einem Teil der UFO-Literatur beschrieben sind.

Möglich allerdings ist dies alles!

KAPITEL 23

Historische UFO-Fälle – UFOs in der Antike

Die Fliegenden Untertassen waren schon Plinius und Seneca bekannt
(Nach UN 202/203, Juni/Juli 1973, Seite 6)

Die Fliegenden Untertassen sind keine Neuigkeit; sie wurden schon vor 2000 Jahren beobachtet.

Die ersten Berichte über sie liegen schon aus dem Jahr 60 in einem Werk von SENECA vor, ebenso wie weitere in den Schriften von Plinius d. Älteren, die auf das Jahr 77 zurückgehen.

Der erstere beschreibt „Feuer am Himmel, die nicht nur bei Nacht erscheinen, sondern auch tagsüber sichtbar sind, und die weder Sterne noch Teile von Himmelskörpern sind."

Seneca schreibt weiter: In unserem Zeitalter wurden mehr als einmal am hellichten Tage Lichtbündel am Himmel gesehen, welche diesen von Osten nach Westen oder umgekehrt überquerten."

Plinius schreibt, daß ein „leuchtender Schild bei Sonnenuntergang den Himmel von West nach Ost überquerte und Funken warf".

„Fliegende Schilde" bei der Belagerung von Tyrus
(Nach UN 192, August 1972, S. 3) von P. Gervais

Während der Belagerung von Tyrus im Jahre 332 v. Chr. wurden eigenartige fliegende Objekte beobachtet. Giovanni Gustavo Droysen hat dies in seinem Werk „Geschichte Alexanders des Großen" absichtlich nicht zitiert, weil er es damals als Ausgeburt der Phantasie der mazedonischen Soldaten bewertete.

Die Festung ergab sich nicht; ihre dem Festland zugekehrten Mauern waren ungefähr 15 Meter hoch und so fest gebaut, daß keine Belagerungsmaschine sie zu beschädigen vermochte. Die Stadt verfügte über die größten Techniker und Baumeister von Kriegsmaschinen jener Zeit, die es verstanden, die Brandpfeile und die von den Katapulten geschleuderten Geschosse in der Luft abzufangen.

Eines Tages erschienen über dem mazedonischen Lager überraschend die geheimnisvollen Objekte; diese „fliegenden Schilde", wie sie genannt wurden, bewegten sich in Dreiecksformation mit einem sehr großen Objekt an der Spitze, die übrigen waren um ungefähr die Hälfte kleiner.

Insgesamt waren es fünf.

Der unbekannte Chronist erzählt, daß sie langsam über Tyrus kreisten, während Tausende Krieger beider Parteien sie erstaunt beobachteten. Plötzlich kam es von dem größten der „Schilde" wie ein Blitz, der einen Teil der Mauern traf, worauf diese zerbröckelten. Weitere Blitze folgten, und Mauern und Türme zerfielen, als ob sie aus Schlamm erbaut gewesen wären. Dies gab den Belagerern den Weg frei, und sie stürzten wie eine Lawine durch die Breschen.

Die „Fliegenden Schilde" kreisten über der Stadt, bis diese vollständig eingenommen war; dann stiegen sie mit größter Schnelligkeit auf und verschwanden, indem sie sich in kurzer Zeit im Blau des Himmels verloren. —   „Clypeus", III/2

Auch diese historischen und antiken UFO-Beobachtungen beschreiben mit Sicherheit keine Irrtümer, Täuschungen und Psychosen. Sie sagen ganz deutlich aus, daß es Lichtbündel, also Lichter und keine Himmelskörper waren, da sie sich schnell bewegten, aber wahrscheinlich nicht so schnell, daß es Meteore sein konnten. Außerdem dürften die historischen Beobachter das zu unterscheiden bereits fähig gewesen sein.

Ufologen hat es damals auch noch nicht gegeben, die so etwas hätten „erfinden" können.

Die genauer beschriebenen „Fliegenden Schilde" von Tyrus zeigen alle Eigenschaften von Flugobjekten wahrscheinlich außerirdischer Herkunft, denn Flugapparate mit solcher Zerstörungskraft konnte es damals oder gerade in dieser Zeitepoche, auf der Erde hergestellt, nicht geben. Diese „Fliegenden Schilde" waren keineswegs irgendwelche Hirngespinste von Tausenden Kriegern, die sie sahen und wahrscheinlich sehr genau beobachteten, denn sie zerstörten die belagerten Mauern und Türme von Tyrus so gründlich, daß jeder Zweifel an der Realität der Objekte ausscheidet.

Man sollte diese Beschreibungen als Beweise dafür ansehen, daß es UFOs schon damals tatsächlich gab und sie deshalb heute um so sicherer existieren können.

KAPITEL 24

UFO-Berichte durch Tageszeitungen
und Massenmedien

Schon die strenge behördliche Geheimhaltung verbietet eigentlich eine Veröffentlichung von UFO-Nachrichten. Reporter und Redakteure stehen, bedingt durch offizielle Ableugnung und Vertuschung durch Behörden und durch ihre eigene schlechte Information, vor einer für sie fast unlösbaren Aufgabe. So lassen sie die Hände davon, denn sie können nicht unterscheiden, ob etwas Wahres an gewissen Meldungen und Aussagen ist oder nicht.

In diesem Zusammenhang sollte man an die Sichtung eines „UFOs", wie sie es bezeichneten, am 13. Mai 1973, und die darüber in der Tagespresse gebrachten, für dieses Thema jedenfalls ungewohnt überdimensionalen Überschriften auf der jeweils ersten Seite denken. Hier hat man den Eindruck, sie brachten, abgesehen von ihrer Unwissenheit und Psychose, diese Meldungen in Sensationsaufmachung, obwohl sie eigentlich wissen mußten, daß es ein Ballon war, nur deshalb so, um die Ufologie wieder einmal „ad absurdum" zu führen und lächerlich zu machen. (Siehe auch Kapitel „Psychosen"!)

Reporter und Redakteure müßten zuerst Ufologie studieren, um dann selbst zu einer positiven Einstellung und Beurteilung zu kommen. Nur in seltenen Fällen wird dies möglich sein, und die Meinung eines Reporters wird auch dann nicht immer von seinem Chefredakteur geteilt werden. So unterbleibt dann wieder eine der Sache gerecht werdende Information der Leser. Auch eine gewisse Angst, sich lächerlich zu machen, hält nicht nur Zeitungsleute, sondern ebenso viele andere, auch Wissenschaftler, vor Veröffentlichungen zurück. Solche Leute machen lieber das Thema lächerlich, denn sie haben Angst, selbst lächerlich gemacht zu werden, was allerdings, bedingt durch ihre Unwissenheit auf diesem Gebiet, durchaus möglich wäre.

Alle sind sie unsicher, weil sie zuwenig wissen, das Problem ist für sie zu „außerirdisch" und daher wirklich sehr schwierig. Über Streit, Geiselnahme, Raub, Mord, Betrug, Unglück, Sex und Fußball berichtet es sich viel leichter, dies sind alltägliche Vorkommnisse, und die große Masse der Menschen will, durch jahrhundertelange Fehl- und Irre-Leitung falsch programmiert, diese negativen Sensationen. Man denke nur an die vielen Gaffer bei Unglücken!

Ebensowenig wie die Tagespresse bringen die anderen modernen Kommunikationsmittel wie Fernsehen, Rundfunk und Film vorurteilsfreie und sachlich richtige Veröffentlichungen von UFO-Sichtungen, Meldungen und Erklärungen.

Zeitweise kommen kurze Nachrichten darüber in der örtlichen Tagespresse, und da die „Verantwortlichen" durch weltweite Geheimhaltung und Lächerlichmachung verunsichert sind, erscheinen diese Reportagen unter kleinsten Überschriften auf einer der hinteren Seiten der Zeitungen oder kommen in Rundfunk und Fernsehen einmal in den frühen Morgenstunden und dann nie wieder oder in einer negativen, der Sache nicht gerecht werdenden Darstellung.

So werden diese an sich sensationellen Bekanntmachungen von einigen, auch wieder unwissenden und dadurch unsicheren Personen gehört oder gelesen und dann schnell wieder vergessen.

Wenn aber ein positiv eingestellter Reporter in den Themen der Ufologie oder auch der Parapsychologie für sich das große Geschäft oder eine Aufstiegsmöglichkeit wittert, so werden seine Reportagen so beschnitten, so ungünstig formuliert und plaziert, daß meist nur eine lächerliche Farce des besprochenen Themenkomplexes übrigbleibt, die natürlich sehr wenig überzeugend wirkt.

Für diese Behauptungen gibt es, sah ich und hörte ich Beweise seit Jahren, speziell in Deutschland. So wurde z. B. die Sendezeit des zwar sehr guten, das Thema der UFOs aber romanhaft, science-fiction- und krimi-ähnlich beschreibenden Fernsehfilmes „Die Delegation" einige Male, trotz Ankündigungen in den Programmen ohne triftigen Grund (?) verschoben.

Eine andere Reportage im Fernsehen, die u. a. auch kleine Kommentare zu dem „10. Interkontinentalen Internen Kongreß der UFO-Forscher, Wiesbaden 1972" brachte, wurde derart ungünstig von unten und verzerrt gefilmt, daß die Erscheinungen der teilnehmenden Personen denen in einem Spiegelkabinett auf einem Jahrmarkt mehr glichen als normalen Menschen. Damit versuchte man die Ufologen wieder einmal lächerlich zu machen.

Nicht anders wird bei Sendungen vorgegangen, die das parapsychologische Thema aufgreifen. Die Themen, die Titel, die Überschriften werden positiv getarnt, die Inhalte werden durch Fangfragen und dadurch erzwungene nichtssagende oder für viele unverständliche Antworten ad absurdum geführt, als Beispiele werden die schlechtesten und negativsten zitiert und dann „mit Recht" entsprechend negativ kommentiert. Die in anderen Kapiteln des Buches (z. B. „Der Glaube an UFOs, die Glaubwürdigkeit der Ufologie") bereits erwähnte Fernseh-Sendung des Fernseh-Professors Dr. Hoimar v. Ditfurth in der Sendereihe „Querschnitt" am 9. September 1974 im ZDF unter dem Titel „WARUM ICH NICHT AN UFOS GLAUBE" zeigte dieselbe Tendenz.

Alles das macht dem gut Informierten und dadurch Wissenden deutlich erkennbar, daß diese ganzen „Informationen" aus nichts als negativer, gezielter Manipulation, Unwissenheit und Verwirrung resultieren. Dabei stellt sich immer wieder die Frage des „WARUM?" Die Antwort darauf lautet: Unwissenheit, Enttäuschung, Verwirrung, Geheimhaltung und Ableugnung.

Die Thesen Erich v. DÄNIKENs — und die UFOs

Ein Jahr vor der Herausgabe seines ersten Buches sprach Erich v. DÄNIKEN am 4. November 1967 auf dem „7. Interkontinentalen Kongreß der UFO-Forscher", von der DUIST-Zentrale Wiesbaden veranstaltet, über „Erhielten unsere Vorfahren Besuch aus dem Weltall?" (Siehe „Dokumentarbericht 1967", S. 94—97; Ventla-Verlag)

UFOs sind die gegenwärtigen Beweise für Erich v. Dänikens universelle Auslegungen seiner weltweiten Funde, Beobachtungen, Vergleiche und seiner zur Debatte gestellten Inhalte von Legenden und Mythen.

Die derzeit gesichteten und beobachteten und in der Ufologie registrierten, beschriebenen und analysierten außerirdischen Flugobjekte bestätigen geradezu E. v. Dänikens Theorien und Hypothesen, die zwar nicht immer mit exaktwissenschaftlichen Methoden erarbeitet sind, denen aber das unbestreitbare Verdienst zukommt und zugestanden werden muß, einen gewissen Teil der irdischen Menschheit aufgerüttelt zu haben, über diese Dinge überhaupt nachzudenken, also Denkanstöße gegeben zu haben. Das könnte auch die konservativen Archäologen veranlassen, ihre Arbeitsmethoden zu überprüfen und ihre eigenen und auch die „Funde" E. v. Dänikens von einem neuen, dem kosmischen Standpunkt aus zu betrachten.
Jedenfalls ist eine „Hypothese", daß die irdische Menschheit mit ihren verschiedenen Rassen, den „weißen" Europäern, den „schwarzen" Negern, den „gelben" Asiaten usw., von sicherlich auch verschiedenartigen Rassen Außerirdischer, die durchaus von verschiedenen Planeten gekommen sein könnten, abstammen dürfte oder durch Vermischung mit diesen entstanden sein könnte, logischer und wahrscheinlicher, als

daß „Adam und Eva" die Ureltern sämtlicher irdischer Rassen sein könnten.

Wenn also außerirdische Raum-Flugobjekte die Erde schon in grauer Vorzeit besuchten und diese vielleicht irgendwie veränderten, so besteht die große Wahrscheinlichkeit, ja Sicherheit, daß außerirdische Zivilisationen solche Reisen im All auch heute noch durchführen können.

Wenn aber die in den vergangenen Jahrzehnten viele Tausende Male beobachteten UFOs um unsere Erde und bei beobachteten Landungen auch auf ihr gesehen wurden, und das steht durch die beweiskräftigen Aussagen der Ufologie außer Zweifel, dann besteht die Annahme Erich v. DÄNIKENs zu Recht, daß kosmische Intelligenzen auch in vorgeschichtlicher Zeit schon dazu fähig waren, das All zu bereisen.

Wiederum bestätigen sich die neuen Beobachtungen und die auf der Erde aufgefundenen Hinterlassenschaften und Folgeerscheinungen jeder Art, die man höchstwahrscheinlich nur mit außerirdischer Herkunft erklären kann, gegenseitig.

So erfordert diese Suche nach der Wahrheit ein gründliches Studium und Umdenken, und wer bisher glaubte, daß unser bisheriges und derzeitiges „exaktes" Schulwissen auf diesen Gebieten der Wahrheit entspreche und wissenschaftlich gesichert sei, der irrt und kann, wenn er will, auf vielen Gebieten, besonders aber in außerirdischer Hinsicht — durch die Ufologie und in überirdischer Hinsicht — sich durch die Parapsychologie neu orientieren und so der Wahrheit über diese Themen, aber auch über religiöse Dinge, sehr wesentlich näher kommen.

Mit großer Wahrscheinlichkeit und in logischer Folgerung aus vielen festgestellten Funden, Überlieferungen und Tatsachen haben, wegen ihrer für früher lebende Menschen irdisch nicht erklärbaren Fähigkeiten, für Götter gehaltene Außerirdische die Erde besucht und deren Evolution beeinflußt. Sie beherrschten schon damals eine universelle Raumfahrt ebenso wie eine höhere Physik, die ihnen erlaubte, „göttliche Phänomene" herbeizuführen und zu verwenden. Die griechischen, römischen und alle anderen weltweit angebeteten Götter dürften solche Außerirdische und irdische „Eingeweihte" gewesen sein, was ihren menschenähnlichen Habitus erklären würde.

Dieses Gottmenschentum hat, mangels anderer Erklärungsmöglichkeiten wahrer göttlicher Existenz, auch noch die christliche Religion übernommen, wobei aber als höchste göttliche Instanz der für uns noch immer unvorstellbare, einzige, allmächtige GOTT angesehen wird.

Während die Inhalte der Thesen Erich v. DÄNIKENs im wesentlichen einer wahrscheinlichen Möglichkeit der Vergangenheit angehören, betrifft die Ufologie die gegenwärtigen Fakten und wird sehr maßgeblich für die irdische Evolution und die Zukunft der Menschheit sein.

Die Beweisführung

Die Behauptungen, die als Überschriften und Inhalte der einzelnen Kapitel dieses Buches aufgestellt werden, dürften durch die Beschreibungen, die Gegenüberstellungen und Vergleiche sowie die Bilder, *soweit als bewiesen anzusehen* sein, *daß man* bei unvoreingenommener Beurteilung, bei dem nötigen Verständnis, vielleicht auch bei einem höheren Grad universellen naturwissenschaftlichen Denkens, Wissens und Begreifens, *von der Realität der außerirdischen Raumfahrt überzeugt sein kann.*

Diese Beweiskette, deren Glieder die einzelnen Kapitel des Buches darstellen, ist so fest und solide, daß sie durch keine Gegenargumente gegen die wahre Existenz der UFOs mehr zerrissen und von niemandem mehr verrissen werden könnte, ohne selbst unglaubwürdig zu werden.

Bereits einige dieser bewiesenen Tatsachen würden genügen, die Realität außerirdischer Raumfahrt durch UFOs mit größter Sicherheit festzustellen.

UFOs existieren wirklich!

Nach dem Gesetz von Ursache und Wirkung müssen die weltweit seit über Jahrzehnte beobachteten Manifestationen und Phänomene als Wirkung auch eine bestimmte Ursache haben.

Wenn auch manche dieser Phänomene mit derzeitig uns bekannten Naturgesetzen noch nicht erklärbar oder auch noch nicht vereinbar erscheinen, so ist doch zu bedenken, daß wir noch lange nicht alle physikalischen Gesetze kennen, die im gesamten Universum wirksam sind.

Außerirdische Zivilisationen, deren höchstwahrscheinliche Existenz von fast allen für den Weltraum zuständigen Wissenschaftlern, wie Astronomen, Astrophysikern, Exobiologen u. a. angenommen wird, haben sicher auch andere Gesetzmäßigkeiten entdeckt und andere Technologien entwickelt, die ihnen größere Weltraumreisen ermöglichen, als wir sie in den vergangenen Jahren, am Anfang unserer irdischen Raumfahrt-Experimente, unternehmen konnten.

Es ist einfach unlogisch zu behaupten, es könne keine außerirdischen UFOs geben, da wir uns ihre physikalischen Voraussetzungen und ihre Technologie nicht vorstellen können.
Leider benützen, trotz dieser Unlogik, Wissenschaftler und Experten gerade dieses Argument gegen eine Existenz der UFOs, und häufig wird die Unlogik durch den maximalen Trugschluß ergänzt, daß die weltweit beobachteten außerirdischen Weltraum-Flugobjekte gar nicht existieren können, weil wir solche Raumreisen auch nicht durchzuführen imstande sind.

Tatsache ist:
Sie sind da!
Sie existieren!
Beweise dafür gibt es zu Tausenden!
Man muß sie nur als solche erkennen und anerkennen.
UFOs sind experimentell bewiesen!

Die „Experimente" führen uns die Außerirdischen vor, indem sie ihre phänomenalen Flugmanöver vielen Tausenden, ja Millionen Menschen zeigen, ja sie geradezu „vorführen".
Hierzu sei noch einmal auf die vorher analysierte und beschriebene

NAGORA-UFO-Farbbilder-Serie hingewiesen.

Alle Kapitel dieses Buches zeigen eine solche Fülle von Beweismaterial und dessen plausible Erklärungen auf, daß man, wollte man sich nicht jeder Logik entziehen, UFOs als Außerirdische-Weltraum-Flugobjekte für absolut bewiesen ansehen muß.

Noch mehr Beweise wären nur *durch Freigabe und Veröffentlichung der* von den Behörden, besonders in den USA von der US-Luftwaffe, der NASA, aber auch von den Regierungen aller Staaten und den Vereinten Nationen (UNO) *„streng geheim" gehaltenen Berichte und Realitäten zu erhalten.*
Daß diese tatsächlich „top secret" existieren, dürfte inzwischen auch dem größten Skeptiker klargeworden sein.
Eine absolute materielle, für jeden Menschen oder wenigstens für jeden Naturwissenschaftler durch Besichtigung und Berührung gesicherte Beweisführung, wie sie z. B. von einigen Professoren immer wieder gefor-

dert wurde, wird immer noch durch die weltweit praktizierte Geheimhaltung verhindert.

Die Behörden und Institutionen werden aber zu bestimmter Zeit sowieso gezwungen sein, ihre im Lauf der vergangenen nahezu drei Jahrzehnte gesammelten Beobachtungen und Erfahrungen sowie die realen Beweismittel für außerirdische Flugobjekte der Weltöffentlichkeit nicht mehr länger vorzuenthalten.

Die Menschheit hat wahrscheinlich durch ihre eigenen Weltraum-Experimente das nötige Verständnis und die Fähigkeit, diese umwälzenden Tatsachen zu begreifen und auch zu verkraften.

Die oft geforderte Aufklärung wäre unter gewissen Vorsichtsmaßnahmen, wie schonende aber wahrheitsgetreue Berichterstattung, internationale Zusammenarbeit in der UFO-Forschung und Bereitschaft, die erforderlichen Konsequenzen zu ziehen, durchaus möglich.

Allerdings muß man zugeben, und sogar Informierte sind sich dessen meist nicht bewußt, daß *weltumwälzende Veränderungen mit unabsehbaren Folgen in politischer, wirtschaftlicher, religiöser, kurzum in jeder Hinsicht auf unserem Planeten Erde eintreten würden, die ein gründliches Umdenken voraussetzen bzw. hervorrufen würde.*

Ob die Erdbevölkerung dazu imstande wäre, ist eine andere Frage.

Die Voraussetzung dazu könnte die Erkenntnis dessen sein, was die Religionen seit Jahrtausenden vergeblich aussagen und wovon sie ebenso vergeblich zu überzeugen versuchen:

Die Befolgung der kosmischen Gesetze und eine friedliche Zusammenarbeit aller Menschen mit dem Ziel der Höherentwicklung hin zu einem „Neuen Himmel und zu einer Neuen Erde".

Dazu muß man leider feststellen, daß der weitaus größte Teil der irdischen Menschheit, einschließlich der weltlichen und mancher kirchlicher Institutionen, nicht des „guten Willens" ist, auf Machtansprüche zur vermeintlichen Sicherung ihrer materiellen Vorteile und ihrer persönlichen Machtpositionen zu Gunsten der Allgemeinheit zu verzichten, was ja wohl auch der Hauptgrund zur Geheimhaltung sein dürfte.

Eine Zeitlang mag das noch gutgehen. Wenn eines Tages aber die ganze Wahrheit offenbar werden wird, ist eine Veränderung der derzeitig unguten Verhältnisse auf unserem Planeten nicht mehr aufzuhalten.

Der große Umbruch ist bereits im Gange!

Neuerscheinungen im VENTLA-Verlag

Ing. Adolf Geigenthaler: „UFO's existieren wirklich"
Lehr- und Sachbuch der Ufologie — DM 29,40

Ing. Rho Sigma: „Forschung in Fesseln"
Elektrogravitation & Ufologie — DM 24,90

Karl L. Veit: „Dokumentarbericht 11. Kongreß"
232 Seiten, Großoktav, 159 Fotos — DM 29,70

Dr. Walter K. Bühler:
„40 Begegnungen mit Außerirdischen in Brasilien" — DM 26,40

Homogenius/Ro:
„Wissenschaftler des Uranus testen Erdvölker" — DM 19,80

Neuere Standardwerke der UFO-Literatur

Frank Edwards: „Fliegende Untertassen — eine Realität" DM 24,90

Dr. Dan Fry (3. Auflage): „Erlebnis von White Sands" — DM 12,90

Ing. Bryant Reeve (3. Auflage):
„Auf den Spuren außerirdischer Weltraumschiffe" — DM 17,70

Prof. Hermann Oberth: „Katechismus der Uraniden" — DM 17,70

Karl L. Veit (7. Auflage):
„Extraterrestrische Weltraumschiffe sind gelandet" — DM 1,50
Standardschrift über Ufologie — 10 Stück DM 13,00

*

Monatszeitschrift: UFO-NACHRICHTEN
Doppelnummer — DM 5,00
Einzelnummer — DM 2,50
Jahresabonnement — DM 36,00

Ventla-Verlag — Postfach 130 185
Karl L. Veit — **D-6200 Wiesbaden 13**

311